문법구조와 인지과정

Grammatische Strukturen - Kognitive Prozesse

충북대학교 인문사회 연구총서

문법구조와 인지과정

Grammatische Strukturen - Kognitive Prozesse

Jörg Keller · Helen Leuninger 저

최 도 규 역

충북대학교 출판부

역자 서문

흔히 번역은 해당 언어의 문법을 알고 어느 정도 어휘력을 갖추면 쉬울 것이라고 생각한다. 정말 그럴까? 그러나 사실은 그렇지 않은 것 같다. 실제로 번역을 하다보면 몇 가지 문제에 부딪히게 된다. 첫째는 처음 접하는 전문서적인 경우 그 내용을 이해하는데 갖는 어려움이고, 둘째는 개별 어휘들의 의미를 모두 안다고 하더라도 해당 언어에 대한 배경지식을 알지 못해서, 다시 말해 모국어화자만이 알 수 있는 표현이기 때문에 문맥에 맞는 번역을 할 수 없는 어려움이다. 셋째는 어떤 언어의 단어에 대한 표현을 번역하려는 언어의 표현으로 가능하면 정확하게 선택하는 문제이다. 간단한 예로 독일어 단어 lautlich는 '음성의, 음성학의, 소리의, 발음상의, 음운의' 등 여러 표현으로 번역될 수 있는데, 한 텍스트에서 어떤 표현을 써야하는지를 정하는 것은 그렇게 간단하지 않다. 물론 하나의 표현을 정하고 나면 '이렇게 간단한 것을'이라고 생각하지만, 그 표현을 결정하기까지의 과정은 간단하지 않은 것 같다. 이러한 어려움을 해결하는 과정에서 번역된 이 책은, 그러나 그럼에도 불구하고 완전하게 번역되었다고 할 수는 없을 것이다. 단지 필자가 이 책의 내용에 관심과 흥미가 있고, 번역서로서 충분한 가치가 있다고 사료되어 번역을 시도한 연구 결과물이라고 할 수 있다.

이 책은 독일 Frankfurt 대학교 인지언어학과 교수 헬렌 로이닝어 Helen Leuninger와 스위스 쮜리히 응용학문대학교 Zürcher Hochschule für Angewandte Wissenschaften 응용언어학과 박사 외르크 켈러 Jörg Keller가 공저한 "Grammatische Strukturen - Kognitive Prozesse"를 한국어로 번역한 것이다. 이 원저서는 1993

년에 초판된 것을 2004년에 수정 보완한 개정판이다. 언어구조, 언어사용, 언어장애 그리고 언어습득이 이 책의 중심을 이루고 있다. 이 책을 쓴 두 저자는 교육학적으로 심사숙고하여 만든 많은 예문과 문제를 가지고 생성문법을 소개하고 있다.

많은 다른 입문서와는 달리 이 책에서는 심리언어학적인 면과 신경언어학적인 면을 조망하여, 문법이론을 인지과학으로 편입시키고 있다. 인지언어학은 언어를 인간의 뇌와 마음에 관한 시대적 인식과 연관시켜 설명한다. 또한 이 책의 새로운 점은 하나의 단원을 할애하여 "수화언어"를 다루고 있다는 점이다.

이 번역서는 언어에 관심 있는 일반인들과 (미래의) 언어학자에게 유용한 참고자료로서 사용될 수 있을 뿐만 아니라, 입문서로서 교양과목이나 전공기초과목의 교육에도 활용될 수 있을 것이다.

이 번역서가 나오기까지 많은 분들의 도움을 받았다. 우선 저자 헬렌 로이닝어 Helen Leuninger 교수님께 감사의 뜻을 전하고 싶다. 그녀는 내용적인 어려움에 대해 전화로, 메일로 문의하면 그때마다 친절하게 그 어려움에 대한 정확한 답을 주었다. 미국 Oregon 주립대학교의 세바스티안 하이두쉬케 Sebastian Heiduschke 교수님께도 깊은 감사의 뜻을 전하고 싶다. 그는 개별 어휘들의 의미를 모두 알고 있지만 문맥에 맞는 번역이 되지 않는 부분들에 대해서, 항상 자세하게 그리고 이해하기 쉽게 그 배경상황을 설명해주었다. 또한 이 책을 출판하도록 도와주신 충북대학교 출판부장 정태일 교수님과 편집과정에서 아주 많은 수고를 해주신 출판부 박주연 선생님, 그리고 디자인팀의 김미진 선생님께도 진심으로 감사의 마음을 전한다. 그리고 번역하는 동안 내내 관심을 가지고 많은 격려를 해준 사랑하는 가족, 아내 숙진과 두 딸 유진과 유민에게도 고마운 마음을 전하고 싶다.

2012년 10월

오리건 코밸리스에서

최 도 규

저자 서문

우리는 이 책을 쓴지 10년이 지나서야 수정 보완하기로 마음을 먹었다. 다양한 관점에서, 특히 인지언어학의 최근의 발전과 교육적인 변화라는 관점에서 수정하고 보완하는 작업이 이루어졌다.

달라진 내용은 다음과 같다:
본래 "음운론"과 "어휘음운론"으로 분리되어 있던 두 개의 장을 하나의 장으로 통합했다. "비선형 음운론" 단원은 대폭 확대되었다. 특히 자질기하학의 개념이 동화과정 (Assimilationsprozesse)을 기반으로 완성되었고, "연결선 삭제 (Delinking)"라는 개념이 추가되었다.

제 3장 "형태론"에서는 굴절, 특히 동사의 굴절에 더 많은 주의를 기울였다. 복수형의 굴절은 언어습득 자료에 의해 구축되었다.

제 4장 "통사론"은 이 책에서 가장 적게 변화된 부분이다. 보다 정확히 말하면, 독일어 어순에 대한 위상적 모형이 새로 추가되었고, "이동 α"의 단원에서는 문장화법을 끌어들여 평서문에서의 구범주이동이 제시되었다. 하지만 초판에 있는 통사적 모형은 그대로 유지하고 있다. 지배와 결속이론이 변화되었음에도 불구하고 명료한 모듈의 구성 덕분에 언어에 관심을 가지고 있는 일반인과 학생들에게 언어에 대한 통사적인 원리를 설명하는데 특히 적합하다는 것을 우리는 경험을 통해서 알게 되었다.

이 책의 제 2부에는 몇 가지 면이 추가되었다. 우리는 제 5장 "심리언어학"의 "언어습득" 단원에서 언어습득의 "유발적인 자료"와 아이들의 언어습득전략, 그리고 이중적인 1차언어습득에 더 많은 주의를 기울였다. "언어산출"의 단원을 우리는 수정이 가능한 산출모형에 비추어 그 구조를 개편하였다. 제 6장 "신경언어학"에서는 특히 문자언어처리의 면이 추가되었다.

제 7장 "수화언어"는 가장 많이 변화되었다. 이 장에서 우리는 초판에서와는 달리 폭넓게 독일어 수화언어에 대한 특징적인 연구를 이용할 수 있었고, 그리고 최근의 신경언어학 연구도 이용할 수 있었다. 그래서 언어에 관심을 가지고 있는 일반인과 학생들은 독일어권 수화언어의 구조와 처리에 대해 더 많이 경험하게 된다.

9장은 그 내용이 너무 어려웠기 때문에 완전히 삭제하였다.

우리는 수정 보완된 이 책이 학생들과 선생님들에게 호응을 얻을 거라고 기대하며, 벌써부터 앞으로 회답해올 것을 생각하니 기쁘다.

2003년 12월 프랑크푸르트에서

외르크 켈러

헬렌 로이닝어

차 례

1부 문법의 구성 요소

제 1장 학문의 가치

제 2장 음성학과 음운론

제 3장 형태론

제 4장 통사론

2부 언어습득, 언어사용 및 언어장애

제 5장 심리언어학

제 6장 신경언어학

제 7장 수화언어

제 8장 그 밖에?

1부

문법의 구성 요소

제 1장 학문의 가치

1.1. 경험적 학문에 대하여

학문적인 연구는 본래 수수께끼를 만들고 풀어내는 것이다. 이론은 수수께끼에 대한 해결방안을 제시하는 것이다.

학문적인 수수께끼가 다른 수수께끼와 다른 것은 가끔은 정확하게 말할 수 없다는 점이다. 그러나 특정한 수수께끼들은 학문일 수 없을 것이다. 글자 맞추기 퍼즐이나 기타 이와 비슷한 것을 사람들은 해결할 수 있다. 이러한 수수께끼들은 항상 분명한 의문점을 갖게 되고 그 의문점이 풀린 후에 어떤 새로운 질문을 제기하지 않는다. 그리고 이들은 문제가 해결된다 하더라도 그 형태는 변하지 않는다. 사람들은 가끔 정답을 맞추고 텔레비전을 타갈 수도 있다.

학문적인 수수께끼는 이것과 완전히 다르다. 그 수수께끼가 본래 어디에 있는가하는 것은 아직도 종종 불분명하다. 그 수수께끼에 대해서 점점 더 많이 알면 알수록 본질적인 문제는 점점 더 분명해지는 것 같지만, 그 대답은 역시 점점 더 멀어지는 것처럼 보인다. 일반적인 수수께끼일수록 더 많은 부분 수수께끼들로 변한다. "육체와 영혼이 분리된다면 무엇을 소유하는 것이 더 나을까"라는 문제가 얼마나 많은 부분 수수께끼들로 바뀌게 되었는지 한번 생각해보자. 이것은 증가하는 학문분야의 수를 반영하고 있다.

그 밖에 학문적인 수수께끼를 해결한다는 것은 또한 옳은 해결이 아니며 보다 더 근접한 것을 찾는 것을 의미한다. 막스 플랑크 (Max

Planck)가 학문적인 이론은 더 큰 오류로부터 더 작은 오류로 발전된다고 말했을 때 우리는 그가 옳았다고 믿고 싶다.

특정한 의문을 제기할 때 전반적으로 수수께끼가 어느 정도 문제가 되는지 아직도 종종 불분명하다. 연금술 혹은 점성술은 오늘날 더 이상 학문이 아니다. 영구기관 (Perpetuum mobile: 열역학 확립의 근거가 된, 외부로부터 에너지 공급 없이 영구히 작동한다는 가상의 동력기관)에 관해서도 더 이상 원칙적인 근거들로부터 의문을 제기하지 않는다. 많은 사람들은 예전에 이것을 다르게 보았다.

이것은 질문이 틀렸거나 수수께끼의 형식화에 이르는 관찰 내지 확신이 이미 착각이었다는 것에 근거한다. 뿐만 아니라 사회적인 통념이 학문적인 연구와 깨달음을 규정하고 있다는 것에도 근거한다.

이제 우리가 매력적인 수수께끼를 풀기 위해 학자로서 기여하려고 한다면 가장 좋은 경우에는 설명을 제공할 어떤 모델 즉, 이론을 발전시키게 된다. 누구나 어떤 임의의 의미를 이야기하기 위해서는 다음과 같은 규칙들이 있다.

- 어떤 이론 즉, 특정한 해결방안은 그것을 발전시켰던 현상들도 설명해야 한다. 이 이론은 그 현상들을 이미 존재하는 이론보다 더 많이 증언하거나 더 잘 설명해야 한다. 그리고 틀린 것으로 입증된 가정을 포함하지 말아야 한다.
- 어떤 이론은 본래 모순이 없어야 한다. 다시 말해, 이 이론은 서로 모순되는 진술이 그것으로부터 유도될 수 있다는 것을 허용해서는 안 된다.
- 어떤 이론은 경험적으로 검증할 수 있어야 함과 동시에 논박할 수 있어야 한다.
- 이 이론은 고찰된 자료를 넘어서 앞으로의 자료와 현상에 대해서 예측도 해야 할 것이다.
- 자료를 설명할 이론이 두 개 혹은 여러 개 존재한다면 보다 간결한 이론이 선호되어야 한다.

사람이 언어 특유의 타고난 지식체계 즉, 보편문법을 소유하는지 그렇지 않은지에 대한 문제도 이런 의미에서 하나의 학문적인 수수께끼이다. 우리는 제 5장에서 이 이론이 위에서 명명된 근거들 특히, 경험적 근거들로부터 언어습득을 설명하기 위한 현재로서는 가장 좋은 가설이라는 논거들을 열거할 것이다.

이제 가설 내지 이론이 대체로 어떻게 만들어지는지 한번 알아보자. 사람들은 몇몇의 적합한 자료를 선택해서 그 자료의 규칙성과 불규칙성을 세밀하게 찾아낸 다음 규칙성에 대한 하나의 가설을 세운다. 그런 후에 그 보다 더 많은 자료를 가지고 이런 과정을 여러 번 반복하여 그 가설이 아직도 맞는지를 검증한다. 만일 그 가설이 틀렸다면 처음부터 새로 시작한다. 그리고 만일 맞는다면 학문적인 검증 즉, 방금 소개된 학문이론의 검사기준에 따라 그 이론의 평가로 넘어간다. 그 가설이 이 시험을 통과하면 하나의 첫 이론이 만들어지는 것이다.

이런 방법으로 가설 내지 이론이 어떻게 만들어지는지를 규정하는 것이 아주 간단하기는 하지만, 우리는 원칙적으로 현재 이것에 만족할 수 있다. 물론 우리는 적합한 자료가 무엇인지 혹은 규칙성과 불규칙성이 무엇인지 아직 모른다. 하나의 가설이 항상 모든 가능한 자료의 하나의 작은 단면만을 이해할 수 있다는 것은 분명하다. 그러므로 "적합한 자료"라는 명칭으로 통합한 것은 하나의 특정한 선택을 의미한다. 이때에 이러한 선택이 항상 거의 우리의 설명에 의존한다는 것이 매우 중요하게 인식되어야 한다. 우리는 자료들을 언제나 주어진 이론의 관점 하에서만 관찰할 수 있다. 그렇지 않으면 그 이론 역시 아직 잠정적인 이론일 것이다. 비로소 하나의 이론이 되어서야 대체로 어떤 적합한 자료를 관찰한다.

그러나 적합한 자료 자체는 아주 가끔은 분명하다. 통상적으로 자료들은 오염되어 있다. 달리 말해, 규칙적인 경우와 불규칙적인 경우가 그 속에 혼합되어 존재한다. 게다가 자료들은 눈에 띄지 않거나 다른 요인으로 인해 숨겨져 있다. 그러므로 적합한 자료들은 그 자료들을 어느 정도 세탁한 하나의 이론을 통해서 비로소 자료로서의 본질성과 지위를 얻게 된다.

이것에 대한 하나의 예를 들자면, 가을에 낙엽이 떨어지는 것이다. 만일 우리가 땅에 떨어지고 있는 낙엽이 아니라 높이 날고 있는 특정한 낙엽을 관찰한다면, 이것을 오늘날의 지식에 따라 당연히 낙하법칙의 반증으로 해석하지 않을 것이다. 물론 우리는 온도, 저항 그리고 다른 요인들이 공동으로 작용하여 이 자료를 오염시킨다는 것을 알고 있다. 우리가 깨끗한 자료를 얻기 전에 그 오염된 자료는 우선 그런 영향들로부터 도외시되어야 한다. 우리는 이론은 자료를 통해서가 아니라 오로지 새로운 이론에 의해서 논박된다는 결론에 이른다. 또한 우리는 현실 세계가 종종 깨끗한 자료를 위한 좋은 예들을 제공하지 못한다는 것을 알고 있다.

여기에 방법론적으로 상이하게 처리되는 일련의 실험이 있다. 이것은 중요한 자료와 중요하지 않은 자료를 구분하도록 하는 자연과학으로부터 잘 알려진 실험이다. 가설형성과정과 가설포기과정을 어떻게 설명할 수 있는지에 대한 하나의 좋은 예를 사람들은 철학자 칼 세이건 (Carl Sagan)에서 찾는다. 우리는 이것을 위해 또 하나의 작은 이야기를 생각해냈다.

우리는 다음과 같이 가정해보자. 여러분이 미국 하와이주에 있는 마우나케아 천문대에 앉아서 거대한 전파 망원경으로 우주를 들여다보고 있다. 여러분의 과제는 이 밤에도 작은 하늘의 단편을 관측하는 것이다. 이 일은 오래 전부터 틀에 박힌 일상이다. 여러분은 방사선 주파수에 의해 자동으로 작업된 컴퓨터 인쇄물을 습관처럼 바라본다. 규칙성과 불규칙성은 여러분의 호기심을 유발시킨다. 여러분은 저주파의 간격이 항상 동일하게 유지되는 느낌을 갖는다. 시간측정이 이것을 증명해준다. 여러분은 흥분하여 고주파의 지속시간을 확인하기 시작한다. 그리고 얼마 후에 다음의 값을 찾게 된다. 그 값은 400, 25, 50, 75, 125, 174, 275, 325이다. 한 동료가 이 공간으로 들어오는 관계로 여러분은 여기서 관측을 중단한다. 여러분은 함께 이러한 변동 (Schwankungen)의 가능한 의미에 대해 추측한다.

우리의 이야기에 따라 여러분도 이제 함께 추측해보도록 하자. 이 값은 무엇을 의미할 수 있을까? 여러분은 잠시 시간을 가지고 조금 더 읽어보자.

이 이야기는 계속된다. 즉, 이 자료가 상당히 동일한 방식일 거라는 것에 대해 여러분이 여러분의 동료와 빠르게 의견이 일치한다면, 174는 잘못 측정된 값일 것이다. 여러분이 이 부분을 점검하고 나면 그 옳은 값은 175라는 사실을 알게 된다.

이러한 추측은 계속된다. 몇 분 동안 함께 해보자. 그리고 이제 다음과 같은 내용이 계속된다. 여러분의 동료는 "이것에 대한 결과는 아주 명백하다", "여기에는 단순히 어떤 등급분류가 존재한다", "즉, 모든 값은 5로 나뉘어 질 수 있다. 그러나 그것이 무엇을 의미하는지 나에게는 분명하지 않다"라고 생각한다.

여러분은 이 값들을 크기에 따라 배열하고 이 값에 대해 골똘히 생각한다 – 25, 50, 75, 125, 175, 275, 325, 400. 여러분의 동료는 "아마도 더 좋은 가설이 있을 것이다"라고 계속 이야기한다.

어떤 가설일까? 얼마 후에 여러분도 분명히 그것에 대해 심사숙고하게 될 것이다. 모든 자료가 진정한 자료일 필요는 없다는 것으로부터 출발하자. 컴퓨터기록도 공전방해나 혹은 그 밖의 무엇인가로부터 오염될 수 있다.

마지막 이야기이다. "우리가 25의 간격으로 분류하는 것으로부터 출발한다면 그 값들은 처음의 7내지 8개의 소수 (Primzahlen)와 일치한다. 만일 우리가 처음부터 다른 단위를 선택했었더라면 아마도 그 이전에 그 값에 도달했을 것이다. 첫 번째 측정결과는 전체의 그림에 쉽게 들어맞지 않는다. 만일 우리의 가설이 맞는다면 이제는 미래의 자료에 대해서 그것을 측정하기 전에 예측할 수 있어야 한다. 그리고 그 가설은 400이라는 값을 우리가 '자료가 아닌 것 (Nicht-Datum)'으로 옳게 분류했는지를 당연히 보여줄 것이다."

1.2. 언어학적 설명의 특성

여러분이 열일곱 번째 생일에 얼마나 많은 어휘를 알고 있었는지 한 번 어림잡아 생각해보자.

여러분이 영어 어휘에 대해 항상 어려움을 가지고 있었다면 오히려 여러분은 아마도 아주 적은 수를 추측했을 것이다. 즉, 글을 쓴 사람 Schreiber, 문자 Schrift, 그리고 동사 schreiben (쓰다)의 활용형태 schreibst, geschrieben 등과 같은 변이형을 단지 하나의 단어로 간주할 때 어휘의 수는 대략 80,000개 이었다.

이것은 여러분이 하루에 평균 대략 13개의 새로운 단어를 배웠다는 것을 의미한다. 특히, 이런 학습이 아주 어렵게 느껴지지 않는다는 사실을 고려할 때 정말 놀라울 만한 일이다. 여러분이 이것을 어떻게 해냈을까? 여러분의 언어에서 의미를 지니지 않은 단어에도 어떤 품사를 부여할 수 있다는 것을 여러분이 이미 언젠가 인지한 적이 있는가? 이것에 대한 좋은 예를 우리는 르위스 캐럴 (Lewis Carroll)의 소설 "거울나라의 앨리스 (Through the looking-glass)"에 있는 "재버워키 (Jabberwocky: 넌센스 시)"에서 발견하게 된다.

(1) 'Twas brillig, and the slithy toves
Did gyre and gimble in the wabe:
All mimsy were the borogoves
And the mome raths outgrabe.

오후 네 시쯤이었다. 점액성의 유연한 동물들이
해시계 주변에 펼쳐진 잔디밭에서 자이로스코프처럼
뒹굴고 구멍을 뚫으며 놀고 있었다:
(새처럼 생긴) 보로고브들은 모두 연약하고 가련했으며
집을 잃은 (돼지처럼 생긴) 래스들이 꽥꽥 소리를 냈다.

여러분은 단어를 알지 못하지만, 이미 그 단어가 어떤 품사에 속하는지에 대해 얼마나 많이 말할 수 있는지를 곰곰이 생각해보자. 아래에서 여러분은 그 밖에 이 어휘들의 의미에 대해 캐럴의 본명인 도지슨(Dodgeson)의 몇몇 주석을 발견하게 된다.

단어의 의미를 모르고 그 단어의 속성에 대해 말할 수 있는 능력을 설명하기 위해, 우리는 인간이 언어에 대해 특별한 재능을 가지고 있다는 진술에 아마도 만족할 수 있을 것이다. 하지만 우리는 언어학자로서 이것을 더 정확하게 알고자 한다. 즉, 인간에게 이렇게 쉽게 이렇게 많은 여러 단어들의 학습을 가능하게 하는 그 체계는 무엇일까? 그리고 어떤 단어의 위치를 통해서 만으로 품사와 그 단어의 가능한 의미에 대해 무엇인가를 진술할 수 있기 위해, 우리가 무엇을 모두 알아야 하는가?

하지만 우리가 소리와 의미로 되어 있는 그렇게 많은 단어를 알고 품사와 관련하여 구분할 수 있다는 사실이 아직은 가장 흥미 있는 현상은 분명 아니다. 여러분이 이 책에 있는 대부분의 문장을 이전에 한 번도 들어보지 못했다는 것을 한번 생각해보자. 그럼에도 불구하고 여러분은 그것을 이해하는데 아무런 문제가 없다. 또한 반대로 여러분은 아직 그 전에 결코 한 번도 말해보지 않았던, 그렇지만 다른 사람들은 그것을 이해하는 그러한 문장들을 매일 말한다. 엄밀히 말하자면, 시간의 제약을 받지 않고 우리는 무수히 많은 상이한 문장들을 이해하고 생성해낼 수 있을 것이다.

그 밖에 여러분은 어떤 특정한 문장이 독일어의 가능한 문장 즉, 문법적인 문장인지 아니면 그 문장이 독일어의 가능하지 않은 문장 즉, 비문법적인 문장인지를 대체로 정확하게 판단할 수 있다. 그러므로 여러분은 문장 (2a,b)와 (3a)가 문법적이지만 문장 (3b)는 비문법적이라는 것을 직관적으로 안다. (비문법적인 경우는 별표 *로 표시한다.)

(2) a. Peter sagte mir, wen er immer schon geliebt hat.

(페터는 그가 항상 누구를 사랑했다고 나에게 말했다)

b. Peter weiß, wen er immer schon geliebt hat.

(페터는 그가 항상 누구를 사랑했는지를 안다)

(3) a. Wen, sagte Peter mir, hat er immer schon geliebt?

b. *Wen, weiß Peter, hat er immer schon geliebt?

아무도 우리에게 무수히 많은 문법적인 문장을 생성해낸다는 것을 가르쳐 주지 않았고, 또한 아무도 우리에게 독일어의 어떤 무수히 많은 문장이 비문법적이라는 것을 말하지 않았기 때문에 인간이 어떻게 이런 인지를 하는지 당연히 알고 싶다. 우리는 언어학자로서 이렇게 형식화하여 질문한다. 인간에게 무수히 많은 상이한 문장을 이해하고 생성해내는 것을 가능하게 하는 그 체계는 무엇일까? 그리고 인간이 모국어 문장의 문법성에 대해 동일한 직관을 갖게 하는 그 체계는 무엇일까?

우리가 성인으로서 어떤 외국어를 배울 때 반드시 문제에 부딪히게 된다. 이것은 소리에서 시작해서 문법에서 끝난다. 이와는 달리, 한 아이가 - 부모가 어떤 언어를 말하든지 간에 - 다른 언어적 환경에서 자랄 때, 그 아이는 이 언어를 습득하는 다른 아이들과 마찬가지로 쉽게 그 환경의 언어를 습득한다.

그러나 어떤 언어적 접촉 없이 어두운 공간에서 10년 이상의 삶을 살아야 했던 그 소녀처럼, 한 아이가 어느 한 언어적 환경에서 자라지 않을 때 그 아이는 언어를 습득하지 못하고 나중에 성인으로서 어느 한 언어적 환경에서 자란다 하더라도 역시 언어를 습득하지 못한다. 이러한 사람은 어떤 외국어를 배울 때처럼 만큼도 이 언어를 배우지 못한다! 그 이유는 무엇일까?

다음과 같은 관찰로 인해서도 동일한 문제가 제기된다. 여러분은 아마도 이미 뇌가 두 개의 부분 즉, 뇌반구로 분리되어 있고, 이 두 부분이 서로 다른 기능을 수행한다는 것을 알고 있다. 대부분의 사람들의 경우 좌뇌는 언어행위를 관장하는 곳이다.

만일 어떤 아이가 약 10살 이전에 사고로 인해 언어를 관장하는 뇌반구의 커다란 손상을 입는다면 그 아이는 언어를 새로 완전하게 습득할 수 있다. 그렇지만 만일 누군가가 10살 이후에 그와 같은 뇌 손상을 입는다면 그 언어는 상실되고 다시는 완전하게 습득될 수 없다. 남아있는 것은 개별 어휘들을 학습하는 것이다. 이와는 반대로 보다 복잡한 구조는 다시는 학습되지 않는다.

이런 관찰이 모든 인간에게 공통적이고 환경과의 상호작용 속에서 형성되는 언어 특유의 지식체계를 설명해준다. 우리는 다음과 같이 우리 자신에게 물어보아야 한다. 어떤 다른 생명체에게는 아니지만 모든 인간에게 언어습득을 가능하게 하는 그 체계는 무엇일까? 여러분은 언어학의 과제가 대단히 복잡하고, 여러분이 지금까지 생각했던 것보다 분명히 더 많은 것을 포괄하고 있다는 것을 알고 있다.

우리가 언어학적인 설명을 찾는 것을 어떻게 소개할 수 있는가하는 것은 컴퓨터-메타퍼에 의해 잘 설명될 수 있다. 우리는 컴퓨터에게 프린터로 대답하게 하는 몇 가지 간단한 계산문제를 부여하려고 한다. 그러므로 우리는 시작해보자. 그리고 '10 + 20'에 대해 컴퓨터에 물어보자. 그 인쇄된 대답은 '10 + 20 = 30'이다. 이제 우리에게 호기심이 생기면 우리는 컴퓨터가 그것을 어떻게 계산으로 산출했는지 알고 싶어 한다. 우리는 존재하는 많은 가능성 가운데 다음과 같은 3가지가 생각난다.

1. 컴퓨터는 두 수의 모든 결합과 그 결과를 알려주는 정보기억장치 목록을 가지고 있다.
2. 컴퓨터는 두 수의 모든 결합에 대한 절반과 그 결과를 알려주는 정보기억장치 목록을 가지고 있다. 컴퓨터는 추가적으로 질문의 방향을 바꾸어보게 하는 교환법칙 'x + y = y + x'를 알고 있다.
3. 컴퓨터는 계승자기능에 따라 계산한다. 즉, 컴퓨터는 목록을 소유하지 않고, x를 확인하고 1을 더한 다음 (x + 1)에 대한 기호를 확

인하고 새로 1을 더함으로써 x와 y의 합을 계산해낸다. 그것은 y의 회수만큼 실행된다.

이런 문제에 대답하기 위해 컴퓨터가 3가지 가능성 중에 어떤 하나의 가능성에 따라 계산하는지 그렇지 않은지에 대한 그 답변은 유감스럽게도 우리에게 전혀 도움을 주지 못한다. 진공관, 트랜지스터 등과 같은 비교적 더 중요한 컴퓨터의 물리적 구성요소를 아는 것도 우리에게는 그것에 대해 아무런 설명을 해줄 수 없다. 사람들은 여기서 어떻게 후속조치를 취할까? 우리가 주어진 세 개의 선택사항 중에 하나가 실제로 컴퓨터에 의해 사용된다는 것에서 출발한다면, 이것이 어떤 논리적 관계를 가지는지 생각해보자. 여러분이 기대하는 계산시간을 특히 주목하자.

여러분은 자신의 가설을 세웠는가? 하나의 완전한 목록의 가정 하에서 모든 답변은 같은 빠르기로 이루어져야 할 것이다. 이와는 다르게 컴퓨터가 하나의 부분목록만을 소유한다면 'x + y'와 'y + x'의 답변시간이 서로 다르게 나타나야 할 것이다. 즉, 이들 중 하나의 경우에 물론 추가적으로 교환이 이루어지고 목록을 찾는 일이 계속해서 실행된다. 컴퓨터가 계승자기능에 따라 계산할 때 1을 여러 번 더하면 더할수록 그 대답은 오히려 점점 더 오래 걸려야 할 것이다. 그러므로 우리의 예에 따르면 '10 + 20'은 '20 + 10'보다 두 배나 더 걸려야 할 것이다.

일반적으로 예측은 이러한 예를 통해 암시되는 것보다 특정한 가설의 토대 위에서 더 어렵게 검증될 수 있다. 이것은 특히 서로 다른 가설의 논리적 관계를 찾는 것이 정말 어렵다는 것을 보여준다. 이 밖에 잘 알려지지 않거나 고려되지 않은 요인들이 그 결과를 또한 반대로 만들 수 있다. 그러므로 출발가설 (H1)은 부정적인 테스트 결과에도 불구하고 옳을 수 있을 것이다. 그 이유는 그 테스트 자체도 선택방식에서 출발가설 검증의 타당성에 대한 가설2 (H2)로 간주될 수 있기 때문이다. 즉, 그 결과는 또한 H2가 틀렸다는 것을 보여줄 수도 있을 것이다.

다시 예문 (1)로 돌아가 보자. 도지슨은 "거울나라의 앨리스"에서 'brillig'가 사람들이 저녁식사로 고기를 굽거나 요리를 시작하는 시간인 오후 4시를 의미한다고 적고 있다. 'slithy'는 'lithe (유연한)'와 'slimy (점액성의)'로 구성된 단어이다. 'toves'는 대략 오소리, 도마뱀 그리고 코르크마개 뽑개가 합쳐진 외모를 가진 동물과 일치한다. 그 밖에 이 동물들은 치즈를 먹고 살며 해시계 아래서 그들의 둥지를 짓는다. 'to gyre'는 자이로스코프처럼 회전하는 것을, 'to gimble'은 구멍을 뚫는다는 것을 의미한다. 'the wabe'는 해시계 주변에 있는 잔디밭이다. 즉, 그 잔디밭은 시계 주변에 넓게 펼쳐져 있다. 'mimsy'는 'flimsy (약한)'과 'miserable (가련한)'의 융합으로 이루어져 있다. 그러므로 용기를 가지고 힘 있게 그리고 즐거운 마음으로 페이지를 넘겨보자.

1.3. 여러분이 전부터 항상 언어에 관해 알고 싶어 했지만 아직 한 번도 질문하지 않은 것

우리는 여러분에게 언어학이 '불가사의 (*Mistörium*)'가 아니라는 것을 약속할 수 있다. 물론 여러분은 여러 번 '문제가 해결되지 않아 고민하게 (*die Berge zu Haare stehen*)' 될 것이다. 하지만 우리는 여러분이 이 책을 읽는 과정에서 한번은 '그때 나는 갑자기 깨달았어 (*Da ging mir ein Groschen auf*)'라고 말할 수 있을 거라고 확신한다.

여러분은 바로 위에 있는 괄호 안의 독일어 표현들이 몇몇의 발화오류 (Versprecher)를 포함한다는 것을 분명히 알고 있다. 우리의 일상에서 발화오류는 항시 나타나는데, 다음에서 우리는 언어와 언어사용의 규칙성에 대한 첫 번째 정보를 발화오류로부터 얻는다.

만일 한 시험관이 수험생에게 (4)와 같이 말한다면 그는 두 개의 음 즉, r과 n을 교체한 것이다.

(4) Wir ziehen uns zur Be**n**atung der **R**ote zurück.
(우리는 점수를 평가하는 과정을 공개하지 않는다)

(5) geschlossene L**ü**ste
(완전한 명단)

예문 (5)가 우리의 숨겨진 욕구 즉, 정욕 (Lüste)과 아무런 관계가 없다는 것을 심리학자 프로이트 (Freud)는 알고 있다. 다시 말해, ü는 분명히 계획된 i에서 생겨난 것이다. 그 이유는 앞에 있는 단어의 o에 대해 필수적이었던 입술의 둥근모양이 i에 잘못 영향을 주었기 때문이다. 그러므로 (4)와 (5)는 두 가지 측면에서 다음과 같이 구분된다.

(A) 언어의 단위에서: 1. 음 (A1), 2. 음의 특성 (A2)
(B) 생성방식에서: 1. 교체 (B1), 2. 반복 (B2)

〈 문제 1 〉

앞에서 발화오류로 나타난 Mistörium을 분석하시오.

여러분이 이제 막 좀 피곤해서 실제로 언어학개론을 읽어야 하는데 오히려 다른 것을 하게 될 때, 우리는 여러분이 다음과 같이 말하는 것을 듣는다.

(6) Mein Geist war willig, doch mein Fleisch war **fl**ach.
(나의 영혼은 의욕적이었지만 나의 육체는 약했다)

여러분은 또 다시 아주 '규칙적으로' 발화오류를 범한다. 물론 이번에 여러분은 schw라고 했어야 하는 곳에 fl을 음운결합시켰다. 그러므로 우리는 음 (A1)과 음의 특성 (A2) 외에 음운결합 (A3)도 발화할 때 단위로 이해될 수 있다는 것을 안다.

〈 문제 2 〉

(6)은 교체 (B1)와 관련이 있는가, 아니면 반복 (B2)과 관련이 있는가?

그러나 (4)에서 (6)까지의 발화오류는 우리가 아직까지 전혀 고려하지 않았던 무엇인가를 공통적으로 가지고 있다. 오직 동일한 음절위치에 있는 음 내지 음운결합만이 교체되거나 반복된다. 우리는 지금 겉보기에 우리의 분석에 반대되는 것 같은 하나의 발화오류를 여러분에게 말한다.

(7) Belamtenbeleidigung

물론 의도된 단어는 아래의 음절로 구성된 'Beamtenbeleidigung (공무원 명예훼손)'이었다.

(7') Be-am-ten-be-lei-di-gung

발화에서 음 (및 음운결합)이 다른 위치로, 하지만 비교할 수 있는 음절위치로 이동되는 것이 맞는다면, (7')에서 l에 대해서는 음절위치가 존재하지 않는다. 또한 여기서는 어떤 음이 반복되지도 않고, 음들이 교체되지도 않고 l이 선취된다. 이와 함께 우리는 적어도 또 하나의 발화오류의 생성방식 즉, 선취 (B3)를 발견하였다.

우리의 직관적인 지식은 음절위치에 대한 질문에 대답하기에 충분하지 않다. 여기서 하나의 명확한 이론이 독일어의 음운구조 (Lautstruktur)와 음절구조 (Silbenstruktur)에 도움을 줄 것이다. 그러므로 우리는 그 해결을 2장으로 미루자.

(8) Das gemeinste Kleinsame

우리가 지금까지 알고 있는 지식은 음/음의 특성/음운결합 그리고 음절 (A4)이 발화를 기술하기 위해 필요하다는 것이다. 여러분은 이것이 (8)에 대해서도 적용된다고 생각하는가? 아마도 그렇게 생각하지 않을 것이다. 왜냐하면 이 발화오류는 다른 관점에서 매우 중요하기 때문이다. 다시 말해, -st와 -sam은 Kunst (예술)와 Sesam (참깨)의 그 형태와는 달리, 여기서 특정한 언어적 기능을 수행하는 어미이다. (8)에 대한 의도된 발화는 분명히 다음의 기능적 단위 (A5)를 갖는다.

(8') das klein-**ste** Gemein-**same**

(8')에서는 어떤 생성방식이 관련되어 있는가? 여러분은 이것이 틀림없이 교체 (B1)와 관련된다는 것을 옳게 인식하고 있다. 그리고 (8'')는 무엇이 교체되는지를 보여준다.

(8'') das **klein**-ste **Gemein**-same

그러므로 단어들에 대해 각각 의미의 핵심을 이루고 있는 그 요소들이 교체되었다. 이러한 발화오류를 잔류오류 (Stranding-Irrtümer)라고 말한다.

그러나 서론이 되는 1장은 불완전하므로 우리가 양심의 가책을 받지 않기 위해서는 여러분에게 예문 (9)의 발화오류를 분석할 것을 부탁한다.

(9) Stehen Ihnen die **Berge** schon zu **Haare**?
(당신은 벌써 고민되십니까?)

이 발화오류에서는 사실상 두 개의 독립적인 단위 즉, 단어 (A6)가 서로 교체되어 있다. 그렇지만 이것으로 충분하지 않다. 즉, (10)이 보여주듯이 단어층위에서 우리는 발화오류의 또 다른 생성방식도 발견하게 된다.

(10) Weil es mir nicht einfällt, Extrawürste für die zu **backen**.
(내가 누군가를 위해 특별히 무언가를 할 생각이 없기 때문에)

여기서 한 단어가 의미적으로 유사한 다른 단어에 의해 대체되었는데, 그 단어 자체는 발화에서 존재하지 않았다 (본래 braten (굽다) 이라고 해야 함). 이것을 대체 (B4)라고 말한다. 대체는 지금까지 살펴본 언어적 단위인 음/음운결합에서도 존재한다. 하지만 우리는 더 드물게 (11)과 같은 발화오류를 발견하게 된다.

(11) ein Fasten Bier
맥주 한 상자

미래의 학자로서 여러분은 Fasten이 Kasten (상자)과 Fass (통)로 구성되어 있다는 것을 예상할 것이다. 물론 이러한 종류의 발화오류는 다음과 같이 더 큰 단위에서 더 자주 나타난다.

(12) da ging mir ein Groschen auf.

'그때 나는 갑자기 깨달았다'라는 동일한 의미를 지닌 (12')와 (12") 를 통해 알 수 있듯이, (12)에서 서로 다른 두 문장 구성성분의 단어결합 (A7)이 동시에 발생한다. 이러한 발화오류를 우리는 혼성 (B5)

이라고 말한다.

(12') da ging mir ein Licht auf.
(12'') da fiel bei mir der Groschen.

이제 우리는 다음과 같은 발화오류의 유형을 알게 되었다.

(B1) 교체
(B2) 반복
(B3) 선취
(B4) 대체
(B5) 혼성

이러한 발화오류의 관찰은 한 언어가 적어도 다음의 단위를 포함하고 있다는 것을 우리에게 보여준다

(A1) 음
(A2) 음의 특성
(A3) 음운결합
(A4) 음절
(A5) 기능적 단위
(A6) 단어
(A7) 단어결합

우리는 이러한 단위들을 다음에서 더 자세하게 기술할 것이다.

〈 문제 3 〉

여러분은 지금까지 습득한 지식을 이제 다시 한 번 검증할 수 있다. 다음의 예들은 무엇과 관련되어 있는가?

a. Pilop (Pilot)
b. die sieben Tödsünden (Todsünden)
c. die in Fulda verwammelten Bischöfe (versammelten)
d. Praktor (Traktor)
e. Rotterie (Lotterie)
f. wir waren Pilze fangen (sammeln)
g. Ich fahr mit der Uschi zum Fahrrad (mit dem Fahrrad zur Uschi)
h. Erdquerpark (Erdbeerquark)
i. der Mann hat schon viel hinter sich gemacht (hinter sich gebracht/gemacht)
j. gemonatete Arbeiten (gearbeitete Monate)

제 2장 음성학과 음운론

2.0. 머리말

앞에서 우리는 학문적인 연구와 발화오류 (Versprecher) 같은 일상적인 것들에 대해 개관하고자 하였다. 그 과정에서 이미 우리가 규칙성을 찾아내기 위해 발화오류를 좀 더 자세하게 관찰한 것이 여러분에게 어색하지는 않았는가? 그때 우리는 큰 장점을 하나 갖고 있었다. 다시 말해, 우리는 이러한 규칙성을 우연히 쉽게 발견한 것이 아니라 탄탄한 이론으로부터 출발할 수 있었다. 이 이론은 우리에게 확실히 용어와 규칙을 제공했고, 이와 더불어 그런 관찰을 비로소 체계적으로 설명할 수 있게 하는 하나의 틀을 마련하였다.

만일 여러분이 무엇인가를 시간을 가지고 침착하게 다루려고 한다면 이제 그 이론을 접해보자. 언어 단위의 가장 작은 부분을 정의하는 그런 이론 즉, 음성학 (Phonetik)과 음운론 (Phonologie)을 의미 있게 시작해보자. 이 이론은 말소리의 구체적이고 추상적인 특성에 관한 이론이다. 이 두 이론의 표현에 이미 음 (Laut)을 의미하는 "Phon"이 나타난다.

이 두 이론을 어떻게 구분하는지를 우리는 쉽게 인식할 수 있다. 즉, 여러분이 아주 큰 소리로 소리를 내어 자기 자신과 대화한다고 상상해보자. 만일 이때 여러분이 녹음기를 작동하게 한다면 여러분의 말은 녹음될 것이다. 물론 자신과의 대화는 소리 없이도 할 수 있다. 그리하여 여러분은 음을 발화하지 않고, 이에 상응하여 녹음기는 아무것도 녹음할 수 없다. 두 경우에서 여러분은 자신을 이해할 것이다. 다시 말해, 여러분은 여러분이 무엇을 말했는지를 문자 그대로 알 것이다. 그리고 소리로 녹음된 자신과의 대화의 경우에는 녹음기를 청취한 모든 사람들도 여러분이 무엇을 말했는지를 이해할 수 있을 것이다.

음성학과 음운론 간의 본질적인 차이는 두 이론이 서로 다른 관점으로 음을 다루는 데에 있다. 음성학은 전통적으로 오직 물리적으로 측정할 수 있는 음의 구간 (Lautereignisse)만을 다룬다. 하지만 음운론은 특정한 음과 음운결합을 만들어 내고 해석하도록 화자 (Sprecher)와 청자 (Hörer)에게 허가하는, 뇌 속에 있는 음의 표현들을 다룬다. 다음에서 우리는 특히 음운론을 다룰 것이다. 그 이유는 음운론은 화자와 청자에게 전형적인 인식체계를 다루기 때문이다. 그렇지만 음성학과 음운론의 대상영역을 더 잘 이해하기 위해 우선 음성학을 간단히 살펴볼 것이다.

2.1. 음성학

음성학자들은 음향적이고 조음적인 특정한 특성들을 토대로 음을 측정하고 분류하기 위해 가장 다양한 방법들을 발전시켰다.

음에 대한 음성학적인 분류는 특히 조음장소 (Artikulationsort)와 조음방식 (Artikulationsweise)에 관련된다. [ba]의 발음은 [pa]의 발음과 구분된다. 즉, 예를 들어 이 두 발음은 [ba]에서는 성대가 이미 [b]에서 울리는 반면에, [pa]에서는 성대가 [a]에서 비로소 울리고, 이때 폐에서 입안으로 공기를 배출하기 전 공기압도 더 높다는 것을 통해 구분된다.

만일 우리가 언어에 대한 물리적인 녹음을 그래프로 설명하는 것을 관찰한다면 우선 우리는 서로 다른 주파수의 한 보기만을 인식할 것이다. 어떤 표시가 우리에게 한 음, 한 단어, 또는 한 문장이 언제 시작되고 언제 끝나는지에 대해 설명해주지 못한다. 분리되어 발화된 소리와 음절을 여러 번 연습하고 주파수 스펙트럼 (Frequenzspektren)을 인식하게 함으로써, 상승된 공명주파수 (Formanten)의 영역은 다른 음의 영역과 구분될 수 있고 특정한 음과 결합될 수 있다. 그 외에 서로 다른 음의 경우에, 주파수가 겹치는 것을 특정한 조음적 이동과 연관시키거나, 또는 성대 진동을 상이하게 배치하는 것과 연관시키는 것이 가능하다.

어떤 불변의 음향적 특성이 한 인간에게 상이한 음을 구분하고 해석하도록 허가하는가에 대한 질문은 이러한 방법에 의해 대답되어야 한다. 즉, 물론 아주 정확한 규정, 예를 들어 음의 음향적 특성이 그 공통성을 드러낼 것이라는 점이 이러한 질문과 함께 이미 가정된다. 여태까지 이것은 초음파 검사기 (Sonograph)를 이용하여 아직 한 번도 만족스럽게 성공하지 못했다. 초음파 검사기는 언어의 발화를 기록하기 위한 측정기구인데, 이것은 음향주파수 (Schallfrequenz)의 스펙트럼을 시간에 대해 기록하고 그것을 그래프 형태로 나타낸다.

음성학은 유감스럽게도 또한, 구어 (gesprochene Sprache)에서 왜 청자에게 소리와 의미를 결합시키는 것이 쉽고, 그리고 심지어 소음이 대화상대의 완전한 발화를 이해하는 것을 방해했다 하더라도 왜 청자가 문장, 단어 또는 음이 어디에서 시작하는지를 그렇게 쉽게 결정할 수 있는지를 설명할 수 없다.

우리는 소위 음소재생성 (Phonemwiederherstellung)에 대한 연구에서, 단지 음향적 신호의 해독만이 아니라 그 보다 더한 것과 관련되어 있다는 것을 보여주는 한 예를 발견하게 된다. 즉, 피시험자들은 그들이 무엇을 들었는지를 재현해야 한다. 조작된 발화를 포함하고 있던 피시험자들의 말이 녹음테이프에 녹음되었다. 물론 피시험자들은 이것을 몰랐다. 예를 들어 단어 legislature에서 음 s가 기침에 의해 대체되었다. 하지만 피시험자들은 이때 이 연속체를 legi/기침/lature로 인지하지 않았고 항상 그 배경에 기침을 동반한 legislature

로 인지하였다. 이것은 언어의 처리가 음향적 신호뿐만 아니라 청자의 예상에도 의존한다는 것을 보여준다. 청자는 음성신호에 대한 해석에 능동적으로 참여한다. 예를 들어 단어 legislature에 대한 청자의 지식이 그의 인지 (Wahrnehmung; Perzeption)도 또한 결정한다.

음성학은 구어를 인지할 때 청자의 어떤 능동적 심리적인 참여가 있었는지에 대한 의문을 결코 제기하지 않았다. 이것은 음운론의 과제이다.

그러므로 음성학과 음운론에서 음에 대한 정의가 한편으로는 유사하지만 다른 한편으로는 또한 구분된다는 것은 거의 놀랄만한 일이 아니다. 음성학과 음운론은 동일한 음에 대해 다루기는 하지만 상이한 이 두 학문의 문제제기는 서로 다르다.

[t]같은 음은 조음위치의 상이한 자질 즉, [치음성], [치경음성], [설정성]을 통해서, 그리고 조음방식의 상이한 자질 즉, [자음성], [비공명성], [비 비음성], [비 지속성], [무성음성]을 통해서 음성학적으로 명확하게 정의될 수 있다. 이때에 자질의 종류와 수에 대해서 뿐만 아니라 하나의 음을 위해 있어야 하는 기호에 대해서도 여러 가지 규범들이 존재한다. 가장 많이 사용되는 기호체계는 국제음성기호 (das Internationale Phonetische Alphabet: IPA)이다.

사람들은 음성학적인 음성표기법을 언어적 발화의 2차원적인 이미지로 가장 잘 이해할 수 있다. 이때에 국제음성기호에서 하나의 기호를 통해 표현되어 있는 하나의 음을 정의하는 자질들이 1차원을 형성한다. 2차원은 시간을 통해서 즉, 음들의 순서를 통해 이루어진다.

음성학적인 음성표기법 (Phonetische Umschrift; Transkription)은 실제로 결코 완전하지 않다. 그 이유는 Garten같은 단어가 화자에 따라서, 또는 상황에 따라서 음성학적으로 달라질 수 있기 때문이다.

(1) a. [gartən]
b. [gaʀtʰen]
c. [ga:dn̥]

("ː"은 장음을 의미한다; "n̥"은 음절을 형성한다는 것을 의미한다; "ə"는 약모음 Schwa "e"를 의미한다.)

유감스럽게도 이것에 대한 가능성들이 결코 모두 다루어지지 않았다. 오히려 이러한 여러 변이형들은 선행하는 음과 후행하는 음, 속도, 대화상대, 건강상태 등에 더 많이 의존할 수 있다. 게다가 조음할 때 관여하는 모든 자질들, 예를 들어 개별적인 운동능력이나 음의 높이가 음성표기법에 나타나는 것은 아니다. 다른 한편으로 바로 이러한 상세한 음성표기법은 예를 들어 (1b)에 있는 위첨자 h를 통해 표현된 t의 기식음 (Behauchung; Aspiration)처럼, 또는 (1a,b)에서 r이 바이에른 방언과 스페인어의 혓소리 [r]이나, 표준 독일어와 프랑스어의 목젖소리 [ʀ]로 서로 다르게 실현되는 것처럼 청자를 위해 단지 부차적인 역할만을 하는 자질들을 포함할 수 있다. 음성학적인 음성표기법은 이러한 의존성 때문에 원칙적으로 결코 완전할 수 없다.

물론 기식음기호는 독일어에서 단지 선행하는 자음의 특수한 조음 방식만을 가리킨다. 하나의 음을 정의하기 위한 이러한 추가적인 기호를 음성구분기호 (Diakritische Zeichen)라고 부른다. (1c)의 n 아래에 있는 원 기호도 역시 이러한 기호이다. 이 원 기호는 자음이 음절을 형성한다는 것을 나타낸다.

r과 ʀ는 당연히 음성구분기호가 아니라 상이한 자질들을 통해 정의되는 두 개의 음에 대한 기호이다. 정확히 말하면, 이 두 음은 k와 p가 오직 조음위치에서만 구분되는 것과 마찬가지로 이런 점에서만 서로 구분된다. 실제로 독일어의 k와 p에서 여러분이 두 음 중에 어떤 음을 발화하는가가 커다란 의미차이를 갖게 한다.

(2) a. [pakə] (packe) – [kapə] (Kappe)
짐을 꾸리다 창없는 모자
b. [papə] (Pappe) – [kakə] (Kacke)
판지 똥

다르게 표현하면 다음과 같다. 예를 들어 k와 p의 대조는 독일어에서 음운론적으로 구별된다. 이러한 대조는 특히 의미차이를 가져다준다. 하지만 r과 ʀ의 대조나, 또는 기식자음과 비 기식자음의 대조는 음운론적으로 구별되지 않는다. 그러므로 가끔은 하나의 (비교적 추상적인) 음운형태에 대해 여러 개의 음성형태 (Phonetische Formen)가 존재한다.

(3) 여러 개의 음성형태
↓
하나의 음운형태

(3)은 자유롭게 나타나는 변이형 (r과 ʀ)뿐만 아니라 위치에 의존하는 추상적인 음의 변이형에 적합하다. 이러한 변이형을 이음 (Allophone)이라고 부른다. 위치에 의존하는 이음을 우리는 예를 들어 (4)에서 보게 된다.

(4) a. Kahl
b. Kiel

(4a)의 k와는 달리 (4b)의 k는 입의 앞쪽 (딱딱한 입천장, 경구개)에서 발음된다. 이것이 경구개음 k이다. 그 밖에 이러한 변이형들은 언어의 역사 (통시성: Diachronie)에서 변별적인 음의 변화를 가져다 줄 수 있다. 알고 있는 바처럼, 로만어 (Romanische Sprachen)는 라틴어에서 발전되었다. 우리는 특정한 모음의 환경 (즉, 전설모음 앞)에서 라틴어 k의 경구개음화 (Palatalisierung)를 관찰하게 된다.

(5) 라틴어 quinque → 이탈리아어 [č]inque (cinque)
루마니아어 [č]in[ç]i (činči)

그러나 우리는 여기서 언어의 공시적인 면 즉, 하나의 특정한 상태만을 관찰할 것이다. (3)의 반대 즉, 음운론적으로 구별되는 여러 형태가 음성학적으로 같다는 것도 발생한다.

(6) 하나의 음성형태

여러 개의 음운형태

이것에 대한 하나의 예가 (7)이다. (7b)는 해당되는 요소들의 음성학적인 음성표기법을 설명하고 있다.

(7) a. der Rat gab mir den Rat mit dem Rad zu fahren
b. der Ra[t] gab mir den Ra[t] mit dem Ra[t] zu fahren

여러분이 분명히 스스로 확인 할 수 있듯이, 비록 d와 t가 음운론적으로 구별된다 하더라도 Rat와 Rad가 동일하게 발음된다는 것을 여러분은 안다.

여기에 속하는 예들을 찾아보자. 우리에게 생각나는 예는 Tank/Dank와 leiten/leiden이다.

이제 우리는 이것이 어떻게 (7)과 같은 현상으로 나타날 수 있는지를 당연히 자문해 보아야 한다. 여기에 음운규칙 (Phonologische Regeln)이 작용한다. 여러분은 이미 말음경음화 (Auslautverhärtung)에 대해 들어본 적이 있는가? 독일어에서는 (8a)의 단어 안에 있는 d 같은 유성자음들은 (8b)의 단어 끝에 있는 것과 다르게 발음된다.

(8) a. drei [kin**d**əʀ] (Kinder) mit [ʀæ**d**əʀn] (Rädern)
b. das [kin**t**] (Kind) mit dem [ʀa:**t**] (Rad)

말음경음화는 독일어에서 항상 적용된다. 그러므로 이것은 (7)과 관련하여 언급되었던 d와 t 사이의 음성학적 일치에서도 나타난다.

(9b)와 (9d)의 예는 동화 (Assimilation)의 현상을 보여준다. 다시 말해 한 음이 특정한 자질, 예를 들어 조음장소와 관련하여 선행하거나 또는 후행하는 음으로 동화된다. 우리는 아래에서 이러한 현상들에 대해 훨씬 더 자세히 살펴보고, 여기서는 우리가 한 현상이 음운론적으로 더 잘 설명되거나, 또는 음성학적으로 더 잘 설명될 수 있는지가 항상 아주 분명한 것은 아니라는 점만을 알려주고자 한다.

(9) a. Haken, geben
b. [ha:kŋ̥], [ge:bm̥]
c. anbinden, Angabe
d. [ʔambindən], [ʔaŋgabə]

예문 (10)에서 동기관 자음 (Homorganische Konsonanten)의 형성이 보여주듯이, 이렇게 분명하게 조음상으로 즉, 음성학적으로 설명될 수 있는 현상들은 소수의 몇몇만이 존재한다. 여러분 자신이 이 단어들을 큰 소리로 그리고 보통의 속도로 먼저 말해보고 정확하게 들어보자. 아마도 여러분은 이 단어들을 (10b)에서 음성학적으로 표시된 것처럼 거의 그렇게 말했다는 것을 바로 이해했을 것이다.

(10) a. Samt, Hemd, Pils
b. [zampt], [hempt], [pilts]

그러므로 동기관 자음들은 조음장소와 관련하여 긴밀하게 인접하여 놓여 있는 자음이다. 보통의 말하기 속도에서 조음기관이 일반적으로 다음의 음을 시작하기 전에 이미 그 다음의 위치로 이동되기 때문에, 첫 번째 음과 두 번째 음 사이에 놓이는 하나의 추가적인 음이 실현될 수 있다.

한 음의 음성학적 특성이 그 주변에 있는 한 음에 의존한다는 것을 우리는 이미 (9)의 동화현상과 관련하여 알아보았다. (11)에서 우리는 이러한 의존성에 대한 또 다른 예 즉, 동시조음 (Koartikulation)을 볼 것이다.

(11) a. sie stoßen so
b. so stießen sie

동시조음은 음의 특정한 특성 즉, (11)에서 o를 발음할 때 입술이 둥글게 되고 i를 발음할 때 입술이 펴지게 되는 특성이 이미 선행하는 음을 발음할 때, 여기서는 s와 st를 발음할 때 나타난다는 것을 의미한다.

여러분이 알 수 있듯이, 조음기관 (Artikulationsorgane)이 훨씬 나중에야 비로소 가져야 하는 정보를 어떻게 공급받을 수 있는지는 순수하게 음성학적으로 쉽게 기술될 수 없다. 하나의 발화를 단지 시간을 통한 2차원적인 음들의 순서로 간주한다는 것은 분명히 충분하지 않다. 화자와 청자를 위해 우리는 이들에게 완전한 하나의 단어를 구성하는 음에 대해 추가적인 정보의 통로를 열어주는 표현들도 필요하다.

동기관 자음의 삽입현상을 제외하고, 우리가 여러분에게 위에서 명명한 현상들을 위해 제공할 설명들은 음운론적 특성을 지닌다. 그 이유는 우리가 이러한 설명은 더 간단하면서도 자료들을 더 잘 설명할 수 있다고 믿기 때문이다.

우선 우리는 쉽게 설명하고자 한다. 즉, 우리는 화자와 청자가 모국어 습득 후에 이들의 언어에서 특히, 어떤 음이 존재하고, 그리고 어떤 음운결합이 하나의 특정한 과정이나 대상을 나타내는지를 안다고 이해하기 때문에, 단어들과 이것의 음의 형태가 한 언어의 어휘부 (Lexikon)에 저장되어 있다는 것으로부터 출발해야 한다. 이제 음성학적인 음성표기법 (1)이 이미 보여준 내용에는 한 단어의 음성학적인 발음에 대한 많은 가능성에 근거하여 다음과 같은 문제가 발생한다. 즉, 어휘부에는 이런 가능성들 중에 어떤 것이, 또는 얼마나 많은 가능성이 나열되어 있는가? 분명히 우리는, 한 화자가 한 단어에 대해 아주 많은 상이한 목록을 가지고 있고, 그리고 그가 감기에 걸렸는지 아닌지, 그가 누구와 이야기 하는지, 그가 술을 너무 많이 마셨는지 등등에 따라 그의 어휘부에서 다른 변이형을 불러내어 발음한다는 것으로부터 출발하지 않으려고 한다. 오히려 정확히 하나의 실제로 더 추상적인 음운론적인 표현으로부터 출발하는 것이 의미 있다. 이러한 음성학적인 변이형들은 이들이 체계적일 때에 한해서 규칙들을 통해 유도될 수 있다.

그럼에도 불구하고 물론 우리는 음성학을 필요로 한다. 그 이유는 음성학이 우리에게 인간에 의해 생성될 수 있는 음에 대해 설명할 수 있을 뿐만 아니라 음성학적인 음성표기법이 일반적으로 우리에게 알지 못하는 언어에 대한 가장 좋은 접근성도 제공하기 때문이다. 현재 보편적인 규칙성이 존재하기 때문에, 그리고 개별적인 발화에서 커다란 변화가 기대될 수 있기 때문에 좋은 음성표기법은 의미를 구별하는 음을 해독하는데 도움을 줄 수 있다. 한 언어에서 어떤 음이 한 단어의 의미를 변화시키고 어떤 음은 변화시키지 않는지를 체험하기 위해, 그리고 이때 이와 함께 화자가 갖는 인식체계의 특성에 관해 무엇인가를 진술할 수 있기 위해서는 우선 많은 정확한 자료가 필요하다. 일반적으로 음운론을 운용할 수 있기 위해 우리는 음성학을 필요로 한다.

여러분이 친구들과 재미있게 이야기한다고 한번 가정해보자. 만일 여러분이 여러분의 여자 친구 수지 Susi에게 무언가를 말하려고 한다면, 여러분은 분명히 한 단어의 음을 표현하는 것에서 1차원적인 물리적인 표현을 산출할 것이고, 수지는 청자로서 이러한 음운결합을 다시 더 추상적인 표현으로 옮김으로써 그녀의 언어로 된 단어로 해석할 것이다. 우리가 가까운 미래에 컴퓨터와 재미있게 이야기해야 한다고 할 때에도 컴퓨터는 음성학적인 표현으로부터 더 추상적인 음운론적인 표현을 유도할 수 있어야 한다.

이것은 사소한 일이 아니다. 그 이유는 바로 한 음이 나타날 수 있는 많은 변이형들 때문이다. 이때 한 음운결합의 물리적 표현에서 화자에 의존하지 않는 즉, 자발적인 규칙성이 어느 정도까지 기대될 수 있는지를 안다는 것은 중요하다.

하지만 우리가 본 것처럼 음성형태는 음운형태에 대한 소량의 추론만을 허가한다. 이 정보를 지닌 언어적 신호 (Signal)가 청자에게는 불충분하다. 이것은 다음에서 음운론이 정의하는 이러한 체계 즉, 심리적인 메카니즘 (규칙과 표현)과 관련되어 있다.

〈 문제 1 〉

이제 여러분은 동기관 자음이 무엇인지를 안다. 여러분은 또 다른 예를 찾아보고, 이것이 단어 Klemptner와 어떻게 관련되는지를 설명하시오.

2.2. 선형 음운론

2.2.0. 머리말

만일 여러분이 예를 들어 Mistörium같은 발화오류를 듣게 된다면 이것을 Mysterium으로 이해할 것이고, 이 단어가 무엇을 의미하는지 재차 물을 필요가 거의 없을 것이다. 그러므로 여러분은 발화오류를 재구성한다. 다시 말해, 첫 번째로 여러분은 하나의 발화를 실제로 발화오류로 분류할 수 있고, 그런 다음에 두 번째로 빠르게 그리고 보통 무의식적으로 그 의도된 단어로 대체할 수 있다. 여러분이 발화오류를 범한 사람을 이해하기 위해 그 발화오류자가 반드시 오류를 정정해야 할 필요는 대체로 없다. 하지만 음이나 내용의 오류를 범한 대화상대의 발화에서 대체 어떤 단어가 의도되어 있는지를 재구성할 수 있기 위해서는, 청자가 분명히 단지 그 방해된 음성 정보 즉, 단지 그 음성적 실현보다는 더 많이 이용할 수 있어야 한다. 발화오류는 개별적인 음에 제한되지 않기 때문에, 위에서 논의된 자동적인 음소재생성 현상은 확실히 우리가 재구성을 위해 사용할 유일한 가능성은 아니다. 오히려 우리는 완전히 다른 정보들 즉, 음운연속체 외에 예를 들어 의미, 발화의 문법구조, 문맥상황 그리고 개연성을 동시에 처리할 수 있다. 또한 우리는 우리의 언어에서 불가능한 단어는 어떤 모습 (예: skdab)인지, 우리에게 잘 알려져 있지 않지만 가능한 단어는 어떤 모습 (예: Rektion)인지, 또는 발화오류는 어떤 모습 (예: Mistörium)인지를 결정도 할 수 있다.

아이들은 음을 성인들보다 더 쉽게 구분할 수 있다. 원칙적으로 성인들도 상이한 언어들의 음을 구분할 수 있기는 하지만, 이들은 모국어의 체계를 막 습득하고 있는 아이들보다 그 체계에 훨씬 더 강하게 흡수되어 있다.

이제 만일 우리가 아이들이 모국어에서 어떤 음이 나타나는지를 완전하게 학습한다는 것으로부터 출발하게 된다면, 왜 아이들이 성인들보다 더 늦게 외국어의 음에 대해 그렇게 큰 문제를 갖는지를 설명하기는 특히 쉽지 않을 것이다. 그러므로 인간의 언어에서 이용될 수 있는 구별이 가능한 음들은 유전적으로 제한된다는 것과, 그리고 아이들(과 성인들)이 음들을 범주적으로 인지한다는 것 즉, 음성학적으로 정의될 수 있는 음들에 대한 많은 특성이 인지하는데 거의 영향을 미치지 않는다는 것을 우리는 아래에서 말할 것이다.

이것을 위해 우리는 젖먹이 아이들이 상이한 음들에 대해 반응하는 몇몇 실험결과를 관찰해보자. 4개월 된 아기에게 한 음절을 반복해서 들려주면 이 아이는 우선 고무젖꼭지를 강하게 빨며 반응하는데, 이것은 그 젖꼭지에 연결된 녹음기를 통해 측정될 수 있다. 그 음절이 더 오래 반복되면 빠는 비율은 지속적으로 감소한다. 즉, 이 아이는 그 음절에 익숙해져서 그것을 지루하게 생각한다. 이제 만일 다른 자음을 갖는 한 음절을 들려주게 되면 빠는 비율이 급격하게 다시 상승한다. 이와는 달리 첫 번째 자음의 음성학적인 변이형만을 들려주게 되면 빠는 비율의 상승이 거의 나타나지 않는다. 젖먹이 아이들은 분명히 음향적 특성에는 그렇게 많이 반응하지 않고, 음운론적으로 구별되는 잠재적인 특성에 훨씬 더 많이 반응한다.

다른 실험에서는 아이들이 인위적으로 만들어진 음을 어떻게 인지하는지가 연구되었다. 이것을 위해 사람들은 한 신호의 음향적인 여러 매개변수를 변화시켰고 이것을 아이들에게 들려주었다. 일련의 테스트에서 사람들은 예를 들어 음절 pah와 bah에서 연속적으로 발성시작시간 (Stimmeinsatzzeit: 기류의 해제 순간과 관련된 성대 울림의 시작)만을 바꾸었다. 만일 인지가 순수하게 음향적인 크기에 의해 결정된다면 사람들은 발성시작시간의 계속적인 변화 때문에 상이한 음절을 인지하는 것도 계속적으로 바뀐다고 기대할 것이다. 하지만 이 경우는 그렇지 않았다. 오히려 그 음절을 시작한 후 30 밀리세컨드 (ms) 미만의 발성시작시간에서 그 음절이 bah로 인지되었고, 이와는 달리 30 ms 이상의 발성시작시간에서 pah로 인지되었다는 것이 두 음절 중 어떤 것을 각각 들려주었는지 와는 완전히 독립적으로 나타났다. 이러한 결과는 언어인지가 중요한 범위에서 인지의 범주적 특성에 의존한다는 것을 보여준다. 그러므로 인간은 실제로 색깔과 마찬가지로 음을 범주적으로 택한다. 인지기관은 유전적인 영향을 받는다.

이제 여러 언어에서 상이한 음들 및 자질들은 음운론적으로 구별될 수 있다. 물론 아이는 우선 이것이 어떤 음일 것이라고 알지 못한다. 그러므로 아이는 그가 이용하는 가능성들로부터 한 가지를 선택해야 한다. 예를 들어 발성시작시간과 관련하여 적어도 세 개의 범주적인 구분가능성이 존재한다. 즉, 한 가지 가능성은 0 ms에 있다. 이 가능성은 예를 들어 스페인어에서 발견하게 된다. 또 다른 한 가지 가능성은 예를 들어 독일어와 영어의 음운체계에서 이용되는 경계가 30 ms에 있다는 것이다. 세 번째 가능성은 예를 들어 태국어에서 이용되는 경계가 대략 발성시작시간 전 대략 -40 ms에 있다는 것이다. 다시 말해, 태국어에서는 선호되는 발성법을 갖는 자음과 단순한 유성자음이 음운론적으로 변별되어 구분된다.

아이들은 유전적인 장치에 근거하여 이러한 구분을 인지할 수 있다. 이와는 달리 성인들은 말하자면, 특정한 범주적 차이를 한 체계의 학습을 통해 고정시키고, 음성적 발화를 거의 단지 모국어의 음운체계에서 이용되는 범주를 가지고서만 해석한다. 그러므로 예를 들어 성인의 일본인에게 l과 r을 구분하여 듣는 것 즉, rot과 Lot를 구분하는 것은 거의 불가능하다. 이와 마찬가지로 태국어에서 기식자음과 비 기식자음 간의 차이를 인지하는 것은 독일인에게 실제로 불가능하다.

여러분이 이러한 차이에 동의하지 않고, 여러분의 입장에서 아이들이 일반적으로 성인들보다 훨씬 더 쉽게 학습한다라는 것을 제안한다고 가정해보자. 이어서 여러분은 이러한 설명이 타고난 특성과 관련되어야 하는 설명보다 더 어려운 것이 아니라 심지어는 더 쉽다고 말할 것이다. 즉, 성인들이 외국어를 학습할 때 갖는 어려움의 원인을 성인들이 더 어렵게 학습한다는 것에서 쉽게 찾을 수 있을 것이다. 물론 외국어를 잘 구사하는 성인들도 있다.

그렇다면 우리가 대답해야할 것은 대략 다음과 같은 것이다. 즉, 이러한 대안적인 설명은 첫째, 이 설명이 경험적 자료에 의해 뒷받침되지 않고 둘째, 구별되는 음을 구분할 때 성인들의 문제에 대한 설명으로서 순수하게 음성학과는 전혀 관련되지 않은 근거 (즉, 학습의 어려움)를 제시한다는 결함을 갖고 있다. 이와는 달리 음성적인 신호를 인식할 때 범주적 인지와 여러 정신체계의 상호작용으로부터 출발하는 이론은 이러한 현상을 추가적인 가정 없이 다음과 같이 설명할 수 있다. 즉, 인지가 능동적인 과정이라고 우리는 위에서 이미 보았다. 그 이유는 신호뿐만 아니라 청자의 지식과 예상이 관여하기 때문이다. 만일 그렇다면 다른 언어에서 구별되는 특정한 음을 성인들이 구분할 수 없다는 것의 원인은 쉽게 무의식적인 인지(automatisierte Perzeption)에서 찾을 수 있다. 성인들은 모국어의 음운체계로 말미암아 아이들보다 더 확고하게 결정되어 있다.

2.2.1. 첫 번째 구분

조용히 숨을 한번 돌려보자. 다음으로 우리는 여러분을 음운론을 위한 가장 중요한 가정들과 친숙하게 할 것이다. 우리는 여기서 음운론의 보다 새로운 형태인 생성음운론 (Generative Phonologie)에 대해 언급할 것이다.

모든 학문적인 이론은 두 종류의 어휘를 가지고 있는데, 이것으로 관찰된 현상들을 설명한다. 음운론도 그렇다.

(a) 형식적 어휘
(b) 내용적 어휘

모든 음운론적 규칙성은 (a)와 (b)에 의해 표현될 수 있어야 한다. 이때에 어떤 규칙성이 관련될까?

최소쌍

모든 언어에는 한 요소에서만 서로 구분되는 음운연속체의 쌍이 있다.

(12) fein – Bein, Pein – kein, sein – Hain,
dein – nein, rein – Wein, Schwein – Schrein

이러한 하나의 음을 통해 음운연속체의 각 쌍이 의미적으로 서로 구분된다. 이러한 쌍을 우리는 최소쌍 (Minimalpaare)이라 부른다. 우리는 이러한 차이가 다른 것보다 더 중요하다는 것을 직관적으로 안다. 예를 들어 복모음 (Diphtong) [ae̯]이 비음의 자음 앞에 있을 때 이 복모음을 비음으로 발음하는 많은 독일어 화자가 있다.

하지만 최소쌍 형성은 단지 조잡한 규칙의 위상만을 갖는다. 이것은 한 언어의 음운체계에 대한 첫 번째 추측을 가능하게 한다. 우리는 다음의 형태를 한번 주시할 필요가 있다.

(13) gein, jein[!], tein, krein, Schlein, strein,
Quein, Schnein, Schmein, Spein, Sprein
(!는 여기서 우리의 직관이 분명히 우리가 잘 알고 있는 독자의 직관과 다르다는 것을 의미한다. 즉, 그녀는 jein을 단어라고 생각한다.)

(13)에 있는 음운연속체는 독일어의 단어가 아니다. 그럼에도 불구하고 이것은 (12)에 있는 단어들과 마찬가지로 '최소의' 대조를 이루고 있다. 그러므로 이것은, 우리가 의미차이에 대해 말할 수는 없지만 (12)의 단어들과 분명히 최소쌍도 형성한다. 게다가 이것은 예를 들어 다음의 형태와도 분명히 구분된다.

(14) ktein, schgein, stkein

거의 눈에 띄지 않게 우리는 여기서 음운론의 중심개념을 알게 되었다. 즉, 우리는 음운연속체의 유형을 다음과 같이 구분한다.

- 가능한 형태 (I) : (a) 존재하는 형태
  (b) 존재하지 않는 형태
- 가능하지 않은 형태 (II)

새로운 단어를 창조하는 것은 (II)와 같은 형태보다는 오히려 (Ib)와 같은 형태라고 우리는 좋은 근거를 가지고 예측할 수 있다. 이것은 가장 심한 언어장애 (실어증: Aphasien)를 가지고 있는 화자에게도 적용된다. 이러한 화자는 예를 들어 말을 따라할 때 신조어(Neologismen)를 만들어낸다.

(15) Polizist → Prekinjast
Kirche → Kine

Zwiebel → Zwirdel
Elefant → Helderiarm

상보적 분포와 자유 변이

다음의 두 방법은 다소 더 형식적이다. 우리가 이 방법에 단 하나의 진단 기능만을 부여한다해도 이것이 본래 무엇을 위해 생각되었던 것인지를 잊어서는 안 된다. 이러한 방법을 언어이론의 본질적인 구성요소로 보았던 미국 구조주의 (der Amerikanische Strukturalismus)는 인디언 언어들의 문법을 기록하고자 함으로써 특히, 위협받고 있는 이 언어들을 구출하는 것을 과제로 삼았다. 이것을 위해 마치 의사가 첫 번째 정보 (예: 붉은 반점)를 토대로 (홍역이라고) 빠른 진단을 할 수 있는 것처럼, 당연히 사람들은 알려지지 않은 언어의 구조에 첫 번째로 빠르고 간단하게 접근토록 하는 방법을 필요로 했다.

두 개의 음이 상보적으로 분포되어 있다면 이것은 동일한 형태의 변이형 (Varianten)이다. 음성적 환경이 그 음과 관련하여 서로 배제될 때 상보적 분포 (komplementäre Verteilung)가 존재한다.

(16) Buch – Dach – doch – auch – ich – Milch – durch – echt

여러분이 (16)에 있는 단어들의 발음을 통해 쉽게 확인할 수 있듯이 ch의 음성적 실현은 서로서로 구분된다. 이러한 차이는 오직 언어의 환경과 관련되어 있다. Buch의 ch를 Milch의 ch처럼 한번 발음해보자. 두 변이형은 동일한 형태에 속한다.

그러나 만일 두 개의 음이 자유롭게 변화하고 의미차이가 나타나지 않을 때 이것도 또한 체계적으로 동일한 형태의 변이형이다. 그래서 사람들은 단어 Rosen을 서로 다른 r의 음으로 발음할 수 있고, Mädchen을 장음의 닫힌 e나 또는 장음의 열린 e로 발음할 수 있다. 이때에 이러한 변이형으로부터 의미차이는 발생하지 않는다.

그러므로 이러한 음은 독일어에서 체계적인 지위를 갖는다. 즉, 이러한 음을 음소 (Phoneme)라고 부른다.

앞에서 우리는 (17)에서 두 개의 음이 교체된다고 주장하였다.

(17) wir ziehen uns zur Be**n**atung der **R**ote zurück.

실제로 여기서 두 음소가 교체된다. 음운오류 (Lautliche Irrtümer)는 항상 음소와 관련된다. 만일 (18a)에서 a와 i가 교체된다면 결코 (18b)는 가능하지 않고 (18c)가 가능할 것이다.

(18) a. an diesem Strand darf man nachts nicht baden
b. an diesem Strand darf man ni[x]ts na[ç]t baden
c. an diesem Strand darf man ni[ç]ts na[x]t baden
([x]와 [ç]의 발음규칙 참고)

2.2.2. 음소의 특성

이러한 진단 방법은 관찰된 각 언어의 음소체계에 대해 분명히 정확하게 진술할 수 있다. 하지만 많은 것이 음소는 불가사의한 것이 아니라 특성들의 결합체라는 것을 알려준다. 우리가 한 언어의 음소체계를 전체로 간주한다면 모든 음소는 변별자질 (Distinktive Merkmale)에 의해 표현되는 이러한 특성들에 대해 서로 체계적 관계에 있게 된다. 각 음소는 변별자질의 진술을 통해 다른 음소와 완전히 구분될 수 있다.

독일어의 음소체계는 다음과 같이 기술될 수 있다 (이러한 도표를 자질목록이라고 한다).

(19) a. 자질목록 : 모음과 후두음

	i	ī	ü	ǖ	u	ū	e	ē	ö	ȫ	o	ō	æ	ǣ	a	ā	h	ʔ
자음성	–	–	–	–	–	–	–	–	–	–	–	–	–	–	–	–	–	–
공명성	+	+	+	+	+	+	+	+	+	+	+	+	+	+	+	+	–	–
후음성	–	–	–	–	+	+	–	–	–	–	+	+	–	–	+	+	+	+
저음성	–	–	–	–	–	–	–	–	–	–	–	–	+	+	+	+	+	+
고음성	+	+	+	+	+	+	–	–	–	–	–	–	–	–	–	–	–	–
순음성	–	–	+	+	+	+	–	–	+	+	+	+	–	–	–	–	–	–
설정성	–	–	–	–	–	–	–	–	–	–	–	–	–	–	–	–	–	–
비음성	–	–	–	–	–	–	–	–	–	–	–	–	–	–	–	–	–	–
지속성	+	+	+	+	+	+	+	+	+	+	+	+	+	+	+	+	+	–
긴장성	–	+	–	+	–	+	–	+	–	+	–	+	–	+	–	+	–	–

(19) b. 자질목록 : 자음

	m	n	ŋ	l	ʀ	p	b	f	v	t	d	s	z	š	ž	ç	j	k	g	x
자음성	+	+	+	+	+	+	+	+	+	+	+	+	+	+	+	+	+	+	+	+
공명성	+	+	+	+	+	–	–	–	–	–	–	–	–	–	–	–	–	–	–	–
후음성	–	–	+	–	+	–	–	–	–	–	–	–	–	–	–	–	–	+	+	+
저음성	–	–	–	–	–	–	–	–	–	–	–	–	–	–	–	–	–	–	–	–
고음성	–	–	+	–	–	–	–	–	–	–	–	–	–	+	+	+	+	+	+	+
순음성	+	–	–	–	–	+	+	+	+	–	–	–	–	–	–	–	–	–	–	–
설정성	–	+	–	+	–	–	–	–	–	+	+	+	+	+	+	–	–	–	–	–
비음성	+	+	+	–	–	–	–	–	–	–	–	–	–	–	–	–	–	–	–	–
지속성	–	–	–	+	+	–	–	+	+	–	–	+	+	+	+	+	+	–	–	+
긴장성	–	–	–	–	–	+	–	+	–	+	–	+	–	+	–	+	–	+	–	+

(ç와 x는 한 음소의 변이형; ŋ은 연구개비음 (Velarnasal))

자질목록에 대한 적응 연습

[m] **M**ausi, [n] **N**ase, [ŋ] Wa**ng**e, Ba**n**k, [l] **L**aus, [ʀ] Ho**rr**or,

[p] **P**um**p**e, [b] **b**la**b**la, [f] Ho**ff**nung, [v] **W**asser, [t] Hu**t**, [d] Hän**d**e, [s] Me**ss**er, [z] **S**am**s**on, [š] Rü**sch**e, **S**tadt, [ž] Gara**g**e, [ç] He**ch**t, [j] **J**o**j**oba, [k] Run**k**elrübe, [g] **G**arten, [x] Na**ch**t, [i] l**i**tt, [ī] L**ie**d, [ü] H**ü**tte, [ǖ] H**ü**te, [u] m**u**ss, [ū] M**u**s, [e] B**e**tt, [ē] B**ee**t, [ö] H**ö**lle, [ȫ] H**öh**le, [o] R**o**sse, [ō] R**o**se, [æ] **Ä**pfel, [ǣ] M**ä**dchen, [a] B**a**nn, [ā] B**ah**n, [h] **H**aus, [ʔ] _Ampel, 또는 Ru_ine

[:]은 음이 늘어난 것을 표시한다.

약모음 (Schwa-Laut): Murmelvokal이라고도 함. bitt**e**의 마지막음 [ə]처럼 긴장되지 않고 강조되지 않은 "e"음을 말한다.

"r"의 모음화: 모음 뒤의 음절 끝에서 r은 모음으로 변한다. 하지만 그 뒤에 모음이 오면 다시 본래의 소리 [ʀ]을 갖는다.
[ɐ] Bie**r** - [ʀ] Bie**r**e
[ɐ] weite**r** - [ʀ] weite**r**e

음소결합

복모음
[a͜i] M**ai**s, H**ei**mat
[a͜o] H**au**s, Cl**ow**n
[o͜i] h**eu**te, L**äu**se, Ah**oi**

파찰음 (Affrikate)
[ts] **Z**irkus, Ka**tz**e
[pf] **Pf**au, A**pf**el
[dž] **G**in, Lo**gg**ia
[tš] Ma**tsch**, **Ch**a**ch**a**ch**a

문자와 음

우리가 여러분을 기분 나쁘게 할 의도는 없다. 하지만 우리는 초보자들이 가끔 음과 관련해서 문자를 생각하지 못하는 어려움이 있다는 것을 경험하였다. '문자'라는 의미를 갖는 단어 Schrift는 7개의 문자로 구성되지만 단지 5개의 음 [šʀift]으로만 구성되어 있다. 루이제 Luise가 말할 때 즉, 그녀가 'spricht (말하다)'라는 단어를 사용할 때 그녀는 6개의 음을 필요로 한다. 그 이유는 ch가 하나의 음 [ç]을 나타내기 때문이다.

'essen'을 소리 내어 읽기 위해 우리는 몇 개의 음을 필요로 할까?
여러분은 분명히 5개의 음이 필요하다고 할 것이다. 그렇다면 여러분은 음을 옳게 찾은 것일까? 이 단어의 옳은 음은 [ʔesen]이다. 이것은 우리가 맨 처음에 제기한 문제 즉, Belamtenbeleidigung에서 l에 대한 위치가 존재할까에 대해서 상세하게 설명해준다. l이 성문 파열음 ʔ을 대체한다는 것은 아주 분명하다 ((19a) 참고).

방금 언급된 이러한 관계는 아마 여러분이 복잡하다고 생각하는 것보다 더 복잡할 것이다. 다시 말해, 몇몇 실어증화자가 왜 예를 들어 단어들을 틀리게 읽는지의 원인은 이들의 음운체계 장애이지 아마도 문자소 (Grapheme)의 인지장애는 아닐 것이다. 이러한 언어장애를 난독증 (Dyslexie), 더 정확하게는 표층 난독증 (Oberflächendyslexie)이라고 부른다 (6장 참고).

(20) a. euch → [doi̯t]
b. Briefpapier → [bʀĩfba:ʀ]
c. träge → [dʀæ:dE]

(20a)에서는 예를 들어 물론 문자에서 전혀 볼 수 없는 [ʔ]에 대신에 [d]가 삽입되어 있다. 이때 [d]는 발화오류 bittere Pitten에서처럼 반복된다. 왜 [d]가 단어 끝에서 단지 [t]로만 될 수 있는지를 우리는 이미 말했는데, 이것을 곧 더 정확하게 설명할 것이다.

〈 문제 2 〉

(20b,c)를 분석할 수 있는지를 확인해 보시오.

이러한 변별자질들은 다음에서 진술된 조음적인 특성과 관련된다.

(21) a. 독일어의 음소에 대한 변별자질의 조음적 정의

자음성 (konsonantisch)

[+자음성] 구강 또는 인두강에서 기류의 제한 (모든 자음)

[-자음성] 열린음 (모음; 후두음 (h, ʔ))

공명성 (sonorant)

[+공명성] 자연스러운 발성; 입의 내부와 외부의 기압은 거의 동일하다. (모음과 공명음 (공명비음: n, m, ŋ; 공명유음: ʀ, l))

[-공명성] 그 밖의 모든 다른 자음과 후두음

후음성 (hinten)

[+후음성] 설배를 뒤로 밀어 올려 연구개 (Velum)로 가게 한다. (모음 a; 연구개비음 (ŋ, k, x, ʀ)처럼)

저음성 (niedrig)

[+저음성] 설배를 내린다. (모음 a; 후두음 (h, ʔ)처럼)

[-저음성] 혀가 중앙 위치에 머문다. (예: 모음 i, e, u; 모든 자음)

고음성 (hoch)

[+고음성] 혀가 경구개 (Palatum)로 상승된다. (예: ŋ, x, š)

순음성 (labial)

[+순음성] 양 입술이 다물어진다.

폐쇄순음: m, p, b (양순음 (Bilabiale))

협착순음: v, f (마찰음)

모음 u, o

설정성 (koronal)

[+설정성] 혀끝이 치아나 경구개로 상승된다. (치자음과 치경자음: t, d; s, z, n; 구개치경음 (Palato-alveolare): š)

비음성 (nasal)

[+비음성] 연구개가 하강되어 공기의 일부가 코를 통해 흘러나올 수 있다 (m, n, ŋ).

지속성 (dauernd)

[+지속성] 조음의 진행과정이 상당히 제한되긴 하지만 아직 공기가 구강으로부터 새어나올 수 있다.
(모음; h; 유음 (Liquide:l,r,ʀ)과 마찰음 (f, v, x) 같은 자음)

긴장성 (gespannt)

[+긴장성] 설배나 설근이 팽팽해진다. (예: ē, ō, ū, t, k)

여러분이 지금 (19a,b)를 한번 보면 k와 g가 단지 [긴장음]이란 자질을 통해서만 구분되고, e와 ö가 [순음]이란 자질을 통해서만 구분된다는 것을 알게 된다. 사람들은 변별자질의 도움으로 한 언어의 음소를 간단하게 기술한다. 이러한 변별자질은 음운론의 내용적 어휘의 대부분을 설명한다.

〈 문제 3 〉

(12)로부터 가능한 최소쌍 **B**ein – **P**ein; **P**ein – **f**ein; S**t**ein – Sch**w**ein; Sch**r**ein – Sch**w**ein은 어떤 자질에서 서로 구분되는가?

(21) b.

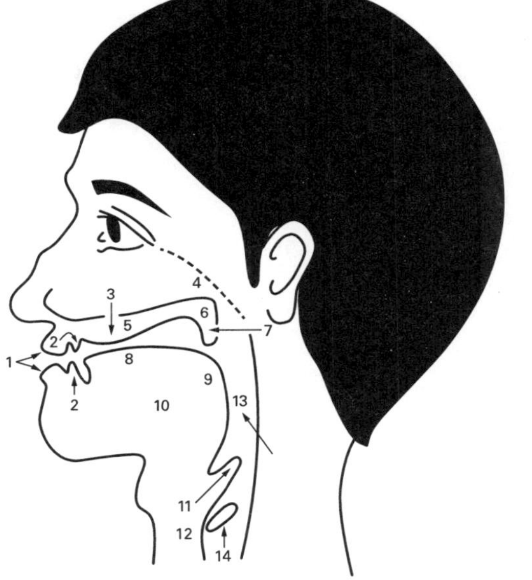

1. 입술	2. 치아	3. 치경	4. 비강
5. 경구개	6. 연구개	7. 목젖	8. 전설
9. 후설	10. 설배	11. 후두개	12. 후두
13. 인두강	14. 성문		

자질목록의 조직

두 개의 자질목록이 각각 다른 음소의 부류 즉, 자음과 모음과 관련된다는 것이 분명히 여러분의 눈에 띌 것이다. 우리는 지금 여러분을 너무 많이 힘들게 하지 않고 자질들에 대해 몇 가지를 언급하려고 한다.

상위부류자질

구강 또는 인두강에서 기류가 제한된다는 자질을 통해 자음과 모음이 구분되는데, 모든 자음은 [+자음성] 자질을 갖는다.

이와는 달리 모음과 후두음 (h, ʔ)은 열린음이다. 즉, 이들은 [-자음성] 자질을 갖는다. 따라서 우리는 두 자질목록을 가정할 것이다.

아주 일반적인 다음의 구분은 [+공명성] 자질을 갖는 자연스러운 발성음 (모음과 m, n, ŋ, ʀ, l같은 공명음)과, [-공명성] 자질을 갖는 고르지 않은 음 (Geräuschlaute: 저해음과 후두음) 사이의 구분이다.

[자음성]과 [공명성] 자질은 음소를 구분하기 위한 일반적인 자질이다. 그러므로 이것을 상위부류자질 (Oberklassenmerkmale)이라고 부른다. 이것은 4개의 상위부류를 규정한다.

(22) 상위부류

	유음/비음	저해음	모음	후두음
자음성	+	+	–	–
공명성	+	–	+	–

[+자음성] 부류와 [긴장성] 자질

[긴장성] 자질은 자음에 대해서 변별적이다. 추측건대 몇몇 독자는 예를 들어 앞에서 본 최소쌍 Bein–Pein을 구분해야 할 때 유성음 (stimmhaft)이라는 자질을 더 먼저 알고 있을 것이다. 그러나 (23)을 한번 관찰해보자 ("ˌ"는 무성음을 의미한다).

(23) a. [b]au b. au[fb̩]au
[v]achen auf[v̩]achen
[z]ehen na[xz̩]ehen

(b)-형태에서 [b, v, z]는 무성음이다. 만일 유성음이 변별적이라면 우리는 (b)-형태에서 유성자음은 무성음이라고 말해야 할 것이다. 그러나 (b)-형태는 조음할 때 긴장이 없다는 점에서 (a)-형태와 동일하다. 이러한 특성이 또한 실제로 변별적이라는 것을 여러분은 곧 알게 될 것이다.

(24) a. Tan[tsb̩]ar b. Tan[tsp]aar

단지 우리의 가정을 따를 때에만 여기에 최소쌍이 관련되어 있다는 것을 우리는 일반적으로 설명할 수 있을 것이다. 그 이유는 b̩와 p는 무성음이지만, b는 [-긴장성] 자질을 갖고 p는 [+긴장성] 자질을 갖기 때문이다.

[-자음성, +공명성] 부류와 [긴장성] 자질

[긴장성] 자질이 모음에 대해서도 변별적이라는 근거는 조금 더 복잡하지만, 아마도 [장음성 (lang)]과 같은 자질은 아닐 것이다. [긴장성] 자질에 대한 값이 변하지 않는 다음의 음의 변화 (Alternation)가 실제로 이러한 경우를 보여준다.

(25) Kal′kül – kalku′lieren
ner′vös – Nervosi′tät
Ja′paner – Japanolo′gie

(26) 긴장되지 않은 모음
Nuss – Nüsse
Koch – Köche

(27) 긴장된 모음
Fuß – Füße
Not – Nöte

(25)에서 강세음절 ("′")의 전설모음이 주강세 (Hauptakzent)를 지니지 않은 후설모음으로 되는데, 이 모음들은 모두 [+긴장성] 자질을 갖는다. 이러한 예에서 [긴장성] 자질에 대한 값은 해당 모음이 주강세를 지니는지 그렇지 않은지에 의존하지 않는다는 것을 우리는

또한 알게 된다. 그 이유는 오른쪽에 있는 관련된 모음들이 강세를 지니지는 않지만 [+긴장성] 자질을 갖기 때문이다. (26)에서 강세 있는 후설모음이 강세 있는 전설모음이 되는데, 이 모음들은 [-긴장성] 자질을 갖는다. (27)에서 강세 있는 후설모음은 강세 있는 전설모음이 되는데, 이 모음들은 여기서는 [+긴장성] 자질을 갖는다.

긴장도 (Gespanntheit)의 변화 없이 모음의 길이가 변할 수 있다는 것을 여러분은 보았는가? 예를 들어 (25)에서 ü는 장음이며 [+긴장성] 자질을 갖는데, u는 단음이며 [+긴장성]을 갖는다. 즉, 장음인 모든 모음은 [+긴장성] 자질을 갖지만, 그 반대로 단음인 모든 모음이 [-긴장성] 자질을 갖지는 않는다. 그러므로 음의 길이는 독일어 모음의 변별자질이 아니다. 만일 음의 길이가 실제로 변별자질이라면 사람들은 긴장도가 달라질 수 있다고 기대하게 될 것이다. 하지만 긴장도가 변별자질이면 음의 길이는 달라져야 한다. 후자가 실제의 경우이다.

〈 문제 4 〉

1장의 문제 3에 있는 형태 (a-d)의 자질변화를 아래의 예처럼 기술해 보시오.

예)	Mistörium		Mysterium
	[i] [ö:]		[ü] [e:]
	[-순음성]	←	[+순음성]
	[+순음성]	←	[-순음성]

2.2.3. 자연부류

의미 있는 음운규칙을 설정할 수 있기 위해서, 우리는 지금 예를 들어 (30)에서 왜 화살표의 왼쪽에 [-공명성]이 놓여 있는지에 대해 한번 생각해보아야 한다. 이것은 자연부류 (natürliche Klassen)의 설명과 관련되어 있다. 자연부류란 이것을 정의하기 위해 진술되어져야 하는 자질들의 수가 이 부류의 요소들 중 어떤 것을 다른 모든 요소와 구분하는 자질들의 수보다 작은 부류를 말한다. 이러한 정의는 복잡하다. 다음의 예가 이것을 명료하게 해줄 것이다.

음소 /p, t, k/는 [-공명성, -지속성, +긴장성] 자질을 갖는다. /t/, /k/와는 달리 /p/는 [-공명성, -지속성, +긴장성, +순음성]을 가지므로 /p, t, k/보다 더 많은 자질을 필요로 한다. 자연부류는 규칙에 의해 파악된다. 다시 말해, 위에서 언급한 자음은 예를 들어 [-공명성, -지속성, +긴장성] 자질이 음 /p, t, k/를 열거한다는 기식음규칙(Aspirationsregel)에 의해 파악된다. 이러한 부류에 적용되는 규칙은 /p/와 /t/에만 적용되는 규칙 보다 더 자연스럽다. 그 이유는 후자가 덜 자연스럽기 때문이다. 즉, /p/와 /t/는 하나의 자질보다 많은 자질집합 [-공명성, -지속성, +긴장성, -후음성]에 의해 열거된다. 예를 들어 [+순음성] 자질을 통해 열거되는 모든 음소 /b, p, f, v/, [+후음성] 자질에 근거하여 열거되는 모든 음소 /k, g, x, r/, 그리고 [+지속성] 자질에 근거하여 열거되는 모든 음소 /l, ʀ, s, f, ç, v, z, j, x, ž, š/는 자연부류이다.

영어에서 모음은 비음의 자음 앞에서 비음화된다. 그러므로 비음화 (Nasalierung)는 [+비음성] 자질에 의해 명시되어 있는 음소 앞에서만 발생한다. 이러한 규칙은 모음이 m 앞에서만 비음화된다는 규칙보다 더 자연스럽다. 그 이유는 m이 [+비음성, +순음성] 자질을 통해서 다른 모든 자음들과 구분되기 때문이다.

여러분은 음운론에서 유사점이 커다란 역할을 한다는 것을 안다. /p, t, k/는 자연부류를 형성하기 때문에 서로 유사하고, 자연부류는 규칙에 의에 파악된다. 우리는 유사점과 차이점을 단지 자질만을 가지고 표현할 수 있다. 이것은 물론 우리에게 일반적으로 아주 잘 알려져 있다. 두 마리의 개는 같은 털가죽을 가지고 있으므로 서로 닮았고, 수지와 에르나는 여성이기 때문에 서로 닮았다 등등.

언어습득에서 아이들도 전혀 다르지 않다. 아이들은 그것을 다만 조금 더 자연스럽게 행한다. 아이들에게는 [m, n, ŋ] 앞에 있는 모음의 비음화와 같은 음운관계를 이해하는 것이 [b, i, z] 앞에 있는 모음의 비음화를 이해하는 것보다 더 쉽게 일어난다.

〈 문제 5 〉

/b, d, g/의 부류는 /b, d/의 부류보다 어느 정도 더 자연스러운가?

경제적 규칙

여러분은 지금 분명히 비음의 자음이 실제로 훨씬 더 많은 자질, 예를 들어 [+자음성, +공명성, -지속성, -긴장성, +비음성]을 통해 정의된다고 이의를 제기할 것이다. 왜 사람들은 영어에서 비음화규칙을 위해 단지 [+비음성]만을 필요로 하는가? 조금만 생각하면 여러분은 이러한 질문에 거의 대답할 수 있을 것이다. 우리는 지금 그 질문에 대답할 것이다. 이것을 위해 많은 측면에서 영어의 자질목록과 유사한 독일어 자질목록 ((19) 참고)을 한번 찾아보자. 비음은 항상 [-지속성], [-긴장성], [+공명성] 자질을 갖는다. 만일 자질들 사이에 어떤 관계가 존재한다면 우리는 한 자질이 다른 자질을 포함하고 있다고 말할 것이다. 이러한 관계는 잉여규칙 (Redundanzregeln)에 의해 표현된다. 이 규칙은 우리가 경제적인 음운규칙을 형식화 할 수 있도록 해준다. 그러나 [+비음성] 자질은 독일어와 마찬가지로 물론 영어에서도 [+자음성] 자질을 포함한다. 이것에 대한 잉여규칙은 '[+비음성] ⊃ [+자음성]'과 같은 모습을 갖는다. 모음은 규칙에 의해 음성학적으로 [+비음성]으로 될 수는 있지만 이러한 차이는 비변별적이다. 우리가 알고 있듯이, 이것은 예를 들어 프랑스어에 대해서는 유효하지 않다.

〈 문제 6 〉

다음 음의 변화는 어떻게 기술될 수 있을까?

예) Hanf → Ha[m]f, Senf → Se[m]f, fünf → fü[m]f

이와 같이 음운론에 대한 몇 가지 중요한 것이 언급되었다. 우리는 곧 여러분을 음운론적으로 사고하게 함으로써 또 다시 힘들게 해야 한다.

2.2.4. 음운규칙

분명히 여러분은 형식적인 어휘가 어떤 특성을 가지고 있는지에 대한 해명을 간절하게 기다렸을 것이다. 하지만 여러분은 이미 몇 가지를 알고 있다. 즉, 자질과 음성학적인 음은 "[ ]" 안에 넣는다. 자질 이외에 괄호 안에는 "+"와 "-"도 놓인다. 이러한 기호의 도움으로 각 자질의 값이 진술된다. 이것은 처음 시작에 불과하다.

다음 형태를 한번 관찰해보자.

(28) Kind, kindlich, kindähnlich, Kindheit, Kinder, Kindes

d는 앞의 네 개의 단어에서 한번은 [t]로 남은 두 단어에서 한번은 [d]로 실현된다. 분명히 여기에는 하나의 규칙성이 기저를 이루고 있다. 그 이유는 모든 단어가 공통적인 구성성분 즉, kind를 갖고 있기 때문이다. 우리는 이제 (28)에서 나타난 현상을 기술할 두 가능성을 갖고 있다.

(A) 우리는 간단하게 모든 형태를 분리하여 한 목록에 진술한다.
(B) 우리는 출발형태에서 시작하여 규칙을 갖는 다른 형태를 유도한다.

(B) 가 선호될 수 있는 이유
- 규칙을 갖는 규칙성을 기술하는 것이 더 간단하다.
- 규칙을 가정하는 것이 더 신뢰성이 있다. 즉, 분명히 (다른 언어와 마찬가지로) 독일어 화자는 비단어 (Nicht-Wörter)를 분석할 수 있다.

(29) a. Die Pfoten meines Murkels sind dick.
내 .....의 앞발은 굵다.
b. Mein Murkel schnurpst immer, wenn er einen Knochen verzehrt.
나의 .....는 뼈를 먹을 때 항상 ..... 한다.
(Murkel과 schnurpst는 독일어 단어가 아니다. 하지만 Murkel은 예를 들어 '동물'로, schnurpst는 '아작아작 소리를 내다' 등으로 이해할 수 있다)

위의 두 문장에서는 1.2장의 "재버워키"에서처럼 의미 없는 어휘들이 나타남에도 불구하고 우리는 그것을 명사로 또는 동사로 인식할 수 있다. 그 이유는 우리가 동사는 어디에 위치하고, 동사는 굴절된다는 등등을 알고 있기 때문이다. 만일 우리가 실제로 존재하는 어휘들의 목록만을 가정하게 된다면 화자의 이러한 능력을 설명할 수 없을 것이다. 만일 설명할 수 있다면 여러분은 Murkel을 찾아볼 수 있는 목록을 갖고 있는가?

(28)에서 2장의 처음에 이미 언급한 말음경음화 현상이 나타난다. 즉, [-공명성, -긴장성] 자질을 갖는 음소는 특정한 위치에서 [+긴장성] 자질을 갖게 된다. 우리는 여러분에게 아직 설명하지 않은 것을 소개할 것이다. 다시 말해, 여기에 다음과 같은 규칙이 있다.

(30) [-공명성] → [+긴장성] /______]σ

규칙 (30)을 이해하기 위해 우리가 잘 알고 있는 내용적인 어휘와 형식적인 어휘가 더 이상 충분하지 않다는 것을 여러분은 쉽게 인식할 것이다. 그러므로 우리는 지금 이것을 확장하려고 한다. 우리와 함께 형식적인 표기법의 세계로 작은 여행을 떠나 보자.

표기법규약

한국어에는 다음과 같은 [r]과 [n] 간의 관계가 존재한다.

(31) a. r → n / ω
b. r → n / K

(31a)는 r이 단어의 맨 앞 (ω____)에서 [n]으로 된다는 것을 의미한다. (31b)는 r이 자음 (K) 뒤에서 [n]으로 된다는 것을 보여준다. 다음의 예가 보여주듯이 한국어에서 [r]은 모음이 이것을 선행할 때에만 허가되어 있다.

(32) 기저 어휘	유도된 어휘
쾌락 /kʰwɛrak/	쾌락 /kʰwɛ**r**ak/
락원 /rakwen/	낙원 /**n**akwEn/
극락 /kwkrak/	긍낙 /kw**ŋn**ak/

빠르게 한번 한국어를 배워보고 싶지는 않은가? 여기에서 위에 있는 3개의 단어 즉, 쾌락 (Vergnügen), 낙원 (Vergnügungspark), 극락 (Großes Vergnügen)를 보자. 여러분은 우리가 한 요소 주변에 형식적인 어휘를 추가했다는 것을 알게 된다. 즉, / /는 기저를 이루는 형태를 포함한다.

(31a)와 (31b)는 결합된다. 이것은 다음과 같이 표기된다.

$$(31)\ c.\ r \rightarrow n \,/\!/ \begin{Bmatrix} \omega \\ K \end{Bmatrix} —$$

형식적으로 구성된 규칙만이 그 관계를 표현할 수 있다. 규칙들이 서로 관련되어 있을 때에만 이들의 통합이 가능하다. 이러한 상황에서 기호는 무엇을 의미하는가? 규칙을 형식화하기 위해 다음의 표기법규약 (Notationskonventionen)이 적용된다. 여러분은 방금 이접 (Disjunktion)을 알게 되었다.

$$A \rightarrow B \; / \; \_\_ \begin{Bmatrix} C \\ D \end{Bmatrix}$$

A가 C 앞 (__C)이나 D 앞 (__D)에 오면 이것은 B로 된다. 즉, AC는 BC (AC → BC)로 되고, AD는 BD (AD → BD)로 된다. 알파벳의 앞부분에 있는 대문자는 변항인데, 뒷부분의 대문자도 종종 변항이다. 여기서는 어떤 규칙이 통합되어 있는가?

$$\begin{Bmatrix} A \\ E \end{Bmatrix} \rightarrow B \; // \begin{Bmatrix} C \\ D \end{Bmatrix} \_\_$$

A가 C 뒤에 오면 이것은 B로 된다. A가 D 뒤에 오면 이것은 B로 된다. 이와 같이 이제 표기법에 대한 설명을 계속해보자.
우리는 다음의 규칙을 "( ): 수의적 괄호"의 도움으로 훨씬 더 많이 합성할 수 있다.

A → B /___C D
A → B /___D

따라서 다음과 같이 표기할 수 있다.

A → B /___(C) D

음운론자들은 매우 독창적이다. 이들은 예를 들어 주변에 있는 음소들의 수도 진술할 수 있다. 만일 한 규칙에서 예를 들어 K_0처럼 아래첨자로 표시된 수가 나타나면 이것은 자음이 없거나 한 개 이상 있다는 것을 의미한다. K_1은 자음이 한 개 있거나 두 개 이상 있다는 것을 의미한다. 아래첨자 (Subskripte)는 하위경계를 나타낸다. 상위경계는 위첨자 (Superskript)에 의해 표시된다. K_0^1은 자음이 없거나 한 개 있다는 것을 의미하고, K_2^4는 자음이 최소 두 개에서 최대 네 개 사이에 있다는 것을 의미한다.

이러한 표기법은 수의적 괄호표기법과 동일하지 않다. V_0는 수의적 괄호를 이용한 (V)와 동일한 것을 의미하는 것이 아니라 V_0^1 = (V), V_2^3 = VV(V)처럼 표기된다. 그러므로 괄호표기법은 위첨자표기법의 변이형이다. 혹시 여러분은 하나의 예를 갖기를 원하는가? 여기에 과거분사에서 전철 ge가 생략된 것이 있다. 예를 들어 andeuten의 과거분사는 angedeutet인데 반해서 anvertrauen의 과거분사는 angevertraut가 아니라 anvertraut이다.

(33) ge의 탈락

V (모음)
ge → Ø / ___[K_0^1 [−강세] ...

(33)은 ge가 하나의 자음과 강세 없는 모음으로 된 연속체 앞에 오거나 하나의 강세 없는 모음 앞에 올 때 탈락 (Ø)된다는 것을 의미한다.

α-표기법

방금 설명된 괄호표기법처럼 α-표기법도 일반화가 표현될 수 있도록 규칙을 단순화하는데 이용된다. 마지막 예이다. 즉, 한 언어가 다섯 개의 모음 /i, e, u, o, a/을 가지고 있다고 가정해보자. 이때 [−저음성] 자질을 갖는 모든 모음은 다음과 같이 동일하게 [후음성]과 [순음성] 자질로 표시된다는 것이 적용된다.

/i, e/는 [−후음성, −순음성] 자질을 갖는다.

/u, o/는 [+후음성, +순음성] 자질을 갖는다.

적합한 표기법이 없다면 사람들은 이것을 이렇게 표기해야 할 것이다. 여기서 "→"는 "포함한다" 또는 "만약 ...라면 ...이다 (wenn ... dann)"를 의미한다.

[-저음성, -후음성] → [-순음성]
[-저음성, +후음성] → [+순음성]

각각의 자질 표시가 일치하는 것을 이것으로 표현할 수 있기는 하지만 중요한 일반화는 상실될 것이다. 하지만 우리의 경우에서는 그렇지 않다. 다음을 보자.

[-저음성, α후음성] → [α순음성]

α는 +와 -를 의미하는 변항이다. 만일 α가 한번 +로 된다면 이것은 관찰된 규칙 내에서 계속해서 나타날 때에도 마찬가지로 +이어야만 한다. -에 대해서도 마찬가지로 적용된다.

지금까지의 내용은 상세히 설명되지는 않았지만 중요한 것들이었다. 유감스럽게도 우리는 많은 미세한 것들을 건너뛰어야만 했다. 하지만 여러분은 이것을 관련 참고문헌에서 찾아볼 수 있을 것이다.

흥미를 가지고 다음 과제를 풀어보자.

〈 문제 7 〉

우리가 다음 규칙을 어떻게 통합할 수 있을까?

a. A → B / Z ____ W
b. A → CDB / Z ____ W
c. A → CB / Z ____ W
d. [-공명성] → [+긴장성]/____[+자음성, +긴장성]

e. [-공명성] → [-긴장성]/___[+자음성, -긴장성]

말음경음화 다시 보기

물론 여러분은 단어들이 규칙 (30)에 의해 어떻게 유도될 수 있는지를 지금 바로 알 수 있다. 아울러 우리는 한 요소 주변에 내용적 어휘 즉, (30)에서 음절 (Silbe)을 의미하는 "σ"를 확대하였다. 음절이 정확히 무엇인지를 우리는 2.3장에서 설명할 것이다.

kindlich에서 kind와 lich 사이에 있는 경계, 그리고 Kindheit에서 Kind와 heit 사이에 있는 경계와 같은, Kind 뒤의 이러한 경계를 음절경계 (Silbengrenze)라 한다.

〈 문제 8 〉

다음에서 음의 변화는 왜 나타나는가?

[he:pʔame]-[he:bame], [ne:pliç]-[ne:bliç]

우리가 다른 문법부분의 이론처럼 음운론에서도 기저를 이루는 표현과 유도된 표현을 구분한다는 것을 여러분은 이미 알고 있었을 것이다. 음운규칙의 도움으로 포착된 이러한 차이는 매우 중요하다. 여러분도 알겠지만 이 차이는 우리의 논제 (Ausgangsüberlegungen)에 보다 큰 경험적인 의미를 부여한다. 우리가 규칙으로 유도하는 형태들은 예측될 수 있기 때문에 언어의 음운론적인 규칙성을 따른다. 예측될 수 있는 모든 것은 규칙을 통해 표현된다. 예측될 수 없는 모든 것은 분리되어 기입되어야 한다. 이것을 위한 장소가 문법적 어휘부 (das grammatische Lexikon)이다. 문법적 어휘부에는 어휘들의 기저 형태가 음운적, 통사적 특성과 함께 저장되어 있다. 그러러므로 Kind에서 d가 말음경음화 된다고 (30)에 의해서 예측될 수 있지만, 그 의미가 정확히 이러한 음성형태를 통해 표현된다고 예측될 수 없다 (Kind와 의미가 같은 영어 child, 프랑스어 enfant, 스페인어 niño 등을 비교해보시오). 예측될 수 없는 이러한 정보는 어휘항목 (Lexikoneintrag)에 기입되고, 그 나머지는 음운규칙이 해결한다.

기저 형태가 음운규칙의 도움으로 유도된 형태로 바뀌는, 많은 음운론적인 음의 변화 (Phonologische Alternationen)가 존재한다. 이것에 대한 몇몇의 예를 우리는 다음에서 여러분에게 설명할 것이다.

연구개비음

독일어의 비음은 다음에서 대조를 보인다.

(34) Wa**mm**e, Wa**nn**e, Wa**ng**e

[ŋ]은 여기서 상세하게 설명하지 않은 하나의 규칙을 통해 예측된다는 것으로부터 우리는 출발할 수 있다.

(35) /tang/　　/tank/

비음동화　**비음동화**
/taŋg/　　/taŋk/

g-탈락
[taŋ]　　[taŋk]

다음의 자료도 기저 표현 n + k/g을 대변한다.

(36) My bank will pay 5% interest → my ban will payk 5% interest

만일 bank에 대해서 단지 ba[ŋk]라는 표현만 존재한다면 (36)과 같은 발화오류는 발생해서는 안 되고, my ba[ŋ] will payk 5% interest이란 표현으로 나타나야 할 것이다.

ng-연속체와 gn-연속체 자체의 존재는 이미 많은 사람들에 의해서 연구개비음의 지표로 해석되고 있다. 예를 들어 Magna Charta를 발음할 때 [maŋna kaʀta]로 잘못된 역행동화 (regressive Assimilation) 즉, g와 n의 음위전환 (Metathese)이 발생한다.

연구개 비음동화 (velare Nasalassimilation)에 따르면 (35)에서처럼 /g/-탈락 현상이 항상 일어나는 것은 아니다. 즉, 게르만어 Tria[ŋ]el의 계승접미사 (Erbsuffixen)에서 /g/가 탈락된다. 하지만 비게르만어 (로만어 tria[ŋg]ulär)의 접사에서 /g/는 그대로 유지되고 있다. I[ŋg]olf와 Ma[ŋg]o에서처럼 완전모음 (Vollvokal) 앞에서도 /g/는 그대로 유지된다.

실어증의 발화에서도 우리는 가끔 (37a,b)와 같은 기저 표현을 즉, 실어증화자가 연구개음화규칙 (Velarisierungsregel)을 적용하지 않았다는 것을 암시하는 형태를 발견하게 된다.

(37) a. Insel → I/n/gel
b. Hund → Hu/n/k
c. Za[ŋ]e → Na[ŋ]e
d. Ru[ŋ]kelrübe → Ru[ŋ]kelrobe
e. Schra[ŋ]k → Schra/n/t
f. Schla[ŋ]e → Schla/n/e
g. Strand → Sta[ŋ]k
h. Hemd → He[ŋ]t

비음

영어에서 모음은 비음의 자음 앞에서 [+비음성] 자질을 갖게 된다 (예: sand vs. sad). 이러한 음의 변화는 비음의 자음이 나타나는 것과는 다르게 예측될 수 있다. 모음의 비음성 (Nasalität)은 영어에서 변별적이지 않다. 그러나 이것은 가나의 아칸어/트위어 (Akan/Twi) 같은 다른 언어에서 변별적이다.

(38) a. [ka] - [kã] (물다 - 말하다)
b. [nsa] - [nsã] (개 - 액체)

〈 문제 9 〉

이러한 대조를 무엇이라고 말하는가? 여러분은 구음의 모음과 비음의 모음 사이의 구분이 변별적인, 또 다른 언어를 알고 있는가? 그 예를 제시하시오.

기식음

예측할 수 있는 특성에 대한 또 다른 예는 영어의 기식음이다. 이것을 우리는 위첨자 h (^{h})로 표기한다. 자음 p, t, k가 모든 곳에서 기식음이 되어서는 안 된다.

(39)	p^h	t^h	k^h	p	t	k
	pill	till	kill	spill	still	skill

영어에서 기식음은 비변별적이지만 아래의 태국어에서는 변별적이다.

(40) tam - [t^h]am (분쇄하다 - 행하다)
paa - [p^h]aa (숲 - 쪼개다)
kat - [k^h]at (물다 - 중단하다)

〈 문제 10 〉

독일어에서도 특정한 자음은 특정한 환경에서 기식음이 된다. 우리가 지금 여러분에게 몇몇 예를 줄 것이다. 여러분은 이것에 대한 규칙성을 찾아낼 수 있는가? 이러한 형태들은 문자에 아주 가깝게 표기되어 있다. 관련되는 자음만 다음과 같이 음성학적인 음성표기법으로 되어 있다.
A[pʰ]éll; A[spʰ]ík; [pʰ]éch; [pʰ]láge; [pʰ]néu; [pʰ]róbe; á[pʰ]; Belé[kʰ]; Gewál[tʰ]; versté[ktʰ]; Háu[ptʰ]; A[spʰ]í[kʰ]; a[kʰ]ú[tʰ]; versté[k]t; Hau[p]t; ver[št]éckt; [šp]iel

2.3. 비선형 음운론

여러분이 지금 다음에 나오는 음운론의 새로운 내용을 받아들일 수 있는 예비지식과 차분한 마음을 가지고 있다는 것은 진심으로 축하할 일이다. 우리가 1장에서 말했던 것을 이제 상세하게 설명할 것이다. 우리는 지금까지의 음운론적인 가정과 더 이상 일치하지 않는 현상들을 제시할 것이다. 다음과 같이 다시 요약해보자.

I. 음운규칙은 음소와 경계의 결합을 구체적으로 나타낸다.
II. 음운규칙은 기저 표현과 유도된 음운 표현의 구분을 가능하게 한다.
III. 음소는 이분적 (±)으로 명시되어 있는, 많은 일정하지 않은 자질을 통해 정의된다.

〈 문제 11 〉

II에 따르면 [ta:k], [lop], [pfa:t]는 어떤 종류의 표현인가?

I과 III의 장점과 단점

예를 들어, 우리가 /g/의 자질을 진술할 때 어떤 순서로 하는가는 중요하지 않다. 중요한 것은 오직 완전성이다. 즉, [+자음성, -공명성, -순음성, +후음성, -긴장성 ...]이든 [-긴장성, +자음성, -순음성, -공명성, +후음성 ...]이든 자질들의 순서는 중요하지 않다. 이것으로 언어장애를 갖고 있는 사람들의 음운오류가 세밀하게 기술될 수 있다.

(41) a. Kasse → Gasse
[+자음성, -공명성, +후음성, +긴장성 ...]
→ [+자음성, -공명성, +후음성, -긴장성 ...]
b. Kasse → Tasse
[+자음성, -공명성, +긴장성, +후음성 ...]
→ [+자음성, -공명성, +긴장성, -후음성 ...]

(41a,b)는 대체이다. 반복 (42)를 한번 순차적으로 분석해보자.

(42) geschlossene Lüste

[+순음성] 자질은 오류계획에서부터 인접해있지 않은 여러 음소로 확산된다. 도식적으로 보면 다음과 같다.

(43)
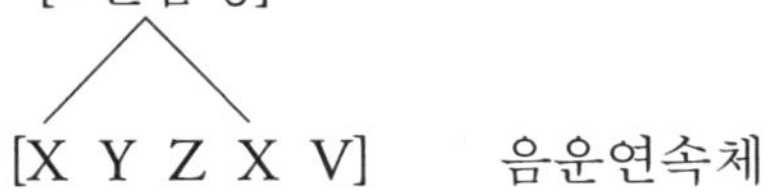

그러므로 (43)은 위계적인 표현 (Hierarchische Repräsentation)이다. 우리가 발화오류에서 보았던 것은 많은 언어의 복잡한 음운론적 특성을 나타낸다. 터어키어에는 예를 들어 (44a,b)처럼 복수형을 만들 때 ler과 lar에 의해 나타나는 모음조화 (Vokalharmonie)가 존재한다. 복수형 접사의 선택은 전적으로 선행하는 모음의 음운론적 특성에 의존한다. 헝가리어에서는 비교급을 만들기 위해 (44c,d,e)처럼 bb가 붙게 된다. 출발어가 모음으로 끝나지 않을 때, [후음성] 자질과 관련하여 선행하는 모음과 일치하는 모음이 삽입된다.

(44) a. evl**er** (집들) / *evl**ar**
b. atl**ar** (말들) / *atl**er**
c. olcsó → olcsó**bb** (값이 싼 → 값이 더 싼)
d. rossz → rossz**abb**/*rossz**e**bb (나쁜 → 더 나쁜)
e. kerek → kerek**ebb**/*kerek**a**bb (둥근 → 더 둥근)

고대고지독어에서 변모음화되는 것도 모음조화이다. 접미사 i가 후설모음이 전설모음이 되도록 즉, [-후음성] 자질을 갖도록 영향을 미친다.

(45) a. g**a**st (Gast) → g**e**st**i** (Gäste)
b. f**a**ran (fahren) → f**e**r**i**t (fährt)
c. t**a**g (Tag) → t**e**gel**i**h (täglich)

여러분은 변모음화되는 것이 음운론적으로 어떻게 표현될 수 있는지 이미 추측을 했는가? 분명히 여러분은 추측했을 것이다. 간단하게 다시 도식 (43)을 이용해보자.

(46)
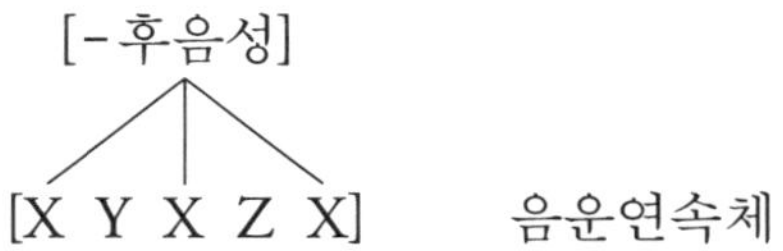

그러므로 자질들은 자율적인 지위 (autonomer Status)도 가질 수 있

다. 즉, 이들은 (43)과 (46)에서 음소를 관할한다 (주의 : 이 경우에 '관할한다' 대신에 '지배한다'고 표현하기도 한다. 본 역서에서는 통사론에서 Rektion과 Dominanz를 구분하기 위해 Rektion은 '지배'로 Dominanz는 '관할'로 번역하였으므로, 표현의 일관성을 위해 '관할'을 선택했다). 이러한 관할관계 (Dominanzbeziehung)는 선형 음운론에서 산출될 수 없다. 자질들을 음소처럼 다룰 수 있는 이러한 이론을 자립분절 음운론 (Autosegmentale Phonologie)이라고 한다. 하나의 자질이 여러 위치로 퍼지는 것을 확산 (Spreading)이라고 한다.

하지만 다른 관점에서는 위계성 (Hierarchie)도 필요하다. 물론 여러분은 이미 발화오류 (47)을 알고 있다.

(47) Belamtenbeleidigung

이러한 발화오류는 분명히 독일어의 음운구조와 어떤 관계가 있다. 유감스럽게도 우리는 아직 정확히 무엇이 어떻게 관련되어 있는지 알지 못한다.

〈 문제 12 〉

Beamtenbeleidigung은 음성학적으로 어떻게 음성표기가 되는가?

(47)에서 합성어의 두 번째 부분에 l이 사용되는데, 이 음은 선취되어 특정한 음절위치에 붙게 된다. 이 위치에 후두음의 성문 파열음 ʔ 이 대체된다.

그러므로 언어의 단위는 연속적인 음운구조 뿐만 아니라 확정된 위치 C와 V로 된 음절구조도 갖는다. 이러한 위치 C와 V는 특정한 음소를 관할한다. (48)이 보여주듯이 발화오류 (47)은 음절구조를 이용하므로 음운론적으로는 적형이다.

여러분이 보듯이, 이 발화오류는 합성어의 첫 번째 부분에 있는 두 번째 음절 (σ_2)과 관련되어 있다. 다시 말해, 이 발화오류는 음절 (σ_2)의 왼쪽 끝에 의해 관할되는 음소와 관련되어 있다 (△는 정확한 구조가 관찰되지 않을 때 사용된다).

(48)

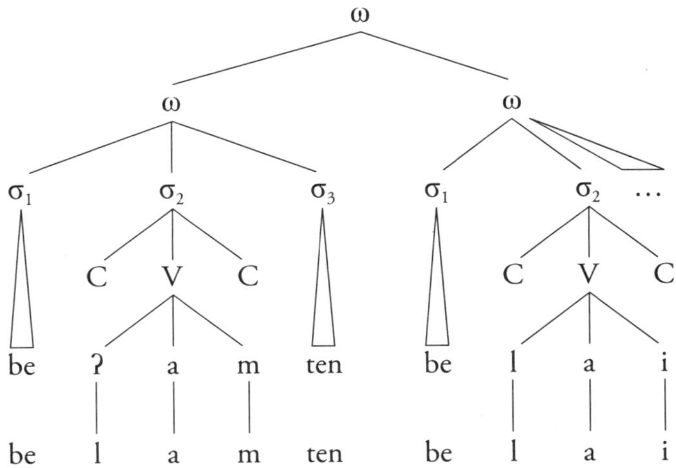

(ω: 단어; σ: 음절)

이러한 과정들은 선적인 표현 (lineare Repräsentationen)과 경계만을 허가하는 모형에 의해 완전히 설명될 수는 없다. 우리는 허가된 각각의 자음-모음-연속체에 대한 접근성과 음절구조에 대한 접근성도 제공해주는 한 모형이 필요하다. 지금까지 우리는 충분히 설명하였다. 이제 개정된 음운론으로 가보자.

2.3.1. 음절

여러분은 지금까지 우리의 논의에서 한 가지가 누락된 것을 실제로 인지했는가? 이것이 방금 우리의 눈에 띄었다. 즉, 우리는 지금까지 III과 관련되어 있는 문제를 상세히 논의하지 않았다. 이번에 여기서는 산스크리트어 (Sanskrit)에서 나온 고급의 예를 보자.

(49) a. s r u　　　s r u → susru/*rusru
　　C V + C C V
　b. s k a n d　　s k a n d → caskand/*saskand
　　C V + C C V C C
　sru (흐르다) - susru (완료-어간)
　skand (껑충 뛰다) - caskand (완료-어간)

여러분이 보듯이 하나의 자음-모음-연속체가 중복되었다. 그런데 왜 한번은 자음 r이 아니라 s가, 다른 때는 s가 아니라 k가 선택되는가? 우리가 각각의 자음연속체 sr과 sk를 비교해보면, (49a)에 있는 s와 (49b)에 있는 k는 각각의 인접한 자음보다 공명성이 낮다는 것을 알게 된다. 이러한 단계적인 차이를 나타내기 위해서, 우리는 일정한 음소결합과정에 대해 음소의 특성을 이분적인 대조보다 더 많게 분류해야 한다. 우리의 경우에는 이것으로부터 공명성의 연속성 (Sonoranzkontinuum) 또는 공명성의 위계성이 생성된다.

(50) 증가하는 공명성

– →

p,b	f,v,ç,j	n,m	l	R	i,ü,u	e,ö,o,a,æ
t,d	s,z,x					
k,g	š,ž					

이분법: [-공명성]　　　　　[+공명성]

따라서 우리는 (49)를 순수 이분적인 음소의 정의에 의해 설명할 수 없지만, 아마 (50)의 단계적인 공명성에 의해서는 설명할 수 있을 것이다. 즉, k는 s보다 공명성이 낮다. 산스크리트어의 CV-중복에서는 (49a)에서처럼 공명성이 낮은 자음이 사용된다. 공명성은 음소에 대한 음향적-조음적인 내용뿐만 아니라 음절에 대한 심리언어학적인 인지와 산출의 특성과도 관련되어 있는 상대적인 개념이다.

무엇보다도 산스크리트어에서는 왜 공명성이 낮은 자음이 사용되는지를 이해하기 위해, 우리는 (50)이 중요한 역할을 하는 음절구조를 더 상세히 다루려고 한다.

방금 우리는 발화오류 Belamtenbeleidigung이 음절위치의 도움에 의해서만 타당하게 기술될 수 있다는 것을 보았다.

두 유형의 음절위치 C와 V가 있다. C 아래에는 공명성이 낮은 음소 즉, 특히 자음이 놓이고, V 아래에는 공명성이 더 높은 음소 즉, 특히 모음이 놓인다. 하지만 특정한 음절에서는 V 아래에 비음과 유음도 놓인다.

그러나 우리가 다음의 발화오류를 보게 되면 새로운 음운이론을 증명하기는 아직 충분하지 않다.

(51) a. **Br**uch/*Chu**br**; **Schw**an/*Na**schw**; **Str**aps/*Psa**schtr**
b. Ke**rl**/***Rl**ek; Cha**rme**/***Rm**asch; Scho**rf**/***Rf**osch

(51)에서 비언어적인 형태들은 단지 우연하게 독일어의 비단어가 된 것은 아니다. 이들은 음운론적으로 허용되지 않기 때문에 아직 나타날 수 없을 것이다. 하지만 선적으로 관찰해보면, 모든 형태에서 각각 동일한 음소연속체가 관련되어 있다. 따라서 이것은 우리에게 문법성의 차이를 설명하지 못한다. 음절구조의 분석이 이것을 우리에게 아주 쉽게 설명해준다. 즉, 음절말음 (Silbenauslaut)에서 허용되지 않은 음소결합은 음절두음 (Silbenanfang)에서 나타날 수 있고, 그 반대로 음절말음에서 허용되는 음소결합은 음절두음에서 나타날 수 없다.

공명성의 위계성에서 나온 순서제약 이외에 개별언어적인 제약 즉, 한 언어의 특정한 음소들의 순서에 대한 소위 음절구조제약도 존재한다. 다시 말해, 공명성원리나 필수적 억양곡선 원리 (Prinzip der obligatorischen Kontur: POK)에 따르면 tlür, kmaus, dsauber같은 어휘들도 가능할 것이다. 그러나 실제로 이러한 연속체는 독일어에서 배제된다. 이것에 대한 이유 중의 하나는 동기관 자음들의 결합제약이다.

(52)에 있는 어휘들에 대해 음절구조를 나타내보자.

(52) a. Mo; Mop; Otto; ob
b. Schuss; Schluss; Schreck; Stab; Strom;
Spuk; Spruch; Spleen; Schrank

간단히 다음과 같이 나타난다.

(53) a.

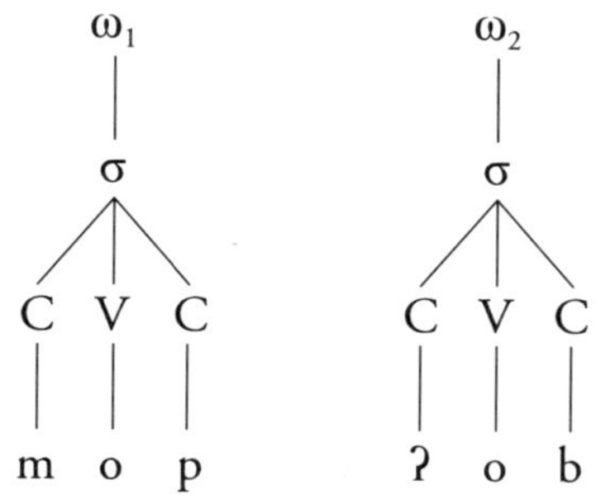

b.

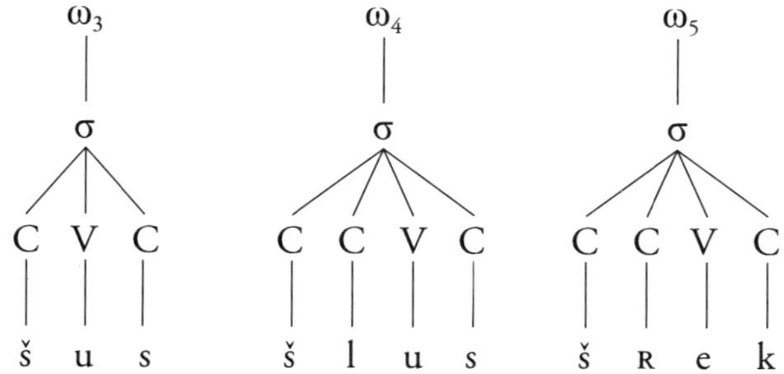

ω_{1-3}에 있는 음절 σ는 분명히 독일어의 최소 음절구조를 나타낸다. 단모음으로 끝나는 음절은 없다. 그러므로 우리는 (우리가 이 책을 쓸 수 있도록 고견을 아끼지 않았던 Monika에 대해 축약된) Mo에서 o가 긴장된 음이라는 점과, 2음절의 Otto에서 t가 적어도 첫 번째 음절의 구성요소라는 점을 예측할 수 있다.

(54)

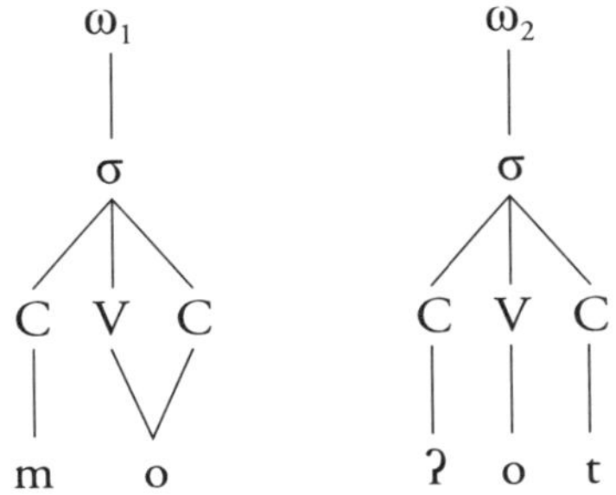

음절화 (Silbifizierung)를 위한 첫 번째 범위는 다른 규칙이 적용되지 않고 기저의 어휘항목으로 나타나는 단어 (das Wort)이다.

Schrank와 Stab 간의 대조에서는 장모음을 갖는 음절이 그 모음 뒤에 최대 하나의 자음을 가질 수 있다는 것을 알 수 있다. 이것은 예를 들어 Haus처럼 복모음을 갖는 음절에 대해서도 적용된다. 그러므로 우리는 언어장애가 있는 사람들의 음운오류에서도 다음의 예를 발견하게 된다.

장모음	→	모음 + 자음	음소층위
Zw**ie**bel		Zw**ir**del	
VC		VC	음절층위

모음 + 자음	→	장모음	음소층위
Tr**ak**tor		Pr**u:**kol	
VC		VC	음절층위

복모음	→	장모음	음소층위
St**au**bsauger		Sch**a:**bfaller	
VC		VC	음절층위

복모음	→	모음 + 자음	음소층위
Blumenstr**au**ß		Brument**an**k	
VC		VC	음절층위

예를 들어 긴장된 모음과 모음-자음-연속체 사이에는 물론 직관적으로 한 가지 차이가 존재한다. 이러한 차이를 우리는 서로 다른 연결(Assoziationen: 음절위치와 음소 간의 관할관계)을 통해 나타낸다.

(55)
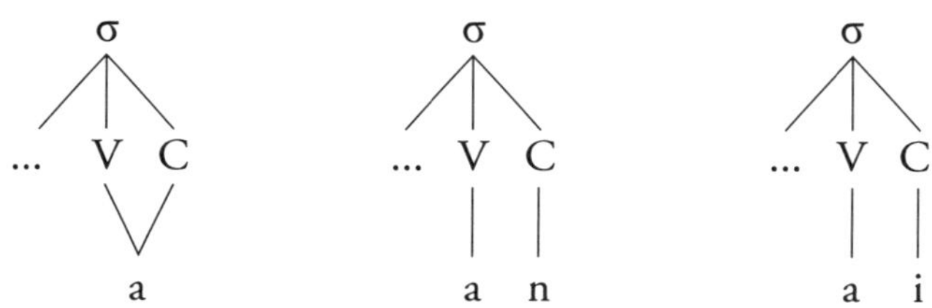

독일어의 복모음 [ai̯], [oi̯], [ao̯]는 예외 없이 낮은 모음과 높은 모음의 연속체로 구성되는데, 이때 낮은 모음이 높은 모음보다 공명성이 더 높다 ((50) 참고).

〈 문제 13 〉

다음 실어증화자의 음운 대체를 음소층위와 음절층위로 기술하시오.

Krankenhaus → Tanteshors

예를 들어 한 음소가 장모음일 때 두 연결선이 그 음소를 관할할 그 가능성을 지금 우리는 이미 알고 있다. 우리는 다시 한 번 2음절의 단어 Otto로 돌아가 보자 ((54) 참고). 여기서도 우리는 이러한 형상구조를 발견하게 되는데, 이번에는 두 연결선이 하나의 자음을 관할한다. Otto의 내면 구조는 다음과 같다.

(56)

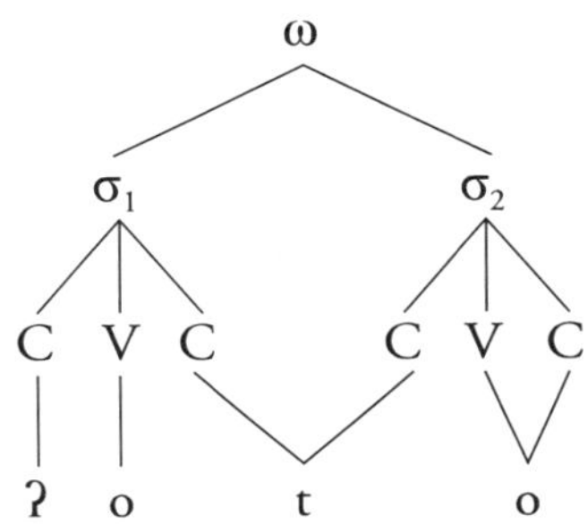

t는 상이한 음절에 있는 두 음절위치와 연결되어 있다. 이것을 양음절성 자음 (Ambisilbischer Konsonant)이라고 부른다. 그러므로 독일어의 음절구조는 다음과 같다.

(57)

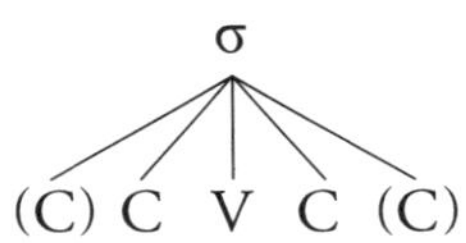

(57)은 독일어의 최대 음절뿐만 아니라 최소 음절도 물론 포함한다. 장모음 일 때 V 및 VC를 음절핵 (Silbengipfel; Nukleus)이라고 부른다. 음절핵 앞에 있는 C-위치를 음절두음 (Silbeneinsatz; Onset)이라고 한다. 음절핵 뒤에 있는 C-위치를 음절말음 (Koda)이라고 부른다.

독일어에서 동일한 음소의 중복은 필수적 억양곡선 원리 때문에 배제된다. 이것은 동일한 음소의 연속체는 독일어에서 적형이 아니라는 것을 의미한다. 이 원리는 특히, (56)에 있는 음소 /t/가 두 음절위치와 결합되어 있어야 한다는 결과를 갖는다.

두 음절위치가 이용된다는 것이 (58)과 같은 많은 발화오류에서도 나타난다.

(58) der **Walfen**stillstand ← **Waffen**stillstand

Pilz [pilts]나 Pfropf [pfRopf] 같은 형태들도 (57)을 위반하지 않는다. 즉, [ts]와 [pf]는 파찰음이다. 파찰음은 폐쇄음 (Verschlusslaute)이라고도 불리는 파열음이 거의 조음점이 같은 지속음인 마찰음 (Frikative)과 결합된 음이다. 파찰음은 하나의 위치처럼 취급된다. 그러므로 파찰음의 구성요소는 다음과 같이 정확히 하나의 C에 의해 관할된다.

〈 문제 14 〉

발화오류 (58)에 있는 짙게 쓰인 단어의 구성요소를 음운론적으로 분석하시오.

(52)에서 아직 관찰되지 않은 형태들을 지금 분석해보도록 하자. 간단히 관찰해보면 다음과 같다.

(59)

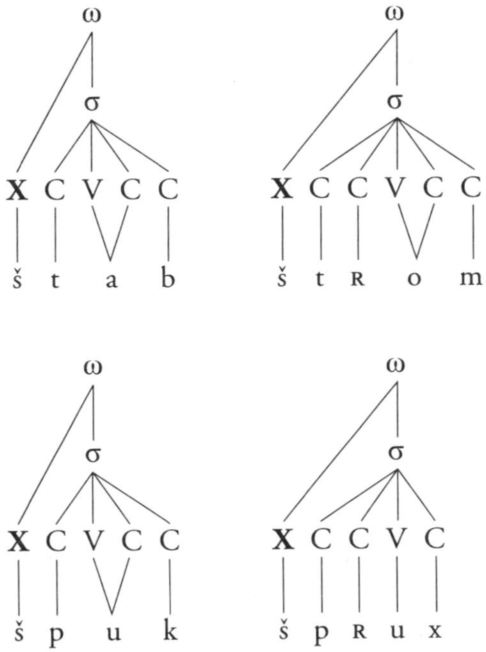

(50)에 의하면 š는 t와 p보다 공명성이 더 높다. 그러나 자음은 최대 공명성을 갖는 음절핵 V의 방향으로 공명성이 증가해야한다는 것이 자음결합에 적용된다. 그러므로 š는 음절위치와 연결될 수 없고 별도의 음절 (Extrasilbe) X와 연결된다. 독일어에서 별도의 음절은 š와 s (예: Skat)이다. 그러나 공명성은 음절핵 뒤에서 다시 감소해야 한다. 이밖에 여기에는 표기법에 대한 좋은 대조를 보이는 것이 있다. 즉, X 아래에 있는 s/š는 s로 쓰고, C 아래에 있는 š는 sch로 쓴다.

〈 문제 15 〉

a. (51)의 어떤 형태들이 공명성의 위계성에 의해 배제되는가?
b. X-위치는 어디에 나타나는가?
c. Spleen은 어떻게 음절화되는가?

방금 소개된 제약이 보편적 공명성제약 (Universelle Sonoranz-beschränkung)이다. 형태론에서처럼 여기에서도 추가적으로 개별언어적인 매개변수가 존재한다. 예를 들어 독일어에서 다음의 형태를 배제하는 음절구조제약이 그것이다.

(60) nlo; mʀau; kschip

〈 문제 16 〉

(60)에서 왜 공명성제약이 충분하지 않은가?

음절화구조를 위한 설명

단어들의 음절화 (Silbifizierung)는 음절위치를 음소와 일정하게 연결하는 방법이다. 물론 최대 음절구조는 (57)에서 제시되었다. 이러한 음절구조는 외견상 해당 단어의 음소연속체 위에 놓이게 되고, 그런 후에 다음과 같은 방식으로 (공명성제약을 고려하여, 그리고 연결선은 교차되어서는 안 된다는 조건에 따라) 음소가 그 주변으로 연결된다.

(61) 연결규약 (Assoziationskonventionen)
I. V를 최대 공명성과 연결하라.
II. C를 V에서부터 왼쪽으로 연결하라.
III. C를 V에서부터 오른쪽으로 연결하라.

이러한 규약을 적용하는 것은 공명성제약을 따르고 최대 음절도식을 고려할 뿐만 아니라, '음절두음에 가능한 많은 자음을 허락하라'는 음절두음의 최대화 (Maximierung des linken Silbenrands) 조건도 따른다. 우리가 곧 알게 되듯이, 이 조건은 다음절 단어의 음절화에서 중요하게 된다.

그 이외에 앞에서 언급된, 특정한 자음결합이 공명성제약을 위반하지 않더라도 그런 결합을 배제한다는 음절구조제약은 중요하다. 예를 들어 /tl/이나 /dn/ 같은 자음연속체가 여기에 속한다.

(62) IV. (50)에 의한 공명성제약
V. 필수적 억양곡선 원리
VI. (57)에 의한 음절도식
VII. 음절두음의 최대화
VIII. 개별언어적인 음절구조제약

음절화를 위해서는 (62)에 있는 모든 제약들과 (61)이 고려되어야 한다. Schrank를 가지고 한번 테스트해보자.

(63) a.
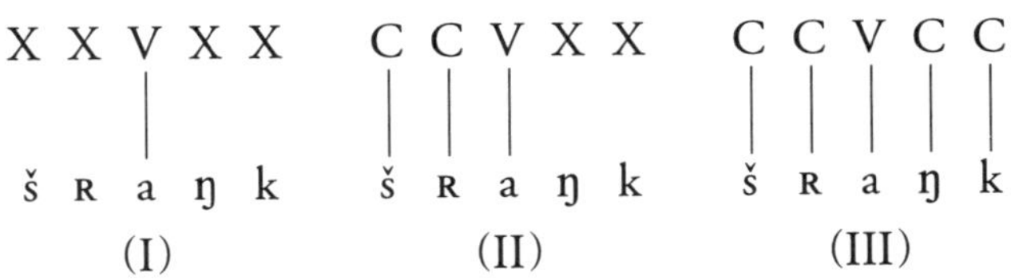

이제 Strom을 가지고 테스트해보자.

(63) b.
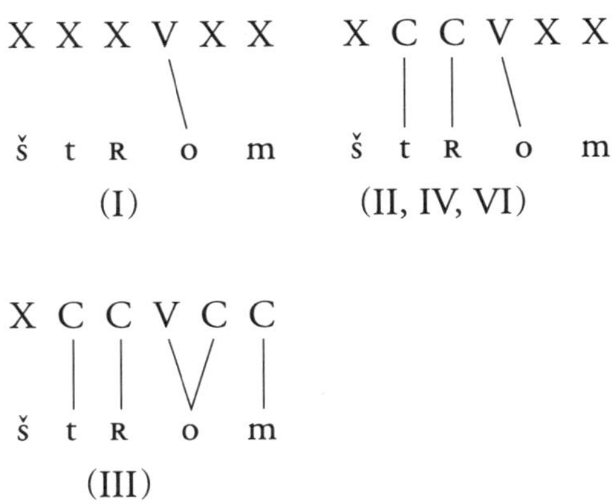

연결되지 않은 모든 음소는 별도의 음절이고 X와 결합된다. 연결되지 않은 모든 X는 삭제된다.

그리고 2음절의 Filtrat을 가지고 테스트해보자.

(63) c.

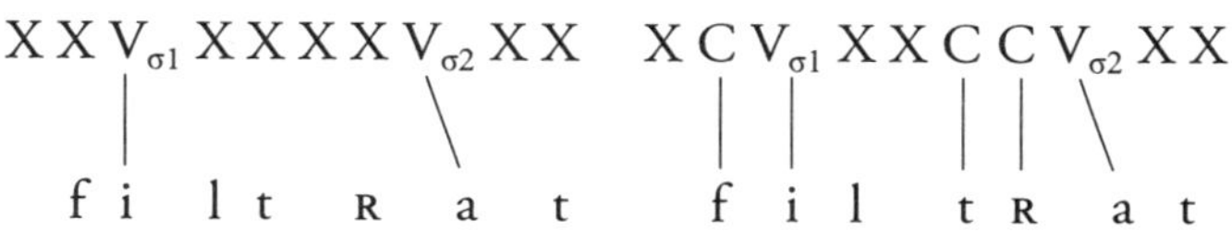

(I) (II, IV, VI, VII)

(III, IV) (연결되지 않은 모든 X를 삭제하라)

마지막으로 중요한 2음절의 Atlas를 가지고 테스트해보자.

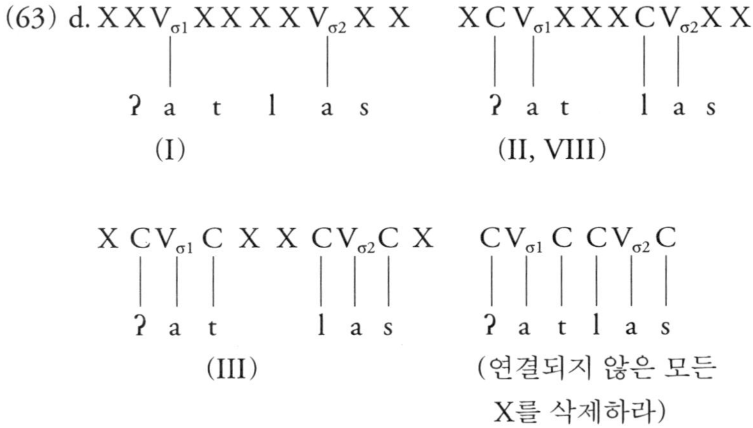

문제 17

위의 예에 따라서 모든 제약을 고려하여 Strahl을 연결시키시오.

독일어의 음절구조에 대한 아주 독특한 예외는 Lage, Hase, Rose 같은 어휘들이다. 이 어휘들의 두 번째 음절은 단모음으로 끝난다. 즉, 이들의 음절구조는 CV이다. 여러분이 보듯이, 여기에는 항상 약모음 Schwa가 관련되어 있다. 이 약모음은 3가지 특성을 가지고 있다. 즉, 이것은 강세 없는 단모음이다. 그리고 독일어의 나머지 모음들에서와는 달리 [m, n, ŋ, l, ʀ]이 그 뒤에 올 때 항상 두 개의 발음 변이형이 존재한다. 이 약모음은 항상 문자로 나타나기는 하지만 표준독일어에서 이 모음의 생략은 허용되고 있다 (ersten, erstn). 텔레비전에서 아나운서가 [ʔimtsvai̯tn̩doi̯tšn̩feɐnze:n]라고 말할 때 이것은 전적으로 옳은 표현이다.

하지만 그럼에도 불구하고 이 약모음은 미미한 존재가 아니라 음운론적으로 중요한 의미를 갖는다. Atm-ung, atm-en, At-e-m만을 생각해보자. 기저 형태 /ʔatm/은 공명성제약 때문에 음절화될 수 없다. 그 이유는 공명성이 더 높은 /m/이 공명성이 낮은 음소 /t/ 뒤에 오기 때문이다. 이러한 공명성이 더 높은 요소를 X와 연결시키는 것은 아무런 의미가 없다. 그러한 요소는 별도의 음절이 아니다. 따라서 우리는 이러한 경우를 위해 하나의 음절핵을 끼워 넣어 이것을 약모음과 연결하는 규칙 즉, 약모음 삽입 규칙 (Schwa-Epenthese-Regel)이 필요하다.

(64) a. $\emptyset \rightarrow V\ /\ \_\_\_ X]_{\omega}$
b. 비어 있는 V는 약모음과 연결된다.

이것은 [ʔatəm]에 대해서 다음의 음절화를 실현시킨다.

```
c. X  X  X  X  X          기저
   ʔ  a  t  m

   C  V  C  C  X          (부분적) 음절화
   |  \/  |  |
   ʔ  a   t  m

   C  V  C  C  V  X       약모음 삽입 (a)
   |  \/  |     |
   ʔ  a   t     m

   C  V  C  C  V  X       약모음 삽입 (b)
   |  \/  |  |  |
   ʔ  a   t  ə  m
```

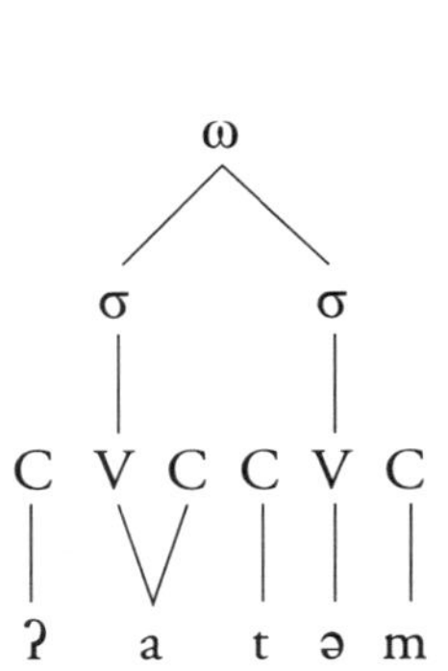

음절화

3장에서 우리는 왜 /ʔatm/이 기저 형태이고, 어떻게 음절화가 단어 형성 (Wortbildung)과 관련되는지를 볼 것이다.

2.3.2. 자질기하학

공명성제약에 이르기까지 구조화되지 않은, 이분적으로 명시된 자질묶음으로 이루어진 음운론에서는 상이한 음소들 간의 단계적인 구분가능성이 없고, 그리고 관련 자질의 진술을 통해서 외에는 과정들을 규칙을 통해서 포착하는 다른 가능성이 없다. 음운론적인 한 단어의 음소들 간에 존재하는 관찰해야 할 유사점은 그러므로 동화 (Assimilation)와 같은 과정을 통해 설명되거나, 또는 동시조음으로서 조음의 근육 운동적 음성학적 과정들에 있다고 여겨진다. 말하자면, 하나의 규칙은 그것이 적용될 수 있는지를 확인하기 위해 근본적으로 각 음소의 특징적인 자질묶음을 외견상 관찰해야 한다. 그리고 모든 자질은 근본적으로 동등하기 때문에 우리는 무의미한, 결코 존재하지 않는 규칙을 존재하거나 또는 가능한 규칙과 마찬가지로 쉽게 형식화 할 수 있다. 즉, 특정한 자질변화의 명확성에 대한 규칙의 타당성이 아니라 거기서 이용되는 자질들의 수가 선형 음운론 모형에서는 규칙의 진정성을 위해 중요하다. 이러한 상태는 이론적으로 바람직하지 않다. 그 이유는 이상적으로는 음운이론이 인간의 언어에서 나타날 수 있는 그러한 규칙만을 허용해야 하기 때문이다. 게다가 예를 들어 상이한 자질을 포함하는 영어의 비음화와 터어키어의 모음조화 같은 규칙들은 얼핏 보기에 완전히 다른 규칙인 것 같지만 자세히 살펴보면 동일한 유형의 규칙 즉, 동화이다. 그러므로 우리가 만일 이러한 두 동화의 공통점을 어떤 방식으로 설명할 수 있다면 이것이 이론적으로 훨씬 더 적절하지 않을까? 그 속에 공통점이 있기 때문에 음소들의 조음장소가 특정한 음운범위 (ω)에서 동화된다는 점은 더 추상적인 장소자질에 대한 동화를 포착한다는 생각일 것이다. 이것을 위해 우리는 음운자질의 위계적인 체계를 필요로 한다. 이것이 자질기하학 (Merkmalsgeometrie)이다.

(65)

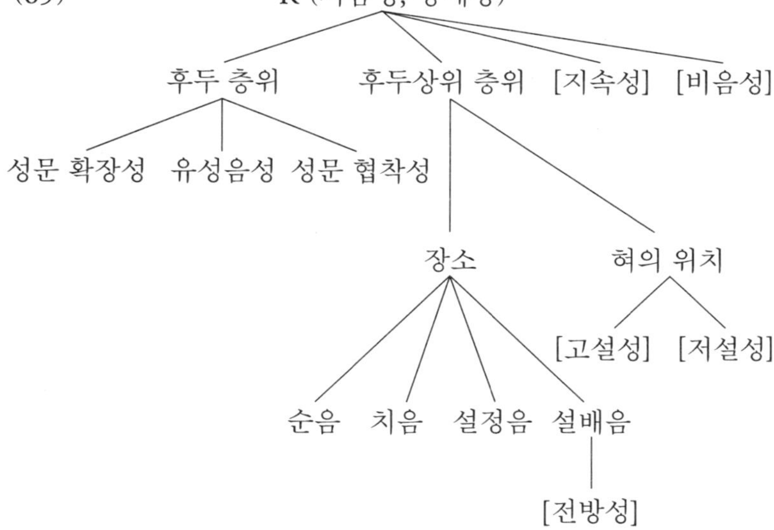

설배 (Dorsum), 설정 (Korona), 성문 확장성 (spread glottis: 열린 성문, 열린 정도는 /h/, 기식음), 성문 협착성 (constricted glottis: 성문이 좁아짐, 닫힌 정도)

각 연결선은 한 요소에게 자질을 부여하는 것을 나타낸다. 이때 한 층위의 몇몇 자질이 더 높게 위치한 한 요소와 연결되어 있을 수도 있고 (예: 파찰음), 몇몇 요소는 더 낮게 놓여 있는 층위의 동일한 자질과 연결되어 있을 수 있다 (예: 조화). 음소와 자질은 시간적으로 배열되어 있다. 그러므로 한 층위의 연결선은 절대로 교차되어서는 안 된다. 예를 들어 파찰음 /pf/는 개별적인 음소처럼 취급되기 때문에 오로지 하나의 C-위치와만 연결되어 있다. 이러한 파찰음은 시간적인 형태와 조음과정을 나타내기 위해 한 층위의 상이한 이분적인 자질 즉, 예를 들어 /p/는 [-지속성]으로, /f/는 [+지속성]으로 명시되어 있다. 바로 이러한 자질들이 한 층위에 속하기 때문에 시간적으로 배열되어 있어야 한다.

(66)에 있는 요인을 우리가 이러한 모형으로 어떻게 파악할 수 있는지를 보기 위해, 이제 다시 한 번 비음동화 (35)로 돌아가 보자.

(66) /tang/ /tank/

비음동화 **비음동화**

/taŋg/ /taŋk/

g-탈락

[taŋ] [taŋk]

(67) 역행 비음동화

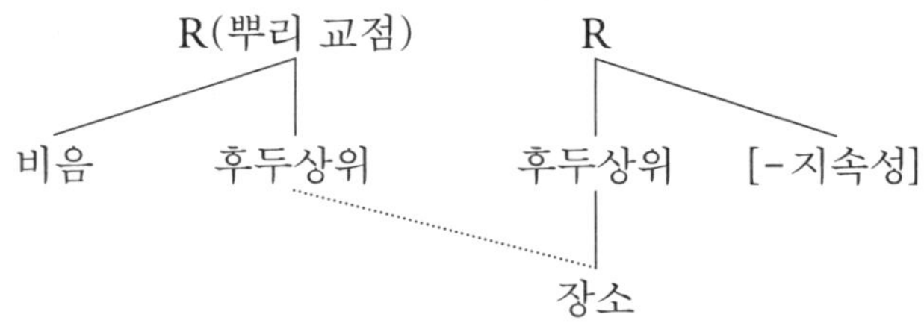

규칙 (67)은 추상적인 부류자질 Ort (장소)와 관련되어 있다. 그러므로 이 규칙은 [-지속성] 자질을 갖는 저해음 (Obstruenten) 즉, 예를 들어 /g/, /k/ 뿐만 아니라 A[m]pfiff와 u[m]billig에 있는 /p/, /b/도 포착한다. 이와 같은 경우는 장소에 대해 잠재표기된, 기저에 있는 추상적인 비음 /N/에서 시작된다는 것을 대변한다. 동화는 [-지속성] 자질에 의해 명시된 요소의 장소자질이 선행하는 음소 /N/의 후두상위 부류자질과 결합됨으로써 이루어진다.

이러한 결합을 통해서 우리는 두 형태 /taŋg/와 /taŋk/를 얻는다. 비음의 자음 뒤에 있는 음절 끝의 /g/는 다음의 규칙에 따라 탈락된다.

(68) g-탈락
C / [+비음성]____]$_\sigma$
= =
/g/

이러한 연결선 삭제 (delinking)의 결과는 다음과 같다.

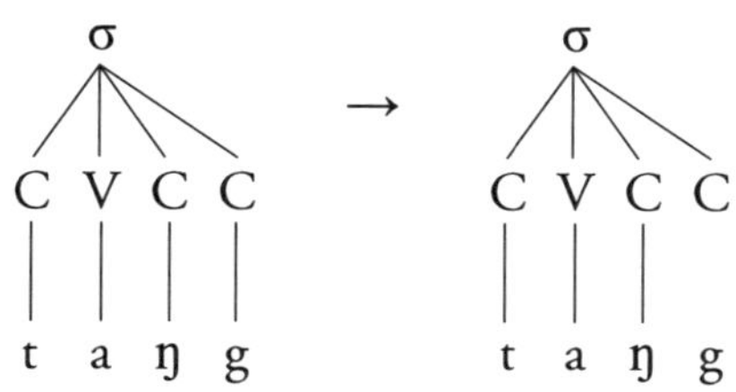

(19)의 자질목록에 있는 많은 자질들은 분명히 음운규칙을 통해서 즉, 소위 자동규칙 (Default-Regeln)을 통해서 비로소 삽입된다. 이것은 추상적인 /N/에서 비음의 자음을 유도하는 것에 해당될 뿐만 아니라 기저에서 장소자질을 지니지 않아서 그 자질을 전달할 수도 없는 /t/와 /d/에도 해당된다. 이들은 장소자질을 마찬가지로 자동규

칙이 적용된 후에 비로소 음운적 유도과정의 마지막에서 얻는다. 이에 따라서 Band에 있는 비음 [n]은 다음과 같이 생성된다.

(69) 자동규칙

```
[후두상위] → [후두상위]
                 |
                장소
                 |
              [설정성]
```

(69)를 /baNd/에 적용함으로써 우리는 /band/를 얻는다. 이러한 자동규칙은 다음의 발화오류가 증명하듯이 심리적으로 실재한다.

(70) sei nicht so panzig ← pampig/patzig

비음은 기저에서 장소에 대해 명시되어 있지 않다. 그러므로 동화를 위한 문맥이 주어지지 않은 겹치는 panzig에서 자동규칙에 따라 설정음의 비음 [n]이 채택된다.

〈 문제 6을 다시 한 번 보자 〉

a. 왜 독일어에는 형태 [fünf]가 있는가?
b. 왜 독일어에는 형태 [fümf]가 있는가?

모형 (65)는 몇 가지 우수한 특성을 가지고 있다.

- 이 모형은 전통적인 모형과 마찬가지로 음소층위와 자질층위 간의 구분을 허용한다.
- 자질들은 (전통적인 선형 음운론에서와는 다르게) 자율적이다.

- 자질목록은 더 경제적이다. 즉, 자질목록은 잠재표기된다. 많은 자질들은 규칙을 통해 채택된다.
- 이 모형은 인간의 조음기관의 체계를 알려주는 위계구조를 갖는다.
- 음운규칙은 규칙의 형태로 통합될 수 있다. (예: 장소 부류자질과 관련되는 모든 규칙)

제 3장 형태론

3.0. 우리가 알아야 하는 것

Donaudampfschifffahrtsgesellschaftskapitänswitwe (도나우 기선항해회 선장의 미망인) 뿐만 아니라 독일어의 거의 모든 단어는 합성되어 있다.

(1) [Die]$_{Art}$ [Zu-schau-er-inn-en]$_{N}$ [betracht-et-en]$_{V}$ [ein-en]$_{Art}$ [hübsch-en]$_{A}$ [Ballett-tänz-er]$_{N}$, als [dies-er]$_{Art}$ in [ein-em]$_{Art}$ [ge-streift-en]$_{A}$ [Trikot]$_{N}$ [sein-e]$_{Art}$ [Dehn-übung-en]$_{N}$ [vor-führ-t-e]$_{V}$

만일 여러분이 이러한 문장을 사용한다면 추측건대 단지 이 문장의 단어들이 포함하고 있는 모든 구조화를 의식하지는 않을 것이다. 하지만 구조는 존재한다. 그렇지 않다면 (2)와 같은 발화오류는 생성될 수 없을 것이다.

(2) das gemein-ste Klein-same

여기서 각 단어들의 의미의 핵심을 이루는 요소들이 바뀌었다고 우리는 1.3장에서 말했다. 여러분은 이야기 (3)에 생성되어 있는 단어형성 (Wortbildungen)을 어떻게 생각하는가?

(3) 작은 곰이 3개의 다른 바지를 가지고 있다. 사람들이 이 옷의 무늬에 대해 어떻게 말할 수 있는지를 적어 보자.

Eine Hose hat ein Blumenmuster. Sie ist:
(바지 하나는 꽃무늬를 가지고 있다)
(a) geblümig (b) blümiert (c) ge-/beblumelt (d) blumig
(e) punt (f) geblum (g) blumener

Eine Hose hat ein Karomuster. Sie ist:
(바지 하나는 마름모무늬를 가지고 있다)
(a') karoliert (b') karomustig (c') karihrt (d') gekaro

Eine Hose hat ein Streifenmuster. Sie ist:
(바지 하나는 줄무늬를 가지고 있다)
(e') Streifer (f') sehr elegant (g') gestreifert

각각의 형태 (a-g, a'-g')가 누구에게서 나온 것인지 추측이 되는가? 그 형태가 성인 화자가 말하는, 표준 독일어라고 간주할 수 있는 독일어와 완전히 다르다는 것이 분명히 여러분의 눈에 띄었을 것이다. 그렇지만 많은 형태가 (3a-d, a'-d')의 형태보다 geblümt, kariert, gestreift에 더 가깝다.

〈 문제 1 〉

이러한 차이가 어떻게 기술될 수 있는지를 찾아보시오.

우리는 이러한 형태가 누구에게서 나온 것인지 여러분에게 말하는 것을 거의 잊을 뻔했다. (3a-d, a'-d')의 형태는 7세의 독일 아이들로 하여금 그들이 피험자라는 사실을 모르는 상황에서 만들어내게 했고, 다른 형태는 독일어를 외국어로 학습하는 서로 나이가 다른 외국인 화자 (주어진 순서에 따른 모국어와 나이: 아랍어 23세, 중국어 28세, 페르시아어 23세, 페르시아어 40세, 알바니아어 27세, 체코어 46세)가 만들어낸 것이다.

위의 모든 형태에서 의미요소와 형태요소가 나타난다. 이러한 요소들로부터 사람들은 독일어에서 합성어 (komplexe Wörter)를 만든다. 독일어를 학습하는 아이들에게 의미를 지니는 요소와 형식적인 요소는 잘 알려져 있다. 아이들은 사람들이 두 요소를 어떻게 합성하는지도 분명히 안다. 그리고 이 아이들은 이때 추측건대 그들에게 잘 알려진 예 (blümiert/kariert; karogemustert/buntgemustert 등)에 따라 대처한다. 아이들은 상이한 가능성 및 제약을 아직 잘 다루지 못하거나, 또는 비유적인 단어를 blumig처럼 글자의 뜻대로 사용한다. 언어습득은 들은 것을 모방하는 것과 실제로 아무런 관계가 없다는 것이 여기서 아주 분명해진다. 앞에서 본 형태는 아이들에 의해 창의적으로 형성된 것이다. 그들에게는 그들 환경의 언어에 전형 (Vorbild)이 존재하지 않는다. 아이들은 독일어 화자가 교체 *das gemeinste Kleinsame*에서 발화오류를 범한 것처럼 발화오류를 범하지도 않고, 그들의 언어습득 시점에서 처리할 수 있는 규칙체계를 사용한다.

아무리 늦어도 여러분이 첫 번째 외국어 (아마도 영어)를 배웠을 때 굴절이 심한 동사 (예를 들어 see - saw - seen 또는 go - went - gone) 때문에 고생해야 했다. 그러므로 여러분은 이러한 형태를 암기하는 것이 얼마나 지루했던가를 분명히 아직도 기억할 것이다. 그 이유는 약변화동사와는 달리 이런 동사들은 예측이 불가능하기 때문이다. 이와는 반대로 여러분이 약변화동사의 과거형과 완료형을 위해 이용하는 규칙 즉, stop - stopped - stopped처럼 -ed를 붙이는 규칙은 처음부터 여러분에게 아무런 문제도 되지 않는다. 영어를 모국어로 학습하는 아이들에게도 그렇다. 이들은 언어습득의 첫 단계에서 예를 들어 go와 went를 사용하는데, 이때에 시간차이는 그들에게 아직 전혀 분명할 필요는 없다. 이들은 위의 규칙을 습득한 후에 goed를 형성하여 겉으로 보기에 후퇴인 것 같지만 사실은 진보이다. 즉, 이 시점에서야 비로소 아이들은 규칙을 따른다. 여러분이 독일어를 배웠을 때에도 sehte나 gegangt 같은 형태로 가끔 여러분의 부모를 재미있게 해주었을 것이다.

〈 문제 2 〉

5세의 소녀가 Verbrauchung이란 형태를 만든다. 이 소녀는 무엇이 틀렸고 무엇이 옳았는가?

그러므로 합성어를 형성하기 위해 많은 것을 주의해야 한다. 우리는 그중의 몇몇을 다음 절에서 설명할 것이다. 이러한 특성을 다루는 문법의 부분이론이 단어형태의 이론인 형태론 (Morphologie)이다.

3.1. 형태론의 예비지식

형식적 어휘와 내용적 어휘

앞 장에서 여러분은 이미 음운론의 형식적 내용적인 어휘와 익숙해질 수 있었다. 형태론에서도 이러한 구분이 시행된다. 이것을 위해 우리는 다시 한 번 말음경음화규칙을 살펴보자.

아주 빨리 기억하기 위해 다음과 같이 질문해 보자. 어떤 조건 하에서 긴장되지 않은 저해음이 긴장되는가? 2.2.4장의 규칙 (30)에 따라 음절 끝에서 긴장된다.

[-공명성] → [-긴장성]/_____]σ

음절 끝은 (4a)처럼 단어의 끝과 일치하거나 (4b)처럼 한 단어의 안에 존재한다.

(4) a. 단어의 끝: [kint]σ
b. 한 단어의 안에: [kint]단어구성요소 lich
heit
[ʔap]단어구성요소 [ʔ]artig
[heːp]단어구성요소 bar

말음경음화규칙은 (b)에 명명된 모든 경우를 동일하게 다룬다. 형태론적 관점 하에서는 (4b)가 균등하지 않다는 것을 우리는 다음에서 볼 것이다. 첫 번째 것에 대해서 우리는 두 개의 형태적 구분을 소개하려고 한다.

강한 경계 #: *Kind#frau, kind#ähnlich*
약한 경계 +: *kind+lich, Kind+heit*

〈 문제 3 〉

여러분의 견해에 따르면 hebbar, abartig, Müdigkeit, duldsam에서 어떤 경계가 가정되어야 하는가?

다음의 형태는 어떻게든 주의해야 한다.

(5) a. *Du bist mein kindähnlich
b. *Du bist ein kindfrauer Typ

여기서 무엇이 이상한가? 형용사 kindähnlich가 놓여 있는 위치에 명사가 나타났어야 하고, 굴절된 형용사 kindähnlich-er는 가능할지 몰라도 kindfrau-er는 가능하지 않은 형용사이다. 합성어도 쉽게 품사에 소속된다. 다시 말해 합성어는 통사범주를 갖는다. kindähnlich는 형용사 (Adjektiv: A)이고, Kindfrau는 명사 (Nomen: N)이며 ballspielen은 동사 (Verb: V)이다.

경계가 형태론의 형식적인 어휘에 속하는 반면에 형용사, 명사, 동사는 형태론의 내용적인 어휘에 속한다. 이러한 지식을 가지고 우리는 이제 단어들의 형태적 속성을 기술할 수 있다.

kindähnlich는 복합형용사이다. 이것의 구성요소는 #에 의해 분리되어 있다.
Kindheit는 복합명사이다. 이것의 구성요소는 +에 의해 분리되어 있다.

우리는 이것을 형식적으로 다음과 같이 표현할 수 있다.

(6) a. $[\text{kind\#ähn+lich}]_A$
b. $[\text{Kind+heit}]_N$

이러한 괄호표현을 범주 표시된 괄호 (Etikettierte Klammerungen)라 한다. 괄호는 단위를 정의하는 것을 허가하고, 표시된 범주는 통사범주이다.

〈 문제 4 〉

kindlich는 어떻게 기술할 수 있을까?

엄밀히 말하면, 우리는 (6)과 같은 설명으로 아직 각각의 전체 단어구조 (Wortstruktur)를 파악하지 않았다. 구조란 요소들의 순서 (Reihenfolge)와 위계 (Hierarchie)를 말한다. 순서는 직관적으로 분명하지만 이론적인 결함도 갖고 있다 (3.3.3장 참고). 즉, '누군가가 한 아이와 닮았다'라고 표현하는 형용사는 오직 kind-ähnlich일 수 있지만 ähnlich-kind일 수는 없다. 위계는 합성어의 요소가 통사범주의 구성요소라는 것을 의미한다. 이러한 두 정보를 공통으로 표현할 수 있기 위해 우리는 합성어의 구조기술을 개선해야 한다.

우리는 우선 합성어의 개별 구성요소를 간단하게 범주화할 수 있는 만큼 범주화하고, 그런 다음 공통적인 통사범주에 대해 그들의 소속성을 다음과 같이 명시한다.

(7) $[[\text{kind}]_N\ [\text{ähnlich}]_A\ ]_A$

〈 문제 5 〉

Kindfrau, Mutterglück, Schwimmbad의 구조를 기술하시오.

(7)에서 위계구조가 문제된다는 것을 우리는 범주 표시된 괄호를 수형도 (Strukturbaum)로 바꾸어 표현할 때 아주 분명하게 알게 된다. 이것에 대해 우리는 많이 추천되고 있는 수형도를 다음과 같이 마지막으로 갖게 된다.

(8)

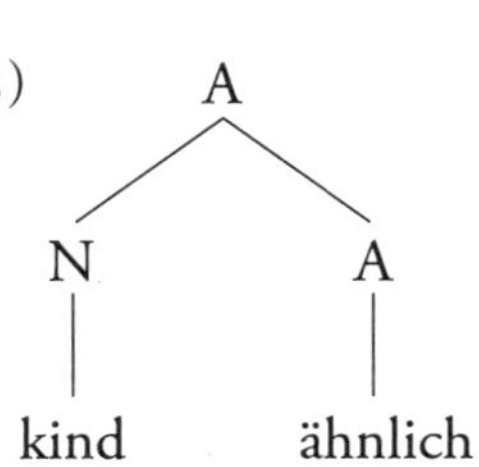

〈 문제 6 〉

문제 5의 예들에 대해 각각의 수형도를 그려보시오.

두 표기 형태는 동일한 것을 단지 상이한 방식으로 나타낸다. (9)에서 선을 연결선 (Kanten)이라 하고, 연결선이 만나는 지점을 마디 (Knoten)라 부른다.

(9)

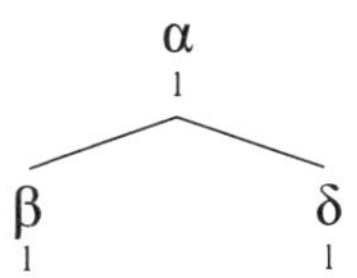

이러한 수형도에서 다음의 순차적이고 위계적인 정보가 형식적으로 표현된다. 순차적인 정보는 β가 δ를 선행 (Präzedenz)한다는 것이다. 위계적인 정보는 α가 두 갈래로 분지되고 δ와 β로 구성되어 있다. 즉, α는 β를 관할하고, α, β, δ는 그래프의 구성성분 (Konstituenten)이다.

합성어의 형태구조는 규칙들의 도움으로 생성된다. 예를 들어 형용사는 규칙을 통해 다음과 같이 생성된다.

(10) A → N^A

여러분은 →을 이미 알고 있다. 즉, 이것은 '-로 다시 써라', '-로 대체하라'는 의미이다. ^는 연결기호이며, 우리의 경우에는 'N이 A와 결합되어 있다'는 의미이다. denkfaul이나 süßsauer같은 합성어는 규칙 (10)이 너무 제한되어 있다는 것을 보여준다. 형용사는 모든 통사범주 즉, 명사, 형용사, 동사와의 결합을 통해 생성된다. 그러므로 우리는 형용사의 형성규칙을 다음과 같이 일반화할 수 있다.

(11) A → Y^A (Y=N, A, V)

Y는 명사, 형용사, 동사를 통해 대체될 수 있는 변항 (Variable)이다. 이러한 규칙은 더 일반적이므로 규칙의 기능을 훨씬 더 잘 충족시킨다. 당연히 여러분은 일반화를 표현해서 가능한 많은 경우를 파악해야 한다.

앞에서 우리는 순서가 합성어에 대한 구조 자질이라고 말했다. 여러분은 (11)에서 이것이 왜 그런지를 알게 된다. 즉, 오른쪽 요소는 전체 합성어의 통사범주를 규정하는 반면에 그것에 대한 왼쪽 요소의 통사범주는 간단하다. 합성어의 범주를 규정하는 그러한 요소가 합성어의 핵심어 (Head; Kopf)이다.

〈 문제 7 〉

문제 5의 단어들에 대한 규칙을 쓰고, 핵심어를 제시하시오. 그리고 (11)의 의미에서 규칙을 일반화시켜 보시오.

그러면 이제 kindlich, merklich, Kindheit, Taucher 등의 다른 합성어는 어떨까?

(12)

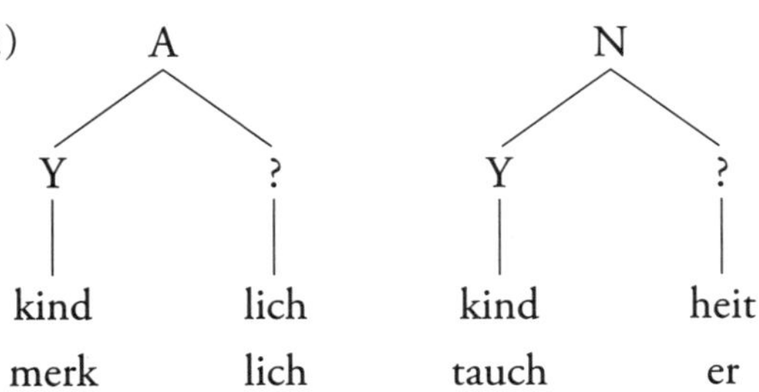

우리의 정의에 따르면 합성구조의 오른쪽 요소가 통사범주를 규정한다. 물론 이것은 유일한 정의가 아니다. 독일어의 언어적 사실이 이것을 대변한다. 여러분이 곧 보게 되듯이, 이것은 모든 언어에서 그럴 필요는 없다.

방금 제시된 독일어의 형태에서는 오른쪽 요소가 이러한 기능을 충족시킨다. 우연하게도 이것은 그의 기저 (Y-범주)와 독립해서는 놓일 수 없다. 이것이 의존형태소 (Gebundene Morpheme)이다 (3.2장 참고). 그러므로 핵심어는 자유롭게 그리고 의존하여 나타날 수 있다. 하지만 이러한 구분은 핵심어-기능의 규정에 대해서는 의미가 없다. 그러므로 우리는 구조 (12)를 다음과 같이 완성할 수 있다.

(13)

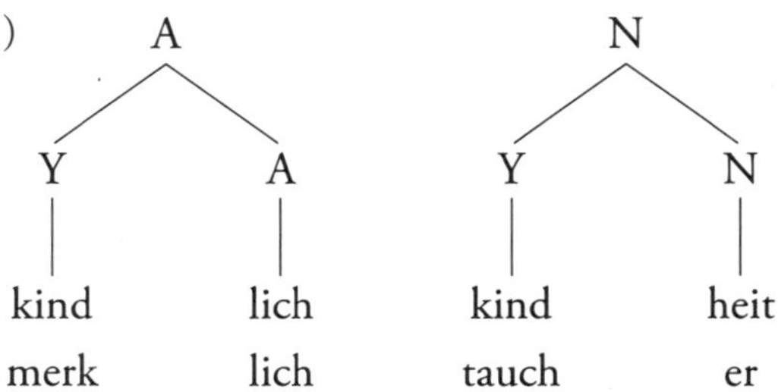

여러분은 실제로 여러 형태적 기본 장비를 가지고 있다. 우리는 지금 아직은 다소 보다 더 일반적인 관점 하에서 그 파악된 것을 관찰하려고 한다.

모든 형태규칙들은 공통적인 도식에 따라 형성되어 있다. 우리는 다시 변항쓰기방식 (Variablenschreibweise)을 사용할 것이다.

(14) X → Y^X
Y: N, V, A (자립형태소)
X: N, V, A (자립형태소와 의존형태소)

(14)는 단어들의 통사론을 파악하는 엑스바-도식이다. 왜냐하면 이러한 도식에 의해서, 화살표의 왼쪽에 있는 범주가 화살표의 오른쪽에 있는 정확히 하나의 범주 즉, 핵심어를 통해 규정된다는 것이 표현되기 때문이다.

핵심어-관계를 이렇게 형식화하는 것이 우리가 독일어에 대해 기초로 삼았던 것보다 더 일반적이라고 여러분은 분명히 이해했다. 하지만 이것은 다음 예가 보여주듯이 반드시 필요하다.

(15) 프랑스어: timbre**s** poste (Briefmarke**n** (우표))
Marke(n) Post
rose**s**-thé (Teerose**n** (월계화))
Rose(n) Tee
베트남어: $[\text{nguòi}]_N$ $[\text{o'}]_V$ (Diener (하인))
Person untergebracht werden
$[\text{làm}]_V$ $[\text{viêc}]_N$ (arbeiten (일하다))
tun Angelegenheit

프랑스어 복수형성의 예에서, 그리고 베트남어 통사범주의 형태에서 우리는 합성어의 핵심어가 이 두 언어에서 왼쪽에 위치한다는 것을 보게 된다.

〈 문제 8 〉

베트남어의 예에 대해서 단어형성규칙과 합성어의 범주 표시된 괄호를 제시하시오.

핵심어-관계가 모든 언어에 적용되는 반면에 각 언어마다 (가끔은 한 언어 내에서) 핵심어 위치를 확정하는 것은 문법이론에서 아주 중요한 구분을 변화시킨다. (14)는 합성어의 위계구조를 표현하는 보편적인 도식이다. 핵심어의 상이한 위치는 매개변수 (Parameter)에서 진술된다 (4.5.3장과 5.1.2장 참고). 도식과 매개변수의 상호작용에 의해 (더 정확하게는 매개변수의 값에 의해) 모든 언어의 단어구조가 생성될 수 있다.

형태규칙 (morphologische Regeln)의 기능방식도 다음에서 보듯이 보편적이다.

(16)

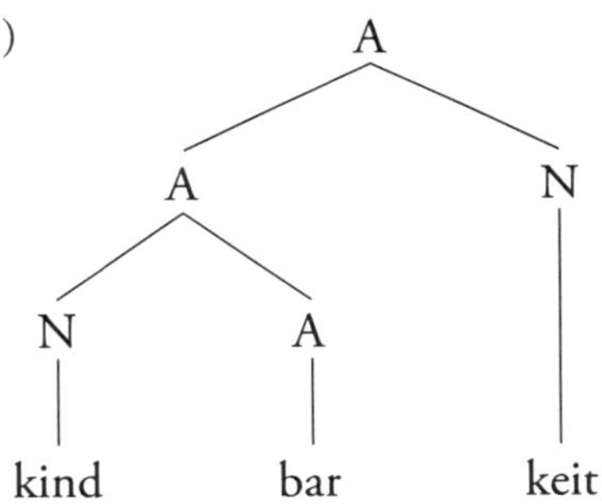

(16)이 보여주듯이, 형태규칙은 한번 뿐만 아니라 여러 번 적용될 수 있다. 우선 복합형용사 (lesbar)가 형성되고, 그런 후에 그 산출된 형태규칙에 한 형태규칙이 다시 적용되어 (Lesbarkeit)가 만들어진다. 한 규칙이 되풀이되어 적용될 때 우리는 이것을 순환적 (Rekursiv)이라고 부른다.

여러분을 위해 다음과 같이 정리하여 제시한다.

형식적 어휘:

#, + : 강한 경계, 약한 경계

[ ] : 괄호

^ : 결합

→ : -로 다시 써라

내용적 어휘:

X, Y (N, A, V, P (전치사): 자립형태소와 의존형태소)

단어경계

만일 많은 단어가 화자에 의해 분리될 수 있고, 이와는 달리 다른 단어는 분리될 수 없다면, 이것은 견해나 취향의 문제가 아니라 오히려 규칙에 의해 유도되거나 원칙에 의해 유도된 방법을 암시한다고 생각지 않는가? 만일 그렇지 않다면, 예를 들어 화자의 부엌에 Bäck-(빵 굽는 사람), Metzg- (도축업자) 그리고 Tellerwäscher (접시를 닦는 사람)이 있고, 게다가 Kar- (감자)를 Pantoffeln (실내화) 모양으로 깎는다고 말할 때, 여기에서는 무엇이 왜 틀린 것일까? (즉, Bäck-와 Metzg-에는 -er을 붙여야 하고, Kar-에는 -toffeln을 붙여야 된다.)

이밖에 다른 중요한 구분을 보여주는 많은 예가 있다. (17)과 (18) 간의 대조도 그 예이다.

(17) a. *zorn- oder hitzig sein
     b. *eine Berat- oder Besprechung führen

(18) a. Eigen- oder Gemeinnutz
     b. Gut- oder Böswilligkeit

우리가 모든 합성어 (Komposita)를 즉, 심지어는 Himbeermarmelade와 Brombeermarmelade 같은 합성어를 비록 Him이 의미를 지닌 자립형태소가 아님에도 불구하고 이렇게 쪼갤수 있는 반면에, 그 파생요소들은 분리성의 관점에서 서로 구분된다. 분명히 많은 접사는 다른 것보다 더 밀접하게 자립형태소와 결합되어 있다. 우리는 이것을 형식적으로 우리가 방금 진술한 상이한 경계기호를 통해 표현한다. 이것으로 우리는 (17)과 (18) 간의 차이를 설명할 수 있다. 즉, 두 형태소는 그들 사이에 강한 경계 (#)가 있을 때에만 분리될 수 있다.

〈 문제 9 〉

어떤 경계가 (17)과 (18)에 있는 형태소를 분리하는가?

3.2. 형태소

여러분이 방금 보았듯이, 단어의 생성은 상이한 특성을 지닌다. 즉, 발화오류에서 가끔 존재하지 않는 단어가 나타난다. 또는 여기서 *das gemeinste Kleinsame*는 무엇이어야 하는가? 아이들은 한 여자 친구와 다툰 후에 그녀와 절교할 걸이라고 생각했을 때, 예를 들어 Susanne 같은 새로운 단어를 종종 만들어낸다. 하지만 성인들은 임의적으로 쉽게 많은 새로운 단어를 합성시키거나 파생시킨다. 예를 들어 우리는 후자를 *Computer* 같은 한 단어가 다른 언어에서 차용된 경우에 본다. 이 단어에서 동사 computerisieren가 쉽게 파생되고, 이것으로부터 명사 Computerisierung, 형용사 computerisierbar가 파생될 수 있다. 하지만 이것으로 결코 모든 가능성이 이용되지는 않는다. 즉, 특히 이 형용사로부터 형용사 uncomputerisierbar나 명사 Computerisierbarkeit는 유도될 수 있을 것이다. 이렇게 유도해내는 것을 우리는 파생 (Derivationen)이라 부른다. 이와는 달리 Computerladen, Computerisierungswahnsinn 또는 평판이 좋지 않은 Donaudampf~kapitän처럼 '전체 단어'가 결합될 때 우리는 이것을 합성 (Komposition)이라 부른다. 물론 여러분 자신은 합성에 의해서 원칙적으로 킬로미터의 긴 어휘가 형성될 수 있다는 것을 알고 있다.

또한 우리는 파생형태론과 합성형태론이 몇몇의 공통점을 가지고 있다는 것을 볼 것이다. 우리는 우선 여기서 한 가지 중요한 차이를 강조하려고 한다. 합성될 수 있는 요소의 수가 헤아릴 수 없이 많은 반면에 파생이 가능한 요소의 수는 많지 않다. 조금만 시간을 들이면 여러분은 분명히 대부분의 이러한 형태를 열거할 수 있을 것이다. 아직 명명되지 않은 몇몇은 이렇다. 즉, 축소형태 -lein과 -chen, 비교급 -er과 최상급 -ste, 그리고 -en을 통한 동사의 명사화와 -heit, -keit, -schaft, -tion, -mus에 의한 명사화, ent-, ver- 또는 be-동사/명사-en, be-형용사/명사-(ig)en에 의한 동사화, -lich, -ig, -isch 또는 ge-동사를 통한 형용사화이다. 우리가 곧 상세하게 다룰 복수형성 (Pluralbildung)도 여기에 속한다. 여러분이 알고 있듯이, 파생과정에 의해 품사가 항상 바뀌는 것은 아니다.

3.2.1. 열린 부류와 닫힌 부류

특히 눈에 띄는 것은 모든 파생과정에서 항상 동사, 명사, 형용사 또는 부사 범주의 한 (거의 임의의) 단어가, 적은 파생요소들 중 하나 또는 몇몇의 요소와 결합되는 반면에, 합성과정에서는 항상 (거의) 임의의 (그들의 편에서 아마 이미 파생되어 있는) 단어들이 결합된다는 것이다. 우리는 이것을 두 부류의 요소들을 근본적으로 구분하기 위한 중요한 지수로 간주할 수 있다. 여기서 두 부류란 소위 열린 부류 (Offene Klasse: 어휘요소)와 닫힌 부류 (Geschlossene Klasse: 기능요소)이다. 여하튼 형용사, 동사, 명사 등 독일어의 모든 단어의 대략 99.9%는 열린 부류의 요소로 산정된다. 이와는 달리 닫힌 부류의 요소의 수는 대략 200개 정도뿐이다. 이러한 부류의 특별한 자질은 그 요소의 사용빈도에 있다. 즉, 이들은 모든 문장에서 한결 같이 대량으로 나타난다. 역사적인 연구가 이 부류의 완결을 증명한다. 즉, 언어는 열린 부류의 요소의 관점에서보다 닫힌 부류의 요소의 관점에서 아주 훨씬 더 느리게 변화된다. 이것을 제외하면, 예를 들어 Frau, Brot, Wasser, Sonne, Axt 등의 단지 중심적인 사회문화적인 개념은 열린 부류에 존재한다. 이것은 변함없이 나타나서 언어를 비교 연구하는 것 (Komparatistik)에 대한 근거자료로 이용된다.

특히 심리언어학과 신경언어학의 연구결과는 이러한 구분이 심리적으로 실재함 (psychologische Realität)을 증명한다. 이것은 특히, 심층 난독증 (Tiefendyslexie)의 경우에 난독증 화자가 읽을 때 파생어를 이해하지 못하므로 분명해진다 (6.10장 참고). 예를 들어 만일 파생된 한 단어가 열린 부류의 단어로도 나타나는 파생요소를 포함한다면, 이때 les-bar가 각각의 단어를 합성하여 '읽기 위한 장소 (eine Theke zum Lesen)'를 의미한다는 해석이 사용된다. 정확히 이것은 닫힌 부류의 요소가 어휘부에서 열린 부류의 요소와 다르게 설정되어 있다는 것을 대변한다. 다른 실험은 이것을 다음과 같이 증명한다. 즉, 예를 들어 Gold (열린 부류)나 nun (닫힌 부류)에 대한 프랑스어 단어는 동형이의어 or이다. 그러나 난독증 화자는 이 단어의 첫 번째 의미만을 읽는다 (이 경우에 그 환자는 Gold 대신에 Diamant를 읽었다). 그는 이것을 기능요소로 이해하는 능력의 장애를 갖고 있다.

3.2.2. 자립형태소와 의존형태소

당연히 우리는 독일어 화자가 (잠재적으로 끝없이 많은) 파생되거나 결합된 독일어의 모든 단어를 알 수 있는 것이 아니라, 이러한 단어를 필요할 때 더 간단한 형태인 형태소로부터 합성한다는 것에서 출발해야 한다.

전통적으로 의미를 지니는 가장 작은 언어의 단위가 형태소 (Morpheme)로 간주된다. 이러한 정의가 다소 너무 간단하다는 것을 우리는 곧 보게 될 것이다. 그러므로 우리는 이 개념을 단어형성에 관여하는 그러한 단위들에 대해서 다소 더 중립적으로 사용하려고 한다.

많은 단어는 그 자체가 결코 단어가 아닌 형태소로 구성되어 있다. 아이스-크림 (Eis-creme)이란 합성어는 둘 다 단독으로도 나타날 수 있는 두 단어로 이루어져 있는 반면에, 형용사 un-sicht-bar에서 파생형태소 (Derivationsmorpheme) un-과 -bar는 단독으로 나타날 수 없다.

그러므로 사람들은 전통적으로 자립형태소 (Freie Morpheme)와 의존형태소 (Gebundene Morpheme)를 구분한다. 경험에 근거한 일반규칙으로서, 우리는 단독으로 나타날 수 있는 모든 단어구성요소는 자립형태소라는 것으로부터 출발할 수 있다. 이것은 합성어 (**Schwimm-bad**) 뿐만 아니라 파생어 (**sicht**-bar, **glück**-lich, **Versuch**-ung)에 대해서도 적용된다. 그리고 이것은 우리가 지금까지 상세하게 접하지 않은 굴절형태론 (Flexionsmorphologie) 예를 들어, (***ein***-*em* ***schlau***-*en* ***Bauer***-*n* auf den ***Leim***-*œ* ***geh***-*en*: *교활한 농부에게 속다*)에 대해서도 마찬가지로 적용된다.

의존형태소는 접사 (Affixe)라고도 부른다. 이것이 자립형태소에 붙는데 그 위치에 따라 접두사 (Präfix: 예) ent-, ge-, un-), 접미사 (Suffix: 예) -heit, -ung, -en), 삽입사 (Infix: (19) 참고) 그리고 불연속접사 (Transfix: (22) 참고)가 있다. 독일어와는 달리 많은 언어에서, 예를 들어 필리핀 섬마을의 본톡어 (Bontoc)에서 삽입사화는 생산적 과정이다.

(19) a. pusi (가난한) → **pum**usi (가난하다)
b. kilad (빨간) → **kum**ilad (빨갛다)
c. fusul (적(군)) → **fum**usul (적(군)이다)

형용사나 명사로부터 동사를 파생시키기 위해 본톡어에서는 첫 번째 자음 뒤에 삽입사 -um-이 붙는다. 그러나 독일어도 아마 여러분이 생각하는 것보다 더 변덕스럽다.

(20) Brim-, Brim- und Hombeere wollt ich sagen
← Brom- und Himbeere

이러한 단어합성의 첫 번째 구성요소를 어휘적 의존형태소 (Konfixe)라 한다. 그 이유는 이것이 Samstag, Bernstein, Pluderhose, Pausbacke 같은 이러한 합성에서만 나타나기 때문이다. Himbeere는 Hintbeere에서 유래하고 분명히 암사슴이 가장 좋아하는 음식이었다. Brombeere는 향이 있는 장과류가 아니라 고대고지독어 braamo (Dornstrauch: 가시나무 덤불)에서 파생되었다.

접사의 결합이 예를 들어 *un-ig *ver-lich-keit처럼 단독으로는 가능하지 않기 때문에 우리는 독일어 화자가 모든 접사에 대해 훨씬 더 많이 안다는 것에서부터 출발해야 한다. 우리는 곧 이것을 볼 것이다.

3.2.3. 어근형태소와 어간형태소

만일 우리가 독일어 화자에게 직관적인 규칙지식이 있다고 생각한다면, 우리는 그렇게 할 것이다. 그 이유는 마치 독일어 화자가 특정한 규칙을 따르는 것처럼 그렇게 아주 분명하게 말하기 때문이다. 그러므로 모든 화자는 형태론의 형식적인 어휘와 내용적인 어휘를 알고 있다. 그리하여 한 화자는 예를 들어 복수형과 격 어미에서, 그리고 성 (Genus)과 생물성 (Belebtheit)의 관점에서도 구분되는 강변화 부류와 약변화 부류에 대한 지식을 알아야 한다 ((52)와 (53) 참고).

복수형성도 형태자질을 갖는 기초적인 표현의 소개를 통해 간소화될 수 있다. 이것을 위해 우리는 어근굴절 (Wurzelflexion)과 어간굴절 (Stammflexion)을 구분한다. Garten, Rose, Glieder, Nebel에 의해 특히 Gärtner, Gärtchen, Röslein, gliedrig, neblig가 파생될 수 있고, 예를 들어 합성을 통해 Gartenbauamt, Gärtnerprüfung, Rosenkavalier, dreigliedrig, Nebelschlussleuchte가 가능하다. 그러나 *Gartener, *Gärtenchen, *Gärtbauamt, *Gärtnprüfunger, *nebelig,

*Neblschlussleuchte는 왜 안될까?

즉시 여러분의 눈에 띌 수 있는 한 근거는 잘 알려져 있는 파생과 합성을 구분하는 것에 있다. 분명히 파생에 대해서는 합성에 대해서와는 다른 요소가 이용된다. 그렇다면 이것은 어떤 요소인가?

Garten, Gärtchen, Rose, Rosen같은 형태를 파생시키기 위해 우리는 더 작은 단위인 어근형태소 (Wurzelmorphem) 즉, gart, ros, nebl로부터 출발해야 한다. 이렇게 유도된 형태소를 어간형태소 (Stammmorphem)라 부른다. 이러한 유도과정은 파생에 속하는데, 사람들은 이러한 유도과정을 어간형성 (Stammbildung)이라고 한다. 독일어에는 몇몇의 어간형성형태소가 있다.

(21) a. -e로 끝나는 어간형성 (약변화)
ros, glaub → rose, glaube
b. -n으로 끝나는 어간형성 (약변화)
gart, kuch → gartn, kuchn
c. -r로 끝나는 어간형성 (강변화)
glied, kind → gliedr, kindr

어간형성 외에, 예를 들어 Rös+lein, Gärt+chen, Küch+lein, löb+lich, nebl+ig처럼 어근형태소에 의해 직접적인 파생도 가능하다.

〈 문제 10 〉

합성과정에서 어떤 형태소가 관여하고, 파생과정에서 어떤 형태소가 관여하는가? Rosenkavalier, Nebelschlussleuchte, neblig, Gärtchen을 관찰해보자.

삽입사화와 불연속접사화

(19)에서 우리는 이미 삽입사화 (Infigierung)에 대한 예를 본톡어에서 보았다. 한 형태소가 기본형태소로 삽입된다.

(19) a. pusi (가난한) → **pum**usi (가난하다)

본톡어에서 삽입사화는 출발어의 자음과 모음의 순서와 관련된다. 첫 번째 자음 뒤에 -um-이 삽입된다.

단어를 분절하는 우리의 유일한 수단은 지금까지 단어경계기호에 의해 어근/어간과 접사를 구분하는 것이다. 그러므로 지금까지의 우리의 이론에서 하나의 자음이 어근형태소에 속한다는 정보를 잃지 않고, 우리가 어떻게 바로 이 자음을 가려낼 수 있을까하는 의문이 들 수 있다. 즉, 단어 p+um+usi는 세 부분이 아니라 단지 두 부분만으로 구성되어 있다.

불연속접사화 (Transfigierung)는 삽입사뿐만 아니라 기본형태소가 불연속적으로 결합되는 과정이다. 이것은 예를 들어 몰타어 (Maltesisch)에서 복수를 형성할 때 나타난다.

(22) a. tifel (소년) → tfal (소년들)
b. ktieb (책) → kotba (책들)
c. ëgemel (낙타) → iëgmla (낙타들)

단수와 복수의 공통 어근이 (22)에서 각각 단지 하나의 자음격자 (Konsonantengitter)만으로 즉, (a) t.f.l, (b) k.t.b, (c) g.m.l로 구성되어 있다는 것을 쉽게 인식할 수 있다.
아랍어에서도 우리는 비교할 수 있는 현상을 발견하게 된다.

(23) a. kataba (그는 썼다: 현재완료)
b. ktataba (그는 썼다; 그는 복사했다: 과거)

c. kutiba (그것은 쓰여 졌다: 수동 과거)
d. kitaabun (그 책은: 1격)
e. kuttaabun (그 코란학교는: 1격)
f. maktabun (그 사무실은: 1격)
g. makaatibun (그 사무실들은: 1격)

어근형태소만이 모든 형태에 공통적인데, 이것은 모음이 삽입되고 (부분적으로) 중복되는 자음격자 k.t.b로 구성되어 있다.
히브리어에서도 불연속접사는 관습적인 형태론적 파생형태이다.

(24) 어근: s.m.l
a. simla (옷)
b. smalot (옷들)

(25) 어근: k.š.R: 함께 부착하여 결합되는 모든 것
a. likšoR (부정법)
b. kašaRit (동사-과거)
c. kašuR (형용사)
d. kešeR (명사)

그러므로 자음격자 k.š.R은 상이한 단어형성과정을 위한 기초이지만 음운론적으로 가능한 히브리어의 단어는 아니다.
예를 들어 영어 같은 순차적으로 연결되어 있는 형태소를 갖는 언어에 대해서 탈문법증화자 (Agrammatiker)의 발화는 간단하고 세련되게 기술될 수 있다. 이러한 언어장애에서 화자는 단어들에 대한 형태적 속성을 변화시킨다.

(26) definitive / definiteness → definite

그렇다면 이러한 완전한 형태는 도대체 어떤 형태적 과정을 통해 생성되어 있는 것인가?
맞다. 이것은 (27)처럼 상이한 경계기호를 갖는 파생을 통해 생성되는 것이다.

(27) [definite + ive]$_A$; [definite # ness]$_N$

탈문법증화자가 의존형태소를 빠뜨리지만 단어의 의미적 핵심어는 유지된다. (26)에서와 같은 접미사는 단어의 오른쪽 끝에 위치한다. 만일 이것이 탈락되면 남아 있는 형태는 그럼에도 불구하고 음운론적으로 가능한 영어의 단어이다. 그러나 이것은 모든 언어에서 그렇지는 않다.

다시 말해 우리는 순차적이지 않게 연결하는 형태론을 갖는 언어 즉, 히브리어를 모국어로 갖는 탈문법증화자가 모든 단어형성형태소를 생략해도 거의 말문이 막히지 않고, 우연한 형태규칙을 어근에 적용한다는 것을 관찰했다.

(28) šloša milim
세 개의 (남성) 단어들 (여성)
오류 행위: 잘못된 일치; 여성의 수사라면 šaloš라고 썼어야 할 것이다.

이러한 형태적 과정은 단지 순차적인 형태적 표현만을 허가하는 모형에 의해서 적절하게 설명될 수 없다. 그러므로 우리는 모든 형태적 파생을 허가하는 한 모형이 필요하다.

3.2.4. 중복

불연속접사화처럼 중복 (Reduplikation)도 무조건 하나의 구성성분과 관련되지는 않는다. 예를 들어 퀼리우트어 (Quileute: 태평양 연안에 있는 미국과 캐나다의 경계지역의 원주민 언어)에서는 (29)처럼 첫 번째 연속체가 한 음절이든지 아닌지 와는 독립적으로 이러한 (C)V-연속체의 중복을 통한 복수형성이 가능하다.

(29) a. ciphókwat (그 흑인) → ci**ci**phókwat (그 흑인들)
b. á't'cit (그 추장) → á'**á**'t'cit (그 추장들)

(필리핀의) 타갈로그어 (Tagalog)의 중복과정도 음절구조와는 독립적으로 CV-연속체 또는 CV(C)CV(C)-연속체와 관련된다.

(30) a. kandi:lah (양초) → pagkakandi:lah (양초 판매원)
b. bali:ktad (뒤죽박죽인) → bali:baliktad (온통 뒤죽박죽인)

(서아프리카의) 어웨어 (Ewe)에서 분사를 형성하기 위해 동사의 첫 번째 (C)CV-연속체가 중복된다.

(31) a. si (달아나다) → sisi (달아난)
b. dzra (팔다) → dzadzra (판매된)

사모아어, (필리핀의) 일로카노어 (Ilokano), (오스트레일리아의) 이디니어 (Yidiny)의 복수형성은 음절도 중복될 수 있다는 것을 보여준다. 일로카노어에서 복수는 첫 번째 음절의 중복을 통해 형성된다.

(32) a. /talon/ (경작지) → /tatalon/ (경작지들)
b. /ulo/ (머리) → /ululo/ (머리들)

c. /biag/ (생명) → /bibiag/ (생명들)

사모아어에서 동사의 복수일치 (3인칭 복수표시)는 동사의 마지막 음절의 바로 전 음절을 중복하여 생성된다.

(33) a. /atamaʔi/ → /atamamaʔi/
(3.P.Sg. ist klug) (sie sind klug)
3.P.Sg.는 영리하다 그들은 영리하다
b. /pese/ → /pepese/
(3.P.Sg. singt) (sie singen)
3.P.Sg.는 노래한다 그들은 노래한다
c. /matus/ → /matutua/
(3.P.Sg. ist alt) (sie sind alt)
3.P.Sg.는 늙었다 그들은 늙었다

그리고 이디니어에서 명사의 복수는 명사의 첫 번째 두 음절의 중복을 통해 형성된다.

(34) a. dimurU (집) → dimudimurU (집들)
b. gindalba (도마뱀) → gindalgindalba (도마뱀들)

형태소는 (오스트레일리아의) 왈비리어에서, 라틴어에서, 심지어는 독일어에서 완전한 구성성분으로서도 중복될 수 있다. 예를 들어 왈비리어에서 복수형성을 위해 전체단어가 중복된다.

(35) a. kurdu (아이) → kurdukurdu (많은 아이들)
b. maliki (개) → malikimaliki (많은 개들)

우리는 라틴어에서 (36a)와 같은 경우를 발견한다. 그리고 독일어에는 (36b-e)처럼 강화형태가 모음교체와 함께 또는 모음교체 없이 존재한다.

(36) a. quis (누가) → quisquis (누가 또한 항상: 중복)
b. so → soso (그럭저럭: 중복)
c. tam → Tamtam (징: 중복)
d. schnick → Schnickschnack (허튼소리: 모음교체를 갖는 중복)
e. heck → Heckmeck (잡담: 음절두음교체를 갖는 중복)

그러므로 중복과정이 가끔은 구성성분 (음절, 기본형태소)에 관련되고, 가끔은 CV-연속체에 관련된다. 후자는 순수한 순차적 기술에서 자연스럽게 도출될 수 없다. 그래서 우리는 우리의 옛 모형에서 이 두 경우를 상이하게 다루기 위해 일반적으로 결함이 있는 분석에 대한 증거가 필요했을 것이다.

3.2.5. 아라비아로 가보자

음운론적 과정과 형태론적 과정의 긴밀한 결합을 설명하기 위해 우리는 이제 조심스럽게 미지의 세계 즉, 아랍어 동사를 탐색하여 이러한 분석모형이 얼마나 많이 우리를 돕는지를 찾아내려고 한다. 비교적 간단한 경우인 위의 예 (23a)를 가지고 가장 좋게 시작해보자.

(23) a. katab(a) ((그는) 썼다: (er) hat geschrieben)

이것은 부분구조 (37b)를 갖는 완료어간 (37a)에서 유도되었다.

(37) a. katab

b. 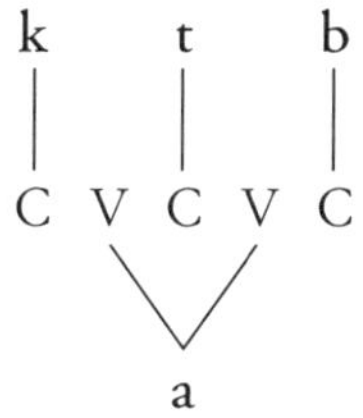

어근형태소 (schreib-)

CV-골격 (비년 (Binyan) I: 완료어간)
(확산 (Spreading))
어간형성형태소 (완료/능동)
(비년: 굴절부류)

우리가 아랍어의 단어구조에 대한 직관을 가지고 있지는 않지만 어휘음운론에 대한 우리의 지식으로 적어도 형태소, 음절, 음소, 자질을 완료어간의 CV-격자와 연결하는 것을 시도해 볼 수 있다. 이때 우리는 아랍어 같은 언어는 순차적이지 않은 어휘음운론과 형태론을 요구한다는 것을 볼 것이다. 그럼 시작해보자.

우선 우리는 공명성요소의 연결에 관한 질문에 대답하려고 한다. 2.3.1장의 연결규약 (Assoziationskonventionen) (61)에 따라 제일 먼저 공명성이 가장 큰 요소가 V와 연결되고 그보다 덜 공명성이 있는 요소가 C-위치와 연결된다. 셈어의 모음들은 독일어와 달리 어근이 아니라 굴절요소에 속하기 때문에 어간형성 굴절요소가 삽입된 후에 비로소 CV-격자로 음절화된다. 이러한 첫 번째 음절화는 어근 넘어에서가 아니라 독일어에서처럼 음운론적으로 가능한 가장 간단한 단어인 어간 넘어에서 발생한다.

또 다른 문제는 음절구조와 공명성제약의 적용에 관련된다. (23b) **kta**taba의 첫 번째 음절의 시작에서 우리는 공명성제약이 매개변수화 되어있다는 것을 안다. 그 이유는 아랍어에서 k와 t가 동일한 공명성등급을 갖는다면 공명성이 음절의 핵심어에 대해 끊임없이 증가하지 않고 오직 균등하기 때문이다. 이것으로부터 우리는 음절화하기 위해 어근자음은 항상 (하나 혹은 몇몇의) 음절로 반드시 배분되어서 이러한 매개변수설정을 충족시킨다는 가설을 유도할 수 있다. 아랍어에서 완료어간의 최대 CV-골격은 CCVCCVC이다. 독일어와 달리 CV-연속체에 대한 음소의 연결은 그러므로 형태소적인 CV-격자와 함께 시작된다.

독일어에서처럼 먼저 V-요소가 모음의 굴절요소와 연결된다 (38a). 그런 후에 C-요소는 공명성이 가장 큰 요소로부터 우선 왼쪽으로 연결되고 (38b), 그 후에 오른쪽으로 연결된다. 연결되지 않고 비어 있는 모든 CV-자리는 탈락된다 (38d). 그리하여 어근 k.t.b.로부터 예를 들어 비년 (Binyan) I이 유도될 수 있다.

(38)

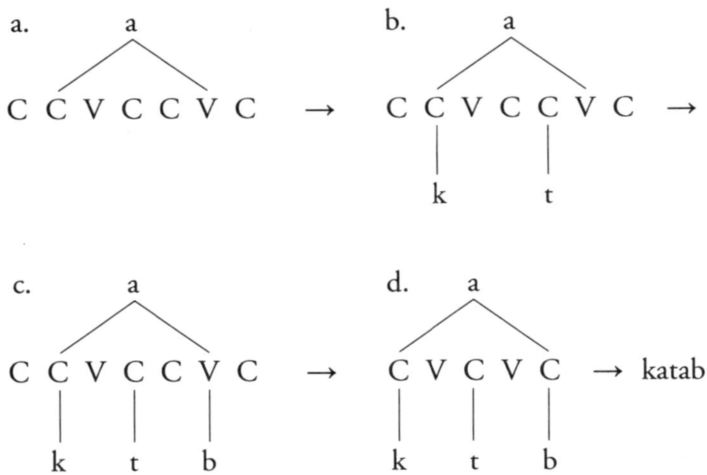

다른 비년들 (Binyanim)도 이렇게 유도될 수 있다. 이때 많은 비년들은 그들의 편에서 다른 비년들로부터 유도된다 (접사화, 삽입사화 또는 확산을 통한 파생). 이렇게 예를 들어 비년 VII (nkatab)이 비년 I (katab)로부터, 비년 XIV (ktanbab)가 비년 IX (ktabab)로부터 그리고 비년 II (kattab)가 비년 I (katab)로부터 유도된다.

여러분이 알고 있듯이, 확산 (Spreading)은 독일어에서와는 다르게 '자립분절음 (Autosegmente: 일종의 음소적 요소)'에 제한되지 않고 파생과 굴절에서 음소와 함께 가능하다. CV의 C에 t가 연결되는 접두사화를 통해 더 복잡한 완료어간, 예를 들어 takaatab = CVCVCCVC의 유도도 가능하다. 그렇다면 우리는 독일어에서처럼 상이한 규칙과 유도의 진정한 순서가 있다는 것과 여러 번 새로 음절화된다는 것 (그러므로 구조가 항상 다시 바뀐다는 것)으로부터 출발해야 할 것이다. 예를 들어 단어층위에서 (39)로부터 구조 (40)이 결과로 나타날 수 있을 것이다.

(39) katab (비년 I의 어간형성과 첫 번째 음절화에 따라)

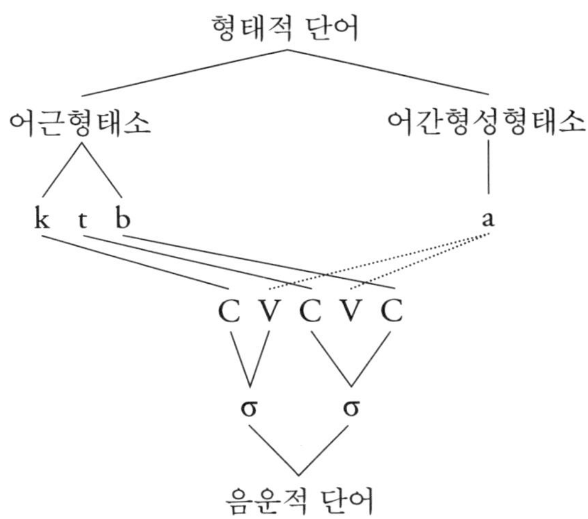

(40) kataba (인칭, 수, 성-굴절과 재음절화에 따라)

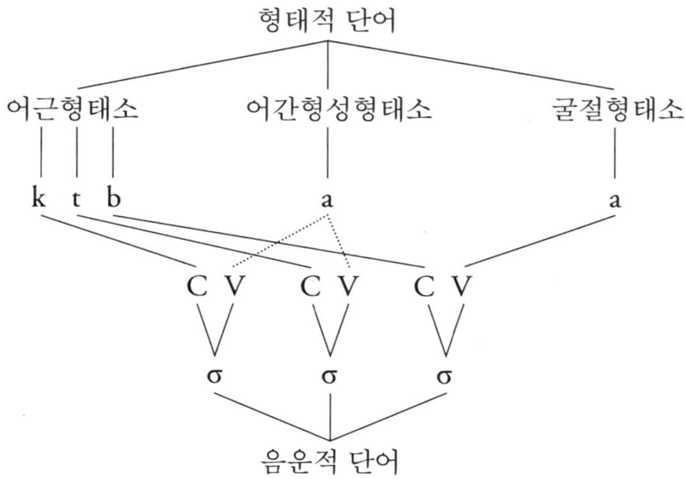

이러한 예는 형태규칙과 음운규칙에 대한 각각의 영역이 일치할 필요가 없다는 것을 보여준다. 여러분은 이것을 기억할 것이다. 즉, 독일어에서 별도의 음절의 음소도 역시 형태적 단어에 속하긴 하지만 정확하게는 음절에 속하지 않는다 (예: Strumpf). 단어경계를 넘어선 많은 동화 (Assimilationen)는 음운적 범위 (또는 음운적 단어)가 형태적 단어보다 훨씬 더 클 수 있다는 것을 보여준다. 스페인어 (41a)와 독일어 (41b)의 예를 보자.

(41) a. /un/ /beso/ → [umbeso] (입맞춤: ein Kuss)
2개의 형태적 단어 1개의 음운적 단어
b. /in/ /gäntse/ → [iŋgäntsə] (전체적으로: in Gänze)
2개의 단어 1개의 음운적 단어

음절화의 범위는 음운적 단어이다. 'Reit + er'같은 2개 형태소 단어는 음운적 단어로서 'Rei-ter'로 음절화된다. 'in Gänze'같은 2개의 형태적 단어는 한 음운단위 'in Gänze'처럼 강세를 갖게 된다. 즉, 'in'은 보통의 경우 전체 표현의 강세를 변화시키지 않는다. 그러므로 이러한 전체 문장성분은 하나의 음운적 단어이다. 'haste (mal 'n Euro?)'같은 형태도 단지 'hast du'가 하나의 음운적 단어이고, 그러므로 'du'는 접어화될 수 있기 때문에 가능하다. (41)의 비음동화 (Nasalassimilationen)도 형태소경계를 지나가지만 음운적 단어 내에서 머문다.

아랍어의 발화오류도 단어어근 (Wortwurzeln)이 어떤 모습을 띠는지를 증명한다. (42a)에서 두 단어의 어근자음만이 교체에 관련되어 있고, 모음 파생요소는 잔류된다.

(42) a. **q**a**lb**a **s**a**kt**iyya ← **s**a**kt**a **q**a**lb**iyya
Anfall Herz (심장마비)
b. Ich **pflanz**e die **Topf**en um ← Ich **topf**e die **Pflanz**en um
(나는 식물을 분갈이한다)

아랍어에서 얻은 이러한 인식은 독일어에 대해서도 중요하다. 즉, (42b)의 교체는 마찬가지로 두 어근형태소를 상이한 통사범주의 단어로 이해하고, 굴절어미는 잔류된다.

3.3. 굴절

굴절 (Flexion)은 명사변화와 동사변화에 대한 상위개념이다 (라틴어의 전통문법에 따른 구분). 다시 한번 예문 (1)을 관찰해보자.

(1) $[\text{Die}]_{Art}$ $[\text{Zuschauer-inn-en}]_{N}$ $[\text{betracht-et-en}]_{V}$ $[\text{ein-en}]_{Art}$ $[\text{hübsch-en}]_{A}$ $[\text{Balletttänzer}]_{N'}$ als $[\text{dies-er}]_{Art}$ in $[\text{ein-em}]_{Art}$ $[\text{ge-streift-en}]_{A}$ $[\text{Trikot}]_{N}$ $[\text{sein-e}]_{Art}$ $[\text{Dehnübung-en}]_{N}$ $[\text{vorführ-t-e}]_{V}$

독일어의 명사는 수, 격, 성의 자질 (그리고 명사변화부류의 소속성, 수셈 가능성 같은 몇몇 고유자질)을 지닌다. 이러한 자질은 음성학적으로 실현될 수 있고 형태소로서 가시적일 수 있다.

수 (Numerus): Zuschauer-inn-**en** (**복수**), Dehnübung-**en** (**복수**)
성 (Genus): Zuschauer-**inn** (**여성**)-en, Dehnüb**ung** (**여성**),
Balletttänz**er** (**남성**)

또는 이러한 자질은 가시적이지 않을 수도 있다.

수: Trikot-(**단수**)
격 (Kasus): Zuschauer-inn-**en**+**1격**, Balletttänzer+**4격**,
Trikot+**3격**, Dehnübung-**en**+**4격**

여러 가지 문법기능이 한 형태와 결합되어 있을 때 사람들은 이것을 혼합현상 (Synkretismus)라 부른다. 그러므로 'Tänzer'라는 형태는 수 자질의 관점에서 완전히 혼합되어 있고, 격 자질의 관점에서 부분적으로 혼합적이다. 즉, 2격 단수와 3격 복수에서는 고유의 격 형태를 가지므로 혼합적이지 않다.

관사와 부가적 형용사의 굴절자질은 관련 명사를 따른다. 이렇게 문법적으로 조화를 이루는 것을 일치 (Kongruenz)라고 한다.

수, 성, 격: [[ein-**en**]$_{\text{Art}}$ [hübsch-**en**]$_{\text{A}}$ [Balletttänzer]$_{\text{N}}$]

3.3.1. 동사 굴절

독일어에서 동사 (및 조동사)는 인칭, 수, 성, 화법, 시제, 상 자질 (그리고 동사에서 동사부류로의 소속성 같은 고유자질)을 지닌다. 이러한 자질은 음성학적으로 실현될 수 있고 형태소로서 가시적일 수 있다.

동사의 태 (Genus Verbi):
능동태, 수동태 (4장 참고): 동작수동 (Vorgangspassiv) Das Buch **wird** (von jemandem) **gelesen**, 상태수동 (Zustandspassiv) Das Buch **ist gelesen**, 중간태 (Medium) Das Buch **liest sich gut**, 영어의 중간태 the book **reads well**.

시제 (Tempus):
독일어에서 발화는 시제자질을 지녀야 한다. 이러한 시제자질은 발화시점에 의존하지 않고 묘사된 사건과 이 사건의 시간 배열을 관련짓도록 화자에게 허가한다. 시제의 사용은 문법규칙을 따른다. 비록 오늘날 더 이상 통례적이지 않더라도 예를 들어 표현하는 동사에 따라 부문장에서 접속법 I식이 사용되어야한다. 현재와 과거는 합성적으로 형성되고, 미래는 현재완료, 과거완료, 미래 II와 마찬가지로 분석적으로 형성된다.

화법 (Modus):
화법은 진술된 것에 대한 화자의 입장을 표현한다. 동사 굴절은 다음의 가능성을 제공한다.

직설법 (Indikativ): Die Aussage **wird** als real angesehen.
(자기반영)
접속법 I식 (Konjunktiv I): Ein Redner **sei** kein Lexikon.
(투홀스키 (Tucholsky)의 말)
접속법 II식 (Konjunktiv II): Ach, **wäre** ich doch nie geboren.
(비현실 또는 잠재성 가정법)

상 (Aspekt):
이것을 통해서 행위과정이 상세하게 기술된다. 독일어 굴절어형변화표에서 상은 단지 미진하게 과거형태에서만 표시된다. 과거는 지나간 행위나 사건을 표시한다. 현재완료는 완료된 행위나 사건을 표시하고, 아마 반복적인 행위나 사건도 표시할 것이다.

과거 (Präteritum): Nach dem Lesen dieses Buches **wusste** ich mehr.
현재완료 (Perfekt): Beim Lesen dieses Buches **habe** ich keine Minute **geschlafen**.

동사부류 (Verbklassen):
독일어에는 세 개의 동사부류 즉, 규칙형태 (약변화), 불규칙형태 (강변화), 혼합형태 및 sein동사의 보충형태가 있다.

규칙동사는 시제, 수, 인칭, 화법에 대한 모든 굴절형태에서 어근모음을 갖는다.

규칙동사: **kauf**-en, **kauf**-te, ge-**kauf**-t, (er) **kauf**-e.

그러므로 이 동사들은 어근에 대한 오직 하나의 어휘항목만을 필요로 한다. 규칙적으로 접사화된 이러한 굴절정보는 형태마다 저장될 필요가 없다. 아래 동사들도 여기에 속한다.

- 과거분사가 ge-와 함께 형성되지 않는 동사 즉, 1음절에 강세를 갖지 않는 동사
  studíeren – studiert, flankíeren – flankiert
  posáunen – posaunt, prophezéien – prophezeit, übersétzen – übersetzt
- ge-가 선행하지 않는 동사 즉, 분리접두사를 갖는 동사
  ábhören – abgehört, éinkaufen – eingekauft, úmfahren –

umgefahren

일반적으로 독일어에서 두 종류의 동사접두사가 구분된다.

- 비분리접두사: ver-, be-, ent-, er-, zer-, in-, re-, de-는 강세에 영향을 주지 않는다. réißen - zerréißen
- 분리접두사: ein-, ab-, an-같은 분리접두사는 강세를 변화시킨다. néhmen - éinnehmen

um, unter, über같은 형태소에서 다소 어려움이 생긴다. 왜 그럴까? 정확히 말하면, 이것은 이들이 어휘적으로 동음이의어 (Homophon)이고, 분리요소로 뿐만 아니라 비분리요소로도 나타나기 때문이다.

untergráben: Sie untergráben meine Autorität.
úntergraben: Sie graben den Mist únter.

불규칙동사에서 과거분사는 항상 (ge-)-en에 의해 형성되고 접속법 II식은 대체로 과거형 모음의 변모음화 (Umlautung)를 통해 형성된다 (schaff-, sch**u**f, sch**ü**f-e). 다른 관점에서 보면, 그 변모음화된 모음은 항상 전설모음이다 (werf-en, warf, w**ü**rf-e). 즉, 이 모음 뒤에는 항상 약모음이 나타난다.

직설법 단수 2, 3인칭 현재에서 일반적으로 앞에 전설모음이 나타난다 (fahr-en, du f**ä**hr-st, er f**ä**hr-t). 다음 어형변화표에서도 우리는 ge-없는 분사를 보게 된다.

errát-en – erraten, zerréiß-en – zerrissen
umfáhr-en – umfahren

강변화동사는 "역사적 잔여물"이어서 오늘날 더 이상 생산적이지 않다. 그러므로 강변화 굴절은 동사를 새로 만들 때 더 이상 나타나지 않는다. 여러분은 'tippen, tap, getuppen'이라고 말하는가? 그럼에도 불구하고 우리가 Schnickschnack, Singsang, Tiptop 등의 중복에서 볼 수 있는 이러한 것은 전형적인 모음교체 (Ablaut)처럼 보인다. 다시 말해 Schnackschnick은 정말 가능하지 않다. 우리가 발화오류의 신조어 gekircht를 한번 선택해보자.

(43) in der Sunge gekircht ← in der Kirche gesungen

동사 singen이 불규칙하다 하더라도 이것이 발화오류에서 in der Sunge gekirch**en**로 나타나지 않는다. 오히려 어근 /kirch/를 어간 /sung/과 교체한 후 기대에 맞게 규칙적인 과거분사 ge-kirch-t가 형성된다.

규칙형태와 불규칙형태의 구분은 모국어습득에서도 보인다. 예를 들어 과거분사 어미 -t와 -(e)n이 거의 동일한 출현빈도를 갖는다 하더라도 아이들은 -(e)n이 아니라 -t를 지나치게 일반화시켰다. 아이들은 -(e)n도 분사접미사라는 것을 이미 알 때까지 스스로 그렇게 한다.

(44) Ich hab ge-riech-t ← gerochen (Saskia 4.7세)

혼합변화동사의 부류에서는 과거어간과 과거분사어간이 동일하다. 하지만 이들의 어간이 기본형과는 구분된다 (bring-en, br**a**ch-te, ge-br**a**ch-t). 혼합변화동사는 과거어간과 과거분사어간에 약변화동사 어형변화표의 접사를 취한다. 하지만 접속법 II식은 약변화동사와 달리 변모음에 의해 형성된다 (br**ä**chte, k**ö**nnte).

보충법 (다형성)

자연언어에서 보충법 (Suppletion) 현상은 불규칙동사보다 훨씬 더 놀랍다.

(45)

부정법	: 과거형	1인칭	: 2인칭	: 3인칭 (단수 현재)
sagen	: sagte (규칙적)	sage	: sagst	: sagt (규칙적)
gehen	: ging (불규칙적)	gehe	: gehst	: geht (규칙적)
sein	: war (보충적)	bin	: bist	: ist (보충적)

어간과 어간 사이의 관계 및 기본형과 인칭굴절 사이의 관계는 동사의 보충형태 (Suppletivformen)에서 부분적으로 가시적이지 않거나, 또는 전혀 가시적이지 않다. 동사형태 bin에서 현재형어간 sein은 재구성될 수 없다. 그러므로 다음의 비교적 상세한 어휘항목은 sein과 결합된다.

(46) a. /zai/$_{+V}$: /bin/$_{1.P.}$ /bist/$_{2.P.}$ /ʔist/$_{3.P.}$ /zind/$_{+pl.}$
b. /va:ʀ/$_{+prät}$
c. /ve:zn/$_{+part}$

이와는 달리 접속법 II식의 유도 war → wäre는 다시 불규칙동사 및 혼합변화동사와 동일하다. 다음의 형태음운규칙은 변모음화 ([-후음성])를 야기한다. 여러분 자신이 옳게 생각하듯이, 형태음운규칙은 그 적용이 형태론뿐만 아니라 음운론에 의해서도 규정된 규칙이다.

(46) d. /va:ʀ/$_{+prät}$
|
[-후음성]...X]$_{+konj}$

(46a)의 형태들, (46b)의 과거어간, (46c)의 과거분사어간, (46d)의 모음선치는 예측할 수 없다. 그러나 과거의 인칭과 수 어미, 그리고 과거분사 (46c)의 접두사 ge-는 예상할 수 있으므로 분리되어 어휘부에 저장되지 않는다. sagte와 같은 규칙동사의 접속법 II식은 과거의 형태와 동일하다. 따라서 이것은 구분될 수 없기 때문에 종종

würde+동사형태에 의해 형성된다.

보충법은 동사에 제한되지 않는다.

(47) 형용사의 비교급 (원급 – 비교급 – 최상급)
규칙적: laut – lauter – (am) lautesten
혼합적: hoch – höher – (am) höchsten
보충적: gut – besser – (am) best

(48) 인칭대명사 (1, 2, 3인칭)
단수: ich – du – er/sie/es
복수: wir – ihr – sie

보충형태는 어휘화된 특수형태로 간주될 수 있는데, 이들의 존재는 본질적으로 예외로서 지속적으로 자주 사용되는 데에서 찾을 수 있다.
요약: 규칙적인 형태 (약변화동사, 규칙적인 비교급을 갖는 형용사)는 어근에 대한 어휘항목만을 필요로 한다. 유도되는 모든 형태는 예상할 수 있다. 불규칙적인 형태는 이들의 어간과 보충법에 의해, 게다가 부분적으로 또는 완전히 이들의 굴절형태에 의해 어휘부에서 인지된다.

보충법은 보다 더 일반적인 현상에 대한 단지 하나의 예이다. 즉, 한 언어의 어휘에는 생활과 문화의 중요한 영역에 대한 개념들이 있는데, 이들의 형태적 합성어는 불문명하다. 이러한 불명료성에 대해 빨리 이해할 수 있는 경우가 Strohwitwer (아내가 여행을 떠나 홀아비 생활을 하고 있는 남편)에 있다. 이 단어는 어떠한 경우에도 '부인이 죽고 없는, 밀짚을 경작하는 농민출신인 한 남자'가 아니라, '지금 현재 부인이 친구들과 여행 중이거나 카드놀이를 하느라 없는 누군가'를 의미한다. 이것과는 달리 Strohballen (밀짚꾸러미)는 쉽게 이해된다. 여기서는 실제로 '밀짚으로 된 꾸러미'와 관련된다. 우리가 Strohwitwer와 관련하여 알고 있는 유일한 것은 한 남자와 관련된다는 것이다. 그 이유는 Witwer (홀아비)가 이 단어의 의미에서 의미자질 [남성]을 포함하고 있기 때문이다. 이러한 형성에 관계하는 의미자질이, 분리될 수 있는 형태소와는 다른 것을 지칭할 때 가시적일 수 있을 때에만, 사람들은 이러한 유도에 대해 다형 형태(polymorphe Formen)라고 말한다. 가축에 대한 어휘장의 요소들을 이것과 비교해보자.

(49)

<table>
<tr><td colspan="2">종류</td><td>Hunde
(개)</td><td>Katzen
(고양이)</td><td>Schafe
(양)</td><td>Schweine
(돼지)</td><td>Rinder
(소)</td><td>Pferde
(말)</td><td>Hühner
(닭)</td></tr>
<tr><td rowspan="2">성장한</td><td>수컷</td><td>Rüde</td><td>Kater</td><td>Bock</td><td>Eber</td><td>Stier</td><td>Hengst</td><td>Hahn</td></tr>
<tr><td>암컷</td><td>Hündin</td><td>Katze</td><td>Schaf</td><td>Sau</td><td>Kuh</td><td>Stute</td><td>Huhn</td></tr>
<tr><td>어린</td><td>수컷
암컷</td><td>Welpe</td><td>Katerchen
Kätzchen</td><td>Lamm</td><td>Ferkel</td><td>Kalb</td><td>Fohlen</td><td>Küken</td></tr>
</table>

어휘장 '가축'의 독일어 명칭은 동물의 종류의 관점에서 구분된다. 하지만 이들은 동일한 의미자질 '어린/성장한', '암컷/수컷'에 따라 세분된다. 만일 우리가 다른 동물을 가축으로 추가한다면 바로 이러한 자질들이 'Löwe – Löwin – kleiner/junger/alter Löwe', 'Kuckucksmännchen, Kuckucksweibchen, kleiner/junger Kuckuck 또는 Kuckucksvögelchen'처럼 자립형태소나 의존형태소로 나타난다는 것을 우리는 인식할 것이다. 형태적/의미적 투명성에 대한 무지와 충동이 아마 Lämmchen (새끼 양), Ferkelchen (새끼 돼지), Kälbchen (새끼 소)와 같은 잉여적인 유도를 하게 되었을 것이다.

그러므로 우리는 개별 언어에서 단어형성과정이 의미자질을 직접 단어로 어휘화 할 수 있다는 것으로부터 출발할 수 있다.

〈 문제 11 〉

다음 친척관계의 명칭에서 어떤 자질이 사용되는가? 세대 예속관계를 주의하자.
Oma - Opa, Vater - Mutter, Onkel - Tante, Bruder - Schwester, Sohn - Tochter, Enkel - Enkelin, Neffe - Nichte, Cousin - Cousine.

3.3.2. 명사 굴절

여러분은 앞 장에서 이음 (Allophone)에 대해 배운 것을 아직 기억하는가? 영국 사람들이 복수를 어떻게 형성하는지 한번 보자. 복수요소에 대한 기본적인 음운표현으로 /z/를 가정할 때 (50a,b)의 형태는 선행하는 자음의 자질 [-긴장성]으로 동화된다.

(50) a. cats (Katzen) [kʰæts]
b. dogs (Hunde) [dɔ:gz]
c. houses (Häuser) [hao͜zəz]

그렇다면 (50c)는 어떻게 다룰까? 이 예문에 대해서는 형태론적 관점에서 무엇을 알 수 있을까? 이러한 복수형성의 규칙적인 특성과 세 변이형의 동일한 의미를 고려할 때, 우리의 지금까지의 논증논리에 따르면 유일한 복수형태소 /z/를 기본적인 것으로 가정하는 것이 적절한 것으로 보인다. 소위 복수형태소의 이형태 (Allomorphe)인 문맥에 의존하는 이러한 형태소의 음성적 실현을 우리는 형태음운론적인 규칙을 통해 유도한다.

예를 들어 (51a-c)의 축소형태를 만들어 보자.

(51) a. Spiel
b. Auge

c. Kind

(51c)에서만 두 형태 (Kindlein, Kindchen)이 가능하다는 것이 분명히 여러분의 눈에 띌 것이다. 이것은 /l/로 끝나는 단어는 단지 -chen과만 결합되고, /g/, /ç/, /x/로 끝나는 단어는 단지 -lein과만 결합된다는 것과 관련이 있다.

〈 문제 12 〉

영어에는 복수 -s 외에 적어도 두 형태소가 더 있다. 즉, 동일한 음운 표현 /z/를 갖는 소유자 표시 (a)와 규칙동사의 3인칭 단수 굴절 (b)가 그것이다.
(a) Pete's house, John's house, George's house
(b) hits, gives, catches
여기에 어떤 이형태가 나타나는가?

독일어의 복수

독일어에서 우리는 본질적으로 영어보다 더 많은 복수이형태를 보게 된다. 즉, 다음과 같이 복수형성의 5개 유형이 있는데, 이들 중 3개는 변모음과 함께 그리고 변모음 없이 나타난다.

(52) 약변화
　　-(e)n (Bären, Katzen, Gabeln)

(53) 강변화
　　a. 변모음 없는 -er (Kinder)
　　　변모음 있는 -er (Länder, Männer)
　　b. 변모음 없는 -e (Hunde, Tische)

변모음 있는 -e (Bäche, Hänge)
c. 변모음 없는 -Ø (Reiter, Segel)
변모음 있는 -Ø (Äpfel, Gärten)
d. -s (Autos, Opas)

복수형태론에 관한한 독일어는 어려운 언어이다. 그 이유는 모든 아이가 단어와 그 복수형을 학습해야 하기 때문이다. 예외에 대한 형태적 변화표가 인정된다 하더라도 우리는 오히려 모든 단어가 바로 두 번 즉, 단수와 복수로 어휘부에 저장되어 있다고 가정하지 않고, 이러한 복수의 유도가 예를 들어 영어보다 다소 더 복잡하다고 가정하려고 한다.

하지만 이것은 -s를 붙이는 복수에는 적합하지 않다.

(54) a. 이름 (die Müllers)
b. 축약형 (die Loks)
c. 두문자어 (die LKWs)
d. 차용어 (Kiosks)
e. 명사와 다른 범주 (Wenns und Abers gelten hier nicht.)

단지 s-복수이형태만은 임의의 단어에, 심지어는 (54e)에서처럼 본래 접속사인 단어에 접사화될 수 있다. 이러한 복수를 자동의 복수(Defaultplural; Notplural)라고 한다. s-복수가 다른 복수형태와 구분된다는 것에 대한 다른 증거는 합성어이다. 단지 불규칙 복수이형태만이 합성어의 첫 번째 구성성분에 나타날 수 있다.

(55)		
	a. 'Druck mit den H**ä**nd**en**'	Händedruck
	b. 'Kuchen aus Ei**ern**'	Eierkuchen
	c. 'Verkäufer von Bett**en**'	Bettenverkäufer(inn-**en**)
	d. 'Hersteller von Puddings'	Puddinghersteller/nicht: *Puddingshersteller

여러분은 분명히 모국어화자로서 한 단어에 대한 전체 정보가 한 목록에 기입되어야 한다는 규칙성에 대한 직관을 가지고 있는데, 이것은 개연성이 없다. 단어에 대한 특정한 정보 (성, 불규칙 복수, 불규칙 동사 굴절)만이 어휘부에 저장되어 있다 (3.5.1장 참고).

복수형태론의 습득

이미 언어습득에서, 그리고 심지어는 아이들이 범하는 많은 오류에서 규칙성이 나타난다. 아이들이 아주 일찍 자동의 복수와 다른 복수형태를 구분한다는 것은 이것으로부터 유추할 수 있다.

복수습득에 대한 언어습득연구에서 3년 1개월부터 8년 11개월까지의 나이에 있는 66명의 아이들이 연구되었다. 이 아이들은 몇몇의 동일한 대상을 하나의 복수 단어로 명명해야 했다. 이것에 입각하여 손가락인형이 "무언가를 잡아먹는 베르니 (Bernie, der Fresser)"로 소개되었다. 아이들은 여러 가지의 대상을 먹는 누군가의 이름이 무엇일까라는 질문을 받았다. 다음을 보자.

(56) a. Maren (3.10세: -e(n)에 의한 과잉 일반화)

Clown-en	Clown-Ø-fresser
Feder-n	Feder-Ø-fresser

b. Andreas (6.9세: -s에 의한 과잉 일반화)

Schwamm-s	Schwamm-Ø-fresser
Bonbon-s	Bonbon-Ø-fresser

c. Ulf (7.7세: -e에 의한 과잉 일반화)

Klo-e	Klo-Ø-fresser
Schwämme	Schwamm-Ø-fresser

많은 오류에도 불구하고 Maren, Andreas, Ulf와 다른 63명의 아이들은 체계적으로 대응한다. 모든 아이가 자기 고유의 자동의 복수를 선택하지만 ((56b)처럼 s-복수를 가장 많이 선택함), 이 s-복수

는 합성어의 첫 번째 구성성분에 결코 나타나지 않는다. 바로 이것은 체계적이고, 이미 목표언어의 규칙성과 일치한다. 이 밖에, 일정한 복수 유형의 단어가 실제로 사용되는 빈도는 습득에 무조건 영향을 미치지 않는다. 독일어의 컴퓨터-어휘부에 따르면 -(e)n으로 복수를 형성하는 단어가 47%로 가장 빈번하게 나타난다. 이와는 달리 -s로 복수를 형성하는 단어는 단지 3%만을 차지한다.

어근형태소는 어휘부에 여러 가지 특성에 의해 기록되어 있다. 예를 들어 한 단어의 어근이 어떤 형태소(들)와 결합된다는 것 즉, [e-어간], [n-어간], [r-어간]에 대한 자질 외에 [±강변화] 명사변화부류, [±변모음], [±성] 등등에 대한 자질이 있다는 것은 인지되어야 한다. 그런 다음 우리는 완전히 영어의 houses처럼 독일어에서 유일하게 가능한 굴절모음인 약모음 (Schwa: ə)를 삽입하는 하나의 규칙을 가정해야 한다.

(57) 약모음 삽입 규칙
유음과 비음의 자음 앞에서 ə를 삽입하라.

또한 우리는 많은 것 (Spiegel, Spiegel-chen, *Spiegl-lein, Spiegl-ein)을 유도하기 위해, 필수적 억양곡선 원리 (Prinzip der obligatorischen Kontur)때문에 두 개의 연속되는 동일 음소 (Geminaten)가 한 음소로 융합되는 하나의 규칙을 필요로 한다.

(58) 연속되는 동일 음소의 융합
두 개의 연속되는 동일 음소는 한 음소로 융합된다.

이와 더불어 형식적으로 간단한 독일어의 복수형성은 다음과 같이 기술된다 (여기서는 1격에 대해서).

(59)

어근	hund	spi:gl	kind	ro:z	kamera
	↓	↓	↓	↓	↓
불규칙 복수와 어간 형성	hund+e(Pl)	spi:gl+(Pl)	kind+r(Pl)	ro:z+n(Pl)	n.a.
	↓	↓	↓	↓	↓
ə-삽입	n.a.	spi:gEl	kind+Er	ro:z+En	n.a.
	↓	↓	↓	↓	↓
연속되는 동일 음소의 융합	n.a.	n.a.	n.a.	n.a.	n.a.
	↓	↓	↓	↓	↓
규칙 복수	n.a.	n.a.	n.a.	n.a.	kamera+s

(n.a.: '적용될 수 없음 (nicht anwendbar)'을 의미)

이제 우리는 형태적 자질과 몇몇 형태음운론적 규칙의 가정에 의해서, 그리고 어근굴절과 어간굴절 간의 구분에 의해서 복수형성을 특징짓는 것이 매우 간소화될 수 있다는 것을 안다. 물론 상이한 명사변화부류와 명사변화자질 때문에 독일어가 영어보다 더 복잡하다. 그럼에도 불구하고 독일어는 아마 예견할 수 없는, 더 복잡한 분류체계를 나타낼 것이다.

3.4. 파생

파생 (Derivationen)은 적어도 하나의 자립형태소와 하나의 의존형태소로부터 발생한다. 이것은 범주변화 파생과 범주보존 파생으로 구분된다.

(60) a. $[\text{freund}]_N \rightarrow [[\text{freund}]_N[\text{lich}]_A]_A \rightarrow [\text{un}[[\text{freund}]_N[\text{lich}]_A]_A]_A$
b. $[\text{kosten}]_N \rightarrow [\text{un}[\text{kosten}]_N]_N$

'un-'은 단지 형용사와 함께하는 생산적인 부정접두사이다. 만일 이것이 명사와 결합되면 다른 의미를 갖는다. 즉, Unkosten (잡비)는 결코 keine Kosten (비용이 들지 않음)을 의미하지 않는다.

〈 문제 13 〉

'un-'과 결합될 수 있는 명사에 대한 다른 예를 찾아보고, 파생된 명사의 의미를 제시하시오.

어떤 규칙이 파생의 근거가 되는가?

3.4.1. 접미사 bar

bar-형용사의 파생은 겉으로 보기에 특정한 통사범주에 거의 제한될 수 없다.

(61) a. zinsbar, dienstbar 명사적 기초
b. lesbar, trinkbar 동사적 기초
c. offenbar, lautbar 형용사적 기초

음성연쇄 hausbar가 왜 단지 명사일 수 있을까? schreibbar, bürstbar,

pflückbar와 같은 형용사는 비록 일상적이지는 않지만 잘 이해되는 데 반해서 buntbar와 같은 형용사는 왜 없는가? 동사적 기초와 결합되는 bar-형용사만이 현대독일어에서 생산적이라는 것은 분명하다. 하지만 이것은 무조건 가능하지는 않다.

(62) a. haftbar, gerinnbar
b. feststellbar, beheizbar
c. *schlafbar, *kommbar

여러분의 언어체계는 아마도 (62b)와 같은 단어를 산출하는 것을 전혀 중지하지 않으려고 하는 반면에 (62a)와 같은 많은 형용사를 찾는 것은 여러분에게 어려울 것이다. 그리고 여러분은 즉시 (62c)와 같은 형태를 결코 얻지 못할 것이다.

(62a)와 같은 파생은 생산적이지 않다. 이것은 제한된 수의 단어에 관련되어 있는데, 이 단어는 언어사적으로 증명되었거나 또는 전문어에 속해서 개별적으로 학습되어야 한다. bar-형용사는 4격목적어를 갖는 동사로부터만 생산적으로 형성된다. 이때 코카콜라 회사는 분명히 다르게 생각한다. 즉, 이 회사는 망가질 수 없는(unkaputtbar) 병이 있다고 생각할 것이다. 우리의 생각으로는 이러한 병은 없다.

bar-형용사는 다음과 같은 구조를 가진다는 것을 기억하자.

(63)
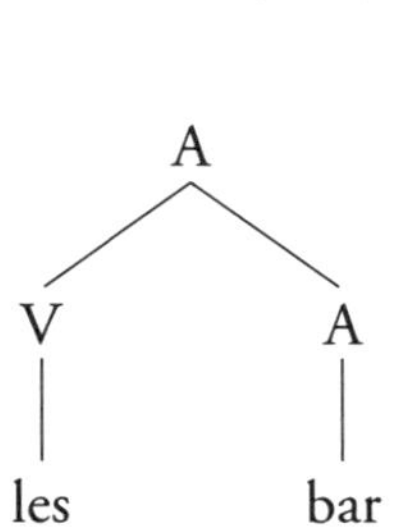

자립형태소처럼 의존형태소도 어휘항목을 갖는다. 여기에 bar-에

대한 어휘항목이 있다.

(64) -bar: A^{af}, V*____

(^{af}: 접사; V*: 4격목적어를 갖는 동사)

(63)을 생성하기 위해 우리는 (64) 이외에 당연히 접사화를 가능하게 할 단어형성규칙과 요소들의 순서를 확정할 핵심어 매개변수(Head-Parameter)를 필요로 한다.

(65) $X \rightarrow Y^\wedge X^{af}$

그러므로 X는 요소 Y (위에서 동사 les-)와 접사인 요소 X (위에서 접미사 -bar)로 이루어진다. 핵심어인 오른쪽 요소는 그의 범주적 정보와 그의 다른 자질을 새로운 전체단어에 전달한다. 이러한 현상을 자질삼투 (Merkmalsperkolation)라고 부른다.

물론 단어형성도식 (64)는 동사의 ung-명사화에 대해서도 적용된다. 즉, '-ung'은 N^{af}이다. 비록 ung-단어형성이 독일어에서 생산적인 과정이라 하더라도 우리는 놀랍게도 이러한 단어형성이 적용될 수 없는 동사를 발견하게 된다.

(66) a. $[_N[_V$ rett$][_N$ ung$]]$

b. *$[_N[_V$ verkauf$][_N$ ung$]]$

이러한 결점은 독일어의 특정한 파생명사가 이미 언어사적으로 증명된 'Verkauf'에서 나타난다. 이와는 달리 ung-명사화는 명사의 의미를 변화시키는 'Beleg/Belegung'에서 두 형태 모두 가능하다.

이러한 ung-명사화의 많은 형태는 중의적이다.

(67) $[_N[_V$ befrag$][_N$ ung$]]$ des Kanzlers

이것에 대한 근거는 단어구조에서 찾을 수 있다. 동사 befragen은 타동사이고, 행위의 주어와 행동능력이 있는 목적어를 필요로 한다. 주어와 목적어 둘 다 2격부가어 (Genitiv-Attribute)로서 실현될 수 있다. 따라서 (67)은 수상이 질문받거나 또는 누군가에게 질문할 수 있다는 의미를 가질 수 있다.

〈 문제 14 〉

다음의 형태는 어떤 구조를 갖는가?
ʔesba:ʀ, sitsba:ʀ, haftuŋ, hüftšvŋ

〈 문제 15 〉

다음의 대조를 설명해보시오.
Erwerb - Erwerbung / Befehl - *Befehlung

3.4.2. er-명사화

Bohrer, Zähler, Spieler, Leser, Taucher 같은 명사는 동사 bohr-, les-, zähl-, spiel-, tauch-로부터 도식 (65)에 따라 (68)에 의해 파생되었다.

(68) $N \rightarrow V\ N^{af}\ /\ N^{af}$: -er

er-명사화가 어떤 동사에 의해 허용되어 있는지를 더 정확하게 규정하기 위해 우리는 파생된 형태의 의미를 살펴보자. 이것을 위해 바꿔쓰기 (Paraphrasen)를 다음과 같이 만들어보자.

(69) a. Ein Volkszähler ist **jemand**, der das Volk zählt.
b. Ein Kilometerzähler ist **etwas**, mit dem man Kilometer misst.
c. Ein Tiefseetaucher ist **jemand**, der im Meer taucht.
d. Ein Dauerbrenner ist **etwas**, was immer aktuell ist.

er-명사화는 분명히 타동사와 자동사 즉, 목적어를 갖는 동사와 목적어가 없는 동사와 함께 실현될 수 있다. (69a,c)에서는 행위의 주어 (Agens)가, 이와는 달리 (69b,d)에서는 도구 (Thema/Instrument)가 설명된다. 행위자와 주제/도구는 의미역 (θ-Rollen)이다. (69a)와 같은 경우에서만 합성명사의 첫 번째 구성요소가 기초가 되는 4격목적어일 수 있다. 이때 이것은 지배합성어 (Rektionskompositum)와 관련되어 있다 (3.5장 참고). 다른 경우에는 기초가 되는 동사와 첫 번째 구성요소 사이의 이러한 관계가 체계적으로 예상될 수 없다.

er-명사화는 우리가 Frauenversteher (여성 이해자), Warmduscher (따뜻하게 샤워하는 자), Saunauntensitzer (아래 앉아서 사우나 하는 자), Balkon-Raucher (실외 흡연자), Fußföner (드라이기로 발을 말리는 자), Turnbeutelvergesser (걱정이 있는 자), Zahnarztterminverschieber (치과를 두려워하는 자)에서 분명히 알고 있듯이 매우 생산적이다.

〈 문제 16 〉

a. 3.4.2장의 처음에 열거된 er-명사화 Bohrer, Zähler, Spieler, Leser, Taucher를 행위자 및 도구에 따라 분류하시오.
b. Hosenträger, Flieder, Hoffnungsträger, Segler는 어떤 엑스바-구조와 어떤 해석을 갖는가? 여러분의 결정에 대한 근거를 제시하시오.
c. Hammerwerfer와 Wurfhammer 중 어떤 형태가 지배합성어

인가?

d. Beamtenbeleidigung이 형태론적으로 어떻게 파생되는가? 그 구조를 제시하고 핵심어를 표시한 후, 이것이 왜 지배합성어인지 근거를 제시하시오.

약모음 삽입

2.3.1장에서 우리는 /ʔatm/이 [ʔatəm]의 기저 형태라고 주장했다. 마침내 우리는 이것에 대한 근거를 제시할 수 있다.

(70) a. Atem Atmung 어근: /ʔatm/
b. Segel Segler 어근: /zegl/
c. trocken Trockner 어근: /tʀokn/

공명성제약에 근거하여 약모음이 어근형태소로 삽입되어야 한다. 그렇지 않으면 이 단어들은 적형의 음절화를 갖지 못한다. Atem과 Atmung은 다음과 같이 유도된다.

(71)

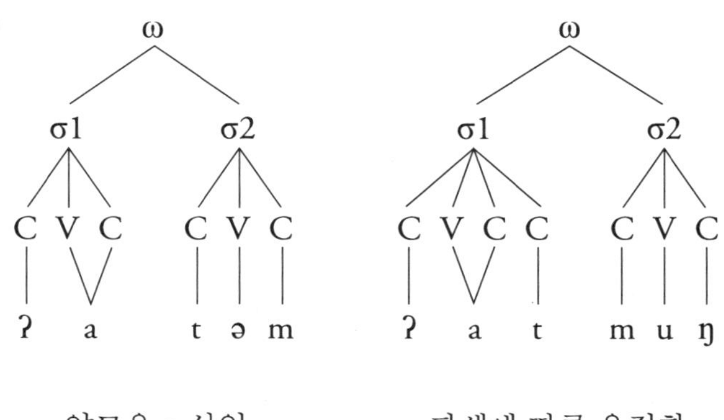

약모음 ə 삽입 파생에 따른 음절화

모든 음운적 및 형태적 규칙에 따라 새롭게 음절화 되어야 한다.

2.3장에서 언급된 특성 II는 유지된다. 음운규칙은 기저 표현과 파생된 표현을 구별할 수 있게 한다. 즉, 이것을 통해 어휘음운론의 규칙이 더 많은, 특히 위계적인 정보를 관찰한다는 것과 음운적 과정과 형태적 과정이 상호작용한다는 것이 구별된다.

3.4.3. 핵심어 매개변수가 갖는 문제

독일어에는 방금 설명된 접미사화 이외에 파생과정에 대한 접두사화도 있다. 우리는 이미 접미사가 그의 범주적 특성을 새로 형성된 단어로 전달한다는 것을 확인하였다. 다음 접두사화에서는 이것이 관찰 될 수 없다.

(72) a. $[\text{Verständnis}]_N$ – $[\textbf{Miss}\text{verständnis}]_N$
b. $[\text{arbeiten}]_V$ – $[\textbf{er}\text{arbeiten}]_V$

지금 우리는 위의 경우에서 범주는 당연히 접두사에 의해 규정되는 것이 아니라, 이 구조의 핵심어가 오른쪽에 있기 때문에 명사와 동사가 범주를 규정한다고 말 할 것이다. 이것은 맞다. 하지만 품사를 변화시키는 접두사도 존재한다.

(73) a. $[\text{Freund}]_N \rightarrow [\textbf{an}\text{freunden}]_V$
b. $[\text{jung}]_A \rightarrow [\textbf{ver}\text{jüngen}]_V$
c. $[\text{fremd}]_A \rightarrow [\textbf{ent}\text{fremden}]_V$

범주를 변화시키는 이런 종류의 파생을 전환 (Konversion)이라고 부른다. (74b)와 같은 형태도 접두사가 파생형태소(Derivationsmorpheme)일 수 있다는 것을 대변한다. 물론 독일어에서 (74c-e)처럼, 많은 전환을 위해서 접두사를 반드시 필요로 하지는 않는다.

(74) a. Hans arbeitet mit den Fäusten
b. Hans be-arbeitet Peter mit den Fäusten
c. Hagel → hagel-n
d. schrei-en → Schrei
e. stolz → Stolz

동사접두사 'be-'는 (74)에서 그의 기초범주를 변화시키지는 않지만 의미적 틀 (Thematischen Rahmen)을 변화시킨다. 한 동사가 자동사로부터 주제-목적어를 갖게 된다. (74a,b)의 부사적 목적어는 단지 수의적인 보충어 즉, 부가어 (Adjunkt)일 뿐이다. 이러한 범주적인 변화 (73)과 의미적 변화 (73,74)는 합성어에서 핵심어가 항상 오른쪽에 있다는 가정에 문제가 있음을 알려 준다. 이러한 문제의 해결은 아직 보이지 않는다. 아마도 여러분의 석사학위논문에서 해결되지 않을까?

3.5. 합성

Neudeutsch와 Grünkohl은, 물론 비록 둘 다 하나의 형용사와 하나의 명사가 합쳐져서 새로운 하나의 명사와 개념으로 생성되었다 하더라도, Neudeutsch (신독일어)란 단어는 같은 형식으로 만들어진 Grünkohl (양배추)과 혼동될 수는 없다. 이 Neudeutsch는 아주 좋지 않은 것이다. (페터 판터 (Peter Panter), 1918)

투홀스키 (Tucholsky)의 이러한 주장은 오늘날에도 또는 오늘날에만 옳을지도 모른다. 하지만 합성과정에서 생산적인 단어형성과정이 관련되기 때문에, 많은 수의 합성적 형성 (kompositionelle Bildungen)을 아무도 막을 수 없다.

파생과 비교하여 합성에서는 예외 없이 핵심어가 오른쪽에 있다는 것이 문법정보 (성, 수, 격)에 적용된다.

(75) a. $[[\text{schwimm}]_V\ [\text{bad}]_N]_N$
b. $[[\text{grün}]_A\ [\text{kohl}]_N]_N$
c. $[[\text{stunden}]_N\ [\text{zahl}]_N]_N$

두 요소 사이에 강한 경계가 하나 있다. 그러므로 Frühlings#와 Herbst#blumen, Landes#와 Bundes#straßen, Kaffee#kanne와 #tasse같은 형성이 가능하다. 여러분이 잘 알고 있는 사람들에게 다음의 합성어가 무엇을 의미하는지를 아는지 테스트해보자.

(76) a. Schlüsselauto
b. Mannmähne
c. Haartelefon

그리고 그들이 어떻게 추측했는지를 설명해보자. 독자 여러분은 이러한 설명을 (초보의) 언어학자로서 다음과 같이 체계화할 것이다. 즉, (76a)는 오류계획 (여기서는 교체)에 근거하여 형식적인 오류일 수 있을 것이다. 그 이유는 의미적 근거로부터 암시되는 핵심어가 잘못하여 왼쪽에 있기 때문이다 (본래 Autoschlüssel을 의미한다). (76b,c)는 내용적 오류인데, (76b)는 남자의 머리카락이 합성에 의해 표현되기 때문에 내용상 Haar보다 더 분명하다. (76c)는 우리의 언어지식뿐만 아니라 세계지식과도 관련되는 상당히 복잡한 연산법을 요구한다. 이것은 대략 이렇다. 즉, 전화기는 '빗 → 머리카락을 위한 기구 → 긴 형태의 기구'이다. 순수하게 형식적으로 관찰하면 물론 (76a,c)는 더 나은 합성어이다. 그 이유는 (76b)에서는 아마도

Manne**s**mähne같은 형성이 기대되는 반면에, (76a,c)의 단어형성은 가능하지만 실제로는 존재하지 않기 때문이다. 위에서 본 합성어는 언어장애 환자의 표현이다 (6.5장 참고).

한 언어의 전체목록에서 세 가지 부류의 어휘를 구분하는 것은 아주 유용하다. 잠재적 어휘 (Potentielle Wörter)는 예를 들어 Haartelefon처럼 이들의 단어구조에 근거하여 상응하는 언어에 속할 수 있을지는 모르지만, 실제로는 그렇지 않은 어휘이다. 통상적 어휘는 예를 들어 Telefonhörer처럼 한 화자집단 (Sprechergemeinschaft)의 사용어휘에 구체적으로 관여하는 어휘이다. 우발적 형성어휘 (Gelegenheitsbildungen)는 예를 들어 Zwerge (난쟁이)에 대해 사용되는 Zipfelmützenleute처럼 단어형성규칙을 따르지만 화자집단에 의해 통상적인 것으로 인정되지 않는 어휘이다.

3.5.1. 합성변이형과 그 의미

물론 이 상황은 더 복잡하다. 즉, 우리가 합성의 가장 빈번한 형태로서 독일어에서 소위 내심적 한정합성어 (Endozentrische Determinativkomposita)를 발견하게 된다. 이것은 첫 번째 성분 (한정사)가 두 번째 성분 (기반어)를 지정하는 것이 특징이다. 다르게 표현하면, 합성어의 의미는 핵심어의 의미를 통해, 그리고 첫 번째 성분과 두 번째 성분 사이의 단어통사적 관계를 통해 추론된다. 가장 간단하고 가장 빈번하게 사용되는 경우에 이 합성어는 두 명사를 포함한다.

(77) a. $[[\text{Leder}]_N\ [\text{Stiefel}]_N]_N$
b. $[[\text{Gummi}]_N\ [\text{Stiefel}]_N]_N$

독일어 화자들은 대체로 두 개 이상의 명사적 성분을 갖는 내심적 한정복합어를 산출하고 이해하는데 어려움이 없다.

(78) a. $[[[\text{Auto}]_N\ [\text{Mechaniker}]_N]_N\ [\text{Meister}]_N]_N$
b. $[[[\text{Donau}]_N\ [[[\text{Dampf}]_N\ [[\text{Schiff}]_N\ [\text{Fahrt}]_N]_N]_N$ s $[\text{Gesellschaft}]_N]_N]_N$ s $[\text{Kapitän}]_N]_N$

이제 여러분이 (78b)의 범주 표시된 괄호를 수형도로 바꾸고, 왜 우리가 범주 표시된 다른 괄호를 제시하지 않았는지를 생각해 보자. 여러분은 우리가 이것에 대해 단어구조와 의미에 대한 지식을 고려했다는 것을 확인할 것이다. 순수하게 무의식으로 괄호를 쳐보면 두 성분의 합성어 Donaudampf로부터 출발했을 텐데, 이것은 다소 특이한 결과일 것이다.

〈 문제 17 〉

그렇다면 Klavierlehrer는 무엇을 의미하는가?

한정하는 단어의 기능은 종종 텍스트에 의존하여 즉, 우리의 세계지식과 대화관계에 의존하여 결정된다. 예를 들어 우리는 대략 비닐로 된 오리 (Plastikente)의 문맥에서 N+N-합성어 Holzwurm을 나무로 된 벌레와 관련짓는다. 하지만 Holzwurm (나무를 갉아먹는 벌레)의 통상적인 의미는 여러분에게 잘 알려진 관습화된 의미이다.

(14)를 순수하게 도식적으로 적용하면 (79a,c)와 같은 구조만 가능하고 (79b,d,e)와 같은 구조는 가능하지 않다.

(79) a. 왼쪽으로 분지된
[[Hausmann]s] [Kost]]
b. 오른쪽으로 분지된
[[Modell][Eisenbahn]]
c. [Schallplatten] Hülle]

d. [Schall [Plattenhülle]]
e. [[Hochhaus][Hausmeister]]

(79a,b,e)에 대해서는 단지 제시된 괄호만 존재하는 반면에 (79c,d)의 괄호는 둘 다 가능하다. (79e)는 순조롭게 합성된 부분이 첫 번째 성분으로 고려될 수 있다는 것을 보여준다. 이것이 여기서는 더욱이 그렇게 되어야만 한다. 그 이유는 그렇지 않으면 합성어 (79e)를 유도하는 과정에서 Hochhaushaus 또는 Haushausmeister가 생겨날 수도 있기 때문이다.

〈 문제 18 〉

Schwimmbademeister에서는 무엇이 옳지 않은가?

지배합성어의 다른 하위그룹은 동사어간과 명사로 이루어진 내심적 합성어의 형성인데, 우리는 이것을 er-명사화와 관련하여 살펴보았다. 이러한 합성어에서는 N-한정사가 동시에 기반어의 목적어이다.

〈 문제 19 〉

Beamtenbeleidigung은 형태론적으로 어떻게 유도되는가? 수형도를 제시하고 핵심어를 표시하시오. 그리고 어떤 종류의 합성어인지를 말해보시오.

내심적 한정합성어 외에 독일어에는 소위 소유합성어 (Possessivkomposita)도 있다. (80)과 같은 경우가 여기에 속한다. 이들의 의미는 엑스바-구조를 통해 예측될 수 없다. 그러므로 이것은 외심적 단어형성 (Exozentrische Wortbildungen)이라고도 불린다.

(80) a. Dickkopf (고집쟁이)
b. Meckerliese (여자 불평꾼)
c. Zimtzicke (최고라고 생각하는 여자)
d. Tausendsassa (많은 것을 아주 잘 할 수 있는 사람)

(80)의 합성어는 모든 개별 구성성분과는 완전히 다른 것을 의미한다. 물론 이들의 형식적 구조는 엑스바-도식 (14)를 따른다. 다시 말해 이들의 형식적 구조는 특히, 합성어의 문법적 핵심어가 끝에 위치하는 요소라는 것을 따른다. 이 요소가 모든 굴절자질을 갖는 통사범주를 규정한다.

합성어의 가장 작은 그룹은 소위 병렬합성어 (Kopulativkomposita)이다. 이들의 구성요소는 원칙적으로 의미가 상실되지 않고 교체될 수 있다.

(81) a. Radio-CD-Player
b. Dichter-Komponist
c. schwarz-weiß
d. Mutter-Kind
e. Daimler-Chrysler

전체의미는 덧셈하여 결정된다. 이러한 동격의 합성어를 쌍-합성어 (Dvandva-Komposita)라고도 부른다. Rot-Grün처럼 결합된 요소들은 서로 의존관계에 있지 않고 동등한 권리를 갖는다.

hellgrün (엷은 녹색의)과 rot-grün (적녹색의) 간의 차이가 정확히 여기에 있다. Dichter-Komponist는 바로 시인이면서 작곡가이다. 순서는 완전히 임의적이지는 않고 Kind und Kegel처럼 베하겔 (Behagel)의 증가하는 성분들의 규칙을 따른다. 이 규칙에 따르면 단어합성의 첫 번째 요소는 두 번째 요소보다 작은 운율단위

(prosodische Einheit)이다. 그럼에도 불구하고 주어진 상황에서 두 번째 성분은 문법적 핵심어이다. 하지만 유감스럽게도 항상 그렇지는 않다. 단어 barfuß (맨발의)를 한번 생각해보자. 사람들은 이러한 단어형성을 소유합성어(bahuvrihi-Komposita)라고 부른다. 그 이유는 이 합성어는 형식적으로 그리고 의미와 관련하여 정의된 핵심어가 없고, 그럼으로써 완전히 외심적인 합성이다. 즉, 형용사 barfuß의 -fuß는 물론 실제로 명사이고, 전체의미는 Fuß도 Bar도 아니고 barfuß이다. 그런데 barfuß나 barhäuptig (맨머리의)의 bar-는 본래 고대인도어의 소유합성어에서 유래한다. 그러므로 이것은 인도유럽어 조상의 잔존어이다. 이것은 어떻든 여러분이 반드시 기억할 필요는 없다.

문제 20

다음을 읽고, 왜 북경 (Peking)이 가장 그럴듯하게 barbarossabarbar가 아닌지를 빠르게 설명해보시오.

3.5.2. 합성결합소

실제로 합성은 아주 간단한 것처럼 보인다. 그렇다면 다음 예는 분명히 아주 쉽게 분석될 수 있어야 할 것이다. (82)를 분석해보자.

(82) Anwaltsbüro

맞다! N+N-합성어의 두 구성성분 사이에 있는 s는 아마도 단수 2격일 것이다. 이것은 'Büro eines Anwalt-**s** (변호사의 사무실)'에서와 똑같이 나타나는 굴절요소이다. 이제 이러한 추측을 다음 합성어에서 테스트해 보자.

(83) a. Freundeskreis
b. Liebesbrief

분명히 (83a)에서는 의미 때문에 2격 단수 굴절과 관련될 수 없다. 이 합성어는 'Kreis der Freunde (친구들의 범위)'에서처럼 복수 2격과 함께 Freund-**e**-kreis라고 쓰여 져야 할 것이다. (83b)에서는 Liebe의 2격이 der Liebe이기 때문에 분명히 2격 굴절과 관련될 수 없다.

형태론적으로 유도된 단어에서 형태소를 결합시키는 요소를 합성 결합소 (Fugenelemente; Kompositionsfuge)라고 한다. 이것은 예를 들어 Reibung-s-los 같은 파생어에, 특히 N+N-합성어에 존재한다. 방금 우리는 이런 경우에 단지 굴절만 관련되지 않는다는 것을 확인하였다. 그럼에도 불구하고 음운형태가 굴절형태와 일치하는 제한된 수의 결합소만이 존재한다.

(84) a. -e Weg-e-zoll (통행료)
b. -en Dozent-en-café (교원식당)
c. -n Bauer-n-hof (농장)
d. -es Tag-es-gespräch (그날의 주요 화제)
e. -er Bild-er-rahmen (액자)
f. -ens Herz-ens-wunsch (열망)

하지만 왜 변호사들의 협회 (die Kammer der Anwälte)를 기대에 맞게 Anwältekammer라 하지 않고 Anwaltskammer라고 말하는가? 아마도 이때에는 (82)에 의거한 유추형성 (Analogiebildung)이 관련될 것이다. 최근에 마찬가지로 Glaube, Klappe, Mühe, Rede, Sage, Ruhe 같은 본래 생산적인 파생어에 대한 유추형성으로 간주될 수 있는 Denke, Schreibe, Mache, Schalte 같은 e-명사화가 곳곳에서 발견되고 있다.

3.6. 어휘부의 음운론과 형태론

3.6.0. 규칙습득

모든 아이는 언어를 습득할 때 많은 수의 단어를 소리와 의미로 학습해야하는 문제에 부딪친다. 만일 한 아이가 슈퍼-DVD를 머릿속에 갖고 있다면 모든 단어를 학습할 수 있고 특정한 기준에 따라 즉, 예를 들어 첫 번째 음과 마지막 음에 따라, 첫음절에 따라 또는 장음에 따라 분류할 수 있을 것이다.

그러나 이것은 충분하지 않다. 즉, 아이들은 우리가 기대하는 것보다 많건 적건 동시에 말한다. 수잔네는 'sie **freundet** sich mit jemandem **ab (→ an)** (그녀가 누군가와 친해지다)'라는 새로운 단어를 생각해내고, 에르나는 'hatte eine große Verbrauch**ung** **(→ Verbrauch)** von Bonbons, obwohl sie doch so ungern zum Zahnarzt **gehte (→ ging)** (비록 그녀가 마지못해 치과의사에게 갔지만 많은 사탕을 먹었다)'를 생각해낸다. 몇몇 오류가 있지만 아이들은 많은 것을 항상 맞게 생각해낸다. 아이들은 첫 번째 성분에 복수형태를 갖는 합성어, 예를 들어 Hundehütte (개집)을 이미 형성한다 하더라도 *Autosgarage처럼 첫 번째 성분에 s-복수를 갖는 합성어를 형성하지 못한다. 그 이유는 무엇일까?

드물게 우리는 형태음운론적 과정에서 아주 유사한 현상을 발견하게 된다. 예를 들어 사람들은 합성어의 음성형태에 근거하여 말음경음화현상이 모든 적합한 환경에서 즉, [gol**t**zak] (Goldsack), [fa:ʀa:**t**putsšstan**t**] (Fahrradputzstand), [zaedənhem**t**] (Seidenhemd)에서 일어난다는 것을 안다.

이것은 전적으로 관습적인 단어나 우연한 단어에 관련되는지 그렇지 않은지에 의존하지 않는다. 즉, 이것은 이에 대한 어휘항목이 있는지 없는지에 의존하지 않는다. 우리는 게르만어 어휘에서 축소형태의 선택은 어떤 음소가 단어의 끝에 오는지에 의존한다는 것도 또한 보았다. 다시 말해 축소형태 Äuglein은 가능하지만 *Äugchen은 가능하지 않은데, 축소형태에서 많은 음소가 두 형태를 허용한다. 그런데 축소형태는 단수의미 뿐만 아니라 복수의미도 가질 수 있다. 따라서 두 형태 *Augenlein과 *Augenchen은 비문법적이고, 이 두 형태가 변모음되어도 역시 비문법적이다. 그러므로 사람들은 간단한 복수 또는 축소형복수를 결정해야 한다. 이러한 두 가능성은 경쟁자이므로, 둘 중 하나를 택하여 규칙화된다.

사실 축소형 형성 (Diminutivbildung)에서 변모음의 범위는 말음경음화가 일어나는 범위보다 작다. 즉, Burgtörchen이라고 말할 수는 있지만 *Bürgtörchen이라고 말할 수는 없을 것이다. 이것은 축소형 형성이 합성 전에 일어나야 한다는 것을 의미한다.

3.6.1. 어휘부 모형

이러한 사실들을 요약하여 설명하는 모형의 모습은 다음과 같다.

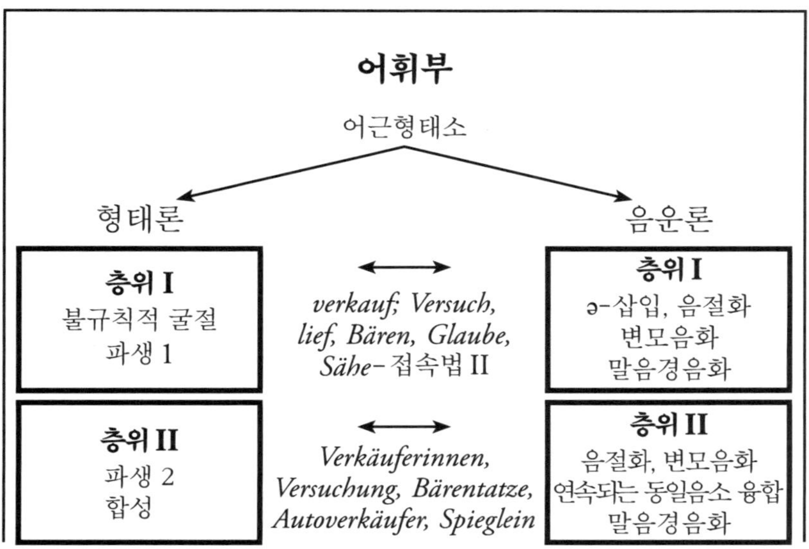

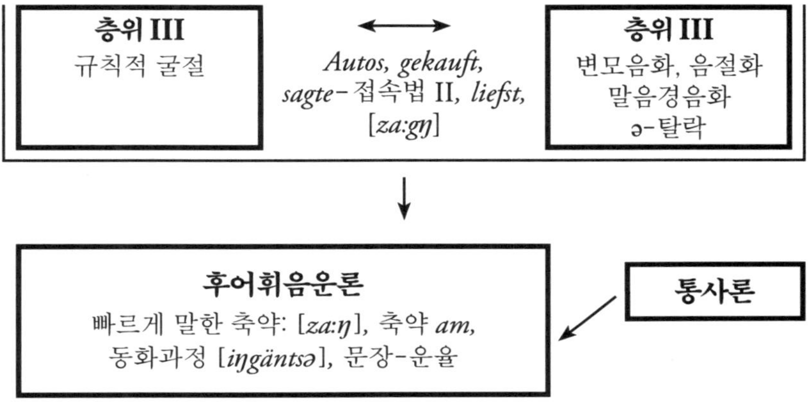

이러한 모형에 따르면 문법적 어휘부는 모듈구조 (Modulare Struktur)를 갖는다. 다시 말해, 상이한 기능을 갖는 형태론과 음운론의 여러 구성요소는 일정한 방식으로 배열되어 있고 정보를 서로 교환한다. 이러한 배열은 다음 조건을 통해 규칙화된다.

(85) 규칙순서 조건 (Elsewhere Condition)
특정한 규칙을 일반적인 규칙 전에 적용하라.

다시 한 번 합성결합소에 대해 생각해보자. 우리는 위의 모형을 가지고 모든 합성결합소는 아니지만 몇몇은 형태론적으로 유도할 수 있다. 쌍 Hausfront/Häuserfront는 첫 번째 성분이 실제로 단수 뿐만 아니라 복수로도 놓일 수 있다는 것을 보여준다. 우리는 3.3.2장에서 Autoverkäufer/*Autosverkäufer같은 쌍은 규칙적인 복수형성이 일반적인 규칙을 통해 이루어지기 때문에 가능하지 않다는 것을 확인하였다. 그러므로 이러한 쌍은 (85)에 따라 층위 III에서 비로소 유도되기 때문에 가능하지 않다. 2격 s도 당연히 층위 III에서 비로소 도입된다. 그러므로 Autosverkäufer는 오직 유일한 2격의 자동차 Autos와 관련되는 것으로도 역시 이해될 수 없다. 하지만 다른 한편으로 합성결합소가 2격 굴절일 수 없는 Herzensbrecher나 Anwaltskammer같은 경우도 있다. 만일 이것이 규칙적인 2격 굴절이라면 이들의 의미가 합성적으로 추론될 수 없을 것이다. 즉, Anwaltskammer에서는 일반적으로 많은 변호사들 (Anwälte)을 대표하고, 바람둥이는 일반적으로 많은 여자들의 마음을 상하게 한다. 만일 화자가 이 모형을 따랐더라면 이 모형은 Anwältekammer와 Herzenbrecher라고 말해야 할 것이다. 여러분은 (55c)에서 복수형태 -(e)n이 이중으로 즉, 합성어의 첫 번째 성분과 파생된 명사의 끝에 나타난 것을 기억할 것이다. 그러므로 이 형태소는 파생이 종료된 후 층위 II에서 처리되어야 한다.

3.3.1장에서 우리는 약변화동사, 강변화동사, 혼합변화동사 및 보충법동사를 구분하였다. (85)에 따르면 약변화동사는 층위 III에서 모든 굴절정보와 결합된다 (일반적 규칙). 강변화동사와 관련하여 모든 세 개의 어간과 불규칙적 굴절 (예: **ge**hen - (er) **gi**ng - **ga**ngen)은 (85)에 따라 층위 I에서 채택된다 (특정한 규칙). 층위 III에서는 남아 있는 규칙적 굴절 (예: (du) ging-**st**, **ge**-gangen)이 채택된다. 이것을 보충법동사에서 비교해 볼 수 있다.

3.6.2. 규칙순서에 대하여

여러분이 보았듯이, 우리는 이 장에서 음운규칙과 형태규칙의 관계를 정확히 규정하고자 하였다. 지금 우리는 이러한 규칙들이 어떻게 분류되는지를 더 보아야 한다.

문법의 음운 부문은 예를 들어 변모음화와 (재)음절화 같은 여러 가지 규칙을 포함한다. 이러한 규칙들은 상이한 어휘층위에서 적용된다. 이 때에 예를 들어 반복과 같은 단지 한번만 적용되는 음운규칙이 있고, 여러분이 어휘부 모형에서 추론할 수 있듯이 예를 들어 (재)음절화 ((Re-)Silbifizierung)처럼 모든 층위에서 적용되는 음운규칙이 있다. 한 형태규칙을 모두 적용한 후에 음운규칙이 적용될 수 있을 때까지 가동된다 (어휘음운규칙 (Lexikalische Phonologische Regeln)). 어휘음운규칙에서 우리는 새로운 구조를 생성하는 규칙과 자질을 변화시키는 규칙을 구분해야 한다. 적합한 (재)음절화를 갖는 ə-삽입은 예를 들어, 구조를 생성하는 규칙이다. 하지만 변모음화와 모음조화 (Vokalharmonie)는 자질을 변화시키거나 상술하는 규칙이다. 이 두 유형의 규칙은 한 형태규칙을 적용한 후에 가동되기는 하지만 자질을 변화시키는 규칙에 구조보존원리 (Strukturerhaltungsprinzip)와 같은 추가적인 제약이 적용된다.

(86) 구조보존원리
자질을 변화시키는 규칙은 음운론적으로 가능한 형태에만 쓰일 수 있다.

다른 한편으로 이러한 규칙은 방금 형태론적으로 유도된 단어에만 적용될 수 있다. 하지만 이 규칙은 한 단어나 또는 한 번의 순환 전에 이미 형태론적으로 유도된 단어들에는 결코 여러 번 적용되어서는 안 된다. 이것이 엄밀 순환성원리 (Das Prinzip der strikten Zyklizität)이다.

(87) 엄밀 순환성원리
자질을 변화시키는 규칙은 단지 하나의 형태적 단어에만 적용될 수 있고, 이 단어가 형태론적으로 유도되었던 층위에서만 적용될 수 있다.

그러므로 예를 들어 Händedruck, Eierkuchen, Bettenverkäufer의 유도는 허용된다. 그 이유는 불규칙적인 복수형태가 층위 I에서 생성되기 때문이다. 다음 단계에서는 이 명사들이 층위 II에서 합성된다. 이렇게 생성된 형태는 예를 들어 *des Händedrucks* 같은 격에 대해서

층위 III에서 규칙적으로 굴절된다. 규칙적인 복수가 층위 III에서 비로소 즉, 합성 후에 할당되기 때문에 층위의 배열은 *Pudding*-**s**-*hersteller*같은 유도를 자동적으로 배제한다.

물론 (87)은 음운규칙에도 적용된다. Bäumstämme같은 형태의 유도는 가능하지 않다. 그 이유는 형태론적으로 유도된 형태 [어간+복수]의 변모음화가 이미 층위 I에서 일어났지만 합성은 층위 II에서 비로소 발생하기 때문이다.

많은 음운규칙들은 한 음운적 단어 이상에서 적용된다. 예를 들어 문장에서 강세부여를 확정하는 규칙을 다음에서 보자.

(88) a. Waldemar fährt ins Autokino.
b. Ins Autokino fährt Waldemar.

문장은 일반적으로 문미강세를 갖는다. 즉, (88a)에서 주강세는 Autokino에 있다. (88a)는 문두강세를 가질 수 있지만 (88b)는 반드시 문두강세를 가져야 한다. 분명히 강세부여규칙은 통사구조를 사용한다. 그러므로 이 규칙은 어휘규칙 다음에 배열된다. 우리는 이러한 규칙을 후어휘음운규칙 (Postlexikalische Phonologische Regeln)이라 한다.

3.6.3. 마무리

접점: 의미론-어휘부-통사론

형태적 과정은 한편으로는 음운적 과정 (예를 들어 음절화와 변모음화를 갖는 파생, 합성과 합성결합소, 이음을 참고)과 다른 한편으로는 통사적 과정 (예를 들어 굴절과 보충법형성, 굴절과 접사화, 이형태를 참고)과 긴밀히 상호작용을 한다.

형태적 및 형태통사적 과정의 결과는 단어이다. 그렇다면 대체

단어란 무엇인가? 직관적으로 우리는 독일어화자로서 하나의 조음 (Artikulation)이 한 단어나 몇몇의 단어를 포함하는지, 또는 그것이 단지 비단어적인 신호인지를 쉽게 결정할 수 있다. 이러한 직관은 우리의 언어적 어휘부에서 설정된다. 이 어휘부에는 어휘소들 (Lexeme) 즉, 어휘들의 음운적, 형태적, 통사적 및 의미적 특성이 기입되어 있다. 어떤 다른 기준이 있을까?

독일어에서는 한편으로 어휘적 단어강세 (Wortakzent)가 유용하다. 이것은 한 단어의 마지막 음절 바로 앞 음절에서 나타난다. 그러므로 단어의 운율상 강약격의 운율과 관련이 있다. 실제의 게르만어 어휘는 1음절이기 때문에 이러한 강세모형이 게르만어의 어휘에서는 쉽게 인식될 수 없다. 즉, 이러한 경우에는 간단하게 그 유일한 음절이 강세를 갖게 된다. 그 대신에 만일 우리가 Hanna, Sascha와 같은 굴절되지 않은 다음절 어휘와 Doktor, Auto와 같은 독일어화 된 어휘를 선택한다면 여러분은 그러한 운율을 인식할 것이다. 파생형태소와 굴절형태소는 단어강세에서 miss-, un- 등의 접두사화 같은 몇몇 예외를 제외하고는 아무것도 변화시키지 않는다. 하나의 발화가 하나 이상의 강세를 포함한다면 그 발화에는 역시 하나 이상의 단어가 포함되어 있어야 한다. 이러한 단어강세의 기준은 단어경계를 규정할 때 조건적으로만 도움이 된다. 다른 한편으로 단어들은 많은 언어에서 모음조화와 같은 음운적 과정에 대한 범위를 분명히 보여준다. 예를 들어 변모음화는 독일어에서 단어로 제한된다. 이 변모음화는 많은 단어형성접사를 통해 발생된다 (예: 축소형, 복수, 불규칙한 접속법). 일정한 음운연속체도 음운적 근거 (예를 들어 공명성)로부터 한 단어 내에서 나타나지 않는다. 그러므로 이것은 단어경계를 보여준다. 게다가 파생과 굴절로 인해 단어형성이 되는 형태소가 배열되어 있다. 이러한 형태소의 순서는 변화되지 않는다. 달리 말하면, 한 단어의 통사적 위치가 자유롭다는 것은 그 단어의 구성요소의 형태적 위치가 고정되어 있다는 것을 인정하는 것이다. 한 단어의 형태소의 순서는 변화될 수 없기 때문에 도치테스트와 분포테스트는 그것이 단어와 관련되는지 또는 통사적 결합과 관련되는지를 보여준다. 일반적으로 한 단어의 의존형태소의 순차적인 순서는 이것의 유도과정을 반영한다.

(89) 굴절 [파생 [어간형성 [어근] 어간형성] 파생] 굴절

이러한 기준을 요약하면, 이것은 한 언어에서 무엇이 한 단어를 결정하는지에 대한 상당히 신뢰할 만한 지표가 된다. 그럼에도 불구하고 애매한 현상이 비교적 폭 넓게 남아 있다. 이것은 특히 형태론-통사론-접점이 모든 언어에 있어서 동일하지 않다는 것과 관련이 있다. 오히려 많은 언어는 다른 언어가 통사론적으로 구분하는 것을 형태론적으로 구분하다. 몇몇의 다른 언어를 보면 이러한 점이 명확해진다.

(90a)의 포루투갈어와 같은 굴절하는 언어에서 우리는 동사에 있는 미래-표시를 보게 된다. 그리고 (90b)에서 접어 목적대명사 lo를 추가적으로 보게 된다. 사람들이 아마도 먼저 미래-접사는 형태적 과정이지만 목적어-접어화 (Objekt-Klitisierung)는 통사적 과정이라고 생각할 것임에도 불구하고, 특이하게도 이러한 목적어접어(Objektklitik)는 미래-표시 보다는 동사 어간에 더 가깝게 놓여 있다. (90b)는 우리에게 둘 다 통사적 과정이어야 한다는 더 좋은 교훈을 준다. 다시 말해, 이 단어의 형태는 목적어접어의 선택이 열려 있고 이에 따라 통사구조가 이미 분명한 후에 비로소 고정된다.

(90) 포루투갈어
a. levar-ei (나는 시작할 것이다)
b. leva-lo-ei (나는 그것을 올릴 것이다)

우리는 이미 2.3.2장에서 터어키어와 같은 교착어의 모음조화를 언

급하였다. 이것은 (91a)에서 복수형태소의 형태 -lar를 동사에 지정하여 형태소연속체 aliyorlar가 하나의 단어임을 입증한다. (91b)는 다시 약간의 놀라움을 포함하고 있다. 그 이유는 복수표시와 동사의 분사-표시가 순서에 따라 교체될 수 있기 때문이다. 이것은 aliyordular도 하나의 단어로 간주될 수 있다는 것을 의미한다.

(91) 터어키어
a. ali-yor-lar-dÌ
nehm-Verlauf-Pl.-Partizip
(취하다-진행-복수-분사)
b. ali-yor-du-lar
nehm-Verlauf-Partizip-Pl.
(취하다-진행-분사-복수)

다시 한 번 왈비리어의 중복으로 돌아가보자. 왈비리어에서는 복수형성을 위한 단어중복 이외에 아주 복잡한 CV(C(C))V(C)-중복이 CV-층위에서 동사의 경우에 행위의 강도 (동작 상/양태)를 표시하기 위해 이용된다. 그 밖에 (92a)에서 ngka같은 시제 및 화법표시는 동사의 접미사로 나타난다.

(92) 왈비리어
a. pu-ngka
schlag-(es)-Präsens-Imperativ
(때리다-(그것을)-현재-명령법)
b. pungkapungka
schlag-(es)-schnell-Präs-Imp
(때리다-(그것을)-빨리-현재-명령법)

동작양태의 표시는 다음절 동사에서 쉽게 확인될 수 있다. 특히 흥미 있는 것은 pu (때리다)와 같은 1음절 동사의 경우이다. 말하자면 이러한 동사의 어간형태는 중복에 의해 파악될 수 있는 CV-골격을 이용하지 못한다. 이러한 동사에서는 (92b)처럼 현재 및 명령법-표시도 중복될 수 있다. 중복은 형태음운론적 과정이기 때문에 왈비리어의 본동사에 현재 및 명령법을 표시하는 것도 역시 파생적이어서 포루투갈어 (90)의 미래-표시와는 달리 형태적이어야 한다. 물론 왈비리어는 이러한 형태적 시제표시 이외에 또 하나의 다른 통사적 시제표시를 갖는다. 이 시제표시는 조동사에서 실현된다 (5.2장 참고).

접점: 어휘부-산출

지금 일종의 탈진이 발생했어야 한다면 사람들은 한 조각의 초콜릿을 잡아서 '*nerve die Nahrung ... nähre die Nervung*' 할 것이다.

위에서 '몸에 영양을 공급할 것이다 (*nähre den Nerv*)'라고 말하려는 두 시도는 분명히 교체를 통해 생겨났다. 그런데 단어가 아니라 그보다 더 추상적인 단위 즉, nahr-와 nerv-가 교체되어 있다.

(93) a. [$_V$ nerv-e] die [$_N$ Nahr-ung]

계획된 발화에서 명사가 동사에 대한 보충어로 나타나야 하기 때문에 nahr-는 파생과정 (층위 II)를, nerv도 마찬가지로 규칙적인 굴절과정 (층위 III)을 피해 간다. 관사는 (den이 아니라 die로) 여성명사에 맞게 되어 있다. 하지만 눈치가 빠른 화자는 (93b)에서 그가 오류를 범했다는 것을 알게 된다.

(93) b. [$_V$ nähr-e] die [$_N$ Nerv-ung]

(93a)의 교체는 취소되고, nahr-가 옳은 어휘항목 nähr-를 통해 대체되어 규칙적으로 굴절된다 (층위 III). 그리고 소위 유도된 규칙

적인 형태 즉, nerv-의 명사화도 일어난다. 이 형태는 -ung이 그의 위치에 잔류하게 됨으로써 이루어진다. 어근/어간만 교체되고 의존형태소는 그대로 잔류하는, 이러한 유형의 발화오류를 잔류오류(Stranding-Irrtümer)라고 한다.

'몸에 영양을 공급할 것이다 (*nähre den Nerv*)'라고 말하려는 위의 두 시도는 실제 언어사용에서 생산적인 음운적 및 형태적 규칙이 선호된다는 것을 보여준다. (93b)의 형태에서 층위 I은 무시된다. 즉, 물론 이 층위에서는 생산적이지 않은 형태적 유도 Nerv가 (Verbrauch와 마찬가지로) 확인된다. Nerv에서 생겨난 동사 nerven은 다른 타동사들과 마찬가지로 취급되어 -ung에 의해 명사화될 수 있다.

만일 여기서 중단하지 않는다면 여러분은 곧 이것에 대한 더 많은 것을 보게 될 것이다. 마지막으로 일본인 동료가 이야기 해준 동화 브레멘 음악대 (Die Bremer Stadtmusikanten)를 보자.

한 농부의 집에 노쇠한 당나귀 한 마리가 있었다. 그 당나귀는 노쇠하여 일을 할 수 없었다. 어느 날 농부가 말했다: "너는 더 이상 쓸모가 없으니 사라져라!" 마침내 당나귀는 거기서 쫓겨나게 되었다. 어쩔 수 없이 그는 간신히 움직여 브레멘으로 떠났다. 그는 도중에 슬퍼하는 개를 만났다. 그 노쇠한 당나귀가 개에게 물었다: "무슨 일이죠?" 개는 대답했다: "예전에 나는 사냥을 잘 했어요. 하지만 지금은 노쇠해서 잘 할 수 없어요. 그래서 나는 거기서 쫓겨나게 되었어요." 당나귀는 말했다: "나와 똑같군요." 개는 당나귀와 브레멘으로 함께 가기로 결심했다. 도중에 당나귀와 개는 강 옆에서 물에 젖은 고양이를 만났다. 이들은 고양이에게 물었다: "무슨 일이죠?" 고양이는 대답했다: "내가 노쇠하게 되어 쥐를 잡을 수가 없었어요. 그래서 나의 주인이 강에 버렸어요." 이들은 말했다: "우리는 똑같이 주인이 없네요." 그런 다음 셋이서 브레멘으로 여행을 떠났다. 얼마 후에 이들은 울고 있는 수탉을 만났다. 이들은 수탉에게 물었다: "이봐

요, 무슨 일이죠?" 수탉은 대답했다: "오늘 저녁에 내가 손님들을 위해 죽게 될 겁니다. 나를 좀 도와주세요!" 이들은 대답했다: "우리 함께 브레멘으로 갑시다!" 이들은 음식과 보석, 돈 그리고 도둑이 있는 작은 집을 하나 발견했다. "우리가 도둑을 쫓아내자!" 도둑들은 이 동물들이 무엇인가를 던지는 시끄러운 소리를 들었다. 한 도둑이 말했다: "이게 뭐지?" 이들은 창문을 통해 던지고 있는 그림자를 보았다. 또 다른 도둑이 말했다: "이건 유령이야." 도둑들은 그 집에서 사라졌다. 동물들은 음식을 배부르게 먹고 잠을 잤다. 사라졌던 도둑들이 상황을 엿보기 위해 한밤중에 돌아 왔다. 불빛이 꺼져 있었기 때문에 이들은 안으로 들어갔다. 그러나 고양이가 이들의 손을 할퀴었고, 개는 이들의 발을 깨물었고, 당나귀는 뒷발로 찼고 수탉은 이들의 머리 위에서 오랫동안 울었다. 도둑들은 멀리 사라졌다. 이들은 더 이상 집으로 돌아오지 않았다. 집에는 바이올린과 북이 있었다. 당나귀와 개는 바이올린과 북을 연주했고, 고양이와 수탉은 말했다: "당신들이 브레멘 음악대야."

(Es war ein alter Esel bei einem Bauer. Weil der Esel alt wurde, konnte er nicht arbeiten. Eines Tages sagte der Bauer: "Du taugst nichts mehr. Verschwinde!" Schließlich wurde er daraus vergetrieben. Notgedrungen schleppte er sich nach Bremen fort. Auf dem Weg traf er einen betrübenden Hund. Der alte Esel fragte ihn: "Wie gehen Geschäft?" Er antworte: "In alten Zeiten war ich gut im Jagd, aber jetzt wird alt, so kann gut nicht. Dann wurde ich daraus vergetrieben." Der Esel sagte: "Das ist gleichfalls mir." Der Hund hat sich entschlossen, mit dem Esel nach Bremen zusammenzugehen. Auf dem Weg trafen sie bei dem Fluss eine nasse Katze. Sie fragten sie: "Wie gehen die Geschäft?" Die Katze antworte: "Weil ich alt wurde, konnte ich die Ratten nicht gehalten haben. So meiner Eigentümer ließ im Fluss ver." Sie sagten: "Die

Herrenloskeit ist gleichfalls uns." Dann reisten der Dritt nach Bremen ab. Nach einiger Zeit trafen sie einen krähenden Hahn. Sie fragte ihn: "Herr Hahn, wie gehen die Geschäft?" Der Hahn antworte: "An diesem Abend werden Gäste mit mir bewirtet werden. Helfen Sie mir bitte!" Sie sagten "Gehen wir zusammen nach Bremen!" Sie funden ein kleine Haus, in dem gibt es Speisen, Edelsteine, Gelder und Diebe. "Treiben wir die Diebe ver!" Die Diebe hörten lärmend Schall, was die Tiere krachten. Einer Dieb sagte: "Was ist das?" Sie sahen den werfenden Schatten durch Fenster. Ein anderer sagte: "Das ist der Teufel." Die Diebe sind dem Haus entschwunden. Die Tiere aßen sich an Speisen satt und haben geschlafen. Die Diebe, die entschwunden waren, kamen um Mitternacht zurück, nach der Lage auszuspähern. Weil Licht erlöschen ist, gangen sie hinein. Aber Katze kratzte ihre Hand, biss der Hund ihrem Fuß an, stoß der Esel mit dem hinten Füße, und krähte der Hahn lange auf ihrem Kopf. Die Diebe schwanden in der Ferne ver. Sie haben sich fern von dem Haus noch nie gehalten. Es gibt Violine und Trommel im Haus. Der Esel und der Hund spielte mit diese, und die Katze und der Hahn sagen: "Sie sind Bremer Stadtmusikanten.")

* 역자 의견: 브레멘 음악대에 대한 일본인의 이야기에 독일어의 많은 형태적 오류가 있음을 알 수 있다. 오류 부분은 "____"로 표시했다.

제 4장 통사론

4.1. 엑스바 이론

화자는 다음의 독일어 표현에서 우리에게 무엇을 말하려고 하는가?

Ich vielleicht fahre Mannheim, spreche eine Straße, nicht verstehn, in Leimen ich sage eine Straße, bei mir verstehn.

"만일 내가 만하임에서 길을 물으면 사람들은 나를 이해하지 못하고, 내가 라이멘에서 길을 물으면 나를 이해할 것이다." 이 문장은 아마도 어렵지 않았을 것이다. 사실은 몇몇 동사의 어미변화형을 제외하면 어순만 잘못되어 있다. 어순은 독일어에서 종종 위상적 장모형에 의해 기술된다.

전장	왼쪽 문장괄호	중장	오른쪽 문장괄호	후장
Ich	fahre	vielleicht nach Mannheim.		
Ich	werde	vielleicht nach Mannheim	fahren.	
Ich	fahre	vielleicht nach Mannheim	zurück.	
Nach Mannheim	werde	ich vielleicht	fahren.	
Fahren	werde	ich vielleicht nach Mannheim.		

	Werde	ich vielleicht nach Mannheim	fahren?	
	Fahre	nach Mannheim!		
Wohin	werde	ich vielleicht	fahren?	
	Ob	ich vielleicht nach Mannheim	fahren werde?	
Sicher ist,	dass	ich vielleicht nach Mannheim	fahren werde.	
Ich	fahre	vielleicht nach Mannheim	zurück	um Paella zu essen.

이런 상이한 어순가능성을 체계적으로 설명하는 통사이론이 노암 촘스키 (Noam Chomsky)에 의해 발전된 원리와 매개변수모형 (Prinzipien- und Parametermodell)이다. 사람들은 이것을 또한 지배결속이론 (Government and Binding Theory)이라고도 부른다.

지배와 결속이론은 소위 모듈 (Modulen)이라고 하는 상이한 성분들로 이루어져 있다. 각 모듈은 그 자신의 임무영역을 가지고 있지만, 모든 문법모듈이 함께 작용할 때 비로소 어떤 언어의 문장들을 완전하게 구조적으로 기술하게 된다. 그 모듈 중의 하나가 우리가 3장에서 이미 알아본 엑스바 이론이다. 합성어처럼 문장들도 당연히 구조화된 형태이다.

한 문장의 특정한 구성성분은 다른 구성성분보다 더 밀접하게 결합되어 있다. 독일어 화자들은 보통 그것을 직관적으로 안다. 즉, 아무도 문장 'Hubert hört ein Playback von No Angels in der Kneipe'의 구성성분을 (1a)처럼 분류하지 않고 오히려 (1b)처럼 분류할 것이다.

(1) a. Hubert hört / ein / Playback von No / Angels in der Kneipe
b. Hubert / hört ein Playback von No Angels / in der Kneipe

많은 언어에서 문장은 고정된 단어배열 (2a,b)와 구성성분배열

(2c,d)를 갖는다.

(2) a. Hubert hört ein Playback von No Angels in der Kneipe
b. *Hubert ein in No Playback Angels hört von der Kneipe
c. Hubert / hört / ein Playback von No Angels / in der Kneipe
d. *Hubert / ein Playback von No Angels / hört / in der Kneipe

이것이 어떻게 설명될 수 있을까?

4.1.1. 어휘범주

이러한 구조화의 한 양상은 특정한 어휘들을 통사범주로 귀속시키는 것이다. 예를 들어 Playback은 명사이고 hört는 동사이다.

모든 언어에는 명사와 동사가 있다. 따라서 이 범주들은 특정한 통사범주 즉, 어휘범주를 기술하기 위한 근거로 사용될 수 있다. 음운론에서 음소가 음운자질들의 결합체인 것처럼 통사적 기술에서도 범주가 통사적 변별자질 즉, [±N]과 [±V]의 묶음으로 이해될 수 있다.

이러한 자질들의 도움으로 우리는 4개의 어휘범주를 유도할 수 있다.

(3)

	+N	-N
+V	A (형용사)	V (동사)
-V	N (명사)	P (전치사)

이 엑스바-자질에 의해 아주 다른 범주에 대한 공통적인 통사적 특성이 표현될 수 있다. [-N] 자질을 갖는 모든 요소는 영어의 격부여자 (예: **for** him, **gave** her)인 동사와 전치사이다. [+V] 자질을 갖는 범주인 형용사와 동사는 독일어에서 한 명사의 수와 일치(예: Nicht nur klein**e** Kinder hör**en** No Angels)한다. [+N] 자질을 갖는 범

주는 격변화 (예: An all**em** könnt isch misch jewöhnen, nisch am Dativ; wegen des Reiz**es** der jung**en** Schön**en**)된다. 우리가 예를 들어 [-공명성] 자질로 말음경음화된 이 음소들을 열거했던 것처럼 어휘범주들의 부류가 그 자질들에 의해 열거될 수 있다.

문장 (2a)에 대해서 어휘들을 어휘범주에 귀속시키면 다음과 같다.

(4) $[_N$ Hubert] $[_V$ hört] ein $[_N$ Playback] $[_P$ von] $[_N$ No Angels] $[_P$ in] der $[_N$ Kneipe]

4.1.2. 구범주

어휘범주는 소위 Komplementen이라고 하는 보충어와 함께 구범주로 결합된다. 이 구범주들로부터 다시 문장이 형성된다. 그러므로 (5)에서 ein Playback von No Angels와 in der Kneipe는 동사 gehört의 보충어이고, 이 동사와 동사구 (VP: ein Playback von No Angels in der Kneipe gehört)를 이룬다.

(5) Hubert hat $[_{VP}$ ein Playback von No Angels in der Kneipe $[_V$ gehört]]

No Angels와 der Kneipe는 전치사 von과 in의 보충어이고, 이 전치사와 전치사구 (PP: von No Angels와 in der Kneipe)를 이룬다.

(6) Hubert hat ein Playback $[_{PP}$ $[_P$ von] No Angels] $[_{PP}$ $[_P$ in] der Kneipe] gehört

전치사구 von No Angels는 다시 명사 Playback의 보충어이고, 관사와 함께 명사구 ein Playback von No Angels를 구성한다.

(7) [$_{NP}$ ein [$_{N}$ Playback] [$_{PP}$ von No Angels]]

문장 (6)에서 범주들이 하나의 구성성분에 속하는 것을 우리는 분포 시험 즉, 대체 (8a,b)와 도치 (8c)를 통해 쉽게 확인할 수 있다.

(8) a. [$_{NP}$ er] hat [$_{NP}$ es] in der Kneipe gehört
b. [$_{NP}$ Hubert] hat [$_{NP}$ ein voll krasses Playback von No Angels] in der Kneipe gehört
c. [$_{NP}$ ein Playback von No Angels] hat Hubert in der Kneipe gehört
d. *[$_{NP}$ ein Playback von] hat Hubert No Angels in der Kneipe gehört

단어형성 (Wortbildung)의 경우에서처럼, 구범주의 투영의 경우에도 보충어와 어휘범주의 결합을 통해 핵심어의 통사적 자질구조는 그대로 보존된다. 즉, 동사는 동사구의 핵심어이고 전치사는 전치사구의 핵심어이다.

(9) 어휘범주 + 보충어는 동일한 자질구조의 구범주가 된다.

4.1.3. 어휘 투영체과 구 투영체 사이에 있는 범주

지금까지 우리는 단지 두 종류의 범주, 어휘범주와 구범주만을 가정하였다. 하지만 이제 다음의 예를 관찰해보자.

(10) dieser sehr kleine Hund

만일 오직 두 범주만이 존재한다면 이 구조의 수형도는 다음과 같아야 할 것이다.

(11)

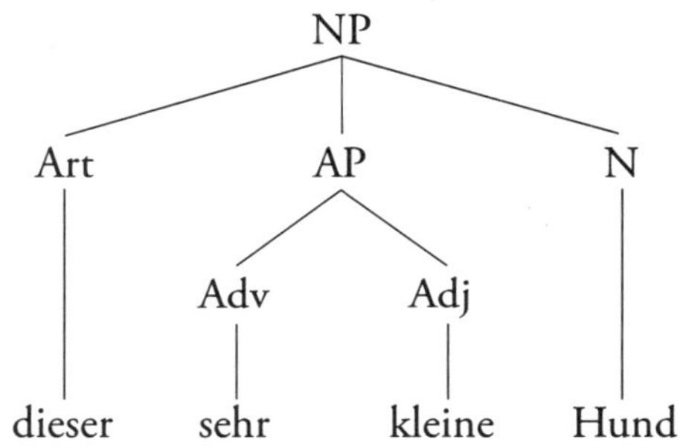

(11)에서 sehr kleine와 dieser sehr kleine Hund는 각각 하나의 구성성분(AP 및 NP)을 이룬다. 하지만 sehr kleine Hund만을 포함하는 구성성분은 존재하지 않는다.

따라서 (11)과 같은 분석은 AP-N연속체가 통사적 독립단위로서, 예를 들어 (12a)에서처럼 삭제에 대한 관련구성성분 (즉, 선행어)로서 나타날 수 있기 때문에 적절하지 않다.

(12) a. Ich mag diesen **sehr kleinen Hund** mehr als jenen _____

그리고 삭제된 요소에 대한 선행어는 오직 공통적 구성성분을 형성하는 그런 요소들만 가능할 수 있다.

(12) b. *Ich mag diesen sehr **kleinen Hund** mehr als jenen sehr _____

AP-N연속체가 하나의 공통적 구성성분을 형성한다는 것을 우리가 이제 어떻게 실현할 수 있을까? 예를 들어 우리가 sehr kleine Hund

를 (13)과 같이 명사구로 간주해보자.

(13)

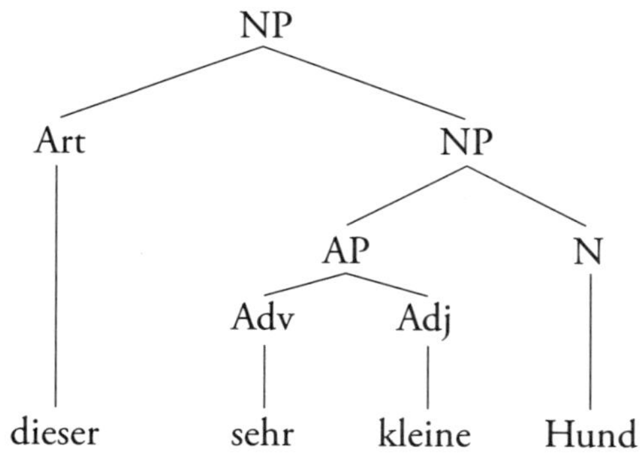

그러나 (13)은 적절하지 않다.

(14) *Sehr kleiner Hund gehört mir

만일 sehr kleiner Hund가 명사구라면 주어위치에 놓일 수 있어야만 할 것이다. 그러나 이 단어연속체는 주어위치에 놓일 수 없다.

분명히 sehr kleine Hund는 어휘범주 N과 구범주 NP사이에 존재하는 어떤 범주이다. 엑스바 이론의 틀 내에서 이것은 다음과 같이 일반화된다. 통사범주는 증가하는 구조화의 연속체에 귀속될 수 있는데, 이때 복합성의 정도는 범주 위에 바를 통해 표현된다.

(15) X (0유형): 통사적 구조가 없는 범주 = 어휘범주
X' (1유형): 0유형범주 + 보충어
X'' (2유형): 1유형범주 + 보충어

혹은 더 형식적으로 다음과 같이 표현된다.

X' → ... X ...

X" → ... X' ...

그러므로 우리의 명사구는 이제 다음과 같은 모습을 갖는다.

(16)

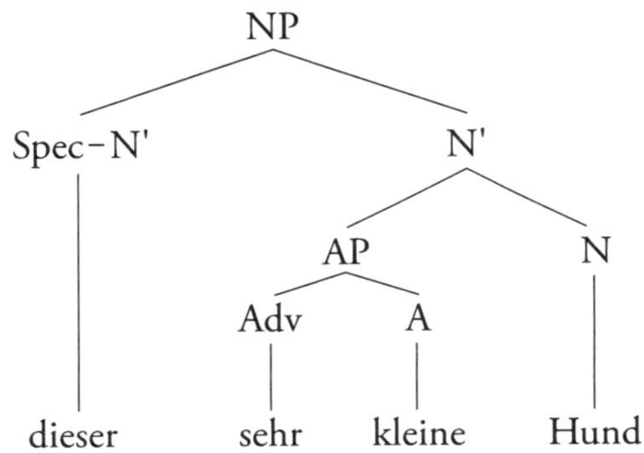

그러므로 AP-N연속체는 핵심어 N과 구조적 보충어 AP로 이루어진 범주적 투영체인 어떤 바층위의 범주 즉, 1유형범주이다. 명사구는 중간투영체 N'와 지정어 (여기서는 지시대명사)로 이루어진 최대투영체 즉, 2유형범주이다. 지정어위치에 나타날 수 있는 범주들(대명사, 고유명사, 관사, 수사, 양화사)은 공통적 의미기능을 갖는다. 이 범주들은 명사구의 나머지부분, 따라서 특히 핵심어와 그 보충어를 수식한다. 지정어와 보충어 간의 차이를 우리는 특히 Hugos Beschreibung des Unfalls (Hugos = 지정어; des Unfalls = 보충어)에서 분명히 알게 된다.

〈 문제 1 〉

여러분은 형태론에서 이미 이와 유사한 구분을 보았다. 두 합성어 Buchbinder와 Buchrücken는 어떻게 구분되는가?

우리의 예에서와 같은 범주들은 보통 최대투영체인 X" 즉, 핵심어층위와 바층위의 보충어까지 투영된다는 것으로부터 출발한다. 단어통사론에서처럼 문장통사론에 대해서도 2분지원리가 적용된다. 최대투영체의 경우 편의상 보통 바없이 명사구, 형용사구 등으로 쓴다. 바 대신에 사람들은 윗첨자의 수 ($X = X^0$, $X' = X^1$, $X'' = X^2$)를 사용할 수 있다. 어떤 구조에서 X^0-범주가 지정어와 보충어 없이 나타난다면 통상적으로 X^1-범주에 대해 진술하는 것을 포기한다.

〈 문제 2 〉

(8b)에 있는 명사구 ein Playback von No Angels를 분석하시오.

〈 문제 3 〉

짙게 표시된 구의 엑스바-구조를 제시하시오.

a. Beckham schießt **direkt in das Tor.**

b. **Gabis wichtiges Argument** hat uns nicht überzeugt.

c. Jeder weiß, warum **Echnaton auf Nofretete sauer ist**.

4.1.4. 문장

우리가 지금까지 알고 있는 지식으로 문장 (17)이 얼마나 잘 분석될까? (특정한 이유로 우리는 여기서 부문장어순을 사용할 것이다.)

(17) ... dass Hubert ein Playback von No Angels gehört hat

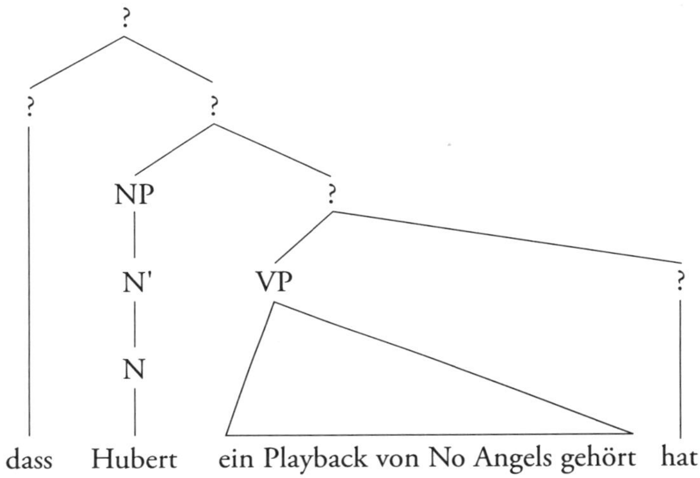

여러분이 알고 있듯이, 우리는 지금까지 문장 자체뿐만 아니라 문장을 유도하는 접속사 dass와 조동사 hat도 범주화할 수 없다. 이 문장에서 조동사는 굴절되고 범주 INFL에 귀속된다. INFL은 영어 Inflection에서 온 말로 간단히 I로 표기하기도 한다. 우리는 I가 시제자질 [± Tempus]과 일치자질 [± AGReement]을 포함한다는 것으로부터 출발하려고 한다. 우리는 독일어에서 [+Tempus, +AGR]과 [-Tempus, -AGR]을, 포르투갈어에서 [+Tempus, +AGR](5.1장 비교)과 [-Tempus, +AGR]을, 일본어에서는 심지어 [+Tempus, -AGR]을 발견한다. 이러한 경우들을 보면 두 자질이 독립적이고 그에 따라 독립적인 통사적 투영체를 갖는 기능범주로 다루어져야 할 것 같다 (INFL분리가설). 그러나 통사적 구조원리의 논리를 이해하기 위해 지금까지의 구별정도로 충분하다. 그러므로 여기서 모든 문장은 I의 투영체로 이해된다.

(18) ... dass Hubert ein Playback von No Angels gehört hat

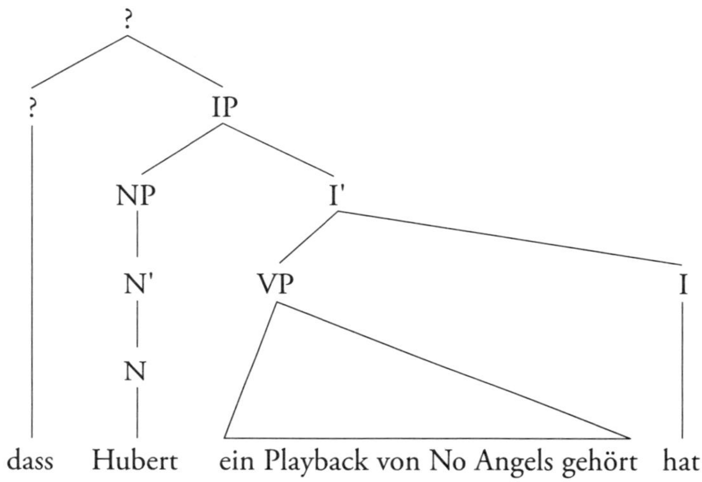

(3)에 있는 범주와는 달리 I는 [±N]과 [±V]로부터 투영되지 않았기 때문에 어휘범주가 아니다. 모든 최대투영체가 핵심어로부터 투영되어있다는 가정은 투영도식 (15)를 임의의 통사범주로 일반화한 것이다. 문장을 유도하는 평서문의 dass와 의문문의 ob 같은 접속사는 범주 COMP에 귀속된다. COMP는 영어 Complementizer에서 온 말로 간단히 C로 표기하기도 한다. 이 범주는 다른 비어휘점주이거나, 또는 최대의 문장이 투영되어 있는 기능범주이다.

(19) ... dass Hubert ein Playback von No Angels gehört hat

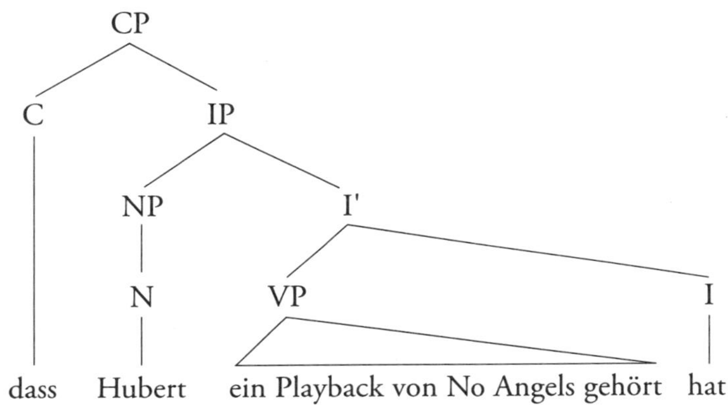

(15)의 엑스바-도식에 따라 유도된 모든 투영체는 내심적 구조(Endozentrische Konstruktionen) 즉, 핵심어를 갖는 구조이다(3.5.1장 참고).

〈 문제 4 〉

(17)의 완전한 구조를 제시하시오.

〈 문제 5 〉

다음 부문장에 대한 구조를 제시하시오.

a. Hubert überlegt sich **ob er Gerda treffen wird.**

b. Michael putzt sich heraus **damit er mit Hubert konkurrieren kann.**

4.2. 격이론

여러분이 이 단원을 wegen dem Kasus 또는 wegen des Kasus로 읽든 우리에게는 아무런 상관이 없다 (이 두 독일어 표현은 '격 때문에'의 의미로 둘다 가능함). 중요한 사실은 도대체 왜 격이 존재하는지를 여러분이 우리에게 질문하지 않는다는 것이다. 다음 예를 보자.

(20) a. Kurdu wita-jarra-rlu ka-pala maliki-Ø wajilipi-nyi
Kind klein-DUAL-ERG AUX:PRÄS-DUR Hund-ABS jagen-PRÄS
(두 어린 아이가 개 한 마리를 쫓고 있다)
b. Kurdu witajarrarlu kapala wajilipinyi maliki
c. Maliki kapala kurdu witajarrarlu wajilipinyi
d. Kurdujarrarlu kapala maliki witajarrarlu wajilipinyi

왈비리어 화자들이 분명히 아무런 문제없이 (20b-d)를 (20a)처럼 해석한다는 것은 특히 어떤 구성성분의 개별단어들에게 분명한 격표시가 되어있다는 것과 관련되어 있다. (ERGativ와 ABSolutiv는 능격과 절대격의 명칭이다; DUAL은 대략 독일어의 beide와 비교할 수 있는, 정확히 두 요소를 포함하는 복수에 대한 명칭이다; DURativ는 행위의 계속상을 의미한다.)

다음 내용을 격과 관련하여 주의 깊게 살펴보자.

In allen Subsumtionen eines Gegenstandes unter einen Begriff muss die Vorstellung des ersteren mit der letzteren gleichartig sein, d.i. der Begriff muss dasjenige enthalten, was in dem darunter zu subsumierenden Gegenstande vorgestellt wird, denn das bedeutet eben der Ausdruck: ein Gegenstand sei unter einem Begriffe enthalten. So hat der empirische Begriff eines Tellers mit dem reinen geometrischen eines Zirkels Gleichartigkeit, indem die Rundung, die in dem ersteren gedacht wird, sich im letzteren anschauen lässt.

(하나의 대상을 하나의 개념 아래로 모두 포함시키는 데에서 대상의 설명은 개념의 설명과 동질의 것이어야 한다. 즉, 그 개념은 그 아래에 포함시키려는 대상에서 설명되는 것을 포함해야 한다. 그 이유는 바로 "하나의 대상은 하나의 개념 아래에 포함되어 있다"는 표현이 그것을 의미하기 때문이다. 이와 같이 접시의 경험적 개념은 접시에서 사고된 둥근 모양이 원에서 직관될 수 있으므로 원의 순수 기하학적인 개념과 동질성을 갖는다: *칸트의 순수이성비판*)

비록 2격 없이 독일어에서 표현이 가능하다 하더라도 즉, 2격이 중요하지 않다 하더라도 2격은 분명히 여러분들에게 매우 도움이 되었을 것이다. 그러므로 독일어에도 격표시는 형태적으로 표시될 뿐만 아니라 구성성분과 그 문법적 기능을 확인하는데 이용된다.

〈 문제 6 〉

칸트는 첫 문장에서 어떤 격을 사용했는가?

이제 조금 더 간단한 형태로 가보자.

(21) a. **Der** Papst hat bei seinem Besuch im Ausland **den** Boden des Flughafens geküsst.

b. ***Den** Papst hat bei seinem Besuch im Ausland **der** Boden des Flughafens geküsst.

지금까지 상술된 문법적 모듈 즉, 엑스바 이론으로 우리는 문법성의 차이를 이해할 수 없다. 엑스바 이론은 단지 문장에서의 구조적 위치만을 결정하기 때문에 이 이론에 따르면 위의 두 형태는 생성될 수 있다. 문법성의 차이에 대한 문제를 해결할 그 구제책은 또 다른 문법 모듈인 격이론이다.

4.2.1. 형태격과 추상격

몇몇 언어 (예: 일본어, 러시아어, 왈비리어)는 풍부한 격체계를 가지고 있고, 그 반대로 몇몇 언어 (예: 영어)는 상당히 퇴화된 격체계를 가지고 있다. 또 다른 언어 (예: 독일어)는 그 사이에 있다.

(22) a. 일본어

John-ga	okashi-o	tabeta
주격 (1격)	직접목적격 (4격)	

b. 독일어

Hans	aß	den Kuchen
주격		직접목적격

c. 영어

John	ate	the cake
주격		직접목적격

만일 우리가 언어를 이렇게 구분한다면 우리는 가시적인 격을 생각할 것이다. 그러므로 우리는 영어에 대해 격이론이 필요없다고 결론을 내려야할 것이다. 그러나 이것은 다음의 예가 보여주듯이 잘못된 결론이다.

(23) a. **Whom** did John see?

b. John saw Mary.

c. John saw the woman.
d. John saw **her**.

비록 (23a)와 (23d)에서만 직접목적격이 나타나지만 (23b)와 (23c)에도 직접목적격이 있다고 할 수 있다. 이것은 모든 목적어-명사구는 격표시된다라고 일반화된다. 격이란 분명히 문장에서 특정한 구조적 위치, 즉 여기서는 목적어위치와 결합되는 속성이 있고, 반드시 단어들의 형태적 양상만을 지니지는 않는다. 따라서 사람들은 추상격과 형태격을 구분한다.

4.2.2. 격부여

이제 (21)에서 격부여는 어떻게 될까? 다음을 보자.

1. 주어-명사구는 주격이다. 그러므로 (21b)는 옳지 않다.
2. 목적어-명사구는 직접목적격이다. 그러므로 (21b)는 옳지 않다.
3. 두 전치사적 목적어는 여격이다.
4. 목적어-명사구에 있는 명사적 보충어는 소유격이다.

일반적으로 우리는 격을 포함하는 범주 즉, 명사구와 격을 부여하는 범주 즉, 전치사와 동사를 구분한다. 어떤 격이 부여되는가는 각각의 격부여자에 의존한다.

(24) (21)의 격부여자
a. 동사는 직접목적격을 부여한다.
b. 전치사는 여격을 부여한다.
c. 명사는 소유격을 부여한다.
d. 굴절자질 ([+시제, +일치])은 주격을 부여한다.

(24d)는 독일어에서 주격은 시제문에서만 나타난다는 것을 의미한다. 그 시제문에는 주어와 동사의 굴절형 간에 일치가 존재한다 (4.1.4장 (18) 참고). 굴절자질과 관련하여 우리는 [+시제]는 격부여자이고 [+일치]는 지배자라고 가정한다.

(24)의 설명은 물론 격이 어떤 격부여자에 의해 그 옳은 위치로 부여된다는 것을 보장하지는 못한다. 즉, (24)에 의하면 (21b)의 비문법적인 격부여를 유도하는 것이 여전히 가능할 것이다. 그러므로 분명히 격부여도 엑스바-구조와 어떤 관계가 있다. 그러므로 지배결속이론의 중심적 구조개념인 지배 (Rektion)에 대해 알아보자.

(25) 지배 (첫 번째 버전)
어떤 범주 α가 어떤 범주 β를 지배하는 경우는 반드시 다음의 경우에만 한한다.
a. α는 0유형범주이다.
b. α를 관할하는 모든 최대투영체 π는 β도 관할한다.
c. β를 관할하는 모든 최대투영체 π는 α도 관할한다.

(26) 구조적 격부여
β가 α에 의해 지배되면 α는 β에게 격을 부여할 수 있다.

지배 하에서의 격부여는 왜 동사가 아니라 시제를 가진 굴절자질이 주어-명사구에 격표시하고, 동사가 아니라 전치사가 전치사적 목적어에 격을 부여하는지 등을 설명한다.

문제 7

그러면 (21b)는 왜 비문법적인가?

만일 이 설명이 여러분에게 어려웠다면 하루만 기다려 보시오. 그리고 다음 설명을 천천히 그리고 주의 깊게 읽어 보시오.

(25)에서 사용된 핵심어, 최대투영체, 관할 등 엑스바 이론의 개념들은 우리에게 잘 알려져 있다. 형태론에서 여러분이 이미 살펴본, 요소들을 범주로 위계적으로 귀속하는 관할 (Dominanz)은 통사론에서도 전혀 다르지 않다.

X^2가 Spec-X^1과 X^1을 직접 관할하고, X^1은 X^0과 그 보충어를 직접 관할한다. X^2는 X^0을 간접 관할한다. 공통의 범주에 의해 직접 관할되는 모든 범주를 서로서로 자매 (Schwester)라고 부른다.

문제 8

동사구 den Knochen ausgraben에서 어떤 관할관계와 자매관계가 존재하는가?

구조 (28)에 근거하여 문장 (27)에 대해 지배 하에서의 격부여를 연습해 보자.

(27) ... dass das Oberhaupt der Kirche Afrika besuchen wird

모든 엑스바-범주가 정의 (25)와 (26)의 의미에서 변항 (Variable: α,β,π)일 수 있다는 것을 생각해보자.

(28)

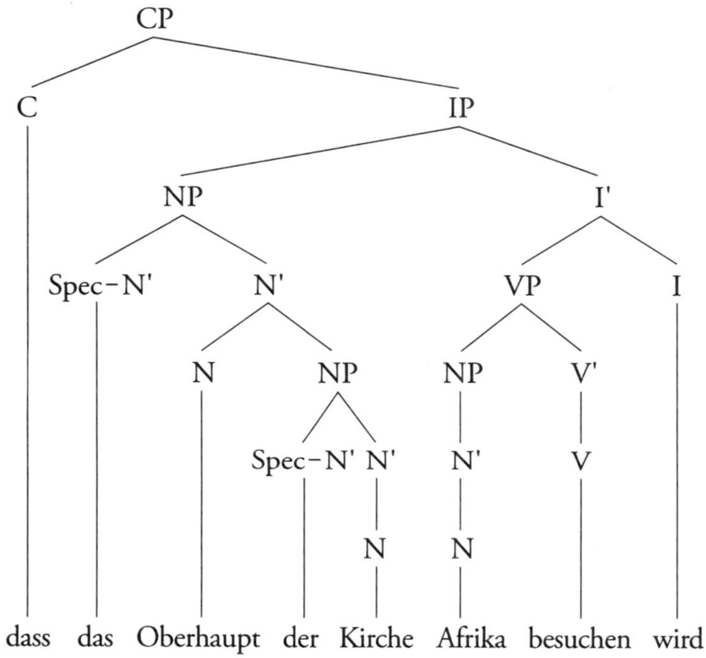

주어 (β)는 굴절자질 I (α)에 의해 지배되는가?

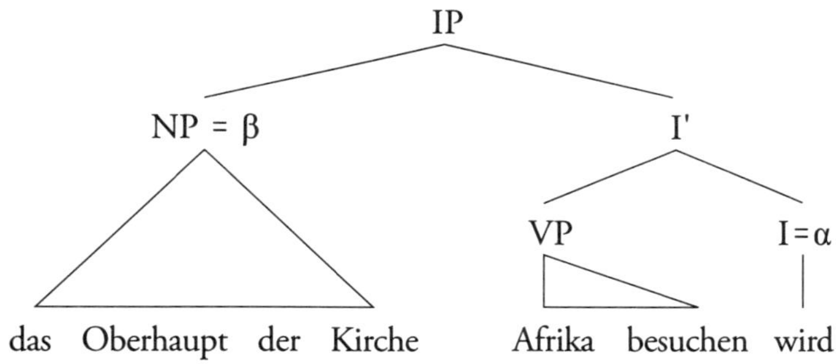

1. I는 0유형범주이고, 그러므로 α일 수 있다.
2. 주어와 I는 동일한 최대투영체 IP에 의해 관할된다.

그러므로 ((24d)에 따라) 주어는 I에 의해 지배되고 그것으로부터 주격자질을 받을 수 있다.
주어-명사구 (β)는 동사 (α)에 의해 지배되는가?

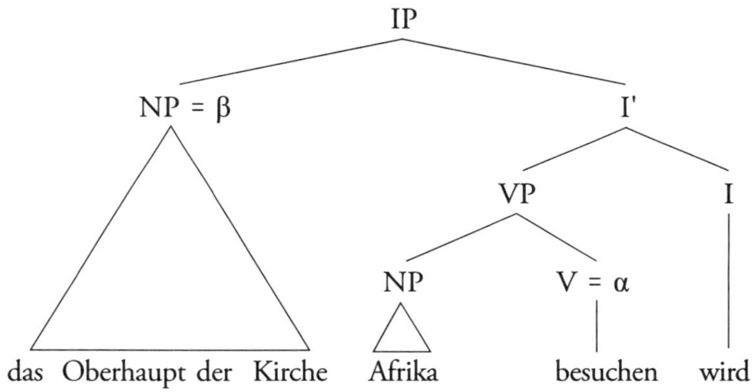

1. 동사는 0유형범주이고, 그러므로 α일 수 있다.
2. 동사 (α)를 관할하는 가장 가까운 최대투영체 (π)는 동사구 VP이다. 그러나 주어 (β)를 관할하는 가장 가까운 최대투영체는 IP이다. 그러므로 α와 β는 (25b,c)의 의미에서 모든 최대투영체에 의해 관할되지는 않는다.

그러므로 주어는 동사에 의해 지배되지 않고, 따라서 주어는 (24a)에 따라 동사로부터 직접목적격 자질을 받을 수 없다. 그러므로 (21b)는 비문법적이다.

(28)에서 명사적 보충어 der Kirche가 명사 Oberhaupt에 의해서만 지배되므로 소유격 자질을 받는다는 것을 각자 확인해 보자.

〈 문제 9 〉

목적어-명사구 Afrika가 동사 besuchen을 지배하는가?

주의!!!

여러분은 지배를 다른 예들에서 반드시 설명해야 한다. 우리의 경험에 의하면 이미 약 99문장은 충족된다.

(24)에서 우리는 동사, 전치사, 명사 등의 어휘범주와 기능범주 I가 격부여자라는 것을 확인하였다. 이것은 오히려 자연스럽지 못한 범주들의 집합이다. 실제로 그 이후에 기능범주만이 격을 부여한다는 것으로부터 출발한다. 예를 들어 목적어의 격은 더 이상 동사에 의해 부여될 수 없기 때문에 문장에 대한 엑스바-구조의 중요한 변화는 당연히 그것과 결부되어 있다. 오히려 목적어-명사구는 일치구 (AGR-Obj-Phrase)의 지배영역으로 이동되고, 거기서 그 목적어-명사구는 기능적 핵심어 (AGR-Obj)에 의해 격을 받는다.

다시 한번 주어-명사구 das Oberhaupt der Kirche에 대한 격부여로 돌아가 보자. 여기서 전체의 NP는 지배하는 I로부터 주격 자질을 받는데, 이 주격 자질은 자신이 I에 의해 지배되지 않는 명사구 내의 요소들 즉, N과 Spec-N'에 의해 형태적으로 실현된 된 것이다. 주격은 명사구의 핵심어-투영체 N/N'/NP를 넘어 N으로 전달되고, 이 위치에서 어휘적 요소에 의해 실현된다. Spec-N'과 부가적으로 가능한 형용사와 명사의 격은 일치 (Kongruenz)를 통해 부여된다.

(29)

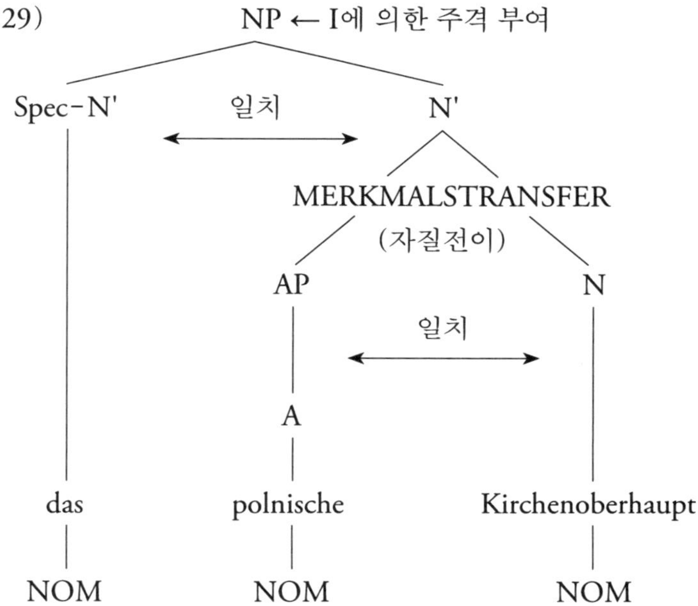

〈 문제 10 〉

왜 Er hat den blaue Kater getroffen이 비문법적인가?

4.2.3. 격의 통사적 기능

다음에서 우리는 격부여와 구성성분구조 간의 밀접한 관계를 더 상세하게 다루려고 한다.

of-삽입

다음 형태를 비교해 보자.

(30) a. Van Gogh destroyed his picture
b. the destruction of his picture

c. *the destruction his picture

타동사 destroy는 명사구-보충어와 함께 나타나지만, 그 명사 destruction은 오직 전치사구-보충어와 함께 나타난다. 이러한 차이는 destroy와 destruction의 상이한 보충어구조와 관련이 있는 것(4.3장의 균일성원리 참고)이 아니라 격이론적 근거에 의한 것이다. 영어에서 I와 C를 제외하면 [-N]-범주인 동사와 전치사만이 격부여자이다. 그러므로 목적어에 대한 격부여자는 destruction의 보충어영역으로 삽입된다. 여기서 격부여자는 의미적으로 비어있는 전치사 of이다. 이러한 과정을 of-삽입이라고 부른다. (30c)와 같은 of 없는 명사적 보충어는 격여과 (Kasusfilter)를 통해 배제된다.

(31) 격여과
명사구가 음성적 내용을 갖고 격표시되지 않으면 비문법적인 명사구이다.

어떤 범주가 격부여자로 알맞은지는 매개변수화 되어 있다. 독일어에서 모든 어휘범주와 시제 굴절자질 I는 격을 부여할 수 있다. 그러므로 (30c)에 상응하는 형태 (32c)는 문법적이다. 명사도 격을 부여한다 ((24c) 참고).

(32) a. Van Gogh zerstört sein Bild
b. die Zerstörung von seinem Bild
c. die Zerstörung seines Bildes

인접과 방향성

어순의 특정한 양상도 격이론과 관련이 있다.

(33) a. *Putin met yesterday Bush

b. Putin met Bush yesterday

영어에서 동사와 직접목적어 사이에 어떤 구성성분이 놓여서는 안 된다. 그러므로 (33a)는 비문법적이다. 만일 사람들이 영어에서 인접한 요소들 사이에서만 격부여가 가능하다고 가정한다면 (33a)의 비문법성은 격여과의 결과로 돌릴 수 있다. yesterday는 목적어 Bush가 동사 met로부터 격을 받는 것은 방해한다. 따라서 (25)는 영어에 대해서 다음의 인접조건 (Adjazenzbedingung)을 통해 보완되어야 할 것이다.

(25') ... 그리고 α와 β는 인접된다.

(33)과 (34) 간의 대조는 (25')가 보편적으로 타당하지 못한다는 것을 추측하게 한다.

(34) a. ... dass Putin Bush heute traf
b. ... dass Putin heute Bush traf

아마도 인접조건은 전적으로 예를 들어 영어처럼 형태적 격체계가 퇴화된 언어에서만 타당성을 갖는 것 같다.
핵심어-보충어-순서도 마찬가지로 격이론적으로 설명될 수 있다.

(35) a. ... dass Putin Bush traf
*... dass Putin traf Bush
b. ... that Putin met Bush
*... that Putin Bush met

독일어에서는 보통 부문장에서 동사가 주문장에서와는 달리 문장의 끝 즉, 동사구의 끝에 위치한다. 이와는 달리 영어에서는 모든 문장에서 동사는 동사구의 처음에 위치한다. 이것은 격부여가 방향성을 지니고 있다고 즉, 특정한 방향에서만 일어난다고 설명할 수 있다.

(25") ... 그리고 β는 α의 왼쪽이나 오른쪽에 나타난다.

독일어에서는 두 가능성이 사용된다. [+V]-범주는 왼쪽으로, [-V]-범주는 오른쪽으로 격을 부여한다. 따라서 핵심어-보충어-순서는 격여과의 결과로 돌릴 수 있을 것이다. 독일어의 타동사는 왼쪽으로만 격을 부여하기 때문에 dass Putin traf Bush에서 음성적으로 실현된 명사구 Bush는 격을 받을 수 없다. 영어에서 격부여는 오른쪽을 표준으로 삼기 때문에 그에 상응하는 영어의 구조는 문법적이다. 여기서 독일어에서는 부문장어순에 일치하는 구성성분의 순서를 기초로 삼고있다는 것이 중요하다는 것을 주의하자 (4.4장 참고).

부정법

격여과는 왜 음성적으로 실현된 명사구가 격부여자에 의해 지배되는 그 위치에서만 나타날 수 있는지를 설명한다. 특히 부정법 목적어문장의 구조에 대한 결과가 격여과로부터 나온다.

(36) a. Bush verspricht Putin [dass er ihn anrufen wird]
b. Bush verspricht Putin [ihn anzurufen]

versprechen은 보충어로서 명사구와 문장을 갖는데, 목적어문장은 (36a)처럼 시제를 지니든지 (36b)처럼 시제를 지니지 않든지 아무런 관계가 없다. 부정법 목적어문장은 음성적으로 실현된 주어를 포함하지 않지만, 우리가 부정법 목적어문장을 완전한 진술(Bush will Putin anrufen: 4.6장 참고)로 이해하기 때문에 구성성분구조에서 주어는 통사적으로 존재해야 한다. (36b)와 같은 부정법 목적어문장은 (37)처럼 어쨌든 음성적으로 실현된 주어를 포함해서는 안된다.

(37) *Bush verspricht Putin [er ihn anzurufen]

시제문과는 달리 부정법문장은 격부여자를 포함하지 않고 주어위치에 대한 지배자도 포함하지 않는다. 즉, I는 [−시제, −일치]이다 ((24d) 참고). 그러므로 격여과 때문에 주어는 음성적으로 반드시 비어있어야 한다.

(38) Bush verspricht Putin ...

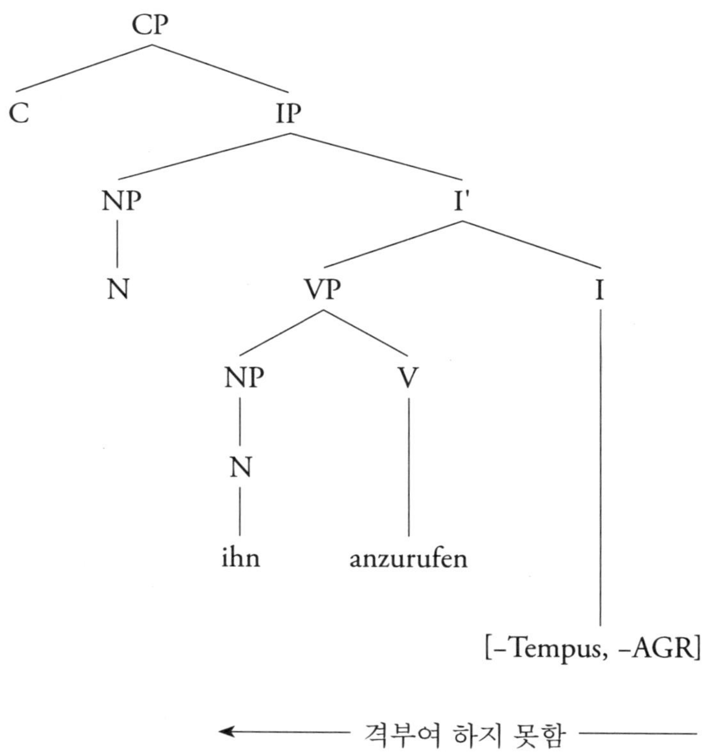

어디에서나 그렇듯이 여기에도 문제가 있다.

(39) a. Bush sieht [$_{CP}$ dass Putin vorbeikommt]

b. Bush sieht [$_{??}$ Putin vorbeikommen]

구조적으로 관찰하면 (39b)는 (36b)와 비교해 볼 수 있다. Putin은 vorbeikommen에 대한 주어이지만 부정법문장에서는 격을 포함할 수 없다. 그리고 우리의 지배조건 (25)에 따라 격은 또한 상위문의 동사에 의해 부여될 수 없다. 그 이유는 문장은 I의 최대투영체 IP이고, 그 결과 지배를 통한 격부여를 위해 투과되지 않기 때문이다. 그러므로 (39b)는 격여과를 통과해서는 안 될 것이다.

이러한 문제의 해결은 지배결속이론의 논증방식에 대한 본보기이다. 즉, 지배결속이론은 때때로 '극단적 반증주의'로 간주되는 일종의 반증주의 (Falsifikationismus)에 의존한다. (39b)와 같은 경우는 지금까지 가정된 원리들을 포기하거나, 아니면 일반성 때문에 이러한 원리들을 유지하고 보다 더 특별한 가정을 통해 (36b)와 같은 경우를 특징지우는 것을 우리에게 요구한다. 후자의 가능성이 더 납득이 가는 것 같다. sehen과 hören 같은 동사들이 어떤 종류의 부정법 보충어를 허용하는가는 그 동사들의 어휘적 특성에 달려 있다. 이런 인지동사들의 어휘항목에는 그들의 CP-보충어가 삭제된다는 내용이 기재되어 있다.

주의: 인지동사들은 CP-삭제동사이다.

그러므로 원리적인 선택이 아니라 어휘적으로 통제된 선택이 중요하다. 남아있는 IP는 그곳을 지나 격부여를 위해 투과되어야 한다. 그래서 (39b)의 Putin은 동사 sehen으로부터 직접목적격 자질을 얻을 수 있다 (4.4장 참고).

주의: IP는 지배를 위해 투과된다.

이러한 해결을 위해 특히 언어습득의 근거를 든다. 즉, 만일 사람들이 (39b)와 같은 AcI (Accusativus cum Infinitivo)-동사의 경우 지배를 통해 격이 부여되지 않는다고 가정한다면, 아이들에 대한 언어 습득의 문제는 매우 어려울 것이고 아마도 심지어는 해결될 수 없을 것이다. 왜냐하면 언어를 습득하는 아이는 당연히 모순된 정보를 취해야 할 것이기 때문이다. 동일한 격이 한번은 지배 하에서 부여되고, 다른 한번은 구조에 의존하지 않고 부여될 것이다. 영어를 배우는 아이들도 그런 것을 알아야 한다.

(40) a. John believes [$_{IP}$ her$_{AKK}$ to be incompetent]
b. She$_{NOM}$ is believed (by John) to be incompetent

believe-류의 동사들은 예외적 격표시 (ECM: Exceptional Case Marking)-동사라고 불린다. 이 동사들은 전치사 for와 함께 선택적으로 나타날 수 있다는 점에서 AcI-동사와 구분된다. (39b)의 동사구 Putin vorbeikommen sieht는 (41)의 구조를 갖는다.

(41)
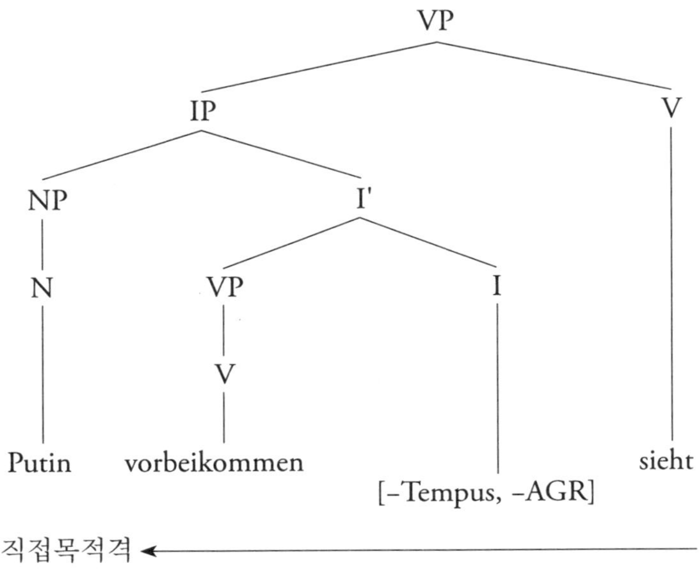

< 문제 11 >

짙게 표시된 부문장의 구성성분구조와 격부여에 대한 수형도를 제시하시오.

Petra fragt **ob Hans Erna tanzen gesehen hat**

4.2.4. 남은 문제

IP는 지배를 위해 투과된다는 위의 공리는 분명히 여러분의 마음에 들지 않을 것이다. 이것을 설명하기 위해서, 그것은 우리에게도 마음에 들지 않는다. 그 이유는 예외조건들에 의해서 아직도 강화되어야 하는 지배와 같은 형식적인 정의는 모든 개연성을 따를 때 간단히 말해 옳지 않기 때문이다.

그렇지만 우리는 그로 인해 낙담하지 않아야 한다. 결국 그런 모순성이 우리가 해결하려고 하는 바로 그 수수께끼이다. 이론적으로 아직 문제가 있더라도 엄밀한 조건들을 정립하는 것이 일반적인 진술보다 확실히 더 낫다.

그러므로 우리는 다음과 같은 핵심어 지배에 대한 두 중심적 개념을 보존해야 한다.

1. 요소들 즉, 핵심어와 그의 보충어 및 지정어 사이에는 구조적으로 정의된 특별한 관계가 있다.
2. 특정한 구조영역 즉, 오직 지배자 (핵심어)만이 지배하는 영역은 모든 핵심어에 귀속된다.

지배조건에서 무엇이 변화되어야 하는지를 자문하기 위해 우리는 이러한 배경과 더불어 다른 예외들을 찾을 수 있다.

(42) a. Ich trinke [$_{AP}$ meinen Kaffee weiß]
b. Mickey considers [$_{NP}$ Goofy a foolish dog]

소위 이러한 소절 (Small Clause)은 AcI-구문과 아주 유사한 특성을 가지고 있다. 분명히 형용사구-핵심어 weiß는 명사구 meinen Kaffee에, 그리고 명사구-핵심어 dog는 명사구 Gooofy에 관련된다. 말하자면, 명사구 meinen Kaffee와 Goofy는 각각 그 소절의 주어이다. 이 명사들은 예를 들어 의미적으로 술어에 의존하고, 술어적 형용사를 갖는 Mein Kaffee ist weiß나 술어적 명사를 갖는 Goofy is a foolish dog같은 대립문장의 주어로서도 나타난다 (4.3장 참고).

그러나 만일 우리가 (42)에 주어진 구조가 원칙적으로 타당하다고 가정하려고 한다면 곧 다시 지배의 문제를 갖게 된다. 그 이유는 (42a)에서는 형용사구가, (42b)에서는 명사구가 격부여를 위해 투과되어야 하기 때문이다.

이 문제에 대한 몇몇 해결책이 있다. 하나는 지배조건을, 지배자의 영역을 원칙적으로 아래로 확대되도록 변화시키는 것이다. 서로 다른 지배자의 영역들 간에 원치 않는 중복이 되지 않도록, 비록 영역들의 크기가 항상 같은 것은 아니더라도 우리가 지배자의 영역을 각각 분명하게 구분할 수 있다는 것을 보장해야만 한다. 이것은 정확히 다음과 같은 개념이다. 즉, 핵심어 α는 α와 β 사이에 어떤 영역의 경계가 없을 때 β를 지배한다.

이러한 개념의 정의가 틀림없이 형식적 정의였다고 생각하지는 마시오.

이와 더불어 지배는 상대적 개념이 된다. 그 이유는 지배자의 영역이 변화될 수 있는 경계를 통해 정의됨으로써 변화되기 때문이다. 지금 여러분은 경계에 대해 어떤 다른 생각을 할 필요가 없다. 다시 말해, 우리가 거기로 가기에는 너무 아직 이르다. 지배의 정의 (25)는 일시적으로 유용하다.

4.3. 어휘부와 의미역이론

4.3.0. 머리말

우리에게 어휘부에 있는 형태적 음운적 표현과 과정에 대해 이미 조금은 알려져 있기 때문에, 여러분은 아마도 어휘부라는 주제가 여전히 처리되지 않은 것을 의아하게 생각할 것이다.

통사론에 있어서 이제 범주적 정보는 엑스바-구조를 구성할 수 있기 위해 중요하다. 따라서 모든 어휘적 요소는 0유형범주로 지정되어 있다. 앞의 예문 (17)을 여기에 (43)으로 제시해 보면, 어휘적 요소들에 대한 어휘부의 한 단면은 적어도 (44)처럼 보이게 된다.

(43) ..... dass Hubert ein Playback von No Angels gehört hat

(44) 어휘부
dass C
Hubert N
ein Art
Playback N
von P
No Angels N
gehört V
haben Aux

0유형범주 층위에서 어휘로부터 통사범주로의 이러한 귀속은 엑스바 이론 하에서 문장에 대한 통사적 구조화의 출발점이 된다. 어휘들은 범주적 특성과 더불어 범주들의 핵심어 위치에 삽입되고, 자질들은 각 어휘들의 최대투영체로 전달된다.

4.3.1. 하위범주화

3장에서 우리는 이미 하위범주화를 언급하였다. 물론 하위범주화에 대해 이야기해야 할 것이 더 많이 있다. 엑스바 이론과 격이론은 아직 모든 것을 설명하지 않았다. 즉, 이 두 이론은 (45b,d)가 왜 비문법적인지 아주 분명하게 설명하지 않는다.

(45) a. Erdbeer trifft Sahne im Mövenpick
b. *Erdbeer trifft im Mövenpick
c. Erdbeer trifft Sahne
d. *Erdbeer trifft

다시 말해, (45b,d)는 (46)과 동일한 엑스바-구조를 갖고, 또한 격은 그 예에서 규정에 따라 (45a,c)처럼 부여된다. Erdbeer는 굴절자질로부터 1격, Sahne는 동사로부터 4격 그리고 Mövenpick은 전치사로부터 3격을 각각 받는다.

(46) a. Fischer singt eine Ballade im Mövenpick
b. Fischer singt im Mövenpick
c. Fischer singt eine Ballade
d. Fischer singt

이러한 상황은 단지 겉으로 보기에는 출구가 없는 것 같지만 모듈문법에서 출구를 기대해 볼 수 있다. 모듈문법에서 각 모듈들의 공동작용이 비로소 한 문장의 구조를 생성한다. 위의 예문들에 대해서 엑스바 이론에 의해 유도된 구조가 어떤 모습을 띠는지를 여러분 자신이 한번 시험해볼 수 있다. 이 때에 여러분은 아마도 다음과 같은 것을 확인할 수 있을 것이다.

1. 많은 동사들은 보충어를 가져야하고, 다른 동사들은 보충어를 가질 수 있다. 엑스바 이론은 단지 보충어구조에 대한 구조적 가능성을 결정한다.
2. 어떤 동사의 진정한 보충어와 전치사구 im Mövenpick과 같은 자유보충어 사이에 커다란 차이는 없다. 후자는 수형도에서 수식기능에 따라 상이한 위치에 삽입되어야 한다.

(45)와 (46) 간의 차이는 분명히 두 동사의 어휘적 속성과 관련된다. 진정한 보충어로서 나타날 수 있거나, 또는 나타나야하는 것은 동사의 어휘항목에 기재되어 있다. treffen은 하나의 명사구-보충어를 필수로 취하고, 그와는 달리 singen은 하나의 명사구-보충어를 단지 수의적으로만 취한다. 그 반면에 자유보충어 im Mövenpick는 동사의 어휘항목에서 고려되지 않은 채로 머문다. 우리는 이것을 다음과 같이 singen과 구분하여 treffen ('누구와 우연히 만나다'의 의미에서)에 대한 어휘항목의 확대를 통해 나타낼 수 있다.

(47) 어휘부
treffen V, [NP]
singen V, ([NP])

어휘적 요소의 보충어구조를 진술하는 표현을 하위범주화라고 한다.

독일어와 영어 간의 대조가 보여주듯이 하위범주화의 경우에 통사적 현상이 중요한데, 그 현상은 항상 의미에서 확인될 수는 없다.

(48) a. We met in the disco
b. *We met ourselves in the disco

(49) a. *Wir trafen in der Disko
b. Wir trafen uns in der Disko

독일어 treffen과는 달리 영어 meet는 (재귀적 해석에서) 명사구-보충어 없이 나타나야 한다.

(50) 어휘부
meet$_{\text{reflexiv}}$ V

4.3.2. 균일성

하지만 얼마나 많은 통사적 정보가 어휘부에 있을까? (51)의 형태에서 보듯이 모든 문장에 대해 물론 구조의 여러 변이형이 존재한다. 우리는 어순의 변화와 약간의 형태적 어휘적 변화를 통해 능동문을 수동문, 의문문, 관계문 등으로 변화시킬 수 있다.

(51) a. Putin hat **Bush angerufen** (능동문)
b. **Bush** wurde von Putin **angerufen** (수동문)
c. **Wen** hat Putin **angerufen** (의문문)
d. **Bush den** Putin **angerufen** hat (관계문)

이러한 변이형들은 형태적으로 동일한 동사 즉, angerufen을 포함한다. (51a)의 능동문에서 이 동사는 명사구-목적어 Bush를 하위범주화한다. (51b-d)의 문장에서도 하나의 목적어가 나타난다. 하지만 (51a)와는 달리 목적어에 해당되는 요소가 문장에서 하위범주화하는 동사 옆에 나타나지 않고 다른 위치에 나타난다. 우리는 이러한 변형 때문에 (52)와 같은 일반화가 적확하고, 이와 더불어 anrufen에 대해 적어도 (53)의 어휘항목으로부터 출발한다는 것을 가정할 수 있을 것이다.

(52) 하위범주화의 속성들은 구조의 차이에 따라 다양하다.

(53) 어휘부
anrufen$_1$ V, [NP]
anrufen$_2$ V, ([PP])
anrufen$_3$ V

(53)에 의하면 하위범주화와 관련하여 anrufen (및 angerufen)의 3가지 상이한 변이형이 있을 것이다. 명사구-목적어를 하위범주화하는 능동문-변이형 (anrufen$_1$), 수의적 전치사구-목적어와 함께 또는 목적어 없이 나타나는 수동문-변이형 (anrufen$_2$), 목적어 없는 변이형 (anrufen$_3$)이 그것이다.

이것은 우리에게 (54)와 같은 예로 나타날 것이다.

(54) a. Putin hat [$_{VP}$[$_{NP}$ Bush] [$_V$ anrufen$_1$]]
b. Bush wurde [$_{VP}$[$_{PP}$ von Putin] [$_V$ anrufen$_2$]]
c. Wen hat Putin [$_{VP}$[$_V$ anrufen$_3$]]
d. Bush den Putin [$_{VP}$[$_V$ anrufen$_3$]] hat ...

여러분이 분명히 우리와 마찬가지로 주의를 기울이기 때문에, (53)과 (54)를 아마도 일찍이 묵살해 버렸을 것이다. 마침내 우리는 그 근거들을 분명히 알게 되었다.

어휘부는 쓰레기장이 아니다. 이것은 또한 목록도 아니다. 어휘부는 구조화된 음운적 형태적 표현과 규칙을 포함한다. 우리는 다시 한 번만 말음경음화를 상기해보자. 이 규칙에 의해 예견된 대안들은 어휘부에 개별적으로 열거되지 않는다. 이것은 어휘부가 균일성원리에 따라 조직되었다는 것을 의미한다.

(55) 균일성원리
문법적 과정은 구조차이에 의존하지 않는다.

균일성원리의 가정 하에서 하위범주화 속성도 구조차이를 넘어 변함이 없다.

(56) 하위범주화의 속성들은 구조의 차이에 따라 다양하지 않다.

그러므로 사실상 (51)에서 동일한 동사가 매번 나타난다. anrufen에 대한 어휘항목은 다음과 같이 보여진다.

(57) 어휘부
anrufen V, [NP]

그리고 엑스바-구조는 이 목록을 당연히 정확하게 반영한다. 결국 엑스바-구조는 우리가 이 문장들을 다음과 같이 해석할 때에만 역시 그 목록에 일치한다.

(58) a. Putin hat $[_{VP}[_{NP}$ Bush$]$ $[_{V}$ angerufen$]]$
b. ... wurde von Putin $[_{VP}[_{NP}$ Bush$]$ $[_{V}$ angerufen$]]$
c. ... hat Putin $[_{VP}[_{NP}$ wen$]$ $[_{V}$ angerufen$]]$
d. Bush ... Putin $[_{VP}[_{NP}$ den$]$ $[_{V}$ angerufen$]]$ hat

여기서 동사는 매번 명사구-목적어를 하위범주화하는데, 이 명사구-목적어는 (58a,b)에서 Bush, (58c)에서 wen, (58d)에서 den에 의해 채워진다. 이러한 구조는 단지 겉으로 보기에는 인위적이지만, (51)에 있는 각 문장들과 어순의 차이를 보이기는 해도 하나의 목적어가 함께 이해된다는 것을 명료하게 보여준다. 그러므로 (52)보다 (56)의 일반화를 선호해야 한다.

4.3.3. 의미역

〈 문제 12 〉

Hosenträgern 간의 차이는 본래 무엇인가?

의미역이 통사론에서도 중요한 기능을 한다는 것을 여러분은 분명 이미 어렴풋이 알고 있다.

(59) a. Bush hat Putin in Moskau einen Hamburger geschenkt
행위자 목적 장소 주제
b. Putin wird von Bush in Moskau einen Hamburger
목적 행위자 장소 주제
geschenkt bekommen.

특정한 의미역이 위의 예에 있는 명사들과 결합되어 있는데, 이 의미역은 격이 서로 다른 데에도 동일하게 머문다. 즉, Bush가 (a)에서는 1격이고 (b)에서는 3격이지만 두 경우에 의미역은 행위자 (Agens)이다. 문장에서 어떤 의미역이 나타나는가는 동사의 어휘적 속성에 의존한다. 다음의 생략시험이 분명히 보여주듯이, schenken같은 동사는 3가지 특정한 의미역과 반드시 결합되어 있다.

(60) a. *hat Putin in Moskau einen Hamburger geschenkt
(행위자 생략)
b. *Bush hat in Moskau einen Hamburger geschenkt
(목적 생략)
c. Bush hat Putin einen Hamburger geschenkt (장소 생략)
d. *Bush hat Putin in Moskau geschenkt (주제 생략)

오직 장소 의미역만이 문제없이 생략될 수 있다. 그러므로 여기서 장소 의미역은 자유보충어 (Adjunkt)이다. (61)과의 비교는 이것이 장소 의미역이 아니라 실제로 schenken동사의 하위범주화에 달려 있다는 것을 보여준다.

(61) a. Jörg wohnt in Zürich
장소
b. *Helen wohnt (장소 생략)
c. *Helen wohnt in drei Minuten

지금까지의 우리의 가정에 따르면 wohnen은 필수적으로 하나의 전치사구를 하위범주화한다. 이것이 (61b)의 비문법성을 설명한다. 그러나 그것이 모든 것일 수는 없다. 즉, (61c)에서 하나의 전치사구가 나타난다 하더라도 (61c)도 마찬가지로 비문법적이다. 분명히 의미역도 통사구조에 영향을 준다. 의미역이론은 이러한 면을 다룬다.

4.3.4. 의미역부여

격이론에서와 유사하게 우리는 의미역이론에서 의미역을 부여하는 구성성분 (의미역부여자)과 의미역을 받는 구성성분 (논항)을 구분한다.

(60)의 schenken동사는 의미역부여자에 대한 하나의 예이고, 명사구 Putin은 논항에 대한 하나의 예이다. 모든 필수적 의미역은 문장의 통사구조에서 나타나야 한다. 이러한 제약은 투영원리를 통해 보장된다.

(62) 투영원리
의미역은 구구조적으로 반드시 실현되어야 한다.

(60a)는 (62) 때문에 비문법적이다. 문장에서 어떤 명사구도 행위자

의미역에 귀속되지 않는다. (60b,d)와 (61b,c)도 마찬가지로 목적 의미역과 주제 의미역 및 장소 의미역이 실현되지 않고 있기 때문에 비문법적이다. 이들과는 달리 (60c)는 여기에 동사의 모든 필수적 의미역이 명사구들과 결합되어 있기 때문에 문법적이다.

〈 문제 13 〉

다음 문장에서 문법성부여는 어떻게 설명되는가?

a. Schröder trinkt Bier
b. Schröder trinkt
c. Stoiber verteilt Hamburger
d. *Stoiber verteilt

투영원리가 적용되는 의미역은 동사와 다른 요소들에 대한 어휘항목의 구성요소이다. 어휘부는 우리의 예에 대해서 다음의 의미역구조를 포함한다.

(63) 어휘부

schenken	[행위자, 목적, 주제]
wohnnen	[주제, 장소]
in	[장소] <위치, 방향>

4.3.5. 의미역부여와 하위범주화

의미역부여와 하위범주화 사이에 어떤 관계가 있다는 것을 여러분은 분명히 알게 되었다. 예를 들어 schenken의 명사구-보충어의 의미역이 실현되지 않았기 때문에 (60b)는 비문법적이다. 이것은 물론 우리의 지금까지의 가정에 따르면 또한 하위범주화의 오류이다.

(64)

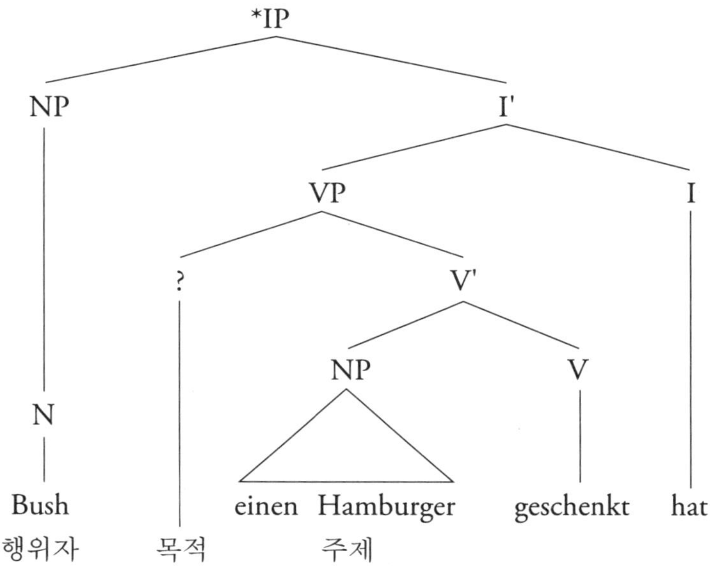

그러나 동사의 보충어영역 밖에 나타나는 주어도 의미역을 포함하기 때문에, 의미역부여는 하위범주화보다 더 많다고 할 수 있다. (60a)에 대한 구조는 다음과 같다.

(65)

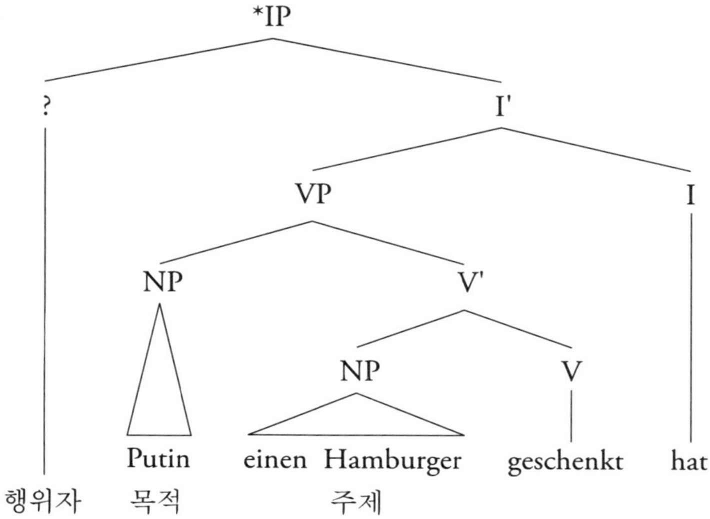

다시 말하면 (60a)는 투영원리의 도움에 의해서만 배제될 수 있다. 따라서 어휘부에서 어휘범주의 하위범주화 뿐만 아니라 의미역구조도 나타나야만 한다.

4.3.6. 의미역부여를 위한 구조적 조건

의미역부여는 격부여와 마찬가지로 구조적 조건을 따른다. 목적(Ziel)과 주제 (Thema)는 schenken의 보충어 (목적어)로서, 행위자는 주어로서 반드시 나타나야 한다. 그러므로 구조 (66)은 타당하지 못하다.

(66)

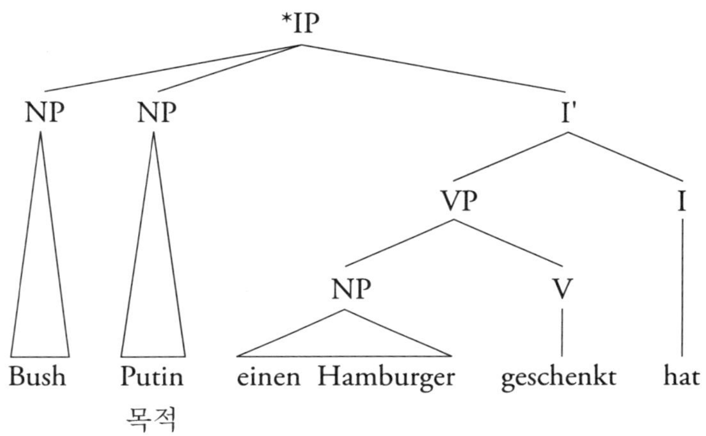

의미역도 격처럼 지배 하에서 부여된다.

(67) 구조적 의미역부여 (변이형 1)
의미역을 부여하는 어떤 범주 α는 α가 β를 지배할 때 β에게 어떤 의미역을 부여한다.

그러므로 이에 따라 (66)은 (60c)에 대한 가능한 구조가 아니다. 그 이유는 동사 schenken (α)에 의해 목적 의미역을 받아야 하는 명사구 Putin (β)이 그 동사에 의해 지배되지 않기 때문이다.

〈 문제 14 〉

여기서 왜 지배조건이 위반되는가?

지배결속이론에서 구조적 의미역부여에 대한 두 번째 가설이 있다.

(68) 구조적 의미역부여 (변이형 2)

의미역은 구조적 문법기능을 통해 전달되어 부여된다.

이 가설에 의하면 어휘부에서 진술된 의미역구조는 문법기능을 포함한다. 그리하여 예를 들어 schenken은 대략 다음과 같이 나타날 것이다 (SU = 주어, IO = 간접목적어, DO = 직접목적어).

(69) schenken [행위자 목적 주제]
SU IO DO

문법기능들은 여기서 구조적으로 이해된다. 주어는 IP에 의해 직접 관할되는 명사구이며 (간단히 [NP, IP]라고 표기함), 목적어는 동사구에 의해 관할되는 명사구이다 (간단히 [NP, VP]라고 표기함).

〈 문제 15 〉

(68)에 따르면 구조 (66)은 문법적인가?

이 두 가설은 장단점을 가지고 있다. 변이형 1의 단점은 동사구 밖에 나타나므로 동사에 의해 지배되지 않는 주어에 대한 의미역부여를 고려하지 않는다는 데에 있다. 그러나 다음의 예가 보여 주듯이, 주어는 의미역 없이 존재할 수 있기 때문에 이것을 통해서 의미역부여의 체계적인 면의 이해가 가능하게 된다.

(70) a. Oskar tanzt
행위자
SU

b. Es wird getanzt
Ø
SU

변이형 2는 의미역의 배분을 상세히 들여다보는 것을 허용하기는 하지만, 변화하는 문법기능 때문에 부분적으로 균일성원리와 어울리지 않는다. 우리가 보았듯이 균일성원리는 동사의 능동형과 수동형에 대해 단지 하나의 어휘항목만을 예상한다. 수동화될 때 의미역의 귀속이 문법기능으로 변화되기 때문에 갈등에 빠지게 된다 (PO = 전치사적 목적어).

(71) a. Bush schenkt Putin einen Hamburger
행위자 목적 주제
SU IO DO

b. Putin wird von Bush ein Hamburger geschenkt
목적 행위자 주제
IO PO SU

c. Das Schiff versinkt
주제
SU

지배결속이론에서는 하나의 변이형 또는 다른 변이형을 위해 어떤 결정을 내리지 못하게 된다. 그렇지만 그러는 사이에 주어가 본래 동사구 내에서 즉, 동사구 내의 지정어로서 유도적으로 만들어졌다고 생각하는 많은 언어학자들이 있다. 이 때 격부여와 의미역부여는 항상 지배를 통해 이루어질 것이다. 이러한 소위 능격동사의 경우 주어는 주제 의미역을 받지만 그럼에도 불구하고 1격을 받기 때문에, 여러분은 (71c)에 근거하여 이것을 직관적으로 이해할 수 있다. 비록 (71c)가 (71b)처럼 수동태가 아니라 하더라도 이 문장의 주어는 말하자면 여기서는 근본적인 목적어 즉, 동사의 보충어이다.

어쨌든 또한 하나의 해결책이 있는데 그것이 가시성조건 (Sichtbarkeitsbedingung)이다.

(72) 가시성조건
격표시된 명사구들만이 의미역부여을 위해 가시적이다.

(72)는 무엇을 의미하는가? (59a)로 다시 돌아가 보자. 동사 geschenkt는 지배를 넘어 두 개의 격 즉, 3격과 4격을 부여한다. 이것은 그에 일치하는 명사구 Putin과 einen Hamburger를 목적 의미역과 주제 의미역의 부여를 위해 가시적으로 만든다. 동사구 밖에 있는 주어 Bush는 굴절자질 hat로부터 1격을 받고, 그것을 통해 행위자 의미역의 부여에 대해 가시적으로 된다.

〈 문제 16 〉

Rotkäppchen sieht **ein Einhorn** durchs Dickicht äugen에서와 같은 AcI-주어는 의미역부여에 대해 정말 가시적인가?

4.3.7. 의미역기준

(73)은 왜 비문법적인가?

(73) *Stoiber schenkt Schröder einen Hamburger einen Kaugummi
행위자 목적 주제

분명히 모든 의미역은 오직 하나의 논항과 결합되어야 하고, 하나 이상의 논항 즉, Hamburger 및 Kaugummi와 결합되어서는 안 된다. 그리고 바꾸어 말하면 모든 논항도 오직 하나의 의미역과 결합되어야 한다.

(74) *Stoiber setzt auf das Kanapee
행위자/주제 장소

Stoiber는 힘이 있는 남자이기는 하지만, 여기서 의미역과 관련해서는 도를 지나친다. 즉, 그는 동시에 setzen의 행위자 의미역과 주제 의미역일 수는 없다. 그러나 이것은 원칙적으로 다음과 같이 불가능한 것은 아니다.

(75) Schröder setzt sich auf das Kanapee

의미역과 논항의 명확한 귀속은 의미역기준에 의해 보장된다.

(76) 의미역기준
모든 의미역은 오직 하나의 논항과 결합되고, 모든 논항은 오직 하나의 의미역과 결합된다.

〈 문제 17 〉

문장 Ferdi hockt unter der Brücke an der Isar는 왜 의미역기준과 일치하는가?

4.4. 이동-α

4.4.0. 머리말

독일어가 단지 부문장으로만 이루어져 있지 않다는 것은 정말 유감이다. 다시 말해, 만일 그렇다면 우리는 문제 (77)을 엑스바 이론, 격이론, 의미역이론 그리고 어휘부 모듈의 공동작용으로 문제없이 구조적으로 분석할 수 있기 때문에 이미 끝냈을 것이다.

(77) Ob der Ferdi eine neue Brücke finden wird?

단지 지금까지 다루어진 모듈의 공동작용으로부터 생겨난 통사적 표현을 D-구조라고 부른다. (77)의 D-구조는 (78)이다.

(78)

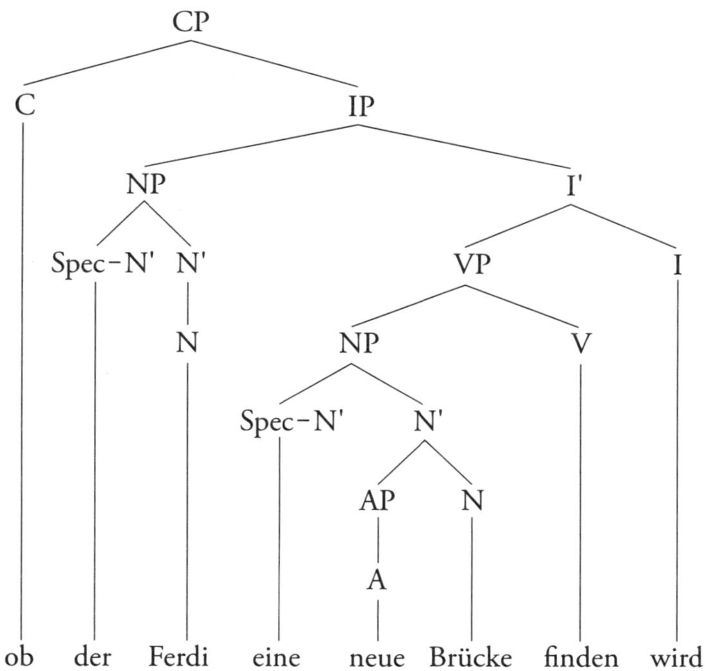

여러분 자신이 검증할 수 있듯이 모든 문법적 제약이 (78)에 충족되어 있다. 특히 모든 구성성분 (예를 들어 주어-명사구, 목적어-명사구, 동사와 굴절자질)이 위치해야 하는 곳에 즉, 격과 의미역을 받을 수 있는 자리 (명사구) 내지는 격과 의미역을 부여할 수 있는 자리 (핵심어 동사와 굴절자질)에 있다. 정확히 이것이 D-구조의 특징이다.

문제 18

격부여와 의미역부여가 어떻게 이루어지는지 생각해 보시오.

그러나 동사구 내에서 "주어"가 기저생성되어야 한다면, 문장의 D-구조는 (78')처럼 보여져야 할 것이다. 이 때 IP의 지정어위치로의 주어 이동은 1격을 부여받기 위해 필수적이다 (4.4.1장 참고).

(78')

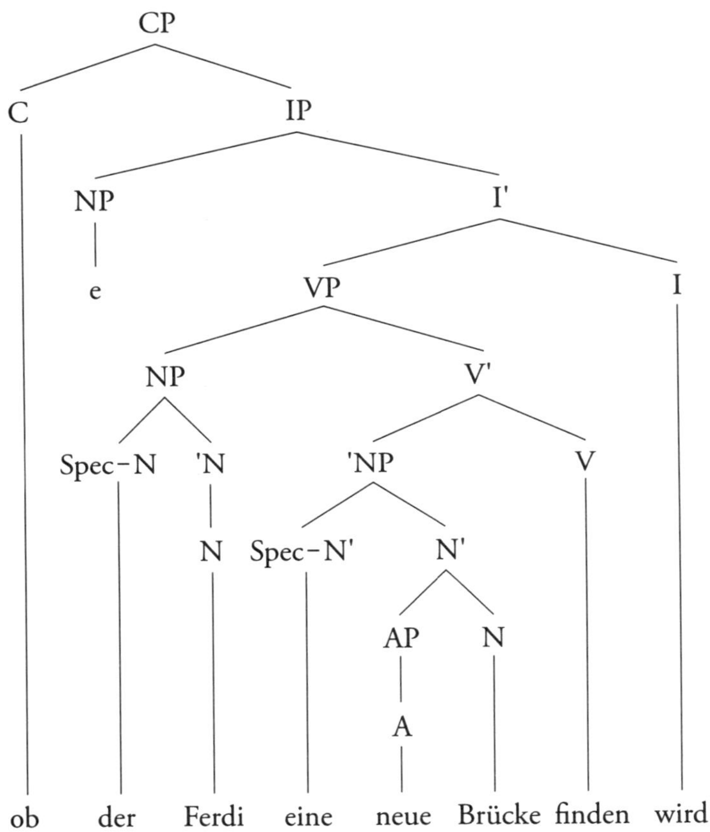

4.4.1. D-구조로부터 S-구조로

비록 (79)에 짙게 표시된 부분이 부문장이라 하더라도 우리는 이것을 단지 지금까지의 모듈만으로는 특징지울 수 없다. 이것은 어떤 D-구조에 귀속될 수 없다.

(79) a. Ich glaube nicht **dass der Ferdi verhaftet wurde**
b. Ich weiß nicht **was der Ferdi gefunden hat**

(79a)에서 der Ferdi는 1격이다. 다시 말해, 이 명사는 동사구 밖에 있고 굴절자질 I에 의해 지배된다. 그러나 der Ferdi는 예를 들어 행위자 의미역이 아니라 주제 의미역을 갖는다. 그러므로 그 명사는 동사 verhaften의 목적어로 이해된다. 이 의미역은 오직 동사구 내에서만 부여될 수 있다. 따라서 (80)과 같은 D-구조는 (79a)에 대해 타당하지 못하다.

(80)

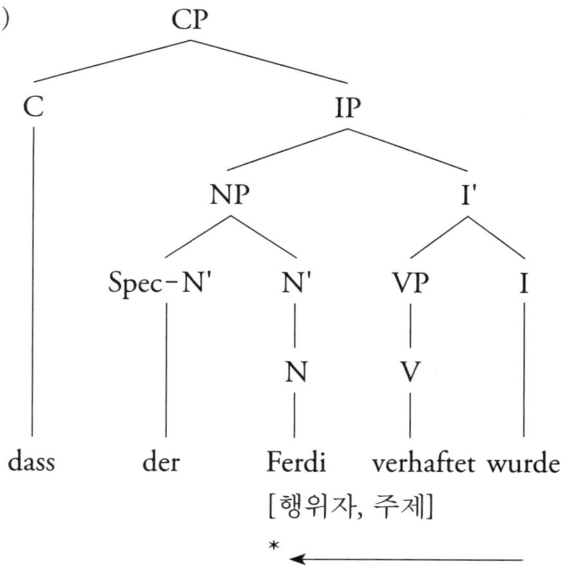

동일한 근거로부터 (81)과 같은 D-구조는 (79b)에 대해 가능하지 않다. 즉, 주제 의미역은 단지 동사구 내에서만 명사구 was에 부여될 수 있다.

(81)

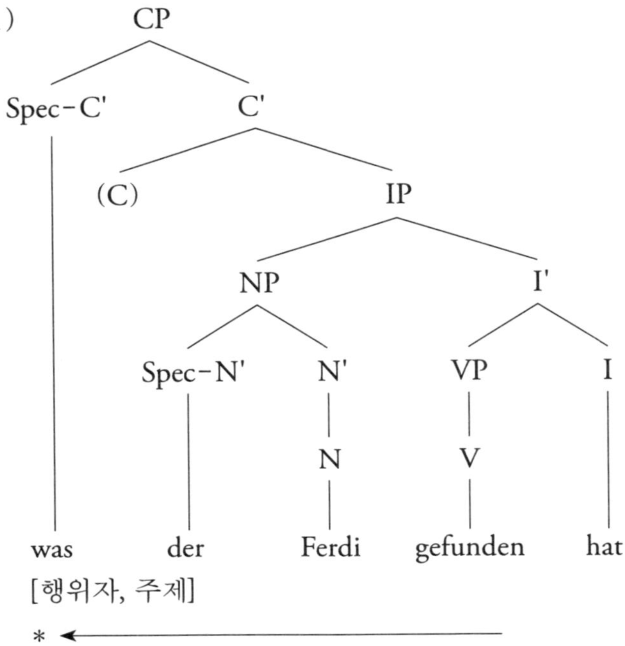

명사구 der Ferdi 및 was가 삽입문장의 동사구 내에 놓여 있는 D-구조만 의미역부여를 위한 구조적 조건과 일치한다.

(82) a. Ich glaube nicht dass (von der Polizei) [$_{VP}$ der Ferdi verhaftet] wurde

b. Ich weiß nicht dass der Ferdi [$_{VP}$ was gefunden] hat

물론 이때 우리는 다음과 같은 다른 문제점을 가지고 있다. (82)의 형태는 의미역부여를 위한 구조적 조건과 일치하기는 하지만 기대되는 어순을 재현하지는 못한다. 그 밖에 (82a)에 있는 명사구 der Ferdi는 굴절자질 I에 의해 지배되지 않는 즉, 1격이 부여될 수 없는 위치에 있다.

그 동안 여러분이 우리를 알기 때문에 방금 거론된 그 문제의 해결을 분명 차분히 기대할 것이다. 그 해결은 여기 이동 α에 있다.

(83) **이동 α**

이것은 아주 단순해 보이지만 내면에 어떤 특징을 가지고 있다. (15)와 유사하게 (83)도 하나의 도식이다. α는 여기서 엑스바-범주에 대한 변항이다. 엑스바-범주들은 이러한 형식주의에 의해 D-구조 위치로부터 다른 위치로 이동될 수 있다. 이런 과정을 변형 (Transformationen) 이라고 부른다. 단지 이러한 이유로 우리는 대체로 의미역 부여조건과 일치하는 D-구조를 설정할 수 있고, 그로부터 표층어순을 변형적으로 유도할 수 있다. 문장의 표층어순을 재현한 구조를 S-구조라고 부른다. (S (surface)는 표층, D (deep)는 심층을 의미한다.)

(84) D-구조

(dass) [$_{IP}$[$_{NP}$ e] [$_{VP}$ [$_{NP}$ den Ferdi] verhaftet] wurde]

←———— 이동 α

S-구조

(dass) [$_{IP}$[$_{NPi}$ der Ferdi] [$_{VP}$ [$_{NPi}$ e] verhaftet] wurde]

(85) D-구조

[$_{CP}$[$_{Spec-C'}$ e][$_{C'}$ (dass)[$_{IP}$ der Ferdi] [$_{VP}$ [$_{NP}$ was] gefunden] hat]]]

←———————— 이동 α

S-구조

[$_{CP}$[$_{NPi}$ was][$_{C'}$ (dass)[$_{IP}$ der Ferdi] [$_{VP}$ [$_{NPi}$ e] gefunden] hat]]]

수동문 (84)에서 뿐만 아니라 의문문 (85)에서도 D-구조 목적어 (즉, den Ferdi 및 was)는 동사구로부터 구조적으로 보다 더 높은 위치 ((84)에서는 주어위치, (85)에서는 CP의 지정어위치)로 이동되었다. 이러한 목적위치 (Zielpositionen)는 D-구조에 존재하지만 음성적으로 나타나지 않고 e로 표시된다. 마찬가지로 이동의 출발점이 되는 D-구조 위치는 범주적으로 그대로 보존된다. 두 위치는 공지시 (NP$_i$

.... NP_i)를 통해 서로 관련된다. 이동할 때 뒤에 머무르는 음성적으로 비어있는 범주는 흔적 (Spuren)이라고 하는데, 이것에 대해서는 세 가지 표기법 (t_i (흔적), e_i (비어있는, 동일기호), $[_{XPi}$ e] 및 $[_{Xi}$ e])이 있다.

D-구조와 S-구조 사이의 구분은 균일성원리를 근거로 삼는다. 의미역부여는 구조차이에 의존하지 않는다. 의미역부여가 지배를 통해 제한된다면, 의미역은 표층에 있는 일치하는 논항이 그 구조의 다른 위치에 나타날 때에도 의미역부여자의 지배영역에 있어야만 한다. 이동 α는 의미역이 구조와 독립적으로 실현되는 구조층위를 표층어순에 적용시킨다. D-구조의 범주정보는 S-구조에서 흔적의 형태로 보존되어 머문다.

구성성분이 이동할 때 흔적을 남긴다는 것은 우리의 직관의 다음과 같은 면을 설명한다.

- 우리는 수동문의 1격을 사실상 목적어위치와 관련시키고, 아마도 행위자 논항이 아니라 주제 논항으로 이해할 것이다.
- 우리는 의문대명사 was를 비록 그것이 문두에 위치한다 하더라도 아마도 주어위치가 아니라 목적어위치와 관련시킬 것이다.

4.4.2. 이동 α와 의미역이론

의미역기준은 D-구조에 대해서 의미역과 논항 간의 명확한 관계를 보장한다. 이동이 의미역위치로부터 출발하기 때문에 S-구조에 있는 목적위치는 의미역위치가 아닐 수도 있다. 즉, 우리는 단지 하나의 의미역만을 각각 부여해야만 한다. 그러므로 이동의 목적위치는 오직 비의미역위치 일 수 밖에 없다.

(86) dass $[_{IP}[_{NPi}$ der Ferdi] $[_{VP}$ $[_{NPi}$ e] verhaftet] wurde]
비의미역위치 의미역위치

(87) $[_{CP}$ $[_{NPi}$ was] $[_{IP}[_{NP}$ der Ferdi] $[_{VP}$ $[_{NPi}$ e] gefunden] hat]]
비의미역위치 의미역위치

이것에 대해서 아직 확인하지 못한 사람은 다음의 예를 관찰해 보자.

(88) a. Maggie schläft
b. *Maggie wird geschlafen
c. *wird geschlafen

(88b)에서 우리는 수동문의 주어위치에 의미역이 부여되지 않는다는 사실을 알 수 있다. 이 위치에 어떤 논항이 나타나면 이 논항은 D-구조의 의미역위치로부터 유래해야 한다. (88a)에서 schlafen이 목적어를 가지고 있지 않기 때문에 동사구 내에서 주제 의미역을 부여하지 못한다. 그러므로 (88b)의 주어위치는 의미적으로 비어있어야 한다. 그럼에도 불구하고 (88c)가 왜 타당하지 않은가에 대해서 우리는 나중에 이탈리아어를 설명하고자 한다.

4.4.3. 이동 α의 변이형

α를 위해 삽입될 수 있는 범주유형과 관련해서 뿐만 아니라 변형유형과 관련해서도 이동 α의 여러 변이형이 있다. 우선 첫 번째 경우를 관찰해보자. 이동 α는 X^0과 XP를 포착할 수는 있지만 X'는 포착할 수 없다. X^0은 예를 들어 동사와 같은 각각의 핵심어이고, X^0이 이동하는 것을 핵심어이동 (Kopf-Bewegung)이라 한다. XP는 예를 들어 명사구나 의문사구 같은 최대투영체이고, XP가 이동하는 것을 명사구이동 (NP-Bewegung) 및 의문사구이동 (W-Bewegung)이라 한다. 의문사구이동에서 의문사는 이러한 변형에 의해 포착되는 구성성분들을 요구한다. 많은 의문사 (wer, welcher, was, wann, wie 등등)는 w로 시작한다.

(89) a. 명사구이동

… dass [$_{IP}$[$_{NPi}$ der Ferdi] [$_{VP}$[$_{NPi}$ e] verhaftet] wurde]

b. 의문사구이동

… [$_{CP}$[$_{NPi}$ was] [$_{IP}$[$_{NP}$ der Ferdi][$_{VP}$[$_{NPi}$ e] gefunden] hat]]

c. 핵심어이동

[$_{CP}$[$_{C'}$[$_{C}$ hat$_{i}$]][$_{IP}$[$_{NP}$ der Ferdi][$_{VP}$[$_{NP}$ eine neue Brücke] gefunden][$_{Ii}$ e]]

명사구이동과 의문사구이동을 시작해보자. 두 경우에 출발위치는 의미역위치이고, 목적위치는 비의미역위치이다. 명사구이동에서 목적위치는 IP 내에 있고, 의문사구이동에서 목적위치는 IP 밖에 있다 (4.4.4장 참고).

(90)

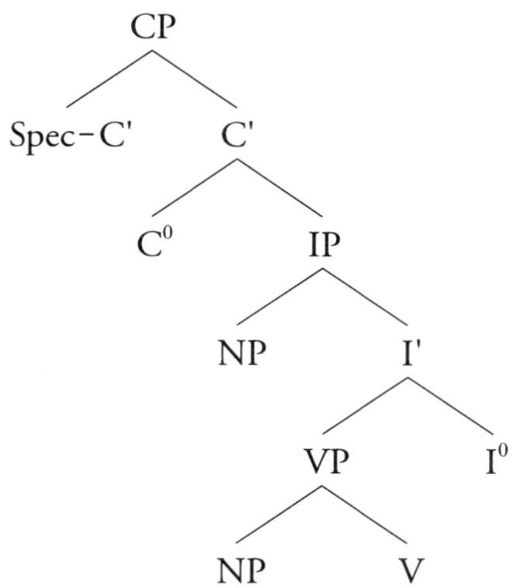

← 의문사구이동

← 명사구이동

(90)에서 여러분은 이동이 항상 위로, 다시 말해 구조적으로 보다 더 높은 위치로 된다는 것을 쉽게 알 수 있다. 물론 이것은 핵심어이

동에 대해서도 적용된다.

두 번째 경우 즉, 변형유형과 관련하여 우리는 대체 (Substitution)와 부가 (Adjunktion)를 구분한다. 이제 대체에 대해 한번 알아보자. 명사구이동뿐만 아니라 의문사구이동도 대체변형이다. 다시 말해 목적구성성분이 동일한 유형의 구성성분에 의해 대체된다. 핵심어이동의 경우 어떤 변형유형이 관련될까? 우리는 (89c)같은 결정의문문에서 I가 (내지는 동사가 I를 지나) C-위치로 이동되는 것을 관찰한다. 그러므로 C-위치에는 dass/ob같은 문장을 유도하는 접속사들이 예약되어 있을 뿐만 아니라 변형적으로도 채워질 수 있다. 부문장으로부터의 의문사구이동 (Was, behauptet Ferdi, **hat** sein Kumpel getrunken; Was, behauptet Ferdi, **dass** sein Kumpel getrunken hat)에서는 오직 의존적인 이동 I나, 아니면 문장을 유도하는 접속사가 C에 나타나도 되기 때문에 대체가 관련되어 있는 것처럼 보인다.

독일어 화자들이 주문장에서도 Ferdi에 대해 말한다는 것을 때때로 보게 된다. 위상적 모형에 의하면 (91a)의 주어와 (91b)의 의문사요소는 전장에, 굴절요소는 왼쪽문장괄호에 놓인다.

(91) a. Der Ferdi hat eine neue Brücke gefunden
b. Was hat der Ferdi gefunden?

(91b)의 구성성분질문에서 CP에 있는 두 위치는 엑스바 이론에 의거하여 채워진다.

(92) $[_{CP}[_{NPi}$ was$][_{C'}[_{Cj}$ hat$][_{IP}$ der Ferdi$][_{I'}[_{VP}$ e_i gefunden$]$ $[_{Ij}$ e$]]]]]$

그러므로 이 주문장은 변형적으로 의문사구이동과 핵심어이동에 의해 처리되었다. 여러분 자신이 이미 아주 일반적인 (91a)와 같은 평서문의 주문장에 대한 변형적 유도를 설명할 수 있다고 예감하지 못했다 하더라도, 우리는 지금 여러분에게 이것을 설명할 수 있어 다행스럽게 생각한다. 본질적으로 우리는 모든 것을 IP 밖으로 이동시킨다. 즉, 이것은 4.1장 위상적 모형의 의미에서 독일어가 동사 두 번째위치 효과를 갖는 동사 내지는 굴절자질이 끝에 위치하는 언어라는 한층 확대된 가정의 결과이다.

(93) $[_{CP}[_{Spec-C'i}$ der Ferdi $[_{C'}[_{Cj}$ hat$][_{IP}$ t_i eine neue Brücke gefunden $t_j]]]$

앞서 말한 위상적 모형에서 여러분은 독일어의 여러 문장유형에 대한 예 즉, 평서문, 의문문 그리고 명령문 등의 상이한 문장화법의 근원문장과 성분문장을 발견하게 된다. 이미 여기서 이러한 문장유형은 어떤 종류의 구성성분이 어떤 위치를 차지하는지에 따라 구분된다. 이러한 위상적 장 채우기는 엑스바 이론과 이동이론에 따라 분명하게 규정된다.

- 평서문의 근원문장 [-의문사, -명령문]: XP ⇒ SPEC-C' [-의문사] 자질, (XP-이동), $I^0 \Rightarrow C^0$ (핵심어이동)
- 평서문의 성분문장 [-의문사, -명령문]: C^0에 dass
- 의문문의 근원문장 [+의문사, -명령문]
  1. 의문사 있는 의문문: XP (의문대명사) ⇒ SPEC-C' [+의문사] 자질, (의문사구이동), $I^0 \Rightarrow C^0$ (핵심어이동) 혹은
  2. 결정의문문: $I^0 \Rightarrow C^0$
- 의문문의 성분문장 [+의문사, -명령문]: XP(의문대명사) ⇒ SPEC-C' [+의문사] 자질, (의문사구이동) 혹은 C^0에 ob
- 명령문 [-의문사, +명령문]: $I^0 \Rightarrow C^0$ (핵심어이동)

문장화법의 자질들을 통해 CP에 있는 두 위치를 차지하는 것은 격이론적 근거를 통해 요구된 명사구이동 (수동문, 상승구문)과 유사한 동기로 행해진다.

〈 문제 19 〉

다음 두 문장을 분명하게 분석하시오.

a. Boris schläft zu wenig.

b. Wem hat Gerda einen Korb gegeben.

아마도 전혀 여러분의 눈에 띄지는 않았겠지만, 여러분은 우리가 지금 설명하려는 한 원리를 방금 막 학습하였다.

(94) 구조보존원리
모든 구조정보는 변형될 때 그대로 보존된다.

구조보존원리는 아주 충분한 결과를 가진다. 이 원리는 D-구조 정보가 엑스바-구조의 모든 표현층위에서 보존되어있어야 한다는 것과, 이동된 구성성분은 동일 형태의 위치에만 도착해야 한다는 것(재발견가능성)을 투영원리보다 더 명시적으로 요구한다. 즉, 최대투영체 (XP)는 오직 엑스바-구조에 의해 XP-투영체가 제공되는 위치로 (예를 들어 명사구는 CP의 지정어위치로)만 이동될 수 있고, 최소투영체 (X^0)은 오직 X^0위치에 (I^0은 C^0에)만 도착할 수 있다.

그러므로 (94) 때문에 구조 (95)는 배제된다.

(95)

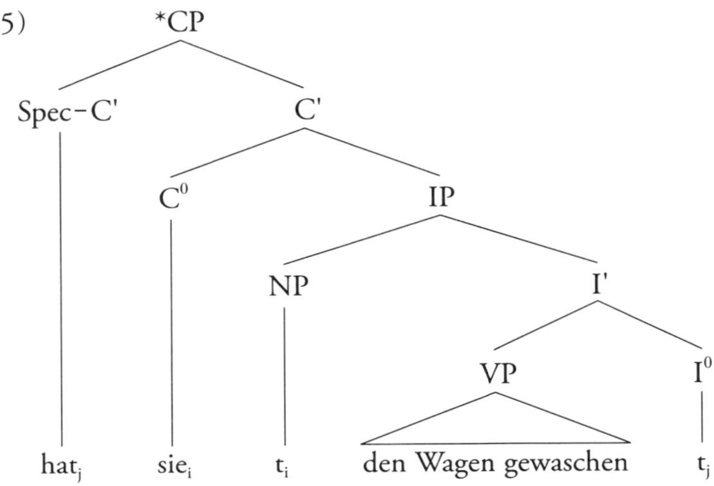

구조 (95)에서 변형적으로 유도할 때 어떤 의미역의 정보가 없어지지 않았기 때문에 투영원리는 구조 (95)를 배제시킬 수 없다.

이와는 반대로 구조보존원리는 두 번째 변형유형인 부가를 허용하는데, 그 이유는 이 경우에 목적위치와 이동된 구성성분이 동일유형이기 때문이다.

(96)

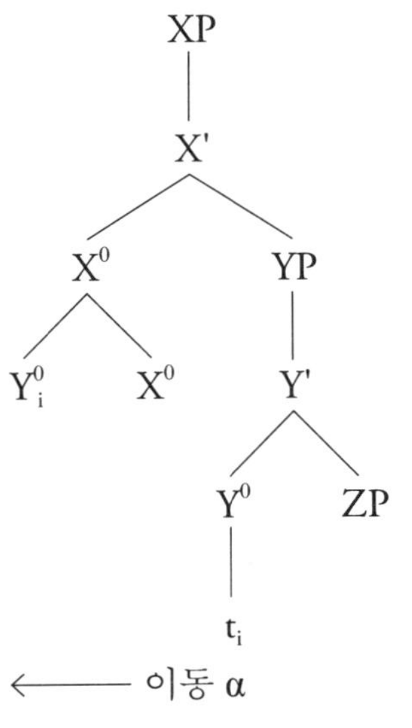

부가는 사실 여러분에게 이미 형태론에서 알려진 바 있다. 즉, Hochhaus같은 합성어는 명사핵심어 Haus와 수식범주인 형용사 hoch로 구성되어 있다. 이에 대한 구조는 부가구조 [$_N$[$_A$ hoch][$_N$ haus]]이고 그래프는 다음과 같다.

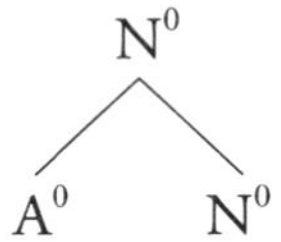

이 때에 부가된 범주의 투영유형은 변화되지 않고 머문다. Hochhaus도 역시 단지 0유형범주일 뿐이다. 부가의 결과로 어떤 추가적인 범주가 나타나지 않는다. 이것은 구조보존원리와 모순될 것이다. 오히려 우리의 예에서 이 두 N^0-요소는 한 범주 N^0의 분절 (Segmente)이다. 우리는 통사론에서 범주의 구성요소를 분절로 표시한다. 이러한 부가는 어떤 경우에도 예외가 아니다. Karl der Große [$_{NP}$[$_{NP}$[$_N$ Karl] [$_{NP}$ der Große]]] 혹은 das Buch lesen wollen [$_{VP}$[$_{VP}$[$_{NP}$ das Buch] lesen] wollen]]]같은 경우만을 생각해보자.

schenken처럼 두 개의 목적어를 갖는 동사를 포함하고 있는 동사구의 엑스바-구조도 역시 주어가 동사구 안에 있을 때 부가를 사용한다. D-구조 (dass) Stoiber Schröder einen Kaugummi geschenkt hat에서 직접목적어 einen Kaugummi는 동사에 부가되어 거기서 4격 (AKK)을 받을 것이다. 그와는 달리 간접목적어 Schröder는 보다 낮은 동사구의 지정어위치를 차지하고 거기서 어휘적 3격 (DAT)을 받는다. 게다가 우리는 어휘격과 구조격 간의 차이를 Da wird **ihr** geholfen과 비교한 *Da wird **sie** geholfen과 같은 수동구문에서 쉽게 인식한다. 어휘적으로 부여된 격은 구조격에 의해 대체될 수 없다. Stoiber로 돌아가 보자. 만일 2중목적어구문에서 근본적으로 주어도 동사구 안에 있다면, 우리는 다른 하나의 동사구-분절을 필요로 하게 된다. 그에 따라 우리는 다음의 D-구조를 갖게 될 것이다.

(97)

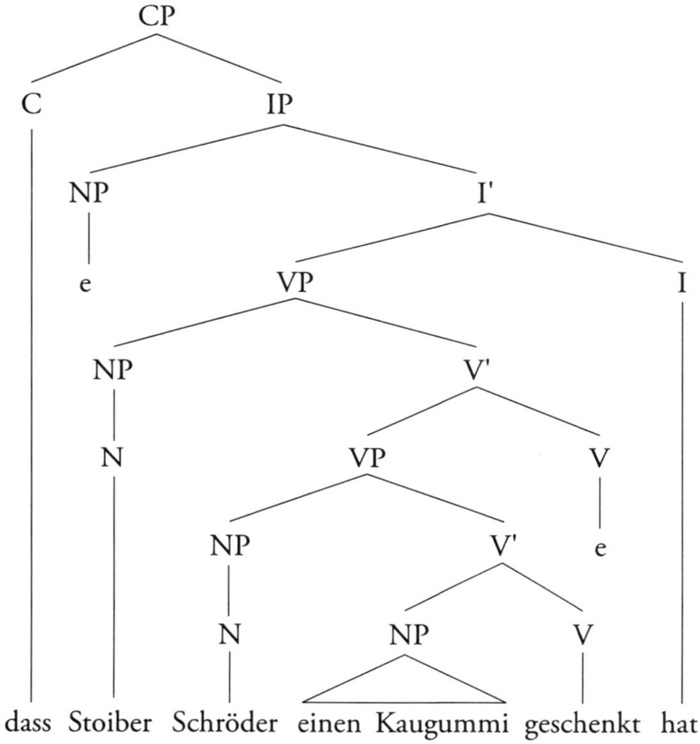

그러므로 여기서 유일하게 새로운 것은 (96)과 같은 구조가 변형을 거쳐서도 생성될 수 있다는 관찰이다. 대체와 마찬가지로 부가는 오직 XP 혹은 X^0만을 포착할 수 있다.

(98)

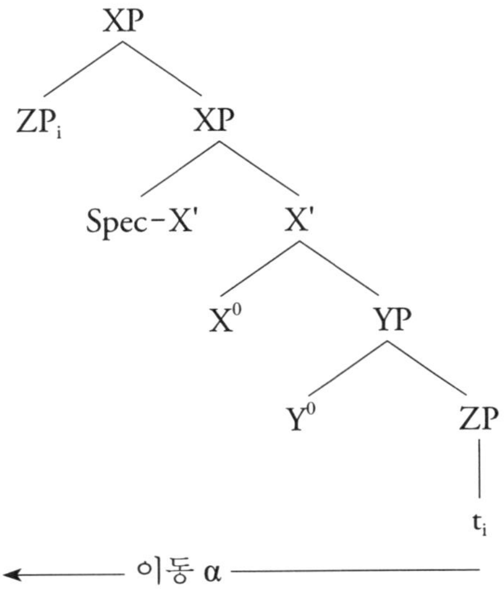

최대투영체의 부가는 유감스럽게도 첫눈에 보기에 그렇게 분명하지는 않다. 그러나 부가는 구조적으로 제한된 의미차이에서 설명될 수 있다. 여러분은 이러한 중의성이 S-구조의 구성성분의 배열순서에 무조건 의존하지 않는다는 것을 곧 알게 될 것이다. 더 정확히 말하자면, 여러분은 (99a)가 두 가지 의미를 갖지만, (99b)는 오직 한 가지 의미만을 갖는다는 것을 어떻게 설명할 수 있겠는가?

(99) a. Wir wussten nicht dass alle Linguisten einen Affen lieben
Alle Linguisten lieben irgendeinen Affen
Alle Linguisten lieben denselben Affen (z.B. Jim Panse)
b. Wir wussten nicht wen alle Linguisten lieben
Jetzt wissen wir's: Alle Linguisten lieben Jim Panse

두 가지 의미에 대해 다른 구조를 제공하는 표현층위를 논리형태(Logische Form: LF)라고 부른다. 논리형태는 S-구조 다음에 배열된다. 논리형태는 S-구조로부터 이동 α (부가)를 통해 유도된다.

(99a-b)는 부가에 의해 다음과 같이 쉽게 설명될 수 있다.

(99) c. dass [$_{IP}$[$_{NPi}$ alle Linguisten] [$_{IP}$[$_{NPj}$ einen Affen] [$_{IP}$ t_i [$_{VP}$ t_j lieben]]]]
Alle Linguisten lieben irgendeinen Affen
d. dass [$_{IP}$[$_{NPj}$ einen Affen] [$_{IP}$[$_{NPi}$ alle Linguisten] [$_{IP}$ t_i [$_{VP}$ t_j lieben]]]]
Alle Linguisten lieben denselben Affen (z.B. Jim Panse)
e. [$_{CP}$[$_{NPj}$ wen] [$_{IP}$[$_{NPi}$ alle Linguisten] [$_{IP}$ t_i [$_{VP}$ t_j lieben]]]]
Jim Panse ist es den alle Linguisten lieben

논리형태 (99c-e)는 통사적으로 산출될 수 있는 의미의 양상을 정확히 표현한다. 운용소 (Operatoren: 의문사구와 ein, alle, jede같은 양화표현인 양화사)는 그러나 흔적과 공지시될 때에만 해석 및 산출될 수 있다. 논리형태에서 수형도의 가장 높이 위치한 바로 그 구가 그 구조가 어떤 의미를 가지는지를 규정한다.

양화사는 논리형태에서 IP에 부가된다. 그러므로 (99a)에 대해서 어떤 양화사화된 명사구가 맨 먼저 IP에 부가되는지에 따라 두 가지 해석방법이 나타난다. 이와는 달리 (99b)는 오직 한 가지 해석방법만을 갖는다. 즉, 의문사구는 S-구조에서 이미 가장 높은 위치에 있기 때문에 양화사가 IP로 부가된 후에도 더 높은 구이다. 아마도 여러분이 확인하게 되듯이 그것은 부문장의 경우 아주 잘 기능을 발휘한다. 그와는 달리 주문장에서는 아직 해결되지 않은 문제로 남아있다.

〈 문제 20 〉

여러분은 문장 Jeder Mann liebt eine Frau의 두 가지 해석방법에 LF-구조를 부가함으로써 이 문제를 설명하시오.

논리형태는 아마도 여러분이 생각하는 것만큼 그렇게 커다란 속임수는 아닐 것이다. 예를 들어 중국어에서 이동은 주로 논리형태에서 존재한다. 다시 말해, 다른 의미는 다른 어순에서 나타나는 것이 아니라 다른 논리형태 표현에서 나타난다.

(100) $[_{CP}$ Zhangsan zhidao $[_{CP}[_{IP}$ shui mai-le shu]]]
Zhangsan weiß wer kaufte Bücher

(100)은 간접의문문 ‘Zhangsan weiß, wer Bücher kaufte’뿐만 아니라 직접의문문 ‘Wer, weiß Zhangsan, kaufte Bücher’으로도 이해될 수 있다. 비록 의문사구 shui가 S-구조에서 주문장이나 성분문장 CP의 지정어위치로 이동되지 않았더라도 논리형태에서 이 위치를 차지할 수 있다. 독일어는 다소 다르다. 단순 구성성분 의문문에서 의문사 요소는 이미 통사론에서 CP의 지정어위치로 이동되어야 한다. (100)과 비교할 수 있는 간접 의문사 의문문에서 통사론의 다른 제약 (4.4.6장 참고)이 의문사의 계속된 상승을 방해하기 때문에 의문사 요소는 논리형태에서 S-구조의 이 위치와는 상대적으로 양화사화된다. 그 차이가 아주 크지는 않다. 독일어에서 의문사 요소는 의문문자질을 이미 통사론에서 받고 논리형태에서 비로소 운용소로 활용될 수 있다. 중국어에서는 둘다 오로지 논리형태에서만 나타난다. 두 언어에서 의문사 요소의 이동은 의문문자질을 통해 유발된다. 이것을 또한 의문사기준이라고도 한다. 두 언어에서 의문사 요소는 활용되어야만 하는 운용소이다. 그러므로 의문사 요소 및 그 흔적도 일종의 변항이다. 즉, 그 내용은 물론 점검된다.

이동 α를 통해 D-구조에서 S-구조로의 변화 뿐만 아니라 S-구조에서 논리형태로의 변화가 성립됨으로써 우리는 하나의 문법모형을 갖게 된다.

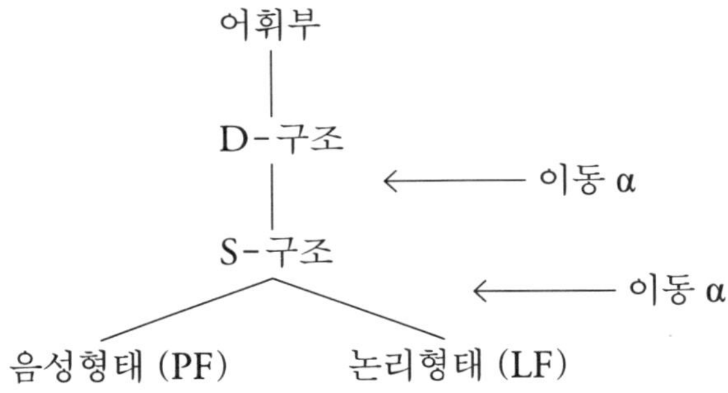

S-구조가 논리형태로의 변화 속에 보존되어 머무는 것과 마찬가지로 D-구조는 S-구조로의 변화 속에 보존되어 머문다. 우리는 이러한 과정을 한 문장의 유도경로 (Ableitungsgeschichte)라고 한다. 이제 논리형태와 음성형태도 말하자면, 다른 인지체계 (의미추론 및 생산적이고 수용적인 음성가공)에 대한 접점 (Schnittstellen)이고, 문법적 조건 외에 이러한 인지모듈의 제약을 또한 충족시켜야 한다 (5.2장과 5.3장 참고). 이러한 관점에서 볼 때, 이 접점을 문법이론의 중심대상으로 하는 것이 문법모듈과 인지모듈의 그물모양의 결합 때문에 경우에 따라서는 더 경제적일 수 있을 것이다.

4.4.4. 이동 α와 격이론

명사구이동과 의문사구이동은 이들의 목적위치와 관련해서 뿐만 아니라 격이론적으로 구분될 수 있다.

(101) a. dass [$_{IP}$[$_{NPi}$ der Ferdi] [$_{VP}$[$_{NPi}$ e] verhaftet] wurde]
격위치 / 격위치 아님

b. [$_{CP}$[$_{NPi}$ was] [$_{IP}$[$_{NP}$ der Ferdi] [$_{VP}$[$_{NPi}$ e] gefunden] hat]]
격위치 아님 / 격위치

명사구이동은 격표시되지 않는 위치로부터 격표시된 위치로의 이동이다. 그러므로 이 이동은 명사구가 의미역위치에서 격자질을 위해 격위치로 이동된 것이다. (101a)에 있는 주어 der Ferdi는 본래 동사 verhaften의 목적어이며 주제의미역을 갖는 논항이다. 이 논항이 수동의 경우에 1격에 의해 격표시되지만, 능동문에서는 4격에 의해 격표시된다.

(102)의 예에서 우리는 또한 수동동사가 대체로 목적어에 어떤 구조격 (4격)도 부여할 수 없다는 것을 보게 된다.

(102) *[$_{CP}$[$_{NPi}$ es] wurde$_j$ [$_{IP}$[$_{NPi}$ e] [$_{VP}$[$_{NP}$ **einen Landstreicher**] verhaftet] t$_j$]]

수동문에서 동사는 4격을 부여하는 능력을 상실한다. 일반적으로 이것을 격이 흡수된다고 말한다. 이때 이 동사는 또한 4격을 부여하지 않는 자동사처럼 행동한다. 그러므로 (102)는 격여과 내지 가시성 조건에 의해 배제된다. 그러나 결국 그것에 의해 명사구이동은 격이론적으로 강요된다. 다시 말하면, 목적어-명사구가 격표시된 위치 (즉, IP의 지정어위치)로 이동하는 것을 통해서만 그 명사구가 의미역부여를 위해 가시적이다.

명사구이동은 수동구문에 국한되지는 않는다. 이와 같은 격이론적 관찰은 (103)의 상승구문 (Raising-Konstruktion)에서도 적용된다.

(103) a. es scheint [$_{CP}$ dass [$_{IP}$ der Ferdi den Whisky ausgetrunken hat]]
b. dass [$_{IP}$ der Ferdi$_i$ [$_{IP}$ t$_i$ den Whisky ausgetrunken zu haben]] scheint]
c. *dass [$_{IP}$ es [$_{IP}$ den Ferdi den Whisky ausgetrunken zu haben]] scheint]

동사 scheinen은 시제를 갖는 CP-보충어나 시제를 갖지 않는 IP-보충어를 허용하고, 이 보충어에 하나의 의미역 (명제)를 부여한다. 그러나 이 동사는 주어위치에 어떤 의미역을 부여하지 않는다. 그러므로 그 위치에 (103a)에서처럼 허사 es가 나타날 수 있다. 그리고 이 동사는 (103c)가 보여 주듯이 4격도 또한 부여하지 않는다. 그러므로 이 동사는 AcI-동사가 아니다. (103b)에서는 의존문장에 주어를 위한 격부여자가 없다. 그러므로 der Ferdi는 격지배된 위치 즉, 보다 더 높은 문장의 주어위치로 이동되어야만 한다. 이러한 예에서 명사구이동의 원리가 구조의존적이지 않은 것으로 여겨진다.

의문사구이동도 마찬가지로 구조의존적이지 않다. (101b)의 구성성분 의문문 외에 관계문구조 (104a)나 주제화된 구조 (104b)도 역시 의문사구이동을 통해 유도된다.

(104) a. der Landstreicher [$_{CP}$ den$_i$ [$_{IP}$ der Ferdi [$_{VP}$ t$_i$ getroffen] hat]]

b. [$_{CP}$[$_{NPi}$ den Landstreicher] hat$_j$ der Ferdi [$_{VP}$ t$_i$ getroffen] t$_j$]

명사구이동과는 달리 의문사구이동은 격표시된 위치로부터 격표시되지 않은 위치로의 이동이다. 그러므로 (101b)와 (104)에서는 의미역 위치에서 격자질을 위해 격위치로 이동된 것이 아니다. 이동된 구는 그에게 부여된 격을 이동의 경우에도 유지한다. 따라서 의문사구이동에 대한 격이론적 근거는 없다. 의문사구이동은 S-구조에서 상이한 어순의 가능성을 유도하는 것 외에 특히, 논리형태에서 구조해석을 유도하기 위해 필수적이다. 모든 언어에는 분명히 의문사구이동이 있는데, 어떤 여러 언어에서는 논리형태에서만 있고 다른 언어에서는 이미 S-구조에서 있다.

그렇다면 왜 핵심어이동이 존재할까? 물론 그 대답은 여러분이 기대하는 것과 마찬가지로 모듈적이다. 핵심어이동은 -바이에른의 방언에서도- 단순히 통사적 원리와 형태적 원리의 공동작용의 결과로 나타난다.

(105) a. Du sollst song an wäichen Schuah-st du wuist
(Du sollst sagen, welchen Schuh du willst)
b. Du sollst song an wäichen Schuah dass-st wuist
c. *du sollst song an wäichen Schuah-st wuist

형태론에서 자립형태소와 의존형태소가 구분된다는 것을 우리는 이미 알고 있다. (105a,b)의 바이에른 방언에서처럼 여러 언어에서 대명사는 또한 접어 형태소 (Klitische Morpheme)로 나타날 수 있다. 물론 이 때 이 형태소들은 적어도 동사와 유사한 범주, 예를 들어 (105b)에서 C^0을 운반자로 한다. 이것이 (105c)에서는 보장되지 않는다. 이와는 달리 (105a)에서 대명사가 중복되어 있다. 이 st는 접사로서 운반자에 반드시 연접되어야 하고, 심지어 중복될 경우에 CP의 지정어위치에 있는 명사구에 연접될 수 있다.

조동사와 화법조동사 또는 본동사에서 보듯이, I에 있는 시제자질과 일치자질은 마찬가지로 어휘적 토대를 필요로 하는 의존형태소이다. 이러한 근거로부터 조동사가 존재하지 않을 때 동사는 I로 이동되어야 한다. I에서 C로의 이동은 유사한 근거를 가지는 것처럼 보인다. 물론 독일 문법학자들에게 보문소가 없을 때 C의 어떤 자질이 동사이동을 강요하는지에 대해 아직 분명하지 않다.

4.4.5. 연쇄: 이동의 표현적 관찰

지금까지 우리는 이동 α를 D-구조에서 S-구조를 내지는 S-에서 LF-구조를 유도하는 작용으로만 이해했다. 그렇지만 유도는 이동 α의 하나의 양상 즉, 소위 유도적 양상일 뿐이다. 그러나 이동 α는 표현적으로도 이해될 수 있다. 즉, 모든 D-구조의 정보가 S-구조에서 흔적과 지수로 확인될 수 있다. 그러므로 간단한 이동의 경우 다음과 같다.

(106) a. NP_i ..... t_i

의미역위치가 아닌 위치		의미역위치
격위치		격위치가 아닌 위치
의문사자질 없음		의문사자질 없음

b. W-$Phrase_i$ ..... t_i

의미역위치가 아닌 위치		의미역위치
격위치가 아닌 위치		격위치
의문사자질		의문사자질 없음

c. X^0 ..... t_i

-격부여자		+격부여자
(-의미역부여자)		(+의미역부여자)

XP_i와 t_i 내지 $X^0{}_i$와 t_i 사이의 관계를 결속 (Bindung)이라 부른다. 형식적으로 공지시를 통해 표현된 결속은 구조관계이며, 이것은 다음과 같이 정의된다.

(107) 결속

α가 β를 결속하는 경우는

a. α가 β를 성분통어하고

b. α와 β가 공지시될 때이다.

물론 여러분은 조건 (107b)를 신뢰할 것이다. 하지만 그와는 달리 (107a)는 무엇을 의미하는가? 여러분이 이미 지배 (Rektion)를 잘 알고 있기 때문에 이제 성분통어 (K-Kommando)는 문제되지 않을 것이다.

(108) 성분통어

α가 β를 성분통어하는 경우는

a. α가 β를 관할하지 않고, β가 α를 관할하지 않으며

b. α를 관할하는 모든 최대투영체 π가 β도 관할할 때이다.

그러므로 성분통어는 지배관계 (25)의 비대칭적 변이형이다. (25)에서 지배는 동일한 최대투영체의 요소들에 제한되는 반면에, 성분통어는 성분통어되는 요소 (β = 임의의 유형의 범주)가 성분통어하는 요소 (α = 마찬가지로 임의의 유형의 범주)도 관할하는 모든 최대투영체에 의해 관할되어야 한다는 것을 의미한다. 그러므로 조건 (108b)는 어떤 구가 구조적으로 덜 중요한 요소에 의해 성분통어되는 것을 배제한다.

(109)

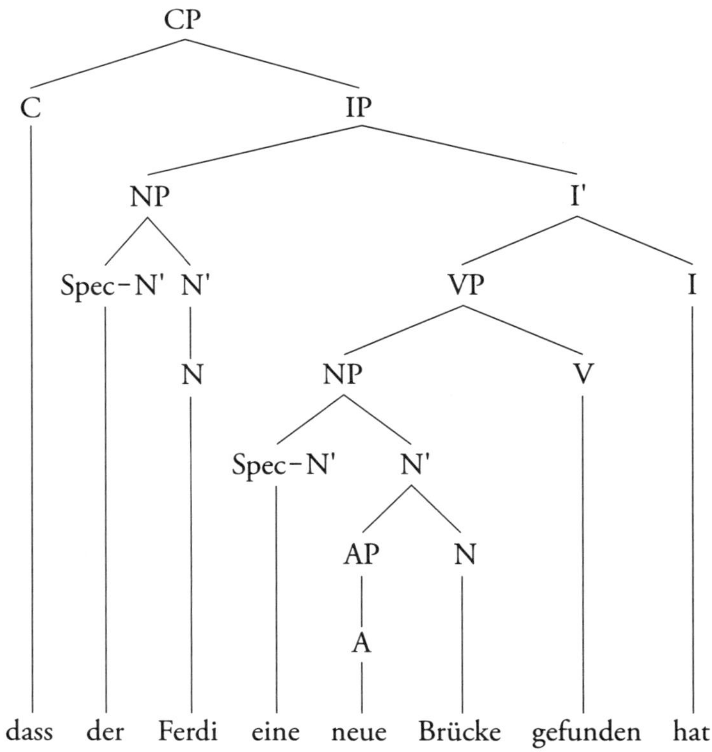

(109)에서 예를 들어 C는 IP와 IP에 포함되어 있는 모든 범주를 성

분통어한다. 그러나 VP는 오직 I와 그 안에 포함된 범주를 갖는 주어-명사구만을 성분통어 하지만 (108b) 때문에 C를 성분통어하지 않는다. 그리고 (108a) 때문에 VP는 CP, IP, I' 혹은 VP 안에 있는 요소들을 성분통어하지 않는다.

〈 문제 21 〉

a. [Welche = β_3 Whiskymarke]$_i$ = α_1 wird [von] = α_2 [Ferdi] = β_2 [t_i] = β_1 [bevorzugt] = α_3에서 α_1이 β_1을, α_2가 β_2를, α_3가 β_3를 성분통어하는가?

b. 어떤 요소들이 서로 결속관계에 있는가?

이동된 구성성분과 그 흔적의 관계로 돌아가보자. (107)에서 도입된 결속의 개념으로 즉, 연쇄의 형태로 우리는 어떻게 D-구조가 S-구조에 포함되어 있어야 하는지를 명확하게 표현할 수 있다.

(111) Ferdi weiß [$_{CP}$ wer$_i$ [$_{IP}$ t_{i1} wieder [$_{VP}$ t_{i2} vermisst] wird]]
wer$_i$는 t_{i1}를 결속하고, t_{i2}를 결속한다.

<wer$_i$, t_{i1}, t_{i2}>는 wer가 두 번 이동 (처음에는 명사구이동, 다음에는 의문사구이동)되었기 때문에 두 개의 흔적을 포함하는 그런 연쇄이다. 하나의 연쇄에서 모든 이동된 범주는 그것의 직접적인 계승자를 결속해야 한다. 연쇄는 다음과 같은 또 다른 특성이 있다.

(112) 연쇄
범주의 연속체 <α_1, ... , α_n>이 하나의 연쇄인 경우는
a. 모든 α_i가 α_{i+1}을 결속하고
b. α_n은 의미역위치이며

c. 어떤 α_i가 격위치에 있을 때이다.

만일 여러분이 책 앞에서 또는 책 위에서 깜빡 졸지 않았다면 여러분은 (112)가 XPs를 위해 정의되었다는 것을 분명히 알아차렸을 것이다. 핵심어이동에서의 연쇄는 본질적으로 오직 X^0-범주가 격부여자이면서 의미역부여자, 또는 격부여자나 의미역부여자라는 동일한 조건에 따른다.

조건 (112b)와 (112c)는 연쇄의 중요한 특성 즉, 격자질과 의미역자질의 전이를 표현한다. 어떤 연쇄의 위치에 부여되는 자질은 연쇄의 모든 위치 특히, 소위 연쇄의 핵이라고 하는 어휘화된 첫 번째 위치 α_1에서 이용될 수 있다.

(113) Ferdi weiß [$_{CP}$ wer$_i$ [$_{IP}$ t$_{i1}$ wieder [$_{VP}$ t$_{i2}$ vermisst] wird]]
핵 +격 +의미역

Wer는 위치 t$_{i2}$에서 주제 의미역을 받지만 격은 주어위치 t$_{i1}$에서 비로소 받는다. 이것이 여기서 의미역기준에 위배되지 않는 것은 연쇄의 전이속성에서 드러난다. 연쇄의 요소는 서로 다른 범주처럼 이해되는 것이 아니라, 상이한 통사적 기능을 갖는 일련의 위치에 분배된 하나의 범주처럼 이해된다.

하나의 연쇄는 문법기능의 연속체로도 이해될 수 있다. 연쇄 <wer$_i$, t$_{i1}$, t$_{i2}$>에 상응하는 기능연쇄는 <[NP, CP], [NP, IP], [NP, VP]>의 형태를 갖는다.

〈 문제 22 〉

문장 Ferdi weiβ, wer wieder vermisst wird 에서 어떤 연쇄가 Ferdi와, 그리고 weiβ와 결합되어 있는가?

4.4.6. 국부성

이동된 범주 α에 의한 β의 결속은 유감스럽게도 충분하지 않다. 이동 α는 오직 '어떤 범주를 어디로 이동하라'는 것만을 의미한다. 게다가 이것은 우리가 이미 격이론과 의미역이론의 결합으로 알고 있는 변형제약을 따른다. 그러나 이것은 (114b)가 왜 비문법적인지를 설명하지 못한다.

(114) a. Was_i meint Ferdi [$_{CP}$ hat Olli e_i getrunken]
b. *Was_j ist Ferdi [$_{NP}$ der Meinung [$_{CP}$ hat Olli e_j getrunken]]

의문사구는 분명히 동사의 보문으로부터는 이동될 수 있지만 명사의 보문으로부터는 이동될 수 없다. 지배는 이동된 범주와 흔적의 거리의 제약으로서 문제가 되지 않는다. 즉, 이 두 문장의 경우 의문사구가 몇 개의 최대투영체를 교차하느냐의 문제이다. 또한 최대투영체의 수 뿐만 아니라 종류도 중요한 것처럼 보인다.

(115) 하위인접 (초안)
어떤 연쇄 $<\alpha_i, \alpha_{i+1}>$에서 α_i와 α_{i+1} 사이에 최대 하나의 경계마디 δ가 놓일 수 있다.

(116) 경계마디
δ는 항상 NP이거나 DP이고, CP/IP는 매개변수화 된다.

(115)는 어떤 이동된 범주와 가장 가까이에 있는 흔적 사이에 최대 하나의 경계마디가 놓일 수 있다는 것을 (116)과 함께 진술하는 국부성제약 (Lokalitätsbeschränkung)이다. 만일 독일어에서 δ가 경계마디로서 NP (DP)와 IP로 규정된다면 이때 (114b)는 (114a)와는

달리 하위인접조건을 위반하게 된다.

(117) a. Was_i meint $[_{IP}$ Ferdi $[_{CP}$ t_{i1} hat $[_{IP}$ Olli t_{i2} getrunken]]]
b. *Was_j ist $[_{IP}$ Ferdi $[_{NP}$ der Meinung $[_{CP}$ t_{j1} hat $[_{IP}$ Olli t_{j2} getrunken]]]]

(114a)에 대한 (117a)와 같은 구조만이 하위인접조건과 조화를 이룬다. 그 이유는 여기서 흔적 t_{i1}과 t_{i2} 사이에, 내지는 의문사구 Was_i과 그 흔적 t_{i1} 사이에 단지 각각 하나의 경계마디 (IP)가 나타났기 때문이다. 이와는 반대로 (114b)는 하위인접조건을 완전히 위반하게 된다. 그 이유는 연쇄성분 t_{j1}과 t_{j2}은 하위인접 되지만 Was_j와 t_{j1}은 IP와 NP 때문에 하위인접 되지 않는다.

이동 α에 대한 이러한 국부성조건을 다루는 통사적 부분이론을 경계이론 (Bounding-Theorie)이라 한다.

(118) *Was_i meint $[_{IP}$ Ferdi $[_{CP}$ wer_k $[_{IP}$ t_k $[_{VP}$ t_i getrunken hat]]]]

(118)은 (116)의 의미에서 독일어에서 경계마디가 NP와 IP이어야 한다는 것을 증명한다. 그 이유는 Was_i와 t_i 사이에 CP는 단지 하나가 있지만 IP는 두 개 있기 때문이다.

(117a)와 (118)의 중요한 차이는 (117a)에서 의문사구의 이동이 삽입문 CP의 지정어위치를 넘어서 이루어졌다는 것에 있다 (순환이동). 이와는 달리 (118)에 있는 의문사 was는 wer의 의문사구이동이 이미 일어났기 때문에 순환적으로 이동되지 않고, 직접 상위문 CP의 지정어위치로 이동될 수 있다. 이러한 경우를 종종 좀 더 세련되게 "의문사 섬위반 (Wh-Insel-Verletzung)"이라고 부른다.

CP의 지정어위치는 특정한 국부영역을 떠나는 것을 허용한다. 이러한 위치를 또한 "탈출구 (escape hatch)"라고 부른다. 결국 (117b)는 NP가 탈출구를 소유하지 못하므로 구조될 수 없다.

영어에서도 NP와 IP는 경계마디이다. 하지만 이탈리아어에서는 NP와 CP가 경계마디이다.

(119) [$_{NP}$ tuo fratello [$_{CP}$[a cui]$_i$ [$_{IP}$ mi domando [$_{CP}$ [che storie]$_j$ [$_{IP}$ abbiamo raccontato t_j t_i]]]]] era molto preoccupato
어떤 이야기를 그들이 그 (너의 형)에게 말했는지를, 내가 궁금해하는 너의 형은 매우 걱정하였다.

만일 IP가 경계마디라면 (119)는 의문사 섬제약을 위반해야 할 것이다. 이 문장은 의문사 섬제약을 위반하지 않는다. 이탈리아어는 이 제약을 위반하지 않는다.

〈 문제 23 〉

문장 Wen hörte Gerdi schnarchen은 왜 하위인접조건에 대한 문제를 나타내는가?

4.4.7. 경계마디가 갖는 문제

매개변수값 (116)을 갖는 하위인접조건 (115)는 이동가능성을 이미 상당히 제약하지만 더 정확히 관찰해보면, 어떤 언어 내에서 CP, IP, NP 자체가 변하지 않는 경계마디가 아니라는 것이 나타난다. 즉, 우리는 (118)로부터 영어와 마찬가지로 독일어에서 IP와 NP가 경계마디라는 것을 추론했던 반면에, (120)과 (121)로부터 IP도 NP도 경계마디가 아니라는 것을 추론할 수 있어야 한다. 불변의 경계마디는 존재하지 않는다!

(120) a. Ferdi sah [$_{IP}$ Trudi eine Flasche köpfen]

b. Wen_i sah $[_{IP}$ Ferdi $[_{IP}$ t_i eine Flasche köpfen]]

(121) a. dass Ferdi Trudi seine beste Freundin nennt
b. ...wen_i $[_{IP}$ Ferdi $[_{NP}$ t_i $[_{NP}$ seine beste Freundin]] nennt
c. Sue considered $[_{NP}$ Bill $[_{NP}$ a fool]]]
d. who_i did $[_{IP}$ Sue consider $[_{NP}$ t_i $[_{NP}$ a fool]]]

즉, 한번은 두 개의 IP마디가, 다른 한번은 NP마디와 IP마디가 교차되는데도 불구하고 (120b)에서 AcI-보문으로부터 의문사구이동이 문제없이 가능하고, 소절보문 (121b,d)으로부터도 마찬가지로 의문사구이동이 가능하다. 격부가 즉, 지배도 (120)과 (121)에서 각각 IP 내지 NP를 넘어 가능하다. 왜 그럴까?

4.4.8. 포함, 배제 및 관할

분명히 문제 21의 풀이가 여러분에게 특별히 어렵지는 않았을 것이다. 아마도 여러분은 거기서 심지어는 성분통어조건과 지배조건이 부가구조에 어떻게 적용될 수 있는지를 틀림없이 자문해 보았을 것이다. 그 이유는 이 부가구조가 우리가 이러한 관계의 정의에서 지금까지 고려하지 않고 남겨 놓았던 엑스바-특성을 가지고 있기 때문이다. 부가구조로부터 사실상 부분적으로 불편한 결과가 나타난 것을 보기 위해, 제한적 관계문장을 갖는 명사구의 구조 (122a)와 소절보문을 갖는 동사구의 구조 (122b)를 관찰해보자.

(122) a.

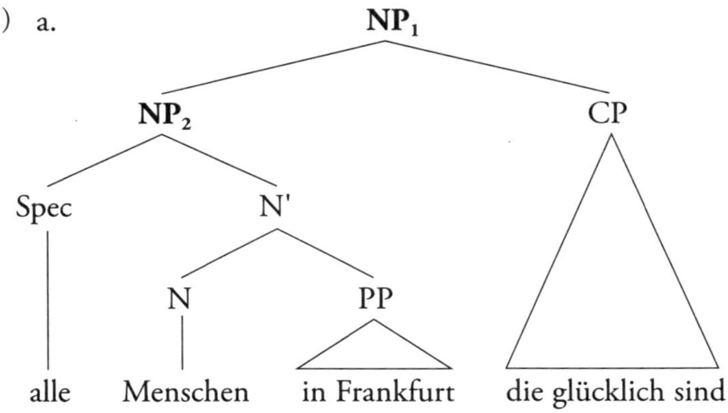

b.

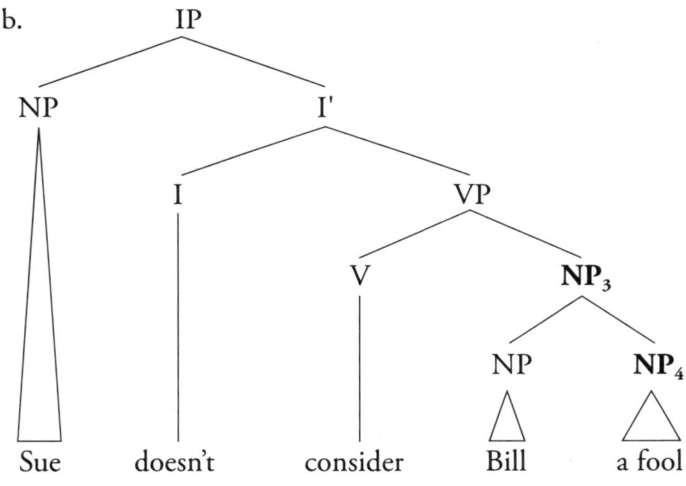

두 구조에서는 아마도 D-구조에서 변형없이 생성된 기저부가구조가 문제이다.

우리가 볼 수 있는 것처럼, 부가는 (122a)에서 NP-분절 NP_1과 NP_2에서 생겨나고 (122b)에서 분절 NP_3와 NP_4에서 생겨난다. 물론 우리는 부가구조에서 단지 모든 분절만이 함께 하나의 범주를 형성한다는 것을 알고 있다. 그렇다면 우리가 어떻게 지배와 성분통어를 부가구조에 관련시킬 수 있을까? 특히 우리는 지배가 가능해야만

하는 영역 (4.2.4장 참고)은 변화될 수 있는 것처럼 보인다는 것을 이미 확인하였다.

아래 제안된 해결책이 왜 상대적으로 복잡해야만 하는지를 이해하기 위해, 우리는 우선 무엇이 도출되어야 하는지를 심사숙고해야 한다.

- 우리는 성분통어가 중요한 요소로부터 수형도에서 더 아래에 놓이는 요소로 즉, '아래로' 적용되기를 원한다. (122a)에서 CP는 NP_2를, (122b)에서 NP Bill은 NP_4 a fool을 성분통어해야 한다.
- 거꾸로, 성분통어는 하나의 최대투영체를 통해 '위로' 제약되어야 한다. 즉, 우리는 NP_2에 있는 요소가 CP를, 혹은 NP_4에 있는 요소가 NP Bill을 성분통어하는 것을 원하지 않는다. 우리는 마찬가지로 Bill을 관할하는 NP가 보다 더 중요한 동사 consider를 성분통어하거나, 아니면 CP가 NP_1 위에 있는 어떤 요소를 성분통어하기를 원하지 않는다.
- 지배, 격부가 그리고 의문사구이동에 대한 경계 즉, 영역은 일관성 있게 정의되어야 하지만 동시에 변화될 수 있어야 한다. 다시 말해 영역은 크기가 달라야 한다. 예를 들어 다음과 같은 것이 보증되어야 한다.
- 격부여를 설명하기 위해 (122b)에서 동사 consider는 그 사이에 NP_3가 놓여 있음에도 불구하고 NP Bill을 지배할 수 있다는 것이 보증되어야 한다.
- (121b,d)가 보여주었듯이 하위인접조건 때문에 (122b)에서 NP_3가 경계마디가 되어서는 안 된다.

만일 어떤 이론이 관련 자료에 대해 틀린 예측을 한다면, 일반적으로 그 이론은 간단히 포기되지 않고 사람들은 한번쯤 그 이론을 적합하게 되도록 시도할 것이다. 여기서도 그렇다. 이러한 노력을 할 때 개념적인 어떤 특별한 것으로서 유일한 상대적인 영역개념이 지배와 이동영역을 동시에 이해할 수 있도록 어떤 영역을 정의하는 것이 시도된다. 이것은 장벽이론에 근거한 개념이다. 물론 그에 대한 논의는 진행 중에 있으며 많은 언어학자들은 지배영역이 하위인접영역으로부터 분리되어야 더 좋다고 생각한다. 지배이론은 지배결속이론의 중심이론이기 때문에 우리도 그것에 대해 더 깊이 전념하려고 한다.

지금까지의 정의에서 우리는 성분통어와 지배를 각각 최대투영체에 의한 관할을 넘어 '위로' 제한했다. 하지만 부가구조에서 관할관계 자체가 바로 불분명해졌다. 그러므로 우리는 정의의 한 부분을 보다 더 큰 변별성을 갖는 개념 즉, 포함 (Inklusion)과 배제 (Exklusion)를 통해 대체하려고 한다.

(123) 포함

α의 모든 분절이 β를 관할할 때 α는 β를 포함한다.

(124) 배제

α의 분절이 β를 관할하지 않을 때 α는 β를 배제한다.

(125)

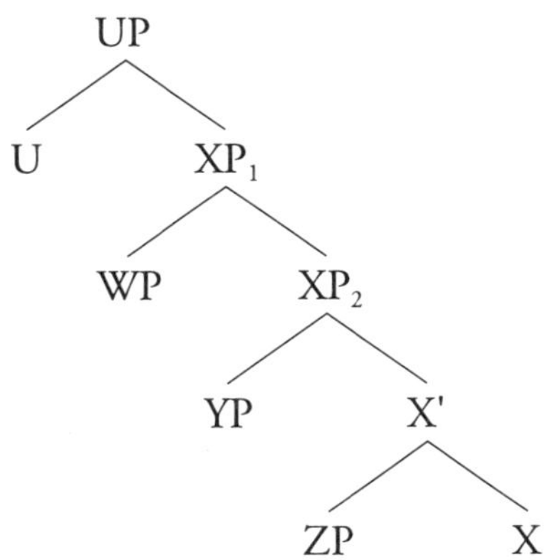

(125)에서 XP의 두 분절 (XP_1, XP_2)이 YP와 ZP를 관할하므로 XP

는 범주 YP와 ZP를 포함한다. 그러나 XP는 WP를 포함하지는 않는다. 그 이유는 (123)에서 요구하는 바처럼 XP_2도 WP를 관할해야하지만 단지 XP_1만이 이 마디를 관할하고 있기 때문이다.

포함과 대응되는 배제는 그것과 상응하여 이해될 수 있다. (125)에서 XP의 분절이 U와 UP를 관할하지 않으므로 XP는 0유형범주인 U와 그것의 투영체를 배제한다. 그러나 XP는 WP를 배제하지는 않는다. 그 이유는 XP의 분절인 XP_1이 WP를 관할하기 때문이다. 물론 거꾸로 WP가 XP를 배제한다는 것도 유효하다.

그러면 우리는 관할의 개념을 통상적으로 이해할 수 있다. XP_1은 WP와 XP_2를 관할하고, 그리고 XP_2에 있는 모든 요소들도 관할한다. 이것은 포함과 관할이 단지 부가구조에서만 구분될 수 있다는 것을 의미한다. 분절화되지 않은 투영체에서 즉, 대체변형의 경우 존재하는 구조에서 이들은 동일관계를 정확히 나타낸다.

이러한 가정 하에서 (125)에 있는 WP나 (122b)에 있는 NP Bill이 그들을 관할하는 최대투영체를 넘어 '위로'는 성분통어할 수 없다는 것을 보증해주기 때문에 우리는 지금까지의 성분통어의 정의 (108)를 유지할 수 있다. 다른 한편으로 (122a)에서 NP_2는 CP를 성분통어하고 CP는 NP_2를 성분통어한다. 그리고 NP Bill은 NP_4를 성분통어하고 NP_4는 NP Bill을 성분통어한다. 하지만 NP_2나 NP_4에 있는 어떤 요소도 이러한 투영체를 넘어 위로 성분통어할 수 없다.

〈 문제 24 〉

성분통어관계는 우리에게 구조관계에 관한 (99a,b)의 의미차이를 유도할 수 있는 가능성도 열어준다. 이것을 위해 우리는 운용소의 작용역 (Skopus)을 정의한다. 운용소의 작용역은 운용소가 논리형태에서 성분통어하는 영역이다.

논리형태 (99a) 문장 dass $[_{IP}[_{NPi}$ alle Linguisten$]$ $[_{IP}[_{NPj}$ einen Affen$]$ $[_{IP}$ t_i $[_{VP}$ t_j lieben$]]]]$ 즉, '모든 언어학자가 어떤 원숭이를 좋아한다'는 의미는 NP alle Linguisten의 넓은 작용역에서 찾을 수

> 있다. 그 이유는 이 NP가 다른 운용소 einen Affen을 성분통어하기 때문이다.
> 그렇다면 (99b,c)에는 어떤 작용역관계가 존재하는가?

이와는 달리 우리는 지배관계 (Rektionsrelation: 4.2.2장 (25) 참고)를 더 정확하게 해야 한다. 이것을 위한 첫 단계는 포함과 배제의 개념을 함께 고려하는 것이다.

(126) 지배 (두 번째 버전)
α가 β를 지배하는 경우는
a. α가 핵심어이고
b. α를 관할하는 모든 최대투영체 π가 β도 관할한다.
c. α를 배제하고 β를 포함하는 최대투영체 π가 존재하지 않는 경우에 그리고 오직 그 경우에만 유효하다.

여러분이 알고 있듯이 (126c)는 부가유형의 구조에만 관련된다. 그러므로 (121)의 동사 consider와 nennen은 부가된 NP Bill과 Trudi를 지배할 수 있다. (122b)의 구조에서 이것을 명확하게 해보자. 왜 α (consider)가 β (NP Bill)을 왜 지배할까? 그 대답은 다음과 같다.

1. α는 핵심어이다.
2. α를 관할하는 최대투영체는 VP이다. 이것은 β도 관할한다.
3. 동시에 α를 배제하고 β를 포함하는 최대투영체가 존재하지 않는다.

즉, α를 배제하는 최대투영체인 (분절 NP_3와 NP_4를 갖는) NP가 존재하기는 하지만 그것은 β를 포함하지는 않는다. 그 이유는 단지 NP_3만이 β를 관할하고 NP_4는 β를 관할하지 않기 때문이다. 그리고

β를 포함하는 최대투영체 VP도 있다. 하지만 이것은 다시 α를 배제하지 않는다.

하지만 동사 consider가 (126)에 따라 NP Bill을 지배한다면 이 동사는 NP에 격도 부여할 수 있다. 우리는 이것과 더불어 또 다른 문제를 갖고 싶지는 않다. 물론 우리는 AcI-구문에서 지배관계를 격 문제와 더불어 여전히 다루지 않고 있다 (예문 (120) 참고). 이것에 대해 살펴보기로 하자.

〈 문제 25 〉

(122a)에서 명사구의 핵심어인 Menschen은 실제로 CP를 지배하는가?

이제 변화 가능한 영역의 경계에 대한 문제를 시작해 보자. 지배조건을 명확하게 하는 것이 이미 (121b,d)에서 우리에게 도움이 되었다. 만일 영역의 경계가 지배영역을 통해 제한되고 그에 상응하여 하위인접조건이 정비되어 새롭게 표현된다면, 이 두 가지는 병행하여 다루어 질 수 있을 것이다. 유감스럽게도 이것이 지금 당장은 어렵다. 이때 모든 최대투영체는 갑자기 경계마디가 될 것이다. 그 밖에 이것은 왜 (120b)의 AcI-보문으로부터의 이동이 적형인지도 설명하지 못하고, 그리고 왜 동일한 범주에서 가끔 하위인접조건을 위반하게 되지만 가끔은 위반하지 않는지도 설명하지 못한다 ((127a,c)와 (127b)비교).

(127) a. *[$_{CP}$ Who$_i$ did$_j$ [$_{IP}$ [$_{NP}$ pictures of t$_i$] [$_{I'}$ t$_j$ [$_{VP}$ make J.R. very angry]]]]

b. [$_{CP}$ Who$_i$ did$_j$ [$_{IP}$ J.R. [$_{I'}$ t$_j$ [$_{VP}$ make [$_{NP}$ pictures of t$_i$]]]]]

c. *[$_{CP}$ Who$_i$ did$_j$ [$_{IP}$ [$_{CP}$ t$_i$ that [$_{IP}$ Barnes married t$_i$]] [$_{I'}$ t$_j$ [$_{VP}$ make J.R. very angry]]]]

(127)의 처음 두 구조에서 의문사구가 이동할 때 각각 NP와 IP를 교차한다. 그럼에도 불구하고 (a)만 비문법적이고 (b)는 문법적이다. 그 밖에 종종 문헌에서 이중의 의문문부호 (??)가 별표 (*) 대신에 예문 앞에 놓이는데, 그 표시가 없으면 하위인접조건위반은 성립하지 않는다.

그와는 반대로 (127c)는 여기서 주어문장 CP의 지정어위치를 넘는 순환이동에 의해 항상 IP만이 교차되므로 완전히 문법적이어야 할 것이다.

그러므로 이런 경우들의 특성을 옳게 묘사해야 하는 하위인접조건 (115)는 변화하는 경계마디를 완결지어야 하거나, 아니면 이것은 상이한 문법적 부분체계들의 상호작용을 통해 유도될 수 없는 경우들을 모두 설명해야 한다. 첫 번째의 선택으로부터 배제 개념의 도움으로 하위인접조건이 다음과 같이 다시 명료화된다.

(128) 하위인접조건 (두 번째 버전)
어떤 연쇄 <α_i, α_{i+1}>에서 α_i를 배제하는 최대한 하나의 장벽이 α_i와 α_{i+1} 사이에 놓일 수 있다.

(128)에 있는 장벽의 개념은 물론 더 설명되어야 한다. 우리는 (128)을 가지고 곧바로 (121)의 부가구조로부터 가능한 주어-의문사구이동을 설명할 수 있는데, 그 이유는 의문문의 주어 NP는 부가-NP에 의해 배제되지 않기 때문이다 (물론 이 NP의 분절은 주어를 관할한다). 그럼으로써 부가-NP 자체는 하위인접에 대한 중요한 장벽이나 경계마디일 수는 없다.

결론적으로 여러분은 하위인접의 중요한 경계를 정의하기 위해 다음과 같은 점을 기억해야 한다.

– 이것이 장벽의 일반적인 정의를 통해 대체될 수 있을 때, 하위인접위반을 확인할 수 있기 위해서는 그 경계가 문법의 모든 개별구

조에 대해 산출되어야 한다.

– 이러한 장벽이 확정될 때 (116)은 우선 당분간은 유효하며, 단지 추가적으로 α_i가 α_{i+1}에 의해 배제되는지 아닌지를 주의해야 한다.

하위인접에 대한 배제의 개념 때문에 모든 경우에 항상 오직 최대투영체만이 중요하다.

마지막으로 다음과 같은 더 쉬운 것이 있다.

〈 과제 26 〉

왜 (a)는 (b)처럼 이해될 수 없을까?

a. *Ferdi$_i$ betrinkt t$_i$

b. Ferdi betrinkt sich

4.5. 지배이론

4.5.1. 공범주원리

여러분은 지금 정말로 이미 많은 것을 살펴보았다. 그러나 우리는 유감스럽게도 아직 이동과 관련된 모든 것을 설명할 수는 없다. 그리고 여러분이 옳게 추측하듯이, 우리는 이미 공범주원리라고 하는 해결책을 마음속에 가지고 있다. 무엇에 관한 것일까?

보문소-흔적 효과

보문으로부터 의문사가 이동될 때 특이한 비대칭이 나타난다.

(129) a. Wen$_i$ behauptet Ferdi [dass er t$_i$ gesehen hat]

b. *Wer$_i$ behauptet Ferdi [dass t$_i$ ihn gesehen hat]

c. Wen$_i$ behauptet Ferdi [hat er t$_i$ gesehen]
d. Wer$_i$ behauptet Ferdi [hat t$_i$ ihn gesehen]

일반적으로 보문의 목적어 위치로부터의 의문사구이동은 가능한 것처럼 보인다. 이와는 달리 보문의 주어위치로부터의 의문사구이동은 보문이 보문소 dass에 의해 유도되지 않을 때에만 가능하다 ((129a, c)와 (129d) 비교). (129a,b)에서와 같은 주어/목적어 비대칭은 보문소-흔적 효과를 통해 생겨나는데, 그 이유는 보문소에 의해 유도된 보문의 주어위치로부터 의문사가 이동될 때 허용되지 않는 S-구조 형태 W$_i$ ...COMP t$_i$....에 기인하기 때문이다.

그 밖에, 여러분이 (129)에서 문법성을 다르게 평가한다면 이것의 원인은 언어지식이 부족한 것이 아니라 방언의 변이형에서 찾을 수 있다. 표준 독일어에서 문법성의 부여는 진술한 것과 비슷하다. 이와는 달리 북부 독일에서는 (129a)와 (129b)는 불규칙한 것으로 평가되고, 바이에른 방언에서는 다시 두 문장 모두 용인된다. 하지만 (129b)가 문법적이지만 (129a)는 비문법적인 방언은 존재하지 않는다.

이제 우리는 어떻게 (129)의 차이를 설명할까? 전통적인 하위인접조건뿐만 아니라 수정된 하위인접조건도 그 근거로서 고려되지 않는다. 즉, 두 NP는 IP 내지 CP에 의해 관할되고, 더 멀리에 있는 VP로부터 이동되어야 하는 목적어-NP의 의문사구이동은 항상 문법적이다.

그럼에도 불구하고 이러한 중요한 차이는 (129a,b)의 S-구조가 보여 주듯이 아마 보문의 VP와 관련이 있는 것 같다.

(130) a. Wen$_i$ behauptet Ferdi [$_{CP}$ t$_{i1}$ dass [$_{IP}$ er [$_{VP}$ t$_{i2}$ gesehen] hat]]
b. *Wer$_i$ behauptet Ferdi [$_{CP}$ t$_{i1}$ dass [$_{IP}$ t$_{i2}$ [$_{VP}$ ihn gesehen] hat]]

문법적인 형태 (130a)에서 의문사구가 삽입문의 VP-내재적인 목적어 위치로부터 나오며, 이와는 달리 비문법적인 형태 (130b)에서 삽입문의 VP-외재적인 주어위치로부터 나온다.

여기서 (130a)와 (130b)의 차이를 동사에 의한 목적어-NP의 지배와 바로 관련시킬 수 있지 않을까? 우리는 이미 공범주원리를 가지고 있다. 이것은 다음과 같이 정의된다.

(131) 공범주원리
흔적은 엄밀히 지배되어야 한다.

왜 "엄밀지배"일까? (130b)의 주어흔적은 동사의 지배영역 너머에 있기는 하지만, 그럼에도 불구하고 문장의 I-위치에 있는 시제조동사 요소 hat에 의해 지배되고, 이러한 관계를 경유하여 1격을 받는다 (4.2장 참고).

(132) *Wer$_i$ behauptet Ferdi [$_{CP}$ t$_i$ [$_{C'}$ dass [$_{IP}$ t$_i$ [$_{I'}$[$_{VP}$ ihn gesehen] [$_I$ hat]]]]]

여기서 지배자 I와 V 사이에 다음과 같은 것이 확실히 구분되어야 한다. 즉, V와 같은 범주에 의한 지배만이 변형이동을 허용하는 것처럼 보인다. 그러므로 우리는 첫 번째 접근으로 어휘범주의 모든 핵심어가 엄밀지배자라고 가정하려고 한다.

(133) 지배자
a. 엄밀지배자: 어휘적 엑스바-핵심어 즉, N, V, A, (P)
b. 비엄밀지배자: 비어휘적 엑스바-핵심어 즉, I, C

(133a)에서 P를 괄호 안에 넣은 이유는 많은 언어에서 전치사가 뒤에 머무를 때 (전치사 좌초), 전치사적 목적어의 의문사구이동이 불

가능하기 때문이다. 예를 들어 그것이 영어에서는 가능한데 반해서 독일어에서는 가능하지 않다 ((134a)와 (134b) 비교).

(134) a. Who$_i$ did [$_{IP}$ you see [$_{NP}$ a picture of t$_i$]]
b. *Wem$_j$ hast [$_{IP}$ du [$_{NP}$ ein Bild von t$_j$] gesehen]

이것은 독일어에서 t$_j$의 위치가 엄밀지배되지 않는다는 것과 관련이 있을 것이다. 전치사는 분명히 모든 문법적 부분체계 하에서 N, V, A와의 관계가 같지는 않는데, 이것은 모듈문법의 개념 하에서 놀라운 일은 아니다. 그렇다면 엄밀지배의 규칙은 다음과 같이 정의될 수 있다.

(135) 엄밀지배 (어휘범주에 의한 첫 번째 버전)
α가 β를 엄밀지배하는 경우는
a. α가 β를 지배하고
b. α가 어휘범주인 경우에 그리고 오직 그 경우에만 유효하다.

(135) 및 (133b)에 따르면 비어휘적 핵심어, 특히 I와 C는 지배자이기는 하지만 엄밀지배자는 아니다. 특정한 변형도치를 통해 우리는 (133)의 정리와 (135)의 정의도 100% 충분한 것은 아니라고 추측할 수 있다. 이것에 대한 예는 (136)의 VP-이동이다.

(136) a. [$_{CP}$[$_{VP}$ ihn einfach geschlagen]$_i$ behauptet Ferdi [$_{CP}$ t$_{i1}$ hat$_j$ [$_{IP}$ der Mann [VP t$_{i2}$] t$_j$]]]
b. *[$_{CP}$[$_{VP}$ ihn einfach geschlagen]$_i$ behauptet Ferdi [$_{CP}$ t$_{i1}$ dass [$_{IP}$ der Mann t$_{i2}$ hat]]]

(136)에서 보문의 전체 VP가 각각 주제화되었다. (136a)는 t$_{i2}$의 엄밀지배자로서 분명히 기저위치 t$_j$로부터 온 I만이 고려되는데도 불구하고 문법적이다. 그러나 우리가 방금 본 바처럼 I는 엄밀지배자

가 아니다. (136b)는 여기서도 외현적 dass가 비문법성의 근거가 되는 것처럼 보이는 한에 있어서 (130b)를 상기시킨다. 그러므로 엄밀지배의 개념은 단지 어휘범주와 비어휘범주 간의 차이와 관련되지는 않는다. (136a) 또는 (129c)와 같은 이동의 문법성을 설명하기 위해 우리는 더 상세한 메카니즘이 필요하다.

그러나 우리는 우선 보문소-흔적 현상이 지배와 관련이 있지만 주어의 이동을 위한 제약과는 다소 관련이 없다는 것을 더 설명해야 한다. 이것은 다음 예에서 알게 된다.

(137) a. Wen_i sah $[_{IP}$ Ferdi $[_{IP}$ t_i $[_{VP}$ tanzen]]]
b. ...dass $[_{IP}$ $Ferdi_i$ $[_{I'}[_{VP}[_{IP}$ t_i $[_{I'}$ zu schnarchen]] t_j] $scheint_j$]]

다시 4.2장을 기억해 보자. 거기서 우리는 sehen, scheinen같은 동사는 CP-삭제동사이고, IP의 투과성 때문에 삽입문의 주어를 지배할 수 있다고 가정하였다. AcI-동사 sehen은 이 주어에 4격을 부여할 수 있다. 이와는 달리 상승동사 scheinen은 이 주어에` 격을 부여할 수 없다. 그럼으로써 scheinen의 보문주어는 격여과 때문에 NP-이동에 의해 격위치로 상승된다. AcI-주어나 상승주어는 항상 문제없이 상위문으로 이동될 수 있기 때문에, 상위문동사는 (133a)에 따라 어휘범주로서 아마도 보문 주어위치의 엄밀지배자이어야 할 것이다. 우리는 이것을 잠정적으로 단순히 가정해보자. 그러면 이동에 의해 생겨난 주어흔적은 상위문동사에 의해 지배될 뿐만 아니라 엄밀지배도 된다 (문제 31에서 (137)에 대한 논의 참고).

그 밖에 여러분은 (134)와 (137a)에서 각각 하위인접조건이 위반되어야한다는 것을 인지했는가? 만일 인지하지 못했다면 그 부분을 처음부터 다시 읽어 보시오.

선행지배

우리가 (129a,b), (130a,b) 및 (136a,b) 사이에서와 같은 동일한 주

어/목적어-차이를 (129c,d)와 (138a,b) 사이에서 발견하지 못하는 것은 무슨 이유일까?

(138) a. Wen$_i$ behauptet Ferdi [$_{CP}$ t$_{i1}$ hat$_j$ [$_{IP}$ er [$_{VP}$ t$_{i2}$ gesehen] t$_j$]]
b. Wer$_i$ behauptet Ferdi [$_{CP}$ t$_{i1}$ hat$_j$ [$_{IP}$ t$_{i2}$ [$_{VP}$ ihn gesehen] t$_j$]]

여기서 보문은 (130a,b)에서처럼 dass에 의해 유도되지 않고 C-위치로 이동된 I-요소 hat에 의해 유도된다. (129a)는 VP에 있는 의문사-흔적이 동사에 의해 엄밀지배되기 때문에 (129c)와 (138a)처럼 문법적이다. (129d)와 (138b)에서 삽입문의 VP-외재적 주어가 (129b)에서처럼 이동되었다. 그럼에도 불구하고 단지 (129d)와 (138b)만 문법적이다.

공범주원리가 가정될 때 (129d), (138b) 및 (136a)의 문법성은 단지 의문사-흔적이 엄밀지배되는 것과 관련될 수 있다. 그러나 (129b)에서는 그렇지 않다. (138b)에 있는 의문사구의 1격에서 보듯이, 이것은 (137)처럼 상위문동사에 의한 지배에 의해 설명될 수 없다. 그러므로 흔적의 엄밀지배를 보장하기 위해 또 다른 가능성 즉, 선행지배(Antezedensrektion)가 존재한다. 여러분은 아마도 4.1.3장에 있는 선행 (Antezdens)과 같다고 기대할 것이다. 이것은 어휘범주 외에 변형적으로 도입된 선행어 (음성학으로 실현된 X^0, XP, 또는 음성학적으로 실현되지 않은 흔적)도 엄밀지배자로 고려된다는 것을 의미한다.

(139) 엄밀지배 (선행어에 의한 두 번째 버전)
α가 β를 (엄밀히) 선행지배하는 경우는
a. α가 β를 지배하고
b. α와 β는 공지시되는 경우에 그리고 오직 그 경우에만 유효하다.

우리가 (139)에서처럼 선행지배를 (135)와 병행하여 형식화하려고 할 때, X^0-범주뿐만 아니라 XP-범주도 지배자로 간주해야하는 문제에 부딪친다. 이러한 문제를 간단하게 해결하는 것은 지배를 더 이상 (25)나 (126)에서처럼 X^0-범주로 제한하지 않는 것이다. 이 체계에서 격부여자와 의미역부여자가 어쨌든 X^0-범주로 제한되어 있는 한 아무것도 변하지 않는다.

그러므로 (138b)와 (136a)에서 보문 CP의 지정어위치에 있는 흔적 t_{i1}은 주어흔적 및 VP-흔적 t_{i2}의 엄밀지배자이다.

(138) b. Wer_i behauptet Ferdi [$_{CP}$ t_{i1} hat_j [$_{IP}$ t_{i2} [$_{VP}$ ihn gesehen] t_j]]

⟶ 엄밀지배

AcI-구문과 상승구문에서처럼 IP-마디는 밖으로부터의 지배를 차단할 수 없다. (138b)와 (136a)도 이 경우에 해당된다. 그러므로 (133a)는 확대되어야 한다. 엑스바-핵심어 뿐만 아니라 이동에 의해 생겨난 선행어도 엄밀지배자이다.

(140) 지배자
a. 엄밀지배자: 1. 어휘적 엑스바-핵심어 N, V, A, (P)
2. 선행어 X^0, XP, 지수화 된 흔적
b. 비엄밀지배자: 비어휘적 엑스바-핵심어 I, C

(129b)와 (129d) 간의 차이에 대한 설명이 항상 상세하게 보일 수 있더라도 우리는 아마도 C-위치에 있는 보문소 dass가 CP지정어위치로부터의 선행지배를 차단한다는 것에서 출발해야 할 것이다 (4.5.2장 참고). 이것에 대해 다시 (129b)와 (130b)를 보시오.

(130) b. *Wer_i behauptet Ferdi [$_{CP}$ t_{i1} dass [$_{IP}$ t_{i2} [$_{VP}$ ihn gesehen] hat]]

이 예문이 비문법적이라는 것이 여러분을 깜짝 놀라게 하지는 않았는가? 하지만 사실 여기에 t_{i1}에 의한 t_{i2}의 선행지배가 존재해야 할 것이다. 우리가 방금 (138b)에서 확인했듯이, 결국 $\alpha = t_{i1}$과 $\beta = t_{i2}$ 사이에 하나의 최대투영체만이 존재한다. 그리고 이것은 지배와 선행지배에 대한 경계마디가 아닌 IP이다.

(136a)나 (138b) 같은 문장들을 설명하기 위해, 여러분이 지금 선행지배는 단지 임시방편적 가정이라고 이의를 제기한다면, 선행지배가 없는 (141a)나 (141b) 같은 간단한 예를 추론해 보자.

(141) a. Wer schläft?
b. Wann sagte der Ferdi habe die Trudi ihn angerufen?

문제 27

(141a,b)에 대해 추론해 보시오.

여러분이 문제 27의 풀이를 통해 우리가 선행지배 없이 해결하지 못한다는 것을 확인했다고 가정해 보자. 그렇다 해도 (130b)와 (138b) 사이의 차이가 여전히 남는다. 우리의 가정 하에서 (130b)의 공범주원리 위반은 중재하는 IP-마디가 원인이 될 수 없기 때문에, 아마도 우리는 이 경우에 지배가 결코 존재하지 않는다는 것에서 출발해야 할 것이다. 이것은 선행어 (t_{i1})와 흔적 (t_{i2}) 사이에 지배를 완전히 차단하는 하나의 장벽이 있어야 한다는 것을 암시한다.

그리고 이것은 다시, 가끔 α와 β 사이에 있는 최대투영체가 아닌 투영체들도 지배를 차단할 수 있다는 것이나, 아니면 IP의 투과성에 대한 우리의 가정이 일반적으로 맞지 않는다는 것 즉, IP는 가끔은 투과되지 않는다는 것을 의미해야 한다. 지배에 대한 이러한 경계마디를 최소장벽 (Minimalitätsbarrieren)이라 한다. 우리는 곧바로 이것을 더 상세하게 관찰할 것이다. 우선 기초가 되는 이념을 보자.

(142) ... $[_{\delta''}\ \alpha_{(i)}\ [_{\delta'}\ \delta^0\ [_{XP}\ \beta_{(i)}$ ...

(142)의 형상구조에서 선행어 내지 엄밀지배자 α와 지배되는 범주 β 사이에 다른 잠재적 지배자 δ^0가 중재한다. 이 잠재적 지배자는 α보다도 지배되는 마디 β에 구조적으로 더 가까이 놓여 있다. 이러한 생각은 간단하고 이해하기 쉽다. 즉, δ^0는 α에 대해 β를 보호하고 α가 β를 지배하는 것을 차단한다. 이것은 β에 더 가까이 있는 지배자 δ^0의 1유형-투영체 δ'를 통해 나타나거나, 아니면 β를 포함하고 있는 최대투영체 XP가 지배자 δ^0 때문에 α에 대한 장벽이 됨으로써 나타난다. 다르게 말하자면, α는 δ의 영역에서 영향력이 전혀 없다.

이것으로 우리는 이미 두 개의 장벽유형 즉, (IP를 제외한) 최대투영체와 엑스바 이론에서 X^1-유형인 비최대투영체를 알게 되었다. 잘 생각해보면 (142)에서와 같은 형상구조가 (138b)에 있음에도 불구하고 그 문장이 문법적이기 때문에, 우리는 이 두 장벽유형을 더 자세히 연구해야 한다. 현재의 가정 하에서 부문장-CP 뿐만 아니라 주문장-VP도 선행지배를 차단해야 하기 때문에 우리는 (141b)와 같은 문장들도 추론할 수 없을 것이다. 즉, 의문사의 순환이동으로부터 생겨난 CP의 지정어위치에 있는 흔적들도 모든 개연성에 의거하여 엄밀지배되어야 한다. 지금까지의 가정에 의하면 CP-경계는 외부의 지배를 차단한다. 그렇지만 보문으로부터의 이동이 예를 들어 (129d)와 (141b)에서 가능하기 때문에 공범주원리는 외견상 유효한 것처럼 보이지 않는다. 하지만 이러한 흔적이 공범주원리에 의해 제한된다는 것에 대한 근거가 있다. 특히, 다리효과(Brückeneffekte)가 그것이다. glauben, sagen과 같은 몇몇 동사들은 시제를 갖는 부문장으로부터의 이동을 허용한다. 하지만 다른 동사들은 이것을 허용하지 않는다. (143c)에서와 같은 주어문장으로부터의 목적어이동의 비문법성도 중간흔적이 엄밀지배되어야 한다는 것을 두둔한다. 이것은 일반적인 의문사이동에 대해서 CP도 어떤 경우에는 선행지배를 차단하지 못한다는 것을 의미한다.

(143) a. I^0에서 동사가 상승한 후 CP의 지정어위치에 있는 주어 문장 (경우에 따라서는 거기서 기저생성됨)
[$_{CP}$[$_{CP}$ dass Ferdi einen Manta fährt]$_i$ kann [$_{IP}$ t_i nicht wahr sein]]
b. 전체 주어문장의 의문사-물음
[$_{CP}$ was$_i$ kann [$_{IP}$ t_i nicht wahr sein]]
c. 주어문장으로부터의 목적어의 의문사구이동
*was$_j$ kann [$_{IP}$ [$_{CP}$ t_{j1} dass [$_{IP}$ Ferdi t_{j2} fährt]] nicht wahr sein]]

(143c)의 비문법성에 대한 근거는 t_{j2}일 수 없다. 그 이유는 이 흔적이 동사 fährt에 의해 이미 엄밀지배되어 있기 때문이다. 그러므로 공범주원리 위반은 CP의 지정어위치에 있는 중간흔적이 엄밀지배되지 않았다는 것의 결과이다. 물론 이것은, 거꾸로 (129a,c,d) 같은 예에서 이러한 중간흔적이 엄밀지배되었다는 것을 의미한다.

지배영역이 단순히 증명되는 것이 아니라 오히려 상대적이며 구조에 의존하여 산출되어야 한다는 것이 명백해졌다. 우리는 분명히 지배에 대해서 국부영역의 보다 더 변화된 개념을 필요로 한다. 다르게 말하면, 장벽이란 무엇인가?

그런데 지배결속이론 (81년 모형)에서 이 두 지배의 개념 즉, 어휘지배와 선행지배가 정확히 서로 어떻게 관련되어 있는지가 열려 있다. 그러므로 우리는 그 후속의 지배와 결속모형 (독일에서 그 사이에 장벽통합과 기능적 초안을 가지고 유지해 온 86년의 상세한 논의)을 가지고 즉시 진행해야 한다.

4.5.2. 장벽이론

이미 언급했듯이, 우리는 이제 지배에 대한 이야기를 다시 이어가야 한다. 우리는 지금 그것을 (144)에서 설명할 것이다.

(144) dass Trudi [$_{VP}$ [$_{IP}$ Ferdi schnarchen] gehört] hat

Ferdi는 IP-투영체를 넘어 gehört로부터 4격을 받는다. 지배조건 (126)에 따르면 이것이 가능해서는 안 될 것이다. 그 이유는 IP가 α인 동사 gehört를 배제하는 동시에 β인 NP Ferdi를 포함하는 최대투영체이기 때문이다.

그러므로 우리는 IP를 예외라고 말하지만, 사실 이것은 비록 지배에 대한 투과성 외에 또다른 근거, 예를 들어 전혀 기대하지 않은 특별한 지위를 나타내는 비이동성이 있다하더라도 특히 좋은 해결은 아니었다.

따라서 엄밀히 말하면, (126)이 개선되어야 하거나 아니면 AcI-구문 및 IP-투영체가 지금까지 아직 옳게 이해되지 못한 문제에 직면해 있다. 후자는 이러한 구문을 반례로 여기지 않고, 계속된 연구의 발전을 기다리는 것을 목표로 삼아야 할 것이다.

유감스럽게도 우리는 분명한 결정을 내릴 수 없을 뿐만 아니라 논의한 자료를 고려하여 심지어는 두 가지를 동시에 해야 한다. 즉, 지배는 새로이 정의되어야 하며 이때에도 IP는 예외이다. 이 이론은 지금 아직 완성된 것은 아니다. 하지만 여러분은 아마도 이미 여기서 함께 수수께끼를 풀려는 지적 관심에 공감하고 있을 것이다.

그러므로 지배원리 (126)을 다시 (이 책에서는 다행히 마지막으로) 다음과 같이 정리해보자.

(145) 지배 (최종 버전)

α가 β를 지배하는 경우는

a. α가 β를 성분통어하고

b. α와 β 사이에 장벽 σ가 존재하지 않는 경우에 그리고 오직 그 경우에만 유효하다.

조건 (145a)는 이미 (139)에 대한 논의에서 언급되었듯이 지배는 더 이상 X^0-범주에 제한되지 않는다는 결과이다 ((108)의 성분통어 참고). α가 β를 지배하는지를 확인하기 위해 α, σ 그리고 β 사이의 특별한 관계가 항상 관찰되어야 한다.

여러분은 (145)에 대해 너무 일찍 기뻐하지는 마시오. 배제와 포함의 개념이 곧 다시 등장할 것이다.

이제 장벽은 한편으로는 섬위반과 공범주원리위반을 설명하고, 다른 한편으로는 모든 문법구조를 허용하는 방식으로 정의되어야 한다. 무엇보다도 장벽이 하위인접에 대해서 뿐만 아니라 지배에 대해서도 적용되어야 한다면 이것은 간단한 모험은 아니다. 우리가 여러분을 불필요하게 고생시키고 싶지 않기 때문에, 여기서는 지배의 장벽에만 관련되는 장벽이론으로 제한한다.

(146) 장벽

δ가 α를 관할하는 가장 가까이에 있는 최대투영체라면
이때에 σ가 α와 β 사이에 있는 장벽인 경우는
σ가 β를 포함하고 α를 배제하는 최대투영체이고,
(a)나 아니면 (b)가 필요한 경우에 그리고 오직 그 경우에만 유효하다.

a. σ는 선택되지 않는다.

b. σ의 핵심어는 δ의 핵심어에 대해 명시적이고, 그리고 그것은 β를 포함하거나 β자체인 하나의 XP를 선택한다. (최소장벽)

정의 (146)의 처음은 어렵지 않은데, 우리는 부가구조에서 이미 이것을 보았다. 즉, α의 투영체 내에 핵심어 α에 대한 장벽은 존재하지 않는다. 그리고 어떤 요소 β는 어떤 최대투영체로 부가된다 하더라도, 다시 말해 β가 그 투영체에 의해 포함되지 않는다 하더라도 그 최대투영체를 넘어 α에 의해 지배될 수 있다 (예문 (125) 참고).

그와는 달리 선택 (Selektion)과 명시성 (Distinktheit)은 새로운 내용이다. 더 쉬운 것부터 시작해보자.

(147) 명시성

핵심어 α를 포함하고 있는 하나의 연쇄에 핵심어 β의 어떤 부분이 포함되어 있지 않을 때, α는 β에 대해 명시적이다.

왜 우리가 명시성을 사용할 수 있는지를 아마도 여러분은 이미 알고 있을 것이다. (147)은 우리에게 예를 들어 (129b)와 (129d) 간의 차이에 대해 오랫동안 열망해온 설명을 제공해준다. (129b)와 (130b)에서 핵심어 C^0 dass는 핵심어 I^0 hat에 대해 명시적이다. 이와는 달리 (129d)와 (138b)에서 이것은 명시적이지 않다. 그 이유는 거기서 C^0이 연쇄 <hat_j, t_j>에 포함되어 있기 때문이다.

선택은 의미역부여의 일반화이다. 그 이유는 두 비어휘범주 I와 C도 여기에 속하기 때문이다 (4.3장 참고).

(148) 선택

α가 β를 선택하는 경우는 (a)나 (b) 또는 (c)의 경우에 그리고 오직 그 경우에만 유효하다.

a. α가 β를 의미역표시한다.

b. α가 C^0이고 β는 IP이다.

c. α가 I^0이고 β는 VP이다.

(148a)는 일반적인 경우인데, 우리는 이것을 다시 보강하려고 한다. 어휘적 핵심어에 의해 하위범주화되는 모든 요소 (즉, 목적어)는 그

핵심어에 의해 의미역을 받는다. 그렇지만 하위범주화 되지 않는 주어도 종종 의미역을 받는다. 의미역부여의 이러한 공통점은 어휘적 핵심어를 통한 의미역부여에 의해 설명되었다. 이때에 목적어와 주어 사이의 구분은 내재논항과 외재논항 사이의 구분과 가까스로 일치한다. 내재논항은 의미역을 엑스바 이론의 자매관계 하에서 직접적으로 부여 받고, 외재논항은 간접적으로 부여 받는다. 4.4장에서 우리는 흔적을 알게 되었고, 의미역부여가 최대투영체에서 이루어지는 것이 아니라, 가시적 연쇄에서 의미역을 부여하는 핵심어에 의해 지배되는 D-구조 위치에서 이루어지는 것을 확인하였다. 연쇄의 도입은 실제의 의미역부여와 선행하는 의미역 지수부여 (의미역표시)를 구분하는데 유용하다. 의미역표시는 D-구조에서 일어나며 핵심어의 논항위치에 의미역지수를 부여하는 것이다. 모든 이동작용이 수행된 후에 의미역부여는 논리형태에서 일어난다. 즉, 여기서 상이한 원리들 (특히 가시성과 의미역기준)이 충족되어 있는지 아닌지가 검증된다. 이러한 방법의 장점은 우리가 통사론에서 단지 지수만을 사용해야하는 데에도 있다. 이것을 통해서 엄밀지배에 대한 (135)와 (139)의 정의가 다음과 같이 요약될 수 있다.

(149) 엄밀지배
α가 β를 엄밀지배하는 경우는
a. α가 β를 지배하고
b. α와 β가 공지시되는 경우에 그리고 오직 그 경우에만 유효하다.
(의미역표시나 이동 α에 의한 공지시화)

주의: 그러므로 문장의 주어-NP가 동사에 의해 선택 (의미역표시) 되고 장벽이 아니기는 하지만 그럼에도 이 동사는 주어를 (엄밀)지배하지 않는다. 그 이유는 의미역을 표시하는 동사가 주어를 관할하지 않는 최대투영체 (VP)에 의해 관할되기 때문이다.

선택의 개념으로 돌아가 보자. 특히, 우리의 관심을 끄는 것은 어쨌든 조건 (148b)와 (148c)가 분명히 C^0과 I^0의 보충어로서 IP와 VP의 특별한 지위를 강조하는 것으로 만들어진 사실이다. 지배에 대한 투과성 및 비이동성과 관련하여 IP가 비최대투영체처럼 다루어지는 것을 우리는 안다. (148b)에 의하면 지배에 대한 투과성은 이제 적어도 C^0을 통한 IP의 선택에 달려 있다. 그 때문에 대개의 경우 IP는 장벽이 아니다.

우리가 아직 더 주의하지 않은 것은 이동에 대한 VP-마디로부터 생겨난 문제 즉, (148c)에 대한 더 난해한 근거이다. 조동사나 화법조동사가 없는 문장에서 본동사는 I로 이동되어야 한다. 그 이유는 한편으로는 I에 있는 시제자질은 의존형태소이며 하나의 운반자를 필요로 하고, 다른 한편으로는 동사가 사건을 기술하기는 하지만 특정한 시제자질과 관련없이 어떤 상황에서 명제적으로 해석될 수 없기 때문이다.

그러므로 동사이동은 형태론적 의미론적 근거에 의해 필수적이다. 그렇다면 VP가 최대투영체로서 장벽이라고 할 때, 동사가 VP 밖으로 어떻게 이동될 수 있어야 하는가?

(150) Gerdi freut es wenn $[_{IP}$ Ferdi $[_{I'}[_{VP}\ t_i\ ]$ lacht$_i]]$

동사 자체에 의한 선행지배를 통해서 외에는 이동된 동사의 흔적을 엄밀지배할 방법이 없다. 그러므로 VP는 V^0로부터 I^0로의 이동에 대한 장벽이어서는 안 된다. 각각의 관련 요소들이 특정한 자질을 서로 공유하는 한, 각각 그 자신의 투영체는 관할하는 영역으로의 핵심어이동에 대한 장벽일 수 없다.

이제 우리는 지배 (145), 장벽 (146) 그리고 엄밀지배 (149)에 대한 정의의 결과를 구조 (151)에서 관찰해보자. 아마도 실제의 예에서 이것에 대한 적합한 논의를 하는 것이 여러분에게 더 쉽게 이해될 것이다. 우선 아래에 있는 문제를 풀어 보시오.

〈 문제 28 〉

[$_{IP}$[$_{NP}$ John [$_{I'}$ doesn't [$_{VP}$[$_{V}$ consider] [$_{AP}$[$_{NP}$ chicken] [$_{AP}$ very [$_{A}$ intelligent]]]]]]

a. 왜 consider는 소절-주어 chicken를 지배하는가?

b. chicken이 있는 위치는 진정으로 지배되어 있는가?

c. 어떠 구가 어떤 핵심어에 의해 선택되어 있는가?

(151)

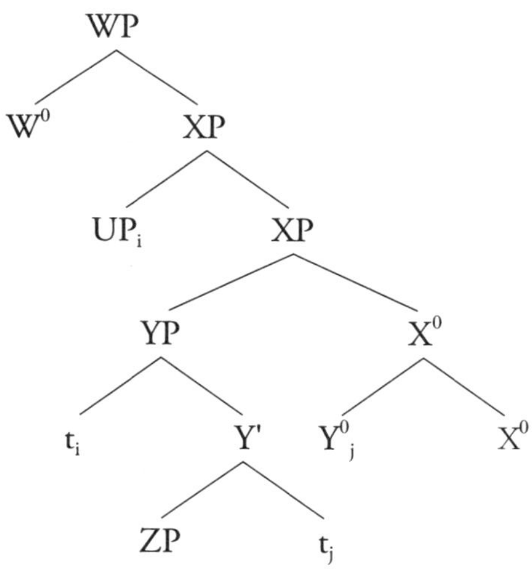

(151)에 대한 논의:

1. α = W^0이고 어휘범주라면

W^0는 XP 뿐만 아니라 UP_i도 지배한다. 이 경우 XP에 대해서는 분명하다. 이것은 의미역표시되어 선택된 W^0의 보충어이다. 그리하여 XP-위치는 또한 엄밀지배된다. WP가 W^0을 관할하는 최대투영체로서 UP_i도 관할하여 W^0와 UP_i 사이에 장벽이 없으므로, UP_i는 W^0에 의해 지배된다. UP_i가 XP에 의해 포함되지 않기 때문에 XP는 UP_i에 대한 장벽일 수 없다. 그렇지만 W^0와 UP_i가 의

미역지수나 이동 α지수를 공유하지 않으므로 UP_i는 W^0에 의해 선택도 엄밀지배도 되지 않는다.

2. α = W^0이고 비어휘범주 즉, 기능범주라면
   UP_i와 관련하여 비어휘범주로서의 W^0은 위에서와 동일한 것으로 간주된다. 물론 이때 XP-위치도 보충어로서 선택되고 지배되어 있지만 엄밀지배되어 있지는 않다. 만일 XP가 W^0의 지정어위치에 있다면 XP도 W^0에 의해 선택되어 있지 않을 것이다.

〈 문제 29 〉

어떤 0유형범주가 다른 0유형범주에 부가될 때 이러한 통사과정을 통합 (Inkorporation)이라 부른다. 독일어에서는 I^0로, 그리고 거기서 C^0로 동사가 상승할 때 동사-통합을 볼 수 있다. 어떤 언어에서는 예를 들어 보충어의 핵심어도 V^0로 통합될 수 있다. 이로쿼이어족의 모호크어 (Mohawk: 북아메리카 북동부의 원주민 언어)에서는 명사-통합 (b)가 나타난다.

a. Yao-wir-aʔa ye -nuhweʔ -s ne ka-nuhs-aʔ
   PRÄS-Baby-SUF 3.F.Sg.S./3.N.Sg.O. -mag -ASP das PRÄ-Haus
   (그 아이는 그 집을 좋아한다.)

b. Yao-wir-aʔa ye -nuhs$_i$-nuhweʔ -s t_i
   PRÄS-Baby-SUF 3.F.Sg.S./3.N.Sg.O. -Haus$_i$-mag - ASP t_i
   (그 아이는 그 집을 좋아한다.)

이와는 달리 다음에서 주어의 명사-통합이 비문법적인 구조가 된다.

c. *t_i ye -wir$_i$ -nuhweʔ -s ne ka-nuhs-aʔ
   *t_i 3.F.Sg.S./3.N.Sg.O. -Baby$_i$ -mag -ASP das Haus
   (PRÄ = 명사접두사; SUF = 명사접미사; F = 여성; Sg = 단수; N = 중성; S = 주어일치; O = 목적어일치; ASP = 상)

문제 29에 대해서:

a. 첫 번째 예문에서 동사는 어떤 최대투영체를 선택하는가?

b. 두 번째 예문에서 동사는 통합된 명사-핵심어 Haus의 흔적을 지배하는가?

c. 왜 세 번째 문장이 비문법적인지를 설명하시오.
(VP에 동사가 있는 구조 즉, IP → NP I VP에서 출발하시오)

3. α = X^0이고 어휘범주라면

우리가 관할에 대해 이해하고 있기 때문에 (151)에서 X^0은 이미 UP_i를 지배할 수 없다. 이와는 달리 X^0은 YP를 지배한다. 그 이유는 YP가 X^0도 직접 관할하는 동일한 최대투영체 XP에 의해 관할되기 때문에, 그리고 그 사이에 장벽이 없기 때문이다. 그 밖에 X^0은 YP를 의미역표시 하기 때문에 YP-위치를 엄밀지배한다. YP는 보충어로서 X^0에 의해 선택된다. 즉, YP는 이동에 대한 장벽이 아니다. 그러므로 예를 들어 Y^0도 X^0-범주로 부가될 수 있다. 이 부가위치로부터 Y^0_j는 그의 흔적 t_j를 공통의 지수 때문에 엄밀지배한다.

〈 문제 30 〉

Wann, fragte Ferdi den Sepp, macht der Kiosk dicht?

a. 이 의문문의 엑스바-구조를 제시하시오.

b. 의문사구 wann은 어떻게 선택되는가?

c. wann의 의문사구이동의 중간흔적에 대해서 공범주원리가 어떻게 충족되는가?

4. α = Y^0이고 비어휘범주라면

Y^0이 X^0로 이동한 후 X^0-Y^0-범주는 YP의 지정어위치를 지배하

기는 하지만 두 범주 X^0과 Y^0이 지수 t_i를 공유하지 않기 때문에 엄밀지배는 존재하지 않는다. 비어휘범주 Y^0은 ZP를 선택하기는 하지만 지정어위치를 선택하지는 않는다. 그래서 t_i의 위치로부터 이동될 수 없다. 이 때 유일한 변형적 선택은 구 전체 즉, UP_i가 멀리 이동되어 그 흔적이 선행지배를 통해 엄밀지배되어야 하는 것이다. 실제로 UP_i와 t_i 사이에 장벽이 없기 때문에 UP_i는 t_i를 엄밀지배할 수 있다. 최대투영체 XP는 β를 포함하기는 하지만 그것이 α를 배제하지는 않는다. 다른 최대투영체 YP는 (146a)에 따라 선택되어 있으므로 지배에 대한 장벽은 없다. (146b)도 YP를 장벽이 되게 할 수 없다. 그 이유는 최대투영체 XP와 YP의 두 핵이 명시적이지 않기 때문이다.

그러나 Y^0이 X^0에 부가되어 있지 않다고 하더라도 YP는 UP_i를 통한 t_i의 선행지배에 대해 장벽은 아닐 것이다. 즉, (146b)가 요구하듯이 YP가 최소장벽이 되도록 하기 위해 Y^0은 비어휘범주로서 YP의 지정어위치를 선택하지 않는다.

그 밖에, XP가 W^0에 의해 선택되어 있고 그와 더불어 장벽을 의미하지 않는다 하더라도, 이때 X^0이 Y^0-연쇄의 부분이 아닌 중간지배자일 것이므로 Y^0_j는 W^0에 직접 부가될 수 없을 것이다.

주의: I^0과 C^0은 이들의 지정어위치를 선택하지 않는다. 이것은 주어이동이나 CP의 지정어위치를 넘어 이동할 경우 항상 선행지배가 보장되어 있어야 한다는 것을 의미한다. IP의 지정어위치에 있는 주어-NP는 동사에 의해 선택되어 있다. 이와는 달리 CP의 지정어위치는 전연 그렇지 않다. 어떤 구가 CP의 지정어위치로 이동되면 이 구는 D-구조에서 의미역표시하는 핵심어에 의해 선택되거나, 아니면 부가구가 관련될 때 이 구는 결코 선택되어 있지 않는다. 그러므로 공범주원리를 위반하지 않고 부가로부터 단지 어휘적으로 엄밀지배된 목적어만이 이동될 수 있다는 것은 놀라운 일이 아니다.

〈 문제 31 〉

우리가 이제 장벽이론을 알게 된 후 다시 (137)을 살펴보아야 한다.

(137) a. Wen_i sah_j [$_{IP}$ Ferdi [$_{I'}$[$_{VP}$[$_{IP}$ t_i [$_{VP}$ tanzen]] t_{j1}] t_{j2}]]
b. ... dass [$_{IP}$ $Ferdi_i$ [$_{I'}$[$_{VP}$[$_{IP}$ t_i [$_{I'}$ zu schnarchen]] t_j] $scheint_j$]]

질문: 여기서 왜 모든 흔적이 공범주원리를 충족시키는가?
모토: 선행지배는 점점 더 중요해진다.
규칙: 주어가 문제없이 이동되면 선행어는 엄밀지배한 것이다. 일반적으로 수동문에서 목적어가 주어로 될 때 동사이동이 필요하다.

4.5.3. 영주어 매개변수

독일에 거주하는 스페인 출신 외국인 노동자의 다음 설명에서 대체 무엇이 생소한가?

no ha querido, nicht wolle, vielleicht viel kalt, heute nicht gut en España, nicht gut
(Ich weiß nicht, was ich will, vielleicht sehr kalt, heute nicht gut in Spanien, nicht gut)

위의 스페인 사람은 분명히 주어를 전혀 사용하지 않았다. 다음은 특히 중요하다. 즉, 그는 독일어에서 어떤 요소가 문두위치에 위치하지 않을 때 자리채움자로서 이 위치에 놓이는 의미없는 es도 사용하지 않는다.

그리고 이것은 우리가 방금 힘들게 연구하여 파악한 것과 어떤 관계가 있을까? 본래 공범주원리는 아마도 의문사구이동의 경우 보문소-흔적 효과나 핵심어이동에 대한 국부성제약 뿐만 아니라 자연언어의 많은 통사현상을 설명하기 위해 생각해냈을 것이다. 소위 영주어 매개변수 (또는 pro-drop 매개변수)와 관련된 규칙성의 복합체가 거기에 속할 것이다.

이것에 대한 독일어와 이탈리아어의 몇몇 차이를 살펴보자.

(152) a. Verrà
(Er/sie/es wird kommen)
b. *wird kommen

(153) a. Gianni verrà
b. Verrà Gianni
(Gianni wird kommen)
c. Ferdi wird kommen
d. *wird kommen Ferdi

(154) a. Chi credi che verrà?
(Wer, denkst du, wird kommen)
b. *Wer, denkst du, dass kommen wird

(155) a. Es wird geschlafen
b. *wird geschlafen

이탈리아어에서 시제있는 문장의 주어는 (152)처럼 음성적으로 실현되지 않을 수 있고, 주어와 동사는 (153a, b)처럼 자유롭게 도치될 수 있으며, 마지막으로 의문사구가 이동될 때 (154)처럼 보문소-흔적 효과는 관찰될 수 없다.

물론 이러한 예들은 임의로 선택된 것은 아니다. 다시 말해, 이것은 특정한 근거에 의해 선택된 것이다. 이러한 예들은 함께 관련지어 설명될 수 있다고 우리는 주장한다. 이에 상응하는 독일어의 예는 왜 비문법적일까? (154b)에 대해 우리는 쉽게 대답할 수 있다. 주어-의문사구가 dass를 넘어 이동하는 것은 공범주원리를 위반한다. 그 이유는 (146b)에 따라 dass가 가장 가까이에 있는 지배자로서 최소장벽 IP를 설정하기 때문이다. 도치 (Inversion)의 경우 주어가 흔적을 남겨두고 동사의 오른쪽에 있는 위치로 이동되었다는 것으로부터 출발할 때 (153d)에 대해 다음의 예가 비교 분석될 수 있다.

(156) *[$_{IP}$ t_i [$_{VP}$[$_{VP}$ kommen] Ferdi$_i$] wird]

(156)은 I-요소 wird만이 주어흔적을 지배한다는 것을 보여준다. 독일어에서 I는 엄밀지배자가 아니므로 (156)은 공범주원리를 위반한다.

(156)은 부가를 통해 생겨났다. 어떤 범주를 비어 있는 D-구조 위치로 이동시키는 대체와는 달리, 우리가 알고 있듯이 부가는 어떤 D-구조 위치를 동일한 범주로 된 두개의 분절로 나눈다. (156)에서 문장의 주어 Ferdi는 VP에 부가되었다. 이 위치로부터 그것은 주어 위치에 있는 흔적을 지배할 수 없다. (152b)의 비문법성도 공범주원리에서 그 원인을 찾을 수 있다. 그 이유는 투영원리는 주어를 필요로 하기 때문인데, 여기서 주어는 다음과 같이 단지 음성적으로 비어 있는 NP를 통해서 실현되어 있다.

(157) *[$_{IP}$ e [$_{VP}$ kommen] wird]

(155b)에 대해서도 똑같이 말할 수 있다. 거기에도 (157)의 형상구조가 존재한다. 물론 이때 우리는 흔적에 대해서 뿐만 아니라 D-구조에 있는 특정한 공범주에 대해서도 적용되는 공범주원리의 일반화된 형태로부터 출발해야 한다. (PRO 같은 대명사적 공범주는 제

외되었다; 4.6장 참고)

이탈리아어 문장으로 가보자. 독일어 문장과는 달리 이탈리아어 문장은 왜 적형일까?

지금 우리가 잠시 시간을 가지고 상세히 설명하기 전에, 지배결속이론에 대한 전형적인 모범답안을 더 자세하게 살펴보려고 하는 것은 이론적으로 아주 중요한 의미를 갖는다. 우리의 질문에 대해 원칙적으로 두 가지 대답이 가능하다.

1. 언어들 간의 차이는 모든 언어의 고유문법에 의해 특징지워진다는 것에서 그 원인을 찾을 수 있다. 이러한 언어 특유의 문법은 몇 가지 관점에서 유사하게 보일 수 있다. (모든 문법은 어떤 속성을 공통적으로 가지거나, 각각 서로 다른 공통적인 속성을 통해 나타나는 문법의 그룹화가 존재한다). 그러나 공통적으로 가지는 본질적인 속성은 많지 않다.
2. 언어들 간의 차이는 다음과 같이 설명될 수 있다. 모든 문법은 공통의 보편원리에 따라 구성되어 있다. 보편원리란 아이의 유전적 장치에 속하고, 아이에게 실제 임의의 경험조건 하에서 문법을 구성하도록 가능하게 하는 원리이다. 하지만 이러한 원리들은 개개의 대안을 허용한다. 물론 여러분은 이미 몇몇의 매개변수 즉, 특히 4.1장에서 핵심어-보충어-선형화에 대한 선택 또는 4.4장에서 하위인접조건에 대한 경계마디의 상이한 가능성을 알고 있다.

첫 번째 설명에 비해 두 번째 설명은 많은 장점을 가지고 있다. 두 번째 설명은 이미 단지 형식적이고 학문이론적인 관점으로부터 첫 번째 설명에 비해 선호될 수 있다. 그 이유는 그것이 더 간단하고 더 세련되어 있다. 그러나 그것만으로는 지배결속이론과 같은 문법개념에 대해 충분치 않다. 즉, 이러한 개념 하에서 문법이론은 훨씬 더 많은 것을 수행해야 한다. 그것은 심리적으로 실재해야 한다. 다시 말하면, 그것은 특히 언어습득문제를 해결해야 한다. 아이들이 그들의 부족한 언어경험에 비추어 어떤 언어의 문법과 같은 복잡한 체계를 쉽게 그리고 빠르게 습득하는 것이 어떻게 일어날까 (5.1장 참고)? 원리와 매개변수모형은 왜 언어습득에서 개별 정보의 토대 위에서, 예를 들어 영주어 매개변수의 상이한 효과처럼 항상 전체의 문법지식이 다발로 습득될 수 있는지에 대해 설명한다.

이제 영주어 매개변수는 어떤 모습일까? 아탈리아어의 문장구조가 원칙적으로 독일어나 영어의 문장구조 (CP/IP/VP-형상구조)와 동일하다는 가정 하에서, (152)에 있는 이탈리아어의 문법성은 단지 비어있는 주어위치가 엄밀지배된다는 것과 관련될 수 있다. VP 때문에 V가 VP-외재적인 주어위치에 대해 엄밀지배자로서 배제되기 때문에 I를 통한 즉, 시제자질 [+시제]와 일치 [+AGR]를 통한 엄밀지배만이 문제가 된다.

(158) $[_{IP}$ e_i(=pro) I_i [VP verrà]]

$\longleftarrow$

엄밀지배

I는 어휘적 지배자가 아니므로 이탈리아어에서 I가 비어 있는 대명사적 주어 pro (er/sie/es)에 대해 어느 정도 선행지배자라고 우리는 가정해야 한다.

어떻게 이것이 가능할까? 이제, 주어와 I (및 V) 사이에 일치 즉, 특정한 자질 (인칭, 수, 성)의 일치가 존재한다. 우리는 이 관계를 연쇄요소들 사이의 관계와 마찬가지로 형식적으로 공지시화를 통해 표현한다. 이것에 대해서 다음 내용을 읽어 보자.

여러분이 훨씬 더 분명히 알게 되듯이 일치 개념은 아주 새로운 위상을 갖는다. 의미역표시, 격표시 혹은 연쇄형성처럼 일치는 일반적으로 구조와 관련된 개념인 자질공유 (Share Feature)에 속한다. 일치하는 요소들은 문법자질의 일부를 공유한다. 그러므로 일치는 자질을 공유하는 다른 과정과 마찬가지로 형식적으로 관련 요소들의 공지시화를 통해 기호가 붙는다. 게다가 요즈음은 모든 중요한 문법 과정들이 핵심어-핵심어-일치를 통해서, 아니면 지정어-핵심어-일치를 통해 특징지워져 있다고 가정된다.

핵심어-핵심어-일치는 예를 들어 동사적인 요소들 사이에 존재한다. 그 이유는 조동사와 본동사가 본래 둘다 VP 안에서 생성된다는 것으로부터 출발하기 때문이다. 여러분이 이 근거를 설득력이 없다고 생각한다면 문제 29를 다시 읽어보시오. 거기서 언급된 통합이론에 의해 왜 핵심어-핵심어-일치로부터 출발되어야 하는지가 아주 잘 설명될 수 있다.

지정어-핵심어-일치는 주어-동사-일치에서 뿐만 아니라 기능범주와 관련된 모든 문법과정에서 그리고 격부여에서도 나타난다.

공통의 지수 때문에 이탈리아어에서 비어 있는 주어자리는 I에 의해 엄밀지배될 수 있다. 이것을 위한 전제조건이 확대된 공지시조건이다. 즉, 의미역표시의 지수와 이동의 지수 외에 일치의 지수도 이 조건 (149b)을 충족한다.

그렇다면 왜 시제문장의 주어위치는 독일어에서도 일치를 통해 선행지배되지 않을까? 분명히 이 두 언어의 일치자질은 서로 다른 지위를 갖는다. 독일어에서는 아니지만, 이탈리아어에서 일치자질은 대명사적이고 이런 점에서 (159a)의 ti와 같은 대명사적 목적어 접어와 비교될 수 있다. 우리는 이러한 접어가 정말 의존적이라는 것을 스페인어의 예 (159b)에서도 보게 된다.

(159) a. [$_{IP}$ Gianni **ti**$_i$ [$_{VP}$ conosce e$_i$]
(Gianni kennt dich)
b. Quiere comprar**lo**
(Er will es kaufen)

그러므로 I는 대명사적이기 때문에 '주어 없는' 문장 내지 영주어를 갖는 문장이 허용되어 있을 때에만 선행지배할 수 있다. 목적어-NP는 주어-NP의 이동과 비교될 수 있고, 그리하여 (153a,b)와 (160)에서처럼 주어의 도치가 자유롭다는 점과 (154)와 (161)의 의문사구이동에서 보문소-흔적 효과가 없다는 점이 아주 유사하게 설명될 수 있다.

(160) $[_{IP}$ t_i I_i $[_{VP}[_{VP}$ verrà] $Gianni_i$]]

(161) $[_{CP}$ Chi_i credi $[_{CP}$ che $[_{IP}$ t_{i1} I_i $[_{VP}$ verrà]]]]

< 문제 32 >

(160)과 (161)에 대해서 곧바로 설명해보시오.

여러분은 이탈리아어를 얼마나 쉽게 배울 수 있는지를 안다. 우리가 살펴본 바처럼, 우리는 단지 대명사적 일치를 보편문법적으로 선택하는 것만 필요하다.

4.6. 결속이론과 통제이론

Drum prüfe, wer sich ewig bindet, ob er nicht noch was bess'res findet.
(결혼하기 전에 더 좋은 사람이 있는지를 찾아 보아야 한다.): (속담)

우리가 위 문장에서 속담이 갖는 깊은 의미를 완전히 설명할 수는 없지만, 그 대신에 왜 '그 (er)'가 곧 결혼하려고 하는지를 여러분에게 말할 수 있다.

4.6.1. 결속

더 자세히 말하자면 지시적으로 다른 NP와 관련되어 있는 NP가 있다.

(162) Ferdi vermutet dass Trudi sich mit Selbstauslöser fotografieren will

(162)에서 sich는 삽입문의 주어 Trudi에 지시적으로 관련되어 있다. Trudi는 어느 누군가를 사진 찍으려고 하는 것이 아니라 (Ferdi도 아님) 바로 자기 자신을 사진 찍으려고 한다.

그러나 (163a)에서 그녀는 그를 사진 찍으려고 한다고 할 수 있을 것이다.

(163) a. Ferdi vermutet dass Trudi ihn mit Selbstauslöser fotografieren will
b. Ferdi vermutet dass Trudi sie mit Selbstauslöser fotografieren will

(163b)에서 sie는 Trudi에 관련될 수 없다. Trudi는 자신을 사진 찍는 것이 아니라 바로 그녀를 자동 셔터로 사진 찍는다. 대명사는 아마도 가끔 분리된 지시관계 (Disjunkte Referenz)를 가져야 한다. 다시 말하면, 대명사는 특정한 영역 내에서 관련 어휘에 의존해서는 안 된다. (163a)에서처럼 우리가 sie를 ihn으로 대체하면 그 문장은 Trudi가 Ferdi를 사진 찍으려고 한다는 것을 의미할 수 있다. 그러나 ihn은 또한 Putin도 의미할 수 있을 것이다.

우리는 (162)에 있는 Trudi와 sich 같은 명사들 사이의 의존성을 결속 (Bindung)이라 부를 것이다.

(164) ... Trudi sich mit Selbstauslöser fotografieren will

α β

⟶

α는 β를 결속한다

sich는 Trudi에 의해 결속된다. 여러분이 이것을 선행어에 의한 흔적의 결속으로 생각해 내길 바란다. 물론 (162)와 (163a)는 결속된 NP가 음성적으로 실현된다는 점에서 흔적의 결속과 구분된다. 그러나 우리는 음성적으로 실현된 NP의 결속과 이동에 의해 도입된 결속관계가 그들의 통사적 속성에서 구분될 수 있다는 것을 곧 보게 될 것이다. 그러므로 결속의 두 형태를 형식상 동일한 방식 즉, 공지시화로 설명하는 것이 쉽게 이해된다. 그렇다고 하더라도 여러분은 이것을 지금까지 우리가 파악했던 공지시화의 다른 유형으로 혼동하지는 마시오.

〈 문제 33 〉

우리가 지금까지 어떤 유형의 공지시화를 파악했고, 그것이 어떤 원리에서 중요한 역할을 하는가?

(162)와 (163)은 다음과 같이 NP의 상이한 결속관계를 보여 준다.

(165) NP의 결속관계

a. 대용어적 NP는 반드시 결속되어야 한다. (예를 들어 sich, einander)

b. 대명사적 NP는 수의적으로 결속된다. (예를 들어 sie, ihn)

c. 지시적 NP는 결코 결속되어서는 안 된다. (예를 들어

Trudi, zwei Freunde)

(162)에 있는 재귀대명사 sich는 반드시 국부적으로 결속되어야 하는 대용어적 NP이다. 이러한 결속의 속성을 갖는 NP에 대한 다른 예가 문장 'Sie fotografieren einander'에 있는 einander이다. (163)에 있는 sie나 ihn같은 대명사는 결속될 수 있지만 반드시 결속되어야 하는 것은 아니다. 이와는 달리 Trudi같은 NP에 대해서는 다음의 예가 보여 주듯이 결코 결속될 수 없다는 것이 적용된다.

(166) Trudi will Trudi mit Selbstauslöser fotografieren

문장 (166)은 Trudi가 자기 자신을 사진 찍으려고 한다는 것을 의미할 수 없고, Trudi가 동일한 이름을 가진 바로 그 다른 사람을 사진 찍으려고 한다는 것을 의미할 수 있다.

4.6.2. 구조적 관계로서의 결속

이러한 공지시관계가 대체 통사론과 어느 정도까지 관련되어 있을까? NP의 결속이 문장의 해석에 속하기는 하지만 다른 해석의 관점(예: 의미역표시)에서처럼 통사적 조건을 따른다. 그러므로 결속은 의미역표시처럼 하나의 통사적 현상이다. (167a)와 (167b)를 한번 비교해 보자.

(167) a. $[_{NP}$ Trudi$]$ hat sich ein Auto gekauft
b. $[_{NP}[_{NP}$ Trudis$]$ $[_{N'}[_{N}$ Freund$]]]$ hat sich ein Auto gekauft

여러분은 (167b)에서 sich가 Trudi와 관련되어 있을 수 없다는 것을 안다. 이것은 (167a)가 보여 주듯이 Trudi가 자신을 위해 자동차를 살 수 있기 때문에 의미적 속성의 책임은 아니다. 분명히 여기서 Trudi가 다른 NP의 지정어위치에 있는 주어라는 사실이 중요한 역할을 한다. 그러므로 우리는 대용어의 결속이 지배처럼 어떤 것에 의해 제한되어 있다고 추측할 수 있다. 대용어가 NP의 밖에서 나타난다는 것이 확실히 여러분의 관심을 끄는 것처럼, 제한 될 수 있는 것은 지배 자체가 아니라 다방면에서 자주 언급되는 성분통어이다.

(167b)에서 sich의 선행어로서 Trudi를 배제하기 위해 우리는 4.4.5장의 결속의 정의 (107)을 넘겨받을 수 있다. 그 이유는 (107)은 국부적인 선행어에 대해서 음성적으로 비어 있는 대용어적 요소 (흔적)의 의존성과 음성적으로 실현된 대용어적 요소 (sich, einander)의 의존성을 위해 옳은 예측을 하기 때문이다. 이것은 다음과 같이 요구되어야만 한다.

(168) 대용어는 반드시 그의 선행어에 의해 성분통어되어야 한다.

성분통어 조건은 NP가 구조적으로 덜 중요한 요소 즉, 문장에 있는 최대투영체의 위계구조에서 더 아래에 있는 요소에 의해 결속되는 것을 배제한다. (167a)에서 sich는 Trudi에 의해 성분통어된다. 그 이유는 sich가 Trudi를 관할하지도 않고 Trudi가 sich를 관할하지 않기 때문에, 그리고 Trudi를 관할하는 모든 최대투영체가 sich도 관할하기 때문이다. 게다가 Trudi와 sich가 공지시되어 있기 때문에 Trudi는 대용어 sich를 결속한다.

이와 함께 Trudi는 sich의 선행어로서 문제가 된다. 위에서 와는 달리 (167b)에는 Trudi를 관할하지만 대용어를 관할하지 못하는 최대투영체 즉, 핵심어 Freund를 갖는 NP가 있다. 이러한 근거로부터 Trudi는 대용어를 성분통어할 수 없고, 그러므로 결속도 할 수 없다. 그래서 (167b)에서는 바로 Trudis Freund만이 가능한 선행어이다.

(167a)에서도 Trudi와 sich 사이에 최대투영체 즉, 핵심어로

Trudi를 갖는 NP가 있다는 것을 주의하시오. 그럼에도 불구하고 여기서 Trudi가 대용어에 대한 선행어일 수 있는 것은 결속조건을 최대투영체에 적용하는 것과 관계가 있다. 문장 Die schöne Trudi hat sich ein Auto gekauft에서 sich의 선행어는 Trudi가 아니라 바로 die schöne Trudi이다. (167b)를 (169)와 비교해 보자.

(169) [$_{NP}$ Trudis Freund] hat ihr ein Auto gekauft

대용어와는 달리 대명사는 성분통어 하지 않는 선행어에 관련되어 있을 수 있다. 그러므로 비록 Trudi가 대명사를 성분통어 하지 않는다 하더라도 대명사 ihr는 Trudi에 의해 결속될 수 있다. 조건이 다르다 하더라도 대명사는 성분통어조건을 따른다. 다음의 예가 이것을 보여 준다.

(170) a. Ferdi$_i$ glaubt [$_{CP}$ dass er$_i$ gewinnen wird]
b. *Er$_i$ glaubt [$_{CP}$ dass Ferdi$_i$ gewinnen wird]

(170a)에서 보문에 있는 대명사 er는 상위문의 NP Ferdi에 의해 결속될 수 있다. 하지만 상위문에 대명사가 나타나고 의도된 선행어가 보문에 나타난 (170b)에서는 이것이 배제된다. 우리는 이러한 현상을 (171)을 가지고 설명할 수 있다.

(171) 대명사는 그의 선행어를 성분통어해서는 안 된다.

4.6.3. 국부성: 결속이론 ABC

(168)과 (171)을 가지고 우리는 (167)과 (170)의 결속관계를 설명할 수는 있지만, (162)와 (163)이 왜 (172a,b)처럼 해석되지 않는지

를 설명할 수는 없다.

(172) a. *Ferdi$_i$ vermutet [$_{CP}$ dass Trudi sich$_i$ mit Selbstauslöser fotografiert hat]
b. *Ferdi vermutet [$_{CP}$ dass Trudi$_i$ [$_{VP}$ sie$_i$ mit Selbstauslöser fotografiert hat]]

대용어가 공지시된 NP Ferdi에 의해 성분통어되기 때문에 (172a)는 조건 (168)을 충족시킨다. 그리고 대명사 sie가 공지시된 NP Trudi를 VP로 인하여 성분통어하지 못하기 때문에 (172b)는 조건 (171)을 충족시킨다. 결속관계는 반드시 존재해야 한다. 여러분은 아마도 여기에서도 국부성이 관련되어 있다고 생각할 것이다.

(173) 결속원리
원리 A: 대용어적 NP는 국부영역에서 결속된다.
원리 B: 대명사적 NP는 국부영역에서 결속되지 않는다.
원리 C: 다른 NP는 어떤 곳에서도 결속되지 않는다.

이러한 원리들은 대용어, 대명사 그리고 다른 명사에 대한 결속조건을 통합한다. "결속한다는 것"이 (107)에서처럼 성분통어하는 논항과의 공지시화로서 이해될 때 여러분은 (165)와 (168)을 포함시킬 것이다. 이와는 달리 (173)에서는 대명사에 대한 성분통어조건 (171)이 포함되어 있지 않다. 즉, (173)의 원리 B는 다음 두 가지 관점만을 포착한다.

- 대명사는 결속될 수 있다. ((163a)/(170a))
- 대명사는 특정한 영역에서 반드시 배타적이다. 즉, 국부적으로 결속되지 않는다.

국부성의 관점과 관련하여 대용어는 특정한 영역에서 반드시 결속되어야 하지만 대명사는 그와는 달리 자유로워야 한다. (172)에서 결속이 허용되지 않는 것은 결속원리의 의미에서 국부경역은 문장 IP라는 것을 추측하게 한다. 이러한 가정 하에서 (172a)의 대용어는 원리 A와 상반되게 보문에서 자유롭다 즉, 결속되지 않는다. 그 반면에 (172b)에서는 대명사가 원리 B와 상반되게 결속되어 있다 즉, 자유롭지 않다.

그러므로 원리 B는 단지 대명사가 국부영역에서 결속된다는 것 즉, 우리가 배타적 지시라고 명명한 현상만을 배제한다. 이러한 영역 밖에서 대명사가 결속되는 것은 원리 B를 통해 포착되지 않는다. 이것은 대용어와는 달리 대명사는 문장에서 표현된 어떤 선행어도 필요로 하지 않는다는 사실로 이해된다 ((163) 참고).

원리 C는 결코 특정한 국부영역관계를 감수하지 않는다 즉, 결속은 모든 영역에서 배제된다 ((165) 참고).

문장이 결속에 대한 국부영역이라는 추측은 어리석게도 입증될 수 없다.

(174) Trudi$_i$ sieht [$_{CP}$ sich$_i$/*sie$_i$ vor dem Spiegel tanzen]

만일 삽입문이 여기서 국부영역이라면 대명사만이 결속될 수 있어야 하고, 대용어는 상위문의 선행어에 의해 결속될 수 없어야 할 것이다. 그러나 사실은 그 정반대의 경우이다. 여러분은 CP-삭제를 기억할 것이다. sehen과 같은 동사들은 감소된 보문을 선택하고 삽입문의 주어위치를 지배한다. 이것은 격부여와 이동에 대해서 뿐만 아니라 결속에 대해서도 중요한 것처럼 보인다. 즉, 상위문이 국부영역이 된다.

하지만 (175)에서도 대용어와 대명사가 감소된 보문에 포함되어 있음에도 불구하고, 왜 우리가 여기서는 이러한 효과를 관찰하지 못할까?

(175) $Trudi_i$ sieht [$_{IP}$ Ferdi [$_{VP}$ *$sich_i$/sie_i anhimmeln]]

분명히 감소된 보문이 결속에 대해 투과되지 않는다. 오히려 상위문의 동사에 의한 대용어 및 대명사의 지배는 중요한 요인이 된다. (174)에서 이러한 요소들이 상위문의 동사에 의해 지배되지만, 이와는 달리 (175)에서는 보문의 동사에 의해 지배된다. 그러므로 결속하려는 요소를 지배하는 그런 문장만이 국부영역이다.

다시 (174)로 가보자. 여기서 단지 주어가 보문의 밖으로부터 지배되기 때문에, 밖에 있는 주어가 결속하는 것에 대해 보문은 쉽게 이해된다. 만일 주어가 보문 내에서 지배된다면 - 시제문에서는 I^0에 의해 주어위치가 지배되는 경우이다 -, 보문은 대용어가 반드시 결속되고 대명사가 자유로워야 하는 국부영역이다.

(176) $Trudi_i$ sieht [dass *$sich_i$/sie_i vor dem Spiegel tanzt]

그러나 결속에 대한 영역을 지배 단독으로는 정의할 수 없다. 즉, 만일 그 경우라면 (174)/(175)의 sich는 지배하는 동사의 VP 내에서 결속되어야 하고, 대명사 sie는 자유로워야 할 것이다.

그렇지만 우리의 예에서 가능한 결속은 항상 대용어가 VP-영역 밖의 가장 가까이에 있는 주어에 의해 결속된다는 것을 보여준다. (177)은 우리에게 주어관련성에 관한 또 다른 설명을 제공한다.

(177) a. $Trudi_i$ liest [$_{NP}$ $Ferdis_j$ Buch von $sich_{*i/j}$]
b. $Trudi_i$ liest [$_{NP}$ das Tagebuch von $sich_i$]

위의 두 경우에서 대용어 sich는 NP에 포함되어 있다. 이것은 전치사 von에 의해 지배된다. (177a)에서 sich는 반드시 Ferdi에 의해 결속되어야 하는 반면 (177b)에서 오직 Trudi만 선행어로 고려된다. (177b)의 Trudi/sich와 비교하여 (177a)의 결속가능성을 Ferdi/sich

로 제약한 것은 결속할 때 주어가 사실상 중요한 역할을 한다는 것을 보여준다.

물론 NP가 주어를 포함할 수 있다는 것을 여러분은 이미 잘 알고 있다. 그러므로 (177a)에서 Ferdi는 주어이다. 또한 여러분은 주어나 목적어 같은 문법기능이 구조적으로 이해된다는 것도 알고 있다. 즉, Ferdi는 문장의 주어위치에 비교될 수 있는 그런 위치에 있다. 문장의 주어는 IP의 지정어위치에 있고 NP의 주어는 NP의 지정어위치에 있다. 심지어 특정한 경우에 이런 NP들 즉, Ferdi bewundert Trudi/Ferdis Bewunderung für Trudi사이에 의미역의 유사성이 존재한다. 그러므로 결속을 위한 영역은 지배와 가장 가까이에 있는 주어에 의해 정의된다. 이것을 위해 지금부터 지배영역(Rektionsdomäne)에 말해 보자.

(178) 지배영역
δ가 어떤 요소 α에 대한 지배영역인 경우는
a. δ가 α를 관할하고
b. δ가 α에 대한 지배자 ρ를 포함하며
c. δ가 α에 대한 불투명성 요인 ω (ω = 주어)를 포함하는 경우에 그리고 오직 그 경우에만 유효하다.

문장의 주어나 NP의 주어와 같은 불투명성 요인 (Opazitätsfaktoren)은 결속관계에 대한 구조영역을 불투명하게 한다 (5.1장 참고).

4.6.4. 공범주에 대한 결속이론의 결과

우리는 NP가 음성적으로 나열될 수 없다는 것을 이미 보았다. 그래서 예를 들어 어떤 요소가 이동할 때 음성적으로 비어 있는 범주가 뒤에 남는다. 물론 여러분은 공범주가 비어 있기는 하지만 무엇인가를 나타낸다는 것을 안다. 이미 4.4장에서 명사구이동과 의문사구이동 사이의 격이론적 차이가 명사구-흔적 (NP-흔적)이 의문사구-흔적 (W-흔적)과 다른 속성을 가지고 있다는 것을 보여 주었다.

그러므로 우리는 비어 있는 NP들이 결속이론 하에서도 상이한 관계에 있다고 즉, 비교 가능한 속성을 갖는 어떤 공범주가 결속이론으로 구분될 수 있는 3개의 NP-유형 모두에 상응한다고 다음과 같이 추측할 수 있다.

(179)

	음성적으로 실현된	비어 있는
대용어	sich, einander	NP-흔적
대명사	sie, ihn, ...	?
다른 명사	Ferdi, was, ...	W-흔적

실제로 어휘적 대용어처럼 그 지배영역에서 결속되어야 하는 공범주 즉, NP-흔적이 있다.

(180) a. Ferdi sieht [$_{CP}$ dass Gerdi$_i$ [$_{VP}$ t$_i$ angerempelt wurde]]
b. *Ferdi$_i$ sieht [$_{CP}$ dass Gerdi [$_{VP}$ t$_i$ angerempelt wurde]]

만일 우리가 (180b)가 이미 의미역기준 때문에 배제되었다는 것을 제외한다면, 이 문장은 Ferdi가 모욕당했다라고 해석될 수 없다. 즉, 이렇게 해석할 때 동사 anrempeln의 목적어-흔적 (NP-흔적)은 Ferdi에 관련되므로 지배영역 (삽입문)에서 결속되지 않을 것이다. 이러한 근거로부터 목적어-흔적도 문장관계 밖에서 선행어를 가질 수 없다.

마찬가지로 NP-흔적의 대용어적 특성 때문에 다음과 같은 대조가 나타난다.

(181) a. Ferdi$_i$ scheint [$_{IP}$ t$_i$ [$_{VP}$ Gerdi geküsst zu haben]]
b. *Gerdi$_i$ scheint [$_{CP}$ dass Ferdi [$_{VP}$ t$_i$ geküsst hat]]

이제 우리는 (179)에 의문부호 (?)로 표시된 것을 건너뛰고, NP-흔적과는 달리 결속이론의 원리 C에 속하는 W-흔적을 살펴보려고 한다. 물론 W-흔적은 대용어와 반대로 그의 지배영역에서 자유롭다는 것을 우리는 이미 알고 있다.

(182) [$_{CP}$ Wen$_i$ sagt [$_{IP}$ sie [$_{CP}$ t$_{i1}$ dass [$_{IP}$ Ferdi t$_{i2}$ geküsst hat]]]]

의문사는 문장에서 CP의 지정어위치로 간다. 즉, 이것은 문장의 주어위치를 넘어 지나 간다.

그러나 (183)이 보여 주듯이, 대명사와 달리 W-흔적은 그의 지배영역 밖에 있는 논항에 의해 결속될 수 없다.

(183) *[$_{CP}$ Wen sagt [$_{IP}$ sie$_i$ [$_{CP}$ t$_{i1}$ dass [$_{IP}$ Ferdi t$_{i2}$ geküsst hat]]]]

(183)에서처럼 의문사구의 흔적이 중재하는 대명사에 의해 결속되는 것이 배제된다. 그래서 이 물음은 대명사에 의해 설명된 사람과 관련되지 않는다.

왜 W-흔적이 결속되지 않을까에 대해 여러분은 자문하게 될 것이다. 물론 W-흔적은 결속된다. 하지만 결속이론의 의미에서는 결속되지 않는다! 결속이론은 소위 논항위치 (Argumentpositionen) 즉, D-구조에서 의미역이 할당될 수 있는 위치 (보충어위치와 주어위치)에 있는 요소에 의한 결속만을 다룬다. 그러나 의문사구이동의 목표지점인 CP의 지정어위치는 구조적 근거로부터 의미역이 할당될 수 없다. 그러므로 이 위치는 논항위치가 아니라 비논항위치이다. (173)의 "결속한다"와 "자유롭다"는 "논항-결속한다"와 "논항-결속하지 않는다"로 이해해야 한다. 그러므로 결속원리는 다음과 같이 수정된다.

(184) 결속원리

원리 A: 대용어적 NP는 그의 지배영역에서 논항-결속된다.

원리 B: 대명사적 NP는 그의 지배영역에서 논항-결속되지 않는다.

원리 C: 다른 NP는 어떤 곳에서도 논항-결속되지 않는다.

〈 문제 34 〉

다음 예문이 왜 비문법적인지를 설명하시오.

a. *Ferdi besucht einander

b. *Die Leute wissen, dass Trudi einander besucht

c. *Sich$_i$ liebt den Ferdi$_i$

d. *Sie$_i$ sagt, Trudi$_i$ geht nach Hause

결속이론은 깜짝 놀라게 하는데 그 내용이 5.3장에서 비로소 나온다. 결속이론은 모든 논항-결속을 포함한다. 비논항-결속은 결속이론의 부분이 아니다.

4.6.5. 통제이론

이제 우리는 (179)에 의문부호 (?)로 표시된 것으로 가보자. 여러분은 4.2장의 음성적으로 실현되지 않은 부정법의 주어를 기억할 것이다. 그것은 대명사적 공범주 PRO였다.

(185) a. Ferdi$_i$ verspricht Gerdi [$_{CP}$ [$_{IP}$ PRO$_i$ Bananen zu besorgen]]

b. Es ist wichtig [$_{CP}$ [$_{IP}$ PRO Bananen zu besorgen]]

PRO는 비어 있는 NP에 대한 흔적 t와는 다른 속성을 가지고 있다. 본질적인 차이는 흔적의 선행어와는 달리 PRO의 선행어는 (만일 하나가 있다면) 독립적인 의미역을 가지고 있다는 데에 있다. (185a)에서 Ferdi는 하위동사 besorgen의 "의미적인" 주어이기는 하지만 상위문의 술어 versprechen의 주어 의미역을 갖는다. PRO는 특정한 구조문맥에서 대명사처럼 선행어없이 나타날 수 있기 때문에 대명사적이다 ((185b) 참고).

다른 한편으로 PRO는 특정한 구조문맥에서 대명사와는 달리 반드시 결속되어야 하기 때문에 가끔 대용어처럼 취급되기도 한다 ((185a) 참고). 그러므로 PRO는 대명사적인 속성뿐만 아니라 대용어적인 속성도 가지고 있다. 결속이론적으로 볼 때 이것은 무엇을 의미하는가? PRO는 대용어로서 그의 지배영역에서 반드시 논항-결속되어야 하지만, 대명사로서 논항-결속되어서는 안 된다. 아이구 이런, 우리는 지금 아도르노의 부정변증법 (Negative Dialektik)에서 벗어난 것일까? 유감스럽게도 아니다! PRO가 지배영역을 가질 때 두 결속원리를 충족시킬 수 없다는 것은 분명하다. 이와는 달리 PRO가 지배영역을 가지지 않을 때 두 결속원리는 적용될 수 없다. 그래서 외견상의 모순이 해결된다.

NP는 지배되지 않을 때에만 결속원리에서 벗어날 수 있다 즉, 지배영역을 갖지 않을 수 있다. 우리는 이러한 PRO에 대한 결속이론의 결과를 PRO-정리 (PRO-Theorem)라고 부른다.

(186) PRO-정리
PRO는 지배되지 않는다.

이와 함께 PRO의 출현가능성은 매우 강하게 제약된다. 시제문에서 PRO는 V에 의해 지배된 목적어위치에도 I에 의해 지배된 주어위치에도 위치해서는 안 된다.

(187) a. *Ferdi verspricht Gerdi [$_{CP}$ dass er PRO besorgen wird]
b. *Ferdi verspricht Gerdi [$_{CP}$ dass PRO Bananen besorgen wird]

PRO는 마찬가지로 동사에 의해 지배된 부정법의 목적어위치를 차지하거나 상위동사에 의해 지배된 AcI-보문의 주어위치를 차지하는 것도 역시 배제된다.

(188) a. *Ferdi verspricht Gerdi [$_{CP}$ [$_{IP}$ ... PRO zu besorgen]
b. *Ferdi sieht [$_{IP}$ PRO Bananen besorgen]

그러므로 문장에서 감소되지 않은 부정법의 주어위치만이 PRO의 가능한 위치로 남는다. I 내지는 I로 이동된 동사가 일치자질을 포함할 때에만 일반적으로 주어위치를 지배할 수 있다. 그러나 이러한 일치자질은 독일어에서 시제문에만 포함되어 있다. 그러므로 투영원리에 의해 요구된 부정법보문의 주어-NP는 PRO일 수 있다. 의미역이론의 근거로부터 PRO만이 이 위치에 나타나야 하며, 격이론의 근거로부터 PRO만이 이 위치에 나타날 수 있다 (4.2장과 4.3장 참고). PRO-정리와 공범주원리에 의해 PRO와 흔적이 거의 상보적으로 분포된다. 즉, PRO는 흔적이 놓일 수 없는 곳에 놓일 수 있고, 흔적이 놓일 수 있는 곳에 놓일 수 없다. 여기서 '거의'라는 표현을 쓴 것은 지배와 엄밀지배 사이의 구분과 관련이 있다. 시제문의 엄밀지배 되지 않는 주어위치에 (선행지배를 제외하고) 흔적도 PRO도 위치할 수 없다.

PRO-정리와 관련한 결속이론은 PRO의 출현을 제한하지만 PRO에 대한 결속조건을 강요하지는 않는다. 즉, 결속원리 A도 결속이론 B도 단독으로 PRO에 적용되지 않는다. 이러한 결속조건은 확대된 문법모듈인 소위 통제이론 (Kontrolltheorie: Kontroll = PRO의 결속)에서 요약된다. 통제이론이 지배결속이론에서도 문제로 남아 있기 때문에, 우리는 통제이론에 대해 상세하게 다루지 않고 몇 가지 언급하는 것으로 끝을 맺으려고 한다.

통제이론은 특히 그 조건 하에서 통제가 (185a)처럼 필수적인지 (185b)처럼 아닌지에 대해 그런 조건들을 상론한다. 필수적 통제에 대해 아주 특정한 국부성조건이 적용된다. 즉, PRO는 상위문에서 반드시 결속되어야 한다.

(189) *Ferdi$_i$ glaubt [$_{CP}$ dass Gerdi versprochen hat [$_{CP}$ [$_{IP}$ PRO$_i$ Bananen zu besorgen]]]

그러나 PRO의 통제에 대한 국부성조건은 흔적에 대한 국부성조건과 동일하지 않다. 통제는 공범주원리도 하위인접조건도 따르지 않는다. 즉, PRO는 그의 통제자를 통해 선행지배되지도 않고 통제자와 하위인접될 필요도 없다. 이것은 이미 (185a)에서 분명해졌는데, 거기서 PRO와 그의 선행어 사이에 두 개의 잠재적 경계마다 ((116)에 따르면 CP와 IP) 내지 두 개의 장벽 ((128)에 따르면 VP와 CP)이 나타난다. CP의 지정어위치가 통제에 대한 탈출구가 될 수 없다. 그 이유는 비논항위치가 문제되기 때문이고, 이때 PRO는 선행지배될 것이기 때문이다.

끝으로 PRO의 선행어 선택에 대한 확실한 어휘적 제약도 통제이론의 대상이다.

(190) a. Ferdi$_i$ verspricht Gerdi [$_{CP}$ [$_{IP}$ PRO$_i$ Bananen zu besorgen]]
b. Ferdi rät Gerdi$_i$ [$_{CP}$ [$_{IP}$ PRO$_i$ Bananen zu besorgen]]

PRO-보문을 선택하는 동사의 어휘적 속성에 의존하여, PRO에 대한 선행어로서 상위문의 주어 아니면 목적어가 고려된다. (190a)에 있는 versprechen은 주어통제 (Subjektkontrolle)를 강요하고 (190b)에 있는 raten은 목적어통제 (Objektkontrolle)를 강요한다.

다음의 예는 통제관계와 결속관계가 흥미롭게도 함께 작용할 수 있다는 것을 입증해준다.

(191) Ferdi$_i$ verspricht Gerdi [$_{CP}$ [$_{IP}$ PRO$_i$ [$_{VP}$ sich$_i$/*ihn$_i$ zu kämmen]]]

여기서 Ferdi와 PRO의 통제관계는 대용어와 대명사에 적용되는 결속조건과 외견상 반대이다. 대용어와 대명사는 둘 다 그들의 지배영역 즉, 보문에서 결속되지 않는 것처럼 보인다. 그래서 Ferdi와 공지시될 때 본래 대명사만이 나타날 수 있어야 할 것이다.

그러나 실제로 대용어와 대명사의 결속은 PRO를 통해 성립된다. 즉, 대용어는 원리 A에 따라 그의 지배영역에서 PRO-주어에 의해 결속된다. PRO는 그의 입장에서 Ferdi에 의해 통제되기 때문에 대용어도 또한 Ferdi에 관련된다.

이와는 달리 대명사는 원리 B에 따라 그의 지배영역에서 결속되어서는 안 된다. 즉, 대명사는 PRO와 공지시될 수 없다. 그러므로 PRO의 통제자도 선행어로서 고려되지 않는다.

〈 문제 35 〉

다음 문법성 부여에 대해서 구조의 진술을 통해 설명하시오.

a. *Trudi verspricht Ferdi einander zu besuchen

b. Trudi versucht, sich mit Ferdi auszusprechen

c. Es ist gefährlich, sich alleine an dieses Buch zu wagen

4.6.6. 공범주 개관

공범주는 다음과 같이 정리될 수 있다.

(192) **핵심어이동과 X^0-흔적**

X^0_i	t_i	이동 α
-의미역	-의미역	의미역이론
-격	-격	격이론
t_i는 선행지배된다.		공범주원리
X^0_i는 t_i에 하위인접되어 있다.		이동 α

의문사구이동과 W-흔적 (변항)

W_i	t_{i1}	t_{i2}	이동 α
-의미역	-의미역	+의미역	의미역이론
비논항	비논항	논항위치	결속이론
	논항결속 안됨	논항결속 안됨	결속이론
-격	-격	+격	격이론

W_i는 t_{i1}을 선행지배하고, t_{i2}를 선행지배한다;
그 밖에 t_{i2}는 어휘지배된다. 공범주원리
W_i는 t_{i1}에 하위인접되고, t_{i2}에 하위인접된다;
W_i는 비논항연쇄의 핵이다; 이동 α
모든 t_i는 국부적으로 비논항결속된다.

명사구이동과 NP-흔적

NP_i	t_i	이동 α
-의미역	+의미역	의미역이론
논항위치	논항위치	
	논항결속	결속이론

+격	-격	격이론
t_i는 어휘지배된다.		공범주원리
NP_i는 t_i에 하위인접된다.		
NP_i는 논항연쇄의 핵이다;		이동 α
모든 t_i는 국부적으로 논항결속된다.		

통제자와 PRO

NP_i	PRO_i	통제이론
+의미역	+의미역	의미역이론
논항위치	논항위치	
	지배 안됨	결속이론, 공범주원리
+격	?격	격이론
NP_i는 PRO_i를 통제한다.		통제이론

〈 문제 36 〉

감소되지 않은 부정법의 주어위치로 의미역을 부여하는 것에 대해 가시성조건으로부터 어떤 문제가 일어날까?

2부

언어습득, 언어사용 및 언어장애

제 5장 심리언어학

5.0. 세 가지 질문

이 책에서 기초로 삼고 있는 언어이론처럼 언어지식, 언어사용 그리고 언어습득의 관계를 다루는 어떤 언어이론은 다음과 같은 세 가지 질문에 답변할 수 있어야 한다.

1. 언어지식은 어떻게 습득되는가?
2. 언어지식은 어떻게 만들어져 있는가?
3. 언어지식은 어떻게 사용되는가?

앞의 네 개의 장은 특히 두 번째 질문의 대답에 전념하였다. 즉, 첫 번째 질문과 세 번째 질문에 답변할 수 있기 위해서, 우리는 언어지식체계를 형성하는 특성들이 대체로 어떤 것인지에 대해 설명해야만 한다. 거꾸로 말해, 우리가 첫 번째 질문과 세 번째 질문에 대해 많이 알면 많이 알수록 두 번째 질문이 훨씬 더 빨리 답변될 수 있다는 것도 물론 마찬가지로 통용된다.

2부에서 우리는 첫 번째 질문과 세 번째 질문에 대한 해결을 위해 기여할 수 있는 몇몇 제안을 제시하려고 한다. 우리는 제 2부가 단순한 작은 대상이 아니라는 것을 다시 한 번 강조하고 싶다. 그 반대로 제 2부도 역시 중요하다. 아직도 여러분은 아주 어렸을 때 어땠는지 기억할 수 있는가? 그 기억을 위해 아래 설명을 함께 살펴보자.

여러분은 이해 (Verstehen)가 일차적이고, 그 후에 산출 (Produzieren)이 된다고 직관적으로 말하지는 않을 것이다. 즉, 적어도 우리는 우선 다소 차별적인 음향자극으로부터 음, 단어, 문장유형, 구조 그리고 의미를 걸러 내야하고, 그런 다음 이 단위들을 저장해야 하고, 그리고 나서 비로소 다음 단계에서 그 단위들 자체를 사용해야 한다. 그리고 여러분은 정치가를 제외하고, 누군가가 아직도 전혀 이해하지 못하는 말을 하는 것을 들어본 적이 있는가? 하지만 이 경우는 이제 그렇게 간단하지는 않을 것이다.

언어적 입력이 어떻게 분절되고 구조화되는지의 문제가 언어인지을 위한 연구의 중심문제 중의 하나라는 것은 확실하다. 이것에 대한 대답은 사람들이 언어의 본질적이고 형식적인 속성을 위해, 예를 들어 음성적 입력의 범주적 차이를 인지하기 위해, 유전적으로 섬세하게 맞추어져 있다는 것과, 사람들이 문장의 구조적 분석을 위한 메카니즘을 소유하고 있다는 것이다. 한 음향자극은 이러한 주어진 지식체계와 입력 간에 상호작용하는 언어지식과 관련하여 언어의 본질적인 범주로 나누어지고 구조가 변화된 후에 해석된다. 아이들은 종종 비문법적인 문장이나 혹은 비표준어로 더 잘 말할 수 있다. 하지만 그럼에도 불구하고 아이들은 성인들의 문법적인 발화를 분명히 처리하고 이해한다. 이러한 점은 곧 언어습득에서 관찰될 수 있다. 그렇지만 이것이 언어산출을 위해서 언어인지를 위한 것과는 다른 체계가 있을 것이라고 성급하게 가정하도록 우리를 유혹하지 말아야 한다.

더 정확히 말하자면, 언어산출체계와 언어인지체계는 많은 것을 공유한다. 특히 이 두 체계는 단어, 구조, 범주, 명제 등과 같은 동일한 정신적 표현들을 다루고, 아마 동일한 메카니즘을 사용할 것이다. 관찰 가능한 차이는 처리체계의 상이한 운용방식 즉, 발화의 산출(생산)과 발화의 이해 (분석)로 환원될 수 있다. 우리는 여기서도 분명히 원칙적인 근거 하에 가장 단순한 가정이 가장 좋은 가정이라는 것으로부터 출발해야 한다. 왜냐하면 그런 가정은 가장 쉽게 검증될 수 있기 때문이다. 그 후에 이런 가정을 반박할 때 까지는 하나의 언어처리체계가 존재하게 된다. 우리는 언어처리체계(Sprachverarbeitungssystem)가 어떤 모습을 띨 수 있을지 5.2장과 5.3장에서 설명할 것이다. 이제 우리는 첫 번째 질문에 대한 몇 가지 대답에 대해 논의할 것이다.

5.1. 언어습득

5.1.0. 플라톤의 문제

일반적으로 가장 놀라운 언어적 현상들 중 하나는 모국어습득 (L1-습득)이다. 이 세상의 모든 아이들은 사회적, 문화적, 지적인 차이가 있음에도 불구하고 4세까지 가장 중요한 언어구조원리를 습득한다. 아이들은 12개월과 18개월 사이에 옹알이 외에 개별 단어들을 발음하기 시작한다. 아이들과의 행위관계 속에서 그 단어들을 발음하고 삽입할 때, 사람들은 그 단어들이 문장의 기능을 가지고 있다는 것을 인식할 수 있다. 그 문장이 소위 한단어문장 (Holophrase)이다. 대략 18개월에 최초의 단어결합 즉, 두단어문장이 나타난다. 이 두단어문장의 수는 한 달 한 달 급속도로 빠르게 12, 24, 54, 83, 350, 1400, 2500개로 증가한다. 제공된 자극과 지식체계의 복잡성 사이에 존재하는 비대칭성의 관점에서 볼 때, 아주 복잡한 언어체계가 습득되는 속도는 매우 빠르다. 습득된 언어지식체계가 풍부하고 복잡한 반면에 아이가 언어습득에서 얻는 언어적 자극은 충분하지 않다. 촘스키는 일찍이 이것을 자극의 불충분성논증 (das Argument der Unzulänglichkeit des Reizes)이라고 명명했고, 언어습득문제를 “플라톤의 문제”로 간주하였다. 어떻게 플라톤의 문제가 해결될 수 있을까?

5.1.1. 우리가 언어습득에 대해 알고 있는 것 혹은 알고 있다고 믿는 것

언어습득 (Spracherwerb)은 본질적으로 주변환경에 있는 언어적 자극의 모방이다. 이것이 잘 이루어지지 않으면 곧바로 오류 정정의 도움을 받게 된다 (부정적 증거).

(1) K: Nobody **don't like** me
E: No, say "nobody **likes** me"
K: Nobody **don't like** me
E: No, say "nobody **likes** me"
K: Nobody **don't like** me
E: No, say "nobody **likes** me"

절망적 상태가 커져 가지만 성인은 계속해서 교정의 도움을 주고자 여러 번 (총 9번) 시도 한다. 그리고 아래를 보자.

E: No, now listen carefully; say "nobody **likes** me"
K: Oh! Nobody **don't likes** me
(K: 아이, E: 성인)

비록 모방이 성공적으로 이루어져야 한다 하더라도 언어습득은 다소 너무 오래 걸리게 될 것이다. 만일 한 아이가 이런 방식으로 20개의 단어로 된 긴 모국어 문장만을 학습해야 한다면, 그 아이는 어림잡아 우주의 나이 보다도 더 많게 되어야 할 것이다! 그렇다면 적어도 언어를 배우는 아이들에게 사용된 언어가 특히 간단하다는 것 즉, 아이가 이런 간단한 문장으로부터 자기의 모국어 문법을 이해할 수 있다는 것이 사실인가?

추측건대 이미 태어나기 전에 아이들은 언어적 강세의 틀에 감각

화되어 있다. 이미 4개월에 영국 아이들은 영어 2음절단어의 전형적인 강세의 틀 ('mommy, 'daddy: 강약격의 예)에 일치하는 음운연속체를 단위로 확인하고, 6개월에 이미 규범적인 모국어의 음절을 만들어 낸다. 하나의 음절은 약 500 ms보다 오래 걸리지 않을 때 규범적인 것으로 간주된다. 그리고 이미 9개월에 영국 아이들은 통사적인 구의 경계를 확인하기 위해 휴지와 음절의 길이를 이용한다. 그들은 휴지가 동사 뒤에 오는 문장 (The man carries // the big bag)보다는 주어 뒤에 휴지를 갖는 문장 (The man // carries the big bag)을 선호한다. 그러나 이 나이에 있는 아이들은 비교할 수 있는 형태를 산출하지는 못한다. 그럼에도 불구하고 이들은 입력을 형태에 맞게 분절할 수 있다. 이들은 어떻게 이것을 해낼까? 이들은 초기구동 (Bootstrapping)이라고 부르는 전략을 이용한다. 아주 어린 아이들이 소유하고 있는 첫 번째 언어적 구성요소는 운율 (Prosodie)이다. 아이들은 운율적 초기구동을 가지고 단어경계와 구성성분경계를 이해하고, 그리하여 아이들은 틀림없이 아주 일찍이 통사론에 관한 무엇인가를 알게 된다. 그럼으로써 발달단계에서 언어전 단계가 있을 것이라고 자주 대변되는 주장은 논박을 받고 있다. 심지어 아이들이 단지 소리만 치는 때에도 언어의 선행자들은 알아챌 수 있다. 소리치는 데에서 분명히, 점점 더 복잡하게 되어가는 멜로디곡선이 어떻게 구성되는지가 나타난다. 첫 번째 단어들이 확인될 때까지의 기간은 어휘전 단계이다. 아이들은 한 살 때쯤 이미 첫 번째 1음절단어를 만들어내고, 모국어 단어의 운율적으로 보이는 부분 즉, ele'fant에 대해 fant를 산출한다.

이들은 언어습득 초기부터 어휘부와 통사론의 습득을 위해 운율적 지식을 이용한다. 아이들은 단어와 구를 산출하는 것보다 그 이전에 먼저 단어와 구를 확인한다. 이것은 언어습득에 대한 이해와 산출의 특징적인 비대칭을 증명해준다. 이러한 비대칭은 아이들이 의존적인 문장들을 처리할 때 특히 극명하게 나타난다. 우리는 아이들이 약 3세에 비로소 그런 문장들을 산출한다고 알고 있다. 훨씬 더 어린 아이들이 이미 이런 통사적 능력을 가지고 있다는 것을 사람들은 어떻게 보여줄 수 있을까? 사람들은 소위 눈빛선호방법 (Blickpräferenzmethode)을 이용한 인지실험의 도움으로 그것을 보여줄 수 있다. 중간에 녹색 빛으로 그리고 양쪽 벽면에 두 개의 빨간 빛으로 설치된 어떤 공간에서 아이가 엄마의 무릎에 앉아 있다. 빨간 광원 (Lichtquellen) 뒤에 두 개의 확성기가 설치되어 있다. 아이가 그쪽으로 눈을 돌려 쳐다보자마자 음향적 공연물이 시작된다. 이것은 아이가 2초이상 광원으로부터 시선을 돌리면 끝나게 된다. 시선방향의 지속기간이 측정된다. 지금 보고하는 실험에 18개월에서 21개월 된 아이들, 다시 말해 한단어발화 (Einwortäußerungen)만을 만들어내는 아이들이 참여하였다. 다음 유형의 문법적인 문장과 비문법적인 문장이 제시되었다.

(2) 타동적

a. Bert sagt, dass Lisa Oma hilft.

b. *Bert sagt, dass Lisa hilft Oma.

(3) 자동적

a. Bert sagt, dass Lisa draußen spielt.

b. *Bert sagt, dass Lisa spielt draußen.

문법적인 문장과 비문법적인 문장에 대해 서로 달랐던 시선방향의 지속기간의 차이가 모든 아이들에게 있어서 타동문의 경우에만 두드러지게 나타난다. 자동문의 경우에 이런 차이는 없었다. 아이들은 물론 다음과 같은 것을 이미 알고 있다. 즉, (2)의 동사구가 핵심어와 하위범주화된 보충어 NP로 이루어져 있고, 이와는 달리 (3)의 동사구가 draußen이 지정어이므로 (2)와 같은 구조를 가지고 있지 않다. 독일어 같은 핵심어후행언어에서 보충어는 운율적으로 강조되어 있지만 지정어는 그렇지 않다. 아주 어린 아이들은 이러한 운율적 정보를 인지한다. 그래서 그들은 비교할 수 있는 구조를 만들어내기 전에 독일어가 핵심어후행언어라는 것을 이미 알고 있다.

엄마와 어린 아이와의 대화 혹은 모든 것을 아는 엄마

'종알종알' 말하는 것을 보니 네가 많이 컸구나. (그러나 너는 너무 어려서 나는 너와 간단한 표현으로 말해야 한다. 그렇지만 네가 더 성장한다면 너는 내가 말하는 복잡한 문장들을 이해할 것이다.)

많은 언어학자들은 이것을 다음과 같이 표현했다. 언어적 입력은 아이의 언어적 성숙상태와 일치하고, 그렇게 언어발달을 촉진시킨다. 어머니들이나 혹은 다른 관련자들의 이러한 화법을 연구에서는 '엄마와 어린 아이의 대화 (Motherese)'라고 불렀다. Motherese는 다음과 같이 2가지 특성을 갖는다.

I. 이것은 형식적으로 통사적으로 아이의 추측된 지식상태에 일치한다.
II. 통사적 형태만이 모든 의미 내지 모든 의사소통적 기능에 일치한다.

첫 번째 특성으로부터 어머니들이 나이 많은 아이들 보다는 더 나이 어린 아이들과 통사적으로 더 간단하게 말한다는 결론이 나와야 할 것이다. 그들은 아마도 이것을 가능하다고 여기지 않을 것이다. 즉, 이러한 예측은 옳지 않다. 그리하여 한 연구에서는 두 그룹의 아이들에 대한 어머니들의 언어적 교정 (Reformulierungen)이 분석되었다. A그룹에는 시점상 두단어발화언어를 갖는 아이들이, B그룹에는 3개 이상의 단어발화를 갖는 아이들이 있었다. 교정은 두 그룹에 대해 동일했고, 어쨌든 다음의 예 (Pick up the ball. **The ball**. Put the ball in the truck. **Put the ball in**.)에서처럼 교정은 매우 적었다. 교정은 예 (Give the ball to Mommy. Give **mommy the ball** (여격이동))에서처럼 통사적 변형을 통해서도 발생할 수 있을 것이다. 그러므로 한편으로는 미세한 교정이 빈번하게 나타나기 때문에, 다른 한편으로는 통사적인 변화 (동사 내지 전치사적목적어 생략, 통사적 도치를 통한 의미역 순서의 변화)로 인한 교정이 상당히 복잡하기 때문에, 교정은 언어를 학습하는 아이를 위해 특별히 유용한 것은 아니다.

어머니들이 모든 것을 알고 있지는 않다. 물론 우리는 어머니들이 아이들의 언어적 인지적 생물학적 발달에 대해 가장 정확한 지식을 가지고 있다고 가정해야 할 것이다. 그렇지만 어떤 어머니들이 보문소-흔적 효과와 동사이동 혹은 핵심어가 무엇인지를 분명하게 말할 수 있을까? 그 밖에 Motherese-가설은 사실의 관점에서 모순을 갖고 있다. 이러한 언어적 입력은 소위 각각의 지식단계에 따르므로 간단하다. 이 때문에 교정은 더 복잡해져서 아이에 대한 언어습득문제는 더 어려워진다. 이것은 무엇을 따라야 하는가?

두 번째 특성으로부터 만일 통사적 의문문이 단지 질문의 기능만을 가진다면, 언어를 학습하는 아이들에게 있어서 질문구조의 습득이 더 간단해야 한다는 결론이 나와야 할 것이다. 통사적으로 질문의 형태를 갖는 문장은 그러나 하나 이상의 기능을 갖는다. 즉, Wie spät ist es? Weißt du was? Kannst du mal das Fenster schließen? 등의 예가 보여주듯이 정보에 관한 질문, 주의와 요구 대한 요청 등의 기능을 갖는다. 조금 전에 언급했던 연구에서 A그룹에 대한 형태-기능관계가 더 간단하지는 않았고, 대체로 그 경우의 50% 이하에서만 특징적인 쌍이 나타났다.

우리가 다음의 예에서 보듯이, 만일 교정이 한편으로는 어쨌든 드물게 나타나고, 다른 한편으로는 종종 일관성도 없다면 무엇을 따라야 하는가?

(4) E: Wo hat ern die gefangen?
K (2.1세): vom Wasser (비적형)
E: Vom Wasser?

(5) K (2.0세): Die kann man 'essen (적형)

E: Kann man die essen?

(6) K (3.6세): Oh schau mal, jetzt hab ich den Kopf auatsch gemacht.
E: Die Omi hat den Kopf aua gemacht.

(4)는 모국어에 일치하지 않는 아이의 대답이 재질문에서 교정되지 않는다는 것을 보여준다. (5)는 재질문이 적형의 대답에 이른 것을 보여준다. (6)은 성인의 반응이 아이의 발화를 비문법적으로 반복하는 것이라는 것을 보여준다. 그러므로 아이가 무엇을 기대해야 하는가?

재질문은 그 자체가 명확한 기능을 갖지 않는다. 즉, (4)에서와 같은 재질문은 발화에서 무엇이 잘못됐는지를 아이에게 보여주지 않는다. (4)와는 달리 (5)는 단순한 내용적 질문이다. 만일 아이가 성인의 이런 언어적 반응을 기대한다면, 아이는 도움을 받지 못하거나 생각했던 것보다 그 과제가 훨씬 더 어려울 것이다. 즉, 아이는 당연히 그들로부터 분명한 기능을 발견할 수 없다. 그러므로 아이는 자기 자신의 능력을 기대해야 한다. 이것은 부정적 증거인 교정이 언어습득에서 중요하지 않다는 것을 의미한다. 긍정적 증거인 언어적 경험만이 아이에 의해서 이용된다. 즉, 이러한 언어적 경험은 아이가 행하고 그 경험으로부터 아이는 각각의 기대하는 구조를 토대로 자동으로 더 큰 부분으로 조정되어, 아마도 거의 확실히 한 단계씩 모국어의 체계로 들어가게 된다.

5.1.2. 매개변수

여러분이 5세 아이들의 질문구조 습득에서 다음의 대조를 볼 수 있듯이, 습득단계는 분명 완전히 다른 무엇인가와 관계가 있다.

(7) a. E: Ask Daddy what **he can** make with that

K: What **you can** make with that
b. E: Adam, say what I say: Where **can I** put them?
K: Where **I can** put them
c. E: Frag die Mutter, warum **sie nicht schläft**
K: Warum **schläfst du nicht**

직접의문문의 올바른 어순을 형성하는 것이 영어를 학습하는 아이들에게 어려운 반면에, 독일어를 학습하는 아이들에게는 아주 쉽다. 독일 아이들이 분명히 영어를 학습하는 아이들보다 더 똑똑하지는 않다. 그렇지만 그들을 대립시키는 언어자료는 분명히 아주 일찍이 다른 구조 (C에 있는 굴절된 V/I와 CP의 Spec에 있는 XPs)에서 기인한 문법적 규칙성을 갖는 주문장에서의 핵심어이동을 통제하게 된다 (4.4장 참고). 아주 초기의 습득단계에 있는 독일어를 학습하는 아이들이 심지어 (8a,b)처럼 아직 종속문장을 형성할 수 없을 때, 무엇보다도 동사를 동사구의 끝에 위치시킨다는 것은 몇몇의 자료가 핵심어 후행의 가치를 갖는 매개변수를 증명하기에 충분하다는 것을 말한다.

(8) a. boden bürs (25-29개월)
b. deckel drauftun
c. kuck, was ich in meine Tasche hab

영주어 매개변수

4.5장에서 우리는 영주어 매개변수를 소개하였고, 그것으로부터 (9)의 문법성의 차이가 나타난다.

(9) a. vado al cinema sta sera (이탈리아어)
b. voy al cinema esta noche (스페인어)
c. *gehe ins Kino heute Abend
d. *go to the movies tonight

다음의 예들은 한편으로는 모방이 언어습득에 대해 의미가 없다는 것을 보여주고, 다른 한편으로는 보편문법이 정말로 우리가 세상에 가지고 태어나는 언어 특유의 프로그램이라고 대변하는 한층 더 흥미 있는 현상을 설명해준다. 영어를 학습하는 아이들의 경우 (10)과 같은 발화가 아주 빈번하게 발견되는데, 이 발화에서 주어는 거의 영주어 언어에서처럼 존재하지 않는다.

(10) a. want go get it
b. ride truck
c. see under there

그러나 목적어는 의미역이론에 의해 필수적일 때 항상 존재한다. (10)과 같은 발화는 21개월의 시점에 있는 아이들이 특정한 길이의 문장만을 만들어낼 수 있을 것이라는 것에 의해 설명될 수 없다. 즉, 그들은 같은 발달단계에서 (11a)의 형태뿐만 아니라 (11b)의 형태도 발화한다.

(11) a. Papa change pants b. change pants
a. Mama take a nap b. take a nap
a. Lucy go nursery b. go nursery

모든 아이들과 마찬가지로 분명히 영어를 학습하는 아이들은 이탈리아어의 영주어 매개변수 (Null-Subjekt-Parameter) 값으로부터 출발하는 단계를 거친다. 영어를 학습하는 아이들은 (비록 맞은편의 이탈리아인 Luigi가 영어를 할 수 없다 하더라도) 이것을 그들의 환경정보로부터 얻을 수 있는 것이 아니라, 오직 타고난 내적 정보에 따른다. 이러한 정보는 매개변수의 복잡성에 대한 평가를 포함한다. 만일 매개변수의 값이 덜 복잡하다면 언어습득에서 더 쉽게 이용될 수 있고 첫 번째 것으로 증명된다. 그렇다면 이제 영어를 학습하는 아이들이 마침내 영어문장구조를 습득한다는 것, 특히 주어가 항상 실현되어야하는 제약이 어떻게 나올까? 주어위치에 의미적으로 비어 있는 요소들 (it, there)도 놓일 수 있다는 사실은 여기서 중요하다. 이런 요소들은 영주어 언어에는 없다. 우선 의미는 없지만 단지 형식적인 기능만을 갖는 요소를 처리하는 것이 아이들에게는 분명히 어렵다. 아이들이 일정한 성숙상태에 이르렀을 때 비로소 it와 there같은 언어의 입력요소들이 언어처리의 요소로 유입될 수 있다. 이 때 이러한 허사들은 영주어 매개변수를 다른 값으로 고정시킨다. 다시 말해, 영어에서의 굴절은 대명사적이지 않다는 것이 확정된다. 실제로 주어의 필수성이나 보문소-흔적 효과의 존재와 같은 모든 다른 특성들은 이때 자동으로 따르게 된다.

방금 우리는 아이들이 문법의 복잡한 규칙성을 이해하기 위해, 언어의 입력에서 일정하고 단순한 정보를 이용한다고 말했다. 사람들은 언어정보의 이러한 기능을 유발자 기능 (Trigger-Funktion)이라고 부른다. 그렇지만 자극은 아이들 자신의 외면 뿐만 아니라 내면으로부터 나온다. 독일어를 학습하는 아이들에게 굴절의 습득은 중요한 유발자이다 (3장 참고). 이 아이들이 예를 들어 명사굴절을 어떻게 습득할까? Tilman은 다음과 같이 자기 자신의 전략을 갖는다.

(12) Tilman (2.04세): babylaulina
Saskia: will mitsingen
Tilman: nee, du bist babylaualina-bil

(13) a. T (2.03세): dego-dil (Degosaurus)
b. T: Fata-bil (Vater)

(14) a. T (3.04세): känguruhps
b. T: Geh weg, sastiap
c. T: Warum schreibst dup?

분명히 틸만은 명사가 어미를 갖는다는 것을 일찍이 발견했다. 그렇다면 어떤 어미일까? 틸만은 이미 2살에 틀림없이 입력에서 발견하지 못했던 -bil이나 -dil 형태의 어미를 특정한 명사에 붙이고 있다. 그는 이러한 어미를 커다란 생물, 누나, 공룡 혹은 아버지를 가리키는 명사들에 붙인다. 시간이 흐르면서 이러한 어미는 p로 축약되고, 큰 사람을 가리킬 때는 대명사에도 붙는다. 그러다가 나중에 이 어미는 명사굴절을 위해 사라지게 된다. 사람들은 이런 형태를 임시구조 (Vorläuferkonstruktionen)라고 부르는데, 이 구조는 대체로 입력에서 나타나지 않고 우리의 경우에는 오히려 명사굴절을 준비하는 내재적 유발자이다.

이중언어병용/ 2개 언어의 1차언어습득

소녀가 자기 어머니에게 "Da ist ein Body an der Tür! (저기 문가에 누군가가 있어!)"라고 외친다. 이 외침은 어느 정도 일상적이지는 않게 들리기는 하지만 다음과 같은 간단한 근거를 가지고 있다. 부모는 자기의 아이와 두 개의 상이한 언어인 독일어와 영어로 말한다. 그러므로 그 아이의 'body'는 추측건대 'some'과 'body'가 합성된 영어의 부정대명사 'somebody'의 분석 외에는 아무 것도 아니다. 그 아이는 'somebody'를 이미 습득한 반면, 그에 일치하는 독일어 jemand를 아이가 아직 사용할 수 없거나 아니면 발화의 순간에 사용할 수 없었을 것이다.

이러한 언어혼합은 소위 2개 언어의 1차언어습득에 대해 즉, 두 언어가 중요한 단계에서 모국어로 습득되는 언어습득에 대해 전형적이다. 그리고 이 언어혼합은 두 언어의 다른 출현형태 (이중언어병용 (Bilingualismus))에 대해서도 전형적이고, 일반적으로 언어접촉에 대해서 전형적이다. 놀랍게도 오늘날까지 사람들은 이중언어병용이 일종의 인지-언어적 예외상태라고 여전히 주장하고 있다. 사람들은 이것을 단순한 관찰로 쉽게 논박할 수 있다. 즉, 정치적 경계는 단지 아주 드물게만 언어적 경계와 일치한다. 존재하는 언어들의 수 (약 6000개와, 추측건대 수 많은 수화언어)는 언어가 분포되어 있는 국가의 수 (약 200개)를 훨씬 능가한다. 그러므로 이중언어병용과 이것에 의한 언어접촉은 결코 예외가 아니다.

언어혼합도 역시 다음의 예가 보여주듯이 절망적이지는 않다.

(15) Hannah (2.9세): cleanst du dein teeth?

이 발화는 통사적으로 관찰하면 독일어 문장 “Putzt Du Deine Zähne? (너는 이를 닦고 있니?)”이다. 여기에 3가지 주목할 점이 있다. 첫째는 영어동사의 어간이 독일어의 형태적 어형변화표로 통합된다는 점이다. 둘째는 이 동사가 독일어 통사론에서 요구되듯이 C에서 나타나고 주어와 일치관계에 있다는 점이다. 이 두 관찰은 (15)가 독일어의 한 문장이라는 것에 분명히 동의한다. 셋째는 이 발화가 모방은 언어습득에서 아주 부차적인 역할을 한다는 것을 다시 한 번 증명해준다는 점이다. 즉, (15)와 같은 발화는 입력에서 나타나지 않는다.

언어혼합은 2개 국어를 사용하는 아이가 다른 언어를 위해 어떻게 한 언어의 지식을 이용하는지를 보여줄 뿐만 아니라, 2개 국어를 사용하는 아이가 가능한 더 일찍이 1개 언어를 사용하는 아이로서 메타언어적 능력을 발전시키고 체계적으로 투입시키고, 그러면서 언어가 혼합되어 있음에도 불구하고 두 언어를 분리할 수 있다는 것에 대한 표시이기도 하다.

(16) (독-영 2개 국어를 사용하는) Hannah (2.7세)와
영어를 모국어로 사용하는 엄마와의 대화
H: Ich hab ein Zug gebaut in Kita (Kindertagesstätte)
M: And did they say "clever Hannah"?
H: Nein, brave [bra:ve] Hannah. 'Cause it's German.
(H: 한나, M: 엄마)

(17) M: In the Kita they call it "Frühstück", don't they?
H (2.9세): Und du heißt das "breakfast"

(18) M: You are reading the newspaper, are you?
H (2.8세): Don't stör mich, nicht mich stören, in English or German

통제의 습득

언어습득연구의 많은 결과들은 아이들과의 일상적 의사소통을 기록하는 것, 예를 들어 일지기록과 녹음테이프 기록에서 나온다. 통제관계의 습득에 관한 연구 (4.6장 참고)는 실험연구에서 나오는데, 거기서 아이들은 제시된 문장들에 의해 표현된 내용에 대해 인형을 가지고 감정을 나타내야 한다. (19)에 대해 아이들은 누가 말에 입맞춤을 했는지 시범을 보여주어야 한다.

(19) a. The pig promises the cow [PRO to kiss the horse]
b. The pig tells the cow [PRO to kiss the horse]

첫 번째 습득단계 (3.2세에서 4.6세까지)에서 아이들은 (19a)와 (19b)에 대해 소가 말에 입맞춤하도록 한다. 두 번째 단계 (4.7세에서 7.6세까지)에서는 두 경우에, 한번은 돼지가 한번은 소가 말에 입맞춤한다. 세 번째 단계 (7.1세에서 8.3세까지)에서 (19a)에서는 돼지가 (19b)에서는 소가 입맞춤한다. 그러므로 통제관계는 상당히 늦게 습득된다. 분명히 주어통제와 목적어통제는 여러 가지로 복합적이다. 주어통제가 목적어통제보다 유표적인데, 그 이유는 아마도 목적어통제문장에서 보다는 주어통제문장에서 선행어가 PRO로부터 더 멀리 떨어져 있기 때문인 것 같다.

그러므로 보편문법은 모든 언어에 적용되는 원리들과, 언어습득과정에서 그 가치가 확정된 매개변수를 포함한다.

(20) 자료 → | 보편문법: 원리, 매개변수 | → 언어지식

5.1.3. 학습모듈

이 모형은 아이가 언어지식을 갑자기 빠른 시간 내에 습득하는 것이 아니라 안정적인 언어지식상태에 이를 때까지 연속적인 진행단계를 거치기 때문에 이상화되었다. 한편으로는 그것을 위해 아이에게 생물학적 장치 즉, 불변의 원리와 열려 있는 매개변수를 갖는 보편문법이 도움이 된다. 다른 한편으로는 아이가 유표성이론 (Markiertheitstheorie)과 다른 학습원리를 포함한 학습모듈(Lernmodul)을 가지고 태어난다. 이 학습원리들은 매개변수의 통로를 규정한다.

이 학습원리들 중의 하나가 부분집합원리 (Subset-Prinzip)이다. 이것은 두 언어 중 보다 작은 언어를 생성하는 매개변수의 값이 아이에게 가장 잘 이용될 수 있다는 것을 말한다. 이것은 도대체 무엇을 의미하는 것일까? 이것은 다음과 같은 것을 의미한다.

우리는 다음에서 부분집합원리에 의해 예상된 대용어의 습득순서 즉, 반드시 결속되어야 하는 요소들을 관찰하게 된다 (4.6장 결속원리 A 참고). 대용어가 국부적으로 결속되어 있는 언어의 문장들의 집합은 대용어가 더 멀리 떨어져 있는 선행어를 가질 수 있는 언어의 문장들의 집합보다 작다. 부분집합원리는 첫 번째 언어가 더 일찍 습득된다는 것을 예측한다. 모든 언어에 대해 다음과 같은 것이 적용된다. 대용어는 그의 지배영역에서 논항-결속된다. 지배영역은 (지금까지 독일어에 대해서, 하지만 영어에 대해서도) 지배와 가장 가까이에 있는 주어에 의해 정의된다. 이것은 (21)에 있는 문법성의 분포를 옳게 설명한다.

(21) a. John$_i$ criticized himself$_i$

b. John$_i$ heard criticisms of himself$_i$

c. *John$_i$ heard [$_{NP}$ my criticisms of himself$_i$]

d. *John$_i$ knew [that [$_{IP}$ I criticized himself$_i$]]

우리는 여러분이 다음과 같은 것을 알고 있다는 것을 안다. (21a,b)에서 지배영역은 himself가 논항-결속되어 있는 전체문장이고, (21c)에서 지배영역은 himself가 논항-결속되어 있지 않은 명사구이다. (21d)에서 지배영역은 마찬가지로 himself가 논항-결속되어 있지 않은 IP이다. 아이슬란드의 아이들도 대용어를 습득해야 한다. 우리를 위해 그들은 지금 재귀대명사 sig과 sér를 배운다.

(22) a. *[$_{IP1}$ Jón$_i$ segir aÈ [$_{IP2}$ Maria elskar sig$_i$]]

Jon sagte dass Maria liebt Reflexiv

b. [$_{IP1}$ Jón$_i$ segir aÈ [$_{IP2}$ Maria elski sig$_i$]]

Jon sagte dass Maria liebe Reflexiv (접속법)

c. [$_{IP1}$ Jón$_i$ skipaÈi Harald$_i$ aÈ [$_{IP2}$ PRO raka sig$_i$]]

Jon befahl Harald zu rasieren Reflexiv

d. [$_{IP1}$ Jón$_i$ heyrdu [$_{NP}$ lysingu Maria af sér$_i$]]

Jon hörte Marias Beschreibung von Reflexiv

여러분이 쉽게 볼 수 있듯이 우리의 결속원리 A는 (22a)만을 옳게 설명한다. 그러나 (22b-d)는 결속원리 A에는 어긋나지만 문법적이다. 결속원리 A에 의하면 (22b,c)에서 지배영역은 각각 IP$_2$이어야 할 것이다. 그리고 (22d)에서 지배영역은 sig/sér가 논항-결속되어 있지 않은 NP이어야 할 것이다. 그럼에도 불구하고 sig/sér는 진정한 대용어이고 (22a)가 설명하듯이 문장에서 즉, 특정한 지배영역에서 반드시 논항-결속되어야 한다. 그러므로 논항결속 A는 적합하지만 대용어에 대한 지배영역은 아이슬란드어에서 다음과 같이 정의된다.

(23) D가 α에 대한 지배자와 직설법을 포함할 때 그것은 α에 대한 지배영역이다.

(22a-d)에서 어떤 것이 sig/sér에 대한 지배영역인지를 여러분은 지금 쉽게 검증할 수 있다. (22a)에서 지배영역은 IP_2이고 (22b-d)에서 IP_1만이 직설법을 포함하므로 지배영역은 IP_1이다. 그러므로 지배영역은 매개변수화된다. 대용어에 대해서 한편으로는 영어와 독일어에서 그리고 다른 한편으로는 아이슬란드어에서 지배영역은 다음과 같다.

(24) D가 α (대용어)에 대한 지배영역인 경우는
D가 α에 대한 지배자를 포함하고 주어를 갖거나 (매개변수 값 1), 아니면 직설법을 갖는 (매개변수 값 2) 경우에 그리고 오직 그 경우에만 적용된다.

매개변수의 값들은 이제 언어가 아니라 특정한 어휘적 요소에 관련되어 있다. 이것은 여러분이 대명사 (hann = ihn)의 결속을 생각할 때 즉시 이해된다.

(25) a. [$_{IP1}$ Jón$_i$ segir aÈ [$_{IP2}$ Maria elskar hann$_i$]]
Jon sagt dass Maria liebt ihn
b. [$_{IP1}$ Jón$_i$ segir aÈ [$_{IP2}$ Maria elski hann$_i$]]
Jon sagte dass Maria liebe ihn
(접속법)
c. *[$_{IP1}$ Jón$_i$ skipaÈi mer aÈ [$_{IP2}$ PRO raka hann$_i$]]
Jon befahl mir zu rasieren ihn

(24)의 매개변수 값 2는 대명사가 직설법을 갖는 지배영역에서 결속되지 않는다는 것을 의미할 것이다. 이것은 (25b)에 대해서 옳지 않다. 그 이유는 단지 IP_1만이 직설법을 포함하지만 IP_1에서 hann은 결속되기 때문이다. 그러므로 대명사에 대해서 지배영역은 다르게 정의되어야 한다. 실제로 지배영역은 [+시제]를 포함해야 한다.

이제 모두 다시 잘 들어보자. (24)의 매개변수 값 1에 의해 문법적인 문장의 보다 작은 집합이 생성되고, 그러므로 모든 아이들에 의해서 우선 이 값이 입증된다. 아이슬란드어가 영어와 같은 모든 대용어결속을 포함한다는 것은 사실이 아니다. 아이에게 (22)에서처럼 대용어가 결속되어 있는 문장 즉, 긍정적인 증거가 존재한다면 (24)의 매개변수 값 2로 넘어간다. 물론 문법성은 소위 언어능력이 있는 화자인 성인의 관점으로부터만 판단된다. 그러나 우리는 아이의 관점으로부터 아이가 말하는 문장들이 문법과 관련하여 이미 적형이라는 것으로부터 출발할 수 있다. 잘못된 발화 같은 것은 고려되지 않는다. 그러므로 목표문법 (Zielgrammatik)에 대해 어떤 매개변수 값이 고정될 수 있는가에 따라, 아이가 더 일찍 혹은 더 늦게 목표문법의 일정한 특성의 습득을 마치게 된다.

습득된 중간문법들 (Zwischengrammatiken) 중 각 중간문법은 보편문법과 조화를 이루기 때문에, 그 중간문법도 또한 가능한 인간언어의 문법이다 (연속성가설 (Kontinuitätshypothese)). 예를 들어 영주어 매개변수의 긍정적인 값을 입증하는 것에 의해 유도된 문법은 하나의 가능한 문법이다. 그렇다면 이탈리아어나 스페인어는 가능한 인간의 언어일까 아닐까?

자료들은 본질적으로 언어습득메카니즘을 가동시키고 원리를 작동시키고 매개변수 값을 고정시키는 기능을 갖는다. 우리가 보았듯이 허사 요소들 같은 아주 간단한 자료들은 충분하다. 이러한 자료들을 긍정적 증거 (Positive Evidenz)라고 한다. 본질적으로 이러한 자료들은 충분하고 아이는 자기를 위한 다른 자료 즉, 오류 정정을 필요로 하지 않는다. 끝으로 보편문법은 포괄적인 신경생물학적 연구프로그

램의 부분이고, 여기서 성숙(Reifung)의 개념은 중심역할을 한다.

많은 언어학자들은 언어습득은 전적으로 성숙의 과정이라고 가정한다. 그에 따라 보편문법과 매개변수는 성숙해야한다 (성숙가설(Reifungshypothese)). 만일 이 가설이 옳다면 모든 중간문법이라고 해서 실제로 인간언어의 가능한 문법이 되는 것은 아닐 수 있을 것이다. 예를 들어 만일 지배가 즉시 존재하는 것이 아니라 일정한 시점에서야 비로소 성숙한 것이라면 격은 구조적으로 부여될 수 없을 것이다. 이것은 아마도 성숙가설의 상당히 특이한 결과가 될 것이다.

5.1.4. 구조형성가설

예를 들어 문장의 어순이 무엇을 통해 실현되는지를 한번 깊이 생각해 보자. 특히 기능범주 I와 C가 그것을 분명하게 한다. 초기 아이들의 언어에서 이 범주들과 투영체들은 분명히 결여되어 있다.

- 의존하는 문장들은 C에 의해 유도되지 않는다 (소절 (Small Clause)).

(26) a. want [teddy drink] (19개월)
b. want [mommy come] (21개월)

- C는 영어의 직접의문문에서 to do에 대한 도착지점이다. 그러나 이것은 아이들의 경우 다음과 같이 나타난다.

(27) ball go? (2년)

C가 존재하지 않기 때문에 to do도 역시 나타날 수 없다. 2.5세에 비로소 외현적인 C-요소가 만들어 진다.

- 초기의 발화는 시제를 포함하지 않는다.

(28) a. Wayne blow bubble (21개월)
b. Roland want sweet (24개월)

– 초기의 발화는 일치도 포함하지 않는다.

(29) E: What does Ashley do?
K: Ashley do pee ... Ashley do poo (23개월)

(28)과 (29) 같은 자료는 아이들이 이러한 습득단계에서 I와 그의 투영체를 아직 소유하고 있지 않다는 것을 대변한다. 이것으로부터 우리는 언어습득이 기능범주의 습득과 동일시 될 수 있다고 추론할 수 있을 것이다. 예를 들어 만일 I와 C가 습득되었다면 복잡한 문장구조도 생성될 수 있다. 물론 일치, 격, 화법을 위한 접사, 상 등은 기능범주에 속한다. 이 때에 기능범주가 형태적으로 실현되었는지 그렇지 않은지는 원칙적으로 아무런 역할을 하지 않는다. 그러나 그것은 입력상태의 기능범주들이 수용될 때까지 서로 다르게 오래 걸린다. 즉, 아이들은 그들이 아직 제한된 사고능력을 가지고 있기 때문에 오히려 단어의 끝 (예를 들어 아이들은 Elefant를 fant로 따라 말한다)이나 구의 끝을 주의한다. 그리하여 그들에게는 전치사 보다 후치사가 더 쉽게 표현된다. 예를 들어 헝가리어에서 장소는 후치사에 의해 표현되고, 세르보크로아티아어에서는 전치사에 의해 표현된다. 이러한 언어를 동시에 습득하는 즉, 두 언어를 동시에 구사하며 자라는 아이들은 헝가리어에서 맨 먼저 장소 의미역의 실현을 능숙하게 구사한다.

그러므로 기능범주를 정확하게 표현하는 것이 구조형성가설과 필수적으로 결부되어 있다. 아마도 보편문법은 (다른 핵심어와 마찬가지로 엑스바 이론에 의해 투영되는) 기능범주에서 우리가 지금까지 가정했던 것보다 훨씬 더 폭넓은 하나의 목록을 포함할 것이다.

(30) a. Est-ce que tu as vu ces belles chemises
Hast du diese schönen Hemden gesehen
b. Oui, je les ai vues
c. Eu obriguei os meninos$_i$ [PRO$_i$ a ler**em** esse livro]
[-시제, +일치 (3.P.Pl)]
Ich befahl den Kindern$_i$ [PRO$_i$ zu lesen dieses Buch]

(30b)에서 동사 (수와 성)와 목적어의 일치가 나타난다. (30c)에서 시제 없는 일치 즉, 우리가 4.2.3장에서 이미 언급한 두 기능적 관계가 나타난다. 그 관계를 표현할 수 있는 엑스바-투영체는 우리가 앞에서 본 IP를 대략 (31)처럼 세분화 할 수 있을 것이다.

우리는 자신을 납득시키고 특별한 나무를 심으려고 노력한다 (중국어에서 독일어로 상당히 사전적으로 번역한 것). 이것을 내용에 맞게 번역하면 다음과 같다. *나는 이론과 자료가 다른 결론을 거의 허용하지 않는다는 것을 스스로 의심한다.*

(31)

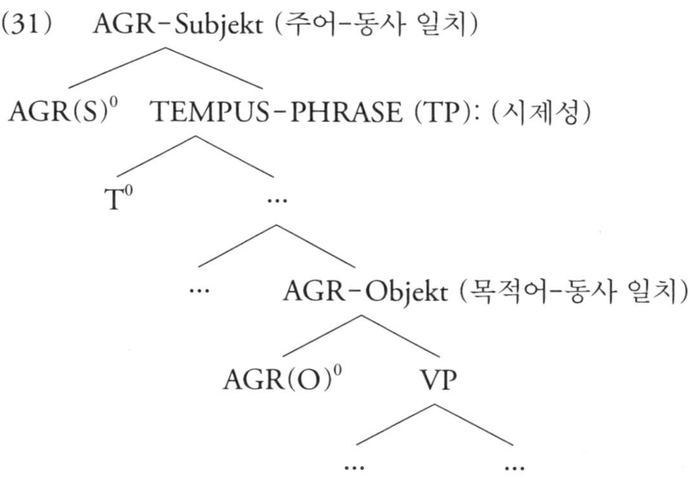

우리가 보았듯이 아이들이 이러한 기능범주와 그 투영체를 아직 소유하고 있지 않기 때문에, 기능범주와 결부되어 있는 특성을 고려할 때 그들의 발화는 불완전하다. 다른 한편으로 어휘범주, 그의 투영체 (예: 동사구) 그리고 그것과 결합된 의미역 관계는 처음부터 존재한다.

5.1.5. 피진어와 크레올화

사람들은 기능범주가 어떻게 점차적으로 형성되는지를 언어생성의 형태 즉, 피진어의 크레올화 (Kreolisierung von Pidgin-Sprachen)에서 아주 잘 보게 된다. 피진어는 선천적인 언어와 초기의 외부언어로 이루어진 언어의 혼합형태이다. 잘 알려진 하나의 피진어는 영국 사람들과 중국 사람들 사이에서 19세기에 생겨난 통용어였다. 그 통용어는 잘못 고쳐진 영어의 어휘와 중국어의 통사론 및 발음법으로 구성된 하나의 혼합물이었다 (여기에 있는 Pidgin이라는 이름도 Business의 중국어 발음에서 유래한다). 이제 우리는 (파푸아뉴기니 (Papua Neu Guinea)에서 사용되는) 톡 피진(Tok Pisin: talk pidgin)을 관찰해보자. 초기 단계에서 톡 피진은 거의 굴절을 하지 않았다 (I가 없거나 (31)에 따르면 T도 없다). 예를 들어 미래가 문두에 있는 부사 (영어의 by and by로부터 생겨난 baimbai)에 의해 표현되었다. 다음 단계에서 baimbai는 동사복합체 내에서 나타나는데 그것이 톡 피진의 초기 단계와는 다르게 필수적으로 나타난다. 그 이후의 단계에서 톡 피진은 더 이상 성인에 의해 2차언어로 학습되지 않고 아이들에 의해 모국어로 학습된다. 이 때 사람들은 이것을 크레올어 (Kreolsprache)라고 부른다. 이러한 습득과정에서 baimbai는 [bə]로 축약되고 접두사화된 I가 된다. 그러므로 아이들은 언어습득에서 기능범주를 만들어낸다. 그 이유는 아이들의 유전적 언어프로그램이 이것을 마련해 두기 때문이다. 이 경우에 입력은 실제로 부족하고 보편문법의 역할이 압도적이다 (8.1장 참고).

여러분은 충분한 내면적 구조를 가지고 있는 보편문법만이 플라톤의 문제를 해결하기에 적합하다는 것을 알게 된다.

5.2. 언어인지

5.2.0. 머리말

우리에게 언어인지 (Sprachwahrnehmung)가 언어산출 (Sprachproduktion)보다 더 쉽게 인식되는 것은 실제로 놀라운 일은 아니다. 즉, 비록 더 좁은 의미에 있는 인지 하에서 단지 처리 (분절화, 구조화, 어휘분석 같은 과정)와 이해 (생성된 표현의 의미해석)만이 표현된다 하더라도, 우리에게는 대체로 (감정, 시각, 촉각의) 추가정보가 이용될 수 있다. 우리는 그런 추가정보들로부터 화자의 전달의도에 대해 많은 추론을 할 수 있다. 이와는 달리 언어산출의 경우 우리는 많건 적건 우리의 체계적인 사고를 위해서 언어의 표현형태를 찾아야 한다.

이러한 비대칭은 단어찾기의 어려움 (Wortfindungsschwierigkeiten)에서도 나타난다. 여러분은 대화할 때 분명히 이미 한번은 어떤 단어를 아마도 (입안에서 맴돌기만 하고) 찾지 못한 적이 있을 것이다. 그러나 여러분은 "잠시만, 네 말의 의미가 나에게 곧 생각 날거야"라고 말할 필요는 없었을 것이다. 어쨌든 우리는 그런 이해장애 (Verstehensstörungen)를 아직 만나지 않았다.

5.2.1. 어휘부: 우리가 어휘를 어떻게 찾고 저장하며 이해하는가?

한 단어를 이해하기 위해 청자 (Hörer)는 우선 그것을 입력에서 분리시켜야 한다. 만일 여러분이 여러분에게 잘 알려지지 않은 언어의 화자를 한번 경청했다면, 대체로 한 단어, 한 구 혹은 한 문장을 인식하는 것이 틀림없이 어려웠을 것이다. 물론 이 때에 강세, 호흡정지, 화자교체, 잠깐 동안의 발화정지가 가끔 아주 많은 도움이 된다. 그러나 긴장이 풀린 발화 (빠른 대화법)에서 단어의 경계와 구의 경계가 가끔 일치하지 않는다. (32a)는 (b), (c) 혹은 (d)처럼 말할 수 있다.

(32) a. Was|ist|denn|das?
b. Was|istín|das?
c. Was|issen|das?
d. Wasíndes?

그러나 이 때 화자는 어떻게 (32d)를 (32a)에 있는 네 개의 단어와 같다고 생각할까? 그 해결은 청자가 입력을 공평하지 않게 분석한 데에 있다. 즉, 청자는 이해할 때 음성정보 뿐만 아니라 전체적인 언어지식을 이용한다.

이것에 대한 거의 전형적인 예는 우리가 이미 2장에서 언급한 음소재생성 (Phonemwiederherstellung)이다. 개별적인 음이 결여되어 있는 단어는 청자에 의해 완전해진다. 이것을 달리 표현하면, 청자는 결여되어 있는 입력을 기대에 맞게 유도하여 해석한다. 이러한 처리의 두 양상은 또한 전문용어로 구분된다. 입력을 작동시킨 처리를 버텀업 (Buttom-Up)이라고 하고, 기대를 작동시킨 처리를 톱다운 (Top-Down)이라고 한다. 이러한 분석은 온라인에서 동시에 들을 때 빠르고 자연스럽게 처음부터 끝까지 단계적으로 일어난다. 사람들은 이것을 서방세계의 읽기방향과 유사하게 '이것은 왼쪽에서 오른쪽으로 일어난다'라고 말한다. 온라인-처리는 보통 상이한 방식의 반응시간측정 (Reaktionszeitmessung)에 의해 연구된다. 시간적으로 제한을 받지 않고 처리 (소위 종이-연필 상황)할 때, 한 문장을 읽고 그것에 대해 곰곰히 생각할 때처럼 우리는 언어를 오프라인으로 처리할 수 있다. 오프라인-실험에서 전형적인 자료로는 반응시간이 아니라 문장의 진리나 문법성에 대한 판단, 혹은 입력이나 목적언어의 일정한 언어적 요소의 존재에 대한 결정이 적당하다.

그러므로 온라인에서 청자는 화자가 그의 문장을 끝까지 말할 때까지, 물론 한번 듣는 것은 아니지만, 한 단어가 완전히 발음될 때까지 기다리지 않는다. 오히려 청자는 즉시 분석을 시작한다. 이 때 한 단어를 버텀업으로 분석하는 것은 어휘부에서 저장된 음운적 표현을 그리고 게다가 입력과 조화를 이루는 모든 것을 불러오는 것이다. 한 단어가 많이 들리면 들릴수록 가능성보다도 점점 더 적은 목록들이 남게 된다. 단어들의 톱다운 분석은 가능한 단어들의 선택을 계속해서 제한한다. 한편으로는 앞에서 언급한 문맥상의 정보들은 자연스러운데, 이것은 주제의 범위를 기대에 맞게 제한할 수 있다.

(33) Because he was afraid of electronic survey, the spy carefully searched the room for bugs.
테스트 단어: bugs와 microphone

피시험자들에게 (33)과 같은 문장을 들려주었다. 그 때 그들은 입력에 있는 테스트 단어가 영어 단어인지 아닌지를 결정해야 한다 (그러므로 이러한 설정에 대해 어휘적 결정테스트라는 이름이 붙는다). (33)에서 선치된 부문장의 문맥은 찾기를 결정하는 것(Entscheidungsfindung)을, bugs에 대해서 뿐만 아니라 의미적으로 유사한 microphone에 대해서, 그리고 심지어는 곤충의 다른 명칭에 대해서도 기대에 맞게 쉽게 해준다는 사실이 밝혀졌다.

다른 한편으로 톱다운 분석의 본질은 입력의 한 단어에 대해 가능한 어휘항목을 범주적으로 선택하고, 음성연쇄를 분절하기 위해 음운적 형태적 규칙체계를 적용하는 것이다. (34)에서 여러분은 오프라인을 공감할 수 있다.

(34) a. reingewinn, reinkarnation, reiner, reinuken
b. osten, ostende, ostensiv, ostoisch

여러분은 전철에 따라 (34)에 있는 단어들을 다르게 분절해서 각각 어휘부의 다른 곳에서 찾아 보았다. 적어도 이것은 전철을 갖는 그리고 전철이 없는 (비)단어의 표현과 처리에 대한 연구를 보여 주었다. 그러므로 형태적 구조화가능성은 처리할 때 이용된다. 만일 한 단어에 가능한 전철이 확인된다면 이것은 우선 어떻든 분리되고 단어의 나머지를 찾게 된다. 이러한 시도가 (34)의 reinuken과 ostoisch에서처럼 실패할 때 비로소 다시 한 번 전체단어를 찾게 된다. 그러나 방금 말한 두 단어에 대해 그 두 번째 찾기도 역시 실패한다. 그것은 가능하기는 하지만 존재하지 않는 단어로 확인된다. 이제 사람들은 전철이 없는 비단어 (Nicht-Wort)보다 존재하는 전철을 갖는 비단어를 확인하는 것이 왜 더 오래 걸리는지를 설명할 수 있다.

단어를 불러오는 것에 대한 연구는 신호를 분절할 때 톱다운처리의 도움을 설명할 뿐만 아니라 언어처리의 기초를 이해하기 위한 창구를 열어준다.

언어처리 할 때 본질적인 요인은 등장의 빈도나 사용의 빈도이다. 그러므로 (35a)와 같은 단어들은 (35b)에 있는 단어들보다 더 빠르게 인식된다.

(35) a. Blume, Mantel
b. Knospe, Murmel

그러므로 우리는 어휘부로부터 출발해야 한다. 한 단어의 빈도는 어떤 해석이 동음이의어 (Homonymen)에 의해 선호되는지도 규정한다. 예를 들어 영어에 더 많이 사용되는 자동사 (36a)의 walk 이외에 타동사 (36b)의 walk someone이 있다.

(36) a. Who_i did Fördi walk to the bar with t_i
(Mit wem ging Ferdi zur Bar)
b. Who_i did Fördi walk t_i to the bar
(Wen begleitete Ferdi zur Bar)

영어 화자는 전치사적 목적어의 질문 (36a)를 직접목적어의 질문 (36b) 보다 더 빨리 이해한다. 그 이유는 (36b)의 청자는 (36a)에서와 마찬가지로 더 많이 사용되는 자동사 walk를 기대하기 때문이다. 청자가 의문사를 관련시킬 수 있는 구성성분의 위치가 비어 있지 않고 문장이 끝난다는 것을 깜짝 놀라며 인지할 때, 비로소 타동사를 선택하며 의문사를 이제 비어 있는 목적어 위치에 관련시킨다.

결과: 한 단어가 끝까지 발화되기 전에 이미 청자에 의해 분절되고 어휘지식을 토대로 계속해서 처리된다. 이렇게 편입시킬 때 입력과 조화를 이루지 못하는 목록들은 정확히 하나가 남을 때까지 선별된다. 몇몇 가능성이 있을 때 사용빈도가 가장 많은 단어가 선호된다. 이러한 처리는 버텀업과 톱다운으로 나타나는데, 이 때 아주 복잡한 단어구조도 산정될 수 있다 (5.3.1장에서 어휘부에 대해서 더 많이 다룸).

5.2.2. 파서 (Parser): 문장 분석방법

우리가 (37a)에 있는 모든 단어를 이해한다 하더라도 그것이 아직, 그 단어들에 의해 무엇이 표현되어야 하는지 우리가 이해하고 있다는 것을 결코 의미하지 않는다. 단지 우리가 발화가 어떤 통사적 구조를 가지는지 추가적으로 알 때에만 우리는 해석을 찾아낸다. 이 때 형식적으로 옳은 통사구조가 가치 있는 의미와 결합되지 않을 수도 있다 (37b). 그럼으로써 그것은 의미적으로 벗어난다. 한 연쇄에 대한 몇몇의 옳은 통사구조가 있다면 몇몇의 의미도 존재한다

(37c,d).

(37) a. Fernrohr sieht dem mit Gerdi Ferdi
b. Das Fernrohr sieht [$_{NP}$ Ferdi] [$_{PP}$ mit Gerdi]
c. [$_{CP}$ Gerdi sieht [$_{NP}$ Ferdi [$_{PP}$ mit dem Fernrohr]]]
d. [$_{CP}$ Gerdi sieht [$_{NP}$ Ferdi] [$_{PP}$ mit dem Fernrohr]]

이 때 표현의 의미는 단어들의 의미와 단어들 간의 구조적 관계로부터 유도된다. 구조가 산정되기 때문에 의미는 구성적(kompositionell)으로 산출된다. 이에 따르면 (37c)에서 Ferdi가 das Fernrohr를 갖지만 (37d)에서는 Gerdi가 das Fernrohr를 갖는다.

그 밖에 피시험자는 (37a)와 같은 어순 보다도 통사적 의미적으로 가치 있는 어순을 훨씬 더 잘 인지한다. 게다가 이것은 의미 없는 단어가 기능범주와 구조적으로 결합될 때 그렇다. 한편으로 이것은 우리의 단기기억 (Kurzzeitgedächtnis: 몇 초의 저장시간)이 7±2개의 요소들을 저장한다는 것과 관련이 있다. 만일 이 기억장치가 가득 찼다면 그 정보는 장기기억으로 전달되어야 한다. 다른 한편으로 사람들은 의미를 인지하기는 하지만 표현의 구조를 인지하지는 못한다. 그러므로 어순이 구조 없이 기억되어야 한다면 사람들은 개별 단어들을 순서를 넣어 인지하여야 한다. 사람들이 구조화된 어순을 학습한다면 단지 의미만을 인지할 것이다.

우리가 문장을 처리할 때 실제로 구조를 설정한다는 것을 많은 경험적 연구들이 보여주고 있다. 예를 들어 소위 클릭-실험 (Click-Experimenten)에서 피시험자들은 그들이 어디에서 소리를 인지하는지 질문을 받는데, 그 소리는 발화된 문장의 녹음기록에 먼저 실험자에 의해서 각각 다른 위치에 놓여 있다. 이 실험은 구 경계에서 클릭을 인지할 때 중요한 일치를 보여준다. 구 경계 앞뒤에서의 클릭은 피시험자들이 마치 그 경계에 서 있는 것처럼 그들에 의해 인지되었다.

길 혼돈 문장 (Garden-Path-Sätze)과 구조적 모호성

만일 여러분이 여자 친구와 우리에 대해 말한다면 다음과 같은 소문이 생겨날 수 있을 것이다.

(38) a. 여러분: "Der Jörg hat Gramscis Briefe im Gefängnis gelesen"
b. 여자 친구: "Das hätt ich nicht von ihm gedacht!"
c. 여러분: "Ja, und die Helen und die Monika spielen bestimmt dauernd mit Gretchen und Caroline mit dem Ball bleibt allein."
d. 여자 친구: "Hää? ... Aha ... Hmhm."

여러분은 화자로서 아마도 첫 번째 문장이 무엇을 의미하는지를 정확히 알았을 것이다. 그리고 여러분은 아마도 여러분이 무엇을 말했는지를 사람들이 어떻게 오해할 수 있는지를 인지했을 것이다. 어쨌든 여러분의 여자 친구에게 명확한 해석을 유도하는 것은 두말할 것 없이 가능하지 않았다. (37c,d)와 유사하게 (38a)에서 그녀는 Jörg가 감옥에 있고 거기서 Gramsci의 편지를 읽었다고 이해할 수 있었거나, 아니면 Jörg가 언젠가 읽은 편지를 Gramsci가 감옥에서 썼다고 이해할 수 있었을 것이다. 재차 묻기, 자신의 지식 또는 적합한 문맥이 여기서 특정한 해석을 강요할 수 있을 것이다.

여러분은 젊은 통사론자로서 분명히 어떤 구조적 근거로부터 두 해석이 나올 수 있는지에 대한 대답을 할 준비가 되어 있을 것이다.

전치사구 im Gefängnis는 첫 번째 말한 해석에서 동사구의 부사적 보충어이고, 두 번째 해석에서 이것은 명사구의 전치사적 보충어이다.
그러므로 (38a)와 같은 모호성은 엑스바-구조와 관련되어 있다. 자유 보충어는 상이한 위치에서 부가될 수 있다. 청자에게 구조적 다의성은 비록 무조건 쉽게 명확화 될 수 없을지라도 비교적 쉽게 나타날 수 있다. 의도된 해석은 화자에게는 당연히 분명하다.

그러나 중립적인 문맥에서 선호되는 해석은 어떻게 나올까? 예를 들어 청자에게 자유 보충어에 대한 선호되는 부가위치가 존재할까? 여기서 빈도는 중요한 것처럼 보이지 않는다. (39)에 의거하여 각 문장의 의미에 대한 여러분의 가정이 읽는 과정에서 어떻게 바뀌는지 한번 주의 깊게 관찰해 보자.

(39) a. Wann hat Gerdi gesagt hat sich Ferdi ein Schloss gekauft
b. Über wen wetterte Gerdi gestern hat Ferdi ein Buch geschrieben
c. Wen sah Gerdi am Fahrkartenschalter stehen

의문사구는 우선 주문장 동사와 관련되기는 하지만, (39a,c)에서 보문의 동사와 관련되고 (39b)에서 명사 Buch에 대한 보충어로 이해된다.

이러한 현상들을 설명하기 위해 우리는 언어처리이론을 필요로 한다. 문법은 한 언어의 문장들의 적형성에 대해 단지 진술만하기 때문에 문법만으로는 충분하지 않다. 만일 우리가 머릿속에 문법만을 갖는다면 아무도 (40b)를 이해할 때 문제를 갖지 말아야 할 것이다.

우리는 이제 계속해서 (38)로 가보자. 문장 (38c)는 여러분이 그것을 특정한 강세를 통해 분석했기 때문에 여러분의 여자 친구에게 즉시 명확했어야 할 것이다. 여기서 우리는 콤마들의 생략을 통해 속임수를 썼다. 결국 이 콤마들은 문어 (Schriftsprache)에서 특히 구성성분구조에 대한 정보를 제공한다. 이런 기호의 생략으로 인해 비록 들을 때 기호를 듣지 못하더라도 특정한 상황에서 읽을 때 문장은 다의적일 수 있다. (38c)는 소위 길 혼돈 문장이다. 그러므로 우리는 여러분이 읽을 때 그것에 대해 아마도 짧게 숙고해야 한다고 가정한다.

길 혼돈 문장을 처리할 때 문장프로세서인 파서는 오류를 범한다.

문장구조에 대한 가장 간단한 가정이 처리의 과정에서 잘못된 것으로 입증된다. 그 처리는 정지되고 그 문장이 설령 전혀 비문법적이지 않더라고 그것은 종종 비문법적인 것으로 감지된다. 여기서도 우리가 문법 이외에 오류를 범하게 될 수 있는 처리메카니즘을 소유하고 있다는 것이 분명해진다.

길 혼돈 문장은 부분적으로는 이런 문장들이 상황에 따라 특정하게 나타나기 때문에 우리에게 언어처리에 대한 좋은 정보를 제공한다. 우리는 이런 문장에서 문장강세가 옳은 문장기술을 위해 정보를 얼마나 많이 주고, 동형이의어 (Homographie)가 단어를 찾을 때 어떤 효과를 갖는지, 입력에 어떤 구조분석이 우선적으로 부여되는지, 입력에 대한 얼마나 많은 구조가정들이 동시에 시스템에 의해 설정되거나, 또는 언어처리시스템이 오류분석 후에 어떻게 다시 생성되는지를 볼 수 있다. 우리는 이제 여러분에게 신고전적 (neoklassisch)인 영어 길 혼돈 문장이 무엇인가를 알리려고 한다. 그것은 (40a)이다. 전위적 (avantgardistisch)인 독일어 (40b)도 또한 우리 마음에 든다.

(40) a. The horse raced past the barn fell
b. Charles heiratet bestimmt Camilla an einem Sonntag in der Kirche nur Gördi

다중삽입문의 비대칭

다중삽입문도 파서에게는 어렵다. 물론 이런 문장은 문법적이고, 문법에 의해 문제없이 생성될 수 있다. 그럼에도 불구하고 처리할 때 주목할 만한 비대칭이 나타난다. 그러면 한 문장이 이해될 수 있기 위해서 얼마나 복잡할 수 있는지를 한번 생각해보자.

〈 문제 2 〉

여기서 소세지가 문제이다. 우리는 (a)와 (b)에서 아마도 누가 깨물었는지를 알고 싶어할 것이다.

a. Die Wurst, die der Metzger, den ein Hund, dem eine Zecke, die vom Metzger, der ein liebenswerter Kerl war, weggemacht wurde, im Fell saß, vor einem Straßenräuber verteidigte, ihm fürs Stillhalten gab, war sehr schmackhaft.

b. Die Wurst, die der Metzger der Zecke fürs Zwicken gab, die nämlich einem Hund im Fell saß, der eigentlich ja den liebenswerten Straßenräuber vor dem Metzger verteidigen sollte, nun aber ganz stillhielt, war sehr schmackhaft.

만일 여러분이 "소세지가 친절한 녀석이었다거나 또는 흡혈 진드기 도축업자가 털 속에 박혀 있고, 그 진드기는 그 때문에 조용히 머무르기 위해, 게다가 진드기가 개를 이미 먼저 도축업자 앞에서 방어했다하더라도 그의 입장에서 개를 아주 맛있게 생각하는 노상 강도가 도망가기 바로 전에 도축업자에게 소세지를 주었다"라는 의미에 이르렀다면 이것은 틀릴 것이다. 여러분은 오히려 (a)에서는 개 (Hund) 그리고 (b)에서는 흡혈 진드기 (Zecke)로 대답했어야 할 것이다. 문장 (b)를 이해하는 것이 분명히 여러분에게 실제로 더 쉽게 보일 것이다. 원인이 어디에 있는 것일까?

아주 분명한 것은 구조에 그 원인이 있다는 것이다. 구조가 (41a)처럼 중앙으로 삽입되어 구성되는지, (41b)처럼 오른쪽으로 분지되어 구성되는지 또는 (41c)처럼 왼쪽으로 분지되어 구성되는지가 분명히 파서에게 구분된다. 이것에 대한 질문은 다음과 같을 것이다. 이 결과가 정말로 다를까?

(41) a. $[_{CP}[_{NP1}$ der Hund $[_{CP}$ den $[_{IP}[_{NP2}$ der Mann $[_{CP}$ den $[_{IP}[_{NP3}$ die Frau $[_{CP} \ldots]]_{3} \ldots]]]_{2} \ldots]]]_{1}$ $[_{C'}$ ist $[_{IP}$ ihm davongelaufen]]]

b. [$_{CP}$[$_{NP}$ der Hund] [$_{C'}$ ist [$_{IP}$ ihm [$_{VP1}$ davongelaufen [$_{CP}$ den [$_{IP}$ der Mann [$_{VP2}$ ...[$_{CP}$ den [$_{IP}$ die Frau [$_{VP3}$ ... [$_{CP}$ ...]]$_{3}$]]]$_{2}$]]]$_{1}$]]]

c. [$_{CP}$[$_{CP}$ dass [$_{CP}$ dass [$_{CP}$ dass [der Hund ihm davongelaufen ist] dem Mann nichts auszumachen scheint] der Frau egal ist] ist unverständlich]

우리는 온라인으로 문장의 길이에 따라 하나 혹은 두 개의 오른쪽으로 분지되는 구조 또는 중앙삽입구조를 감당할 수 있다. 그것에 따라 처리시스템은 더 이상 동행하지 못한다. 오른쪽 분지구조 만큼 거의 그렇게 쉽게 처리될 수 있는 소유형태의 잦은 반복은 하나의 예외처럼 보인다 (42a). 하지만 몇몇 다른 명사구를 추가로 살펴보면 그것을 이해하는 것이 즉시 어려워진다 (42b). 그러므로 다음과 같은 내용이 남게 된다. 즉, 우리에게는 오른쪽 분지구조만이 모든 수와 길이에서 옳다. 이것으로는 아무런 문제가 없다.

(42) a. [$_{NP}$[$_{NP}$[$_{NP}$ Ferdis] Freundes] Schwester] ist Gerdi

b. Ferdis Freundes Hundes Hundefreundes Herrchens Schwester ist Gerdi

그럼에도 불구하고 많은 사람들은 (43a,b)의 짙게 표시된 요소들을 서로서로 관련시킨다. 물론 그들은 (43c)에서 전철이 fingen에 관련되어 있다는 해석을 선호한다.

(43) a. Gerdi war nicht böse denn sie **sah** dass Ferdi zuviel getrunken hatte weil er traurig war **ein**

b. Gerdi war nicht böse denn sie **sah** dass Ferdi zuviel getrunken hatte weil er traurig war da seine Freunde in eine andere Stadt ziehen wollten **ein**

c. Gerdi war nicht böse denn sie **sah** dass Ferdi zuviel getrunken hatte weil er traurig war denn seine Freunde **fingen** seinen Hund vor ihrer Abreise **ein**

길 혼돈 문장 (38b)/(40), 삽입에 대한 비대칭 제약 (41)/(42), 모호성 즉, 선호된 일시적인 해석 (37)/(38a)/(43)/(39)는 문법과 파서 간 구분을 위한 가장 중요한 근거들 중 몇몇에 해당된다.

처리원리

이제 우리는 소개된 자료들을 설명할 수 있을 처리메카니즘을 관찰해야 한다. 청자가 입력을 빠르게 이해할 수 있기 위해서는 한편으로는 단어들을, 다른 한편으로는 단어들 간의 구조적 관계를 분석해야 한다. 해석을 위한 두 정보유형을 빠르게 결합하기 위해서 파서는 톱다운과 동일하게 버텀업으로 작동해야 한다. 다시 말해, 파서는 통사적 자질을 갖는 하나의 단어를 얻자마자 핵심이 되는 엑스바이론, 하위범주화, 핵심어 매개변수, (확대) 투영원리 등을 이용하여 온라인으로 구조를 구성하기 시작한다.

길 혼돈 문장과 일시적인 모호성은 파서가 구조화를 얼마나 일찍 시작하는지를 특히 명확하게 보여준다. 파서의 구조가설을 제한하기 위해, 사람들은 종종 단어인식의 분석과정은 대략 3개 단어에서 6개 단어까지 남긴다는 것으로부터 출발한다. 이 단어들은 단기기억에서 준비되어 있다가 파서에게 S-구조의 구성을 위한 근원정보로 이용된다. 한 구가 구성되고, 완충기억장치 (Arbeitsgedächtnis; Buffer)에 있는 가장 가까이에 있는 단어들이 새로운 구를 구성해야 하는 것을 암시하자마자 방금 처리된 구가 완결된다 (조기완결원리 (Early Closure Prinzip): 구를 가능한한 일찍 완결하라). 그리고 완충기억장치가 가득 차면 그 구는 계속해서 처리하기 위해 이것으로부터 멀어진다. 문장을 처리하는 것은 두 단계로 실행된다고 종종 또한 가정한다. 이것이 어떻게 실행되는지 개별적으로 불분명하지만 사람들은 완충기억장치의 국부적 문맥에서 명확하게 추론할 수 있는 그 투영체들이 먼저 구성되고, 그리고 나서 보다 상위의 투영체들 (예를 들어 문장이나 부가 (Adjunktionen))이 구성된다고 가정한다. 이것은 첫 단계에서 어휘범주의 최대투영체가, 두 번째 단계에서 기능범주의 투영체가 구성된다는 것을 의미할 수 있을 것이다. 형태적 표시 (예를 들어 수동접사, 의문사, 굴절요소), 어휘적 정보 (예를 들어 의미역격자, 하위범주화), 통사적 정보 (예를 들어 핵심어위치, 일치)에 근거하여 파서는 공범주를 또한 기대하고, 그것을 통해 흔적을 갖는 마디를 수형도에 끼워 넣을 수 있다. 우리가 (39)에서처럼 우선 주문장에 수의적 보충어가 존재한다는 가설을 따를 때에 비로소 우리는 온라인으로 이러한 구조적 해석을 얻는다. 그러나 만일 완충기억장치에 반대의 정보가 나타난다면 이러한 일시적 해석은 수정되어야 한다. 즉, 파서는 성분문장에서 각각의 의문사를 선행어로 갖는 흔적을 끼워 넣어야 한다.

이렇게 파서는 아주 빠르고 영리하다. 파서는 비록 불분명한 정보를 갖는다 하더라도 작동하는 것을 간단히 중지하지 못한다. 즉, 만일 파서가 국부적 문맥으로부터 명확화하려는 정보를 얻지 못하면 최소부착원리 (Minimal Attachment Prinzip: MAP)를 따른다.

(44) 최소부착원리
존재하는 마디와 새로운 마디 사이에 가급적 적은 마디가 놓이도록, 이미 존재하는 수형도에 새로운 마디를 부착하라.

우리는 (45)에서 이러한 생생한 마디절약원리를 곧바로 인식한다.

(45) a. John bought the book for Susan
b. John bought the book that I had been trying to obtain for Susan

book은 필수적 보충어를 갖지 않기 때문에 (45a)에서는 최소부착원리의 의미에서 전치사구 for Susan이 동사구의 수식어로 선호되어 수형도에 부착된다. 그렇지 않으면 전치사구는 명사구에 부가되어야 할 것이고, 이것은 하나의 추가적인 명사구가 될 것이다. 그러나 (45b)에서 전치사구 for Susan은 핵심어 obtain을 갖는 동사구를 수식하고 더 이상 동사구 bought the book that...을 수식하지 않는다. 그 이유는 이 동사구는 전치사구가 최소의 비용으로 부착될 수 있는 가장 가까이에 놓여 있는 마디이기 때문이다. 엑스바 이론적으로 관찰한다면 최소부착원리는 부가위치가 새로 만들어지기 보다는 오히려 하나의 새로운 마디가 보충어위치나 지정어위치로 부착된다고 예측한다. 몇몇의 수의적 보충어가 나타날 때 이것은 가장 분명해져야 할 것이다. 그 이유는 이 때 맨 먼저 문제가 되는 그리고 이미 존재하는 위치가 채워져야 하기 때문이다.

(46) a. Ferdis Studium der Brücken in München in Dortmund im April wird durch Bauarbeiten verhindert
b. Ferdis Studium der Zeitung in München in Dortmund im April wird durch Bauarbeiten verhindert

만일 파서가 기억장치에서 6개의 요소까지 볼 수 있고 최소부착원리가 실제로 가치가 있다면 (46b)의 처리는 (46a)보다 더 어려워야 할 것이다. 즉, (46a)에 대해서 전치사구 in München이 Brücken에 대한 보충어로 해석하는 것이 암시되는 반면에 이 전치사구는 (46b)에서 거의 Zeitung의 보충어 일 수 없고, 따라서 최소의 비용으로 명사구 Ferdis Studium der Zeitung의 수식어로 분석되어야 할 것이다. 그러나 (46a)에서 명사구 Ferdis Studium der Brücken in München의 구조를 구성한 후에 완충기억장치에 in과 Dortmund가 나타나면 파서는 이것을 조합한 후에 이 전치사구를 전체 명사구의 수식어로 간주할 가능성을 이제 가까스로 최소 비용으로 갖게 된다. 그런 후에 파서는 동일한 방식으로 시간부사어 im April을 부가한다.

이와는 달리 (46b)에서 파서는 요소 in Dortmund를 인식할 때 수형도를 변화시켜야 하는데, 그 이유는 문법이 (46a)에서처럼 보충어논항과 부가어논항으로서가 아니라 단지 등가로 나열되어 있는 두 개의 장소 전치사구를 허용하기 때문이다. 그러므로 여기서 장소의 길 혼돈 문장이 문제가 된다. 이제 완충기억장치에서 im April이 가시적일 때 연접은 문제가 될 수 없다. 그러므로 전치사구 in München은 Zeitung에 대한 제한적 보충어로 재분석되어야 하고, 이것을 통해 in Dortmund는 전체 명사구의 수식어로 해석될 수 있다.

이렇게 처리할 때 또한 최소부착원리에 의해 더 이상 구분될 수 없는 그 밖의 다른 구성성분들에 대해서 부가위치가 문제될 때에도, 이 구성성분들이 도대체 어디에서 부가되어야 하는지가 물론 불분명하다. 이러한 경우에 대해서 사람들은 선호되는 위치가 문맥으로부터 생겨나는 것인지 또는 최소부착원리와 유사하지만 더 특정한 원리 즉, 오른쪽 연결 (Right Association = 늦은 종결 (Late Closure))이 부가위치를 확정하는지를 가정한다.

(47) 오른쪽 연결
X^0-범주를 구조적으로 가장 낮은 최대투영체에 연결시켜라.

이제 우리는 왜 (48)에서 해석이 said yesterday도 마찬가지로 가능한데도 부사 yesterday가 우선적으로 아래에 있는 동사구의 수식어로 이해되는지 알아보자.

(48) Fördi said that Gördi was really sick yesterday

입력을 처리할 때 파서를 유도하는 일련의 다른 원리들도 있다. 많은 것에 대해 아직 논쟁이 되고 있는 것은 문장분석원리들 (Parsing-Prinzipien)이 전체 언어처리시스템의 설계에 대한 가정과 매우 많이 결합되어 있다는 것과 관련되어 있고 (5.2.4장 참고), 그리고 문법과 파서 사이의 관계가 어떻게 이해되는 지와도 관련이 있다.

5.2.3. 인지전략

많은 발화들은 구조분석 없이도 이해될 수 있다. 이것을 위해 청자는 일정한 인지전략 (Perzeptuelle Strategien)만을 이용할 필요가 있다. 이러한 하나의 전략은 (49a)와 같은 생물성위계 (Belebtheitshierarchie)에 근거하여 (50)에 포함되어 있는 명사를 완전한 통사구조를 구성하지 않고 순차적으로 해석하거나, 또는 첫 번째 '명사-동사-명사-연속체'를 '행위자-행위-목적어'로 해석하는 일일 것이다.

(49) a. 행위자 > 목적/주제 > 장소 ...
b. 명사 – 동사 – 명사 = 행위자 – 행위 – 목적어

(50) a. Ferdi grüßt Trudi selten
b. Trudi gießt die Blumen

(50a,b)는 (49)에 의해 옳게 해석될 수 있다. 그러나 이러한 해석은 변형적 도치에 따르면 더 어려워진다.

(51) a. Trudi wird von Ferdi selten gegrüßt
b. Die Blumen werden von Trudi gegossen

만일 생물성위계만 존재한다면 (51a)는 당연히 틀리게 해석된다. 그와는 달리 (51b)는 옳게 이해된다. 그 이유는 사람이 꽃에 물을 줄 수는 있지만 꽃은 사람에게 물을 줄 수 없다는 것에 대해 아

는 것이 명확한 해석을 제공하기 때문이다. (51b)는 비가역적 수동태 (Irreversibles Passiv)로 불린다. (51a)와 같은 가역적 수동태와는 달리 비가역적 수통태는 (바보나 다른 고집 센 화자를 제외하고는) 단지 하나의 해석만을 갖는다. 이런 문장을 처리하기 위한 실험은 (50a)가 (51a)보다 더 빠르게 이해되지만 (50b)와 (51b) 사이에서는 그런 차이가 존재하지 않는다는 것을 보여 주었다. (51b)는 (51a)에 상응하여서도 또한 그보다 더 빠르게 이해된다. 그러므로 청자는 실제로 의미를 추론하기 위해 단순한 문법지식 그 이상을 이용한다. 사람들은 다른 전략들을 가지고 의미에 대한 정보를 키워드 (Schlüsselwörter)에서 유도할 수 있다.

전략 없이 특정한 언어놀이 (52)를 이해하거나, 또는 예를 들어 언어를 완전하게 구사하지 못하는 화자가 판매자와 주방기구에 대해 말하려고 할 때, 이 화자의 비문법적인 문장에서 의도된 문장을 추론하는 것 (53)은 거의 불가능할 것이다.

(52) Trudi schlägt Ferdi und dann den Weg zum Bahnhof ein

(53) ... aber die Erfahrung, die wir ge[ʔ]abt [ʔ]aben mit die Ferns[e:n] [un] mit der – [s]um Beispiel Kühlschränken, die [ge:n] viel kap[ü]tt, weil Strom m[ɑ̃š]mal komm g[ɑ̃s] stark[ə] un m[ɑ̃š]mal – g[ɑ̃s] langsam un oui schwach[ə] (... aber die Erfahrung, die wir mit dem Fernsehen und z.B. mit dem Kühlschrank gemacht haben, ist: Sie gehen oft kaputt, weil die Spannung mal zu hoch und mal zu niedrig ist.)

우리가 외국인의 말을 완전히 독일어가 아닌 것으로 간주하기 위해서, 외국인은 실제로 어떤 언어적 오류를 범해야 하는가? 우리가 (53)을 관찰할 때 물론 주어진 음성학적 불규칙성은 비교적 덜 혼란스럽고, 오히려 (성, 어순, 조동사 결여, 파격문장, 틀린 명칭 등의) 통사적 어휘적 오류가 혼란스럽다. 하지만 (53)을 더 자세히 관찰해보면 여러분은 분명히 화자가 (부문장, 주문장, 주어관계문장과 목적어관계문장, 문장부사어, 등위접속, 수식어 등의 모든) 복잡한 구조를 만들어낸다는 말에 동의할 것이다. 문장의도오류(Satzplanungsfehler)와 틀린 명칭은 일상어에서 흔한 일이므로 거의 의미가 없다. weil 뒤에서 동사가 두 번째 위치하는 것은 독일어에서 꾸준히 증가하고 있다. 심지어 콘센트에서 전기가 나온다는 것은 누구나 알고 있다. 분명히 가장 중요한 일은 우리의 주목을 끄는 어순이다. 그러므로 여러분은 재단사에게 (옷뿐만 아니라) 동사위치도 사람을 만든다고 말할 수 있을 것이다. 청자는 (불)완전하거나 또는 (비)문법적인 형태의 의미를 아마도 온라인으로 이용되는 전략을 통해서도 추론할 수 있을 것이다.

5.2.4. 언어처리 모형

이제 마지막으로 언어처리의 개별 단계에 의견을 모아 보자. 여기에 본질적으로 두 개의 개념이 있다. 자율적 모형과 상호작용적 모형이 그것이다.

자율적 모형 (Autonome Modelle)은 특히 개별 모듈들이 서로 독립적이라는 것 즉, 그들이 재귀적인 교체관계의 의미에서 서로 영향을 받지 않는다는 것으로부터 출발한다. 모든 모듈은 혼자서 즉, 모듈 내적으로 그리고 외부의 영향 없이 해결하는 특정한 과제를 갖는다. 이 때 이 모듈은 그의 결과를 그 다음 모듈에 전달한다. 그러므로 자율적 모형의 처리는 연속적으로 진행된다. 예를 들어 인지할 때 청각적이고 시각적인 단어인식은 구조부가 (Strukturzuweisung)에 선행해야 하지만, 산출할 때는 구조부가가 단어삽입에 선행해야 한다. 즉, 정보의 흐름은 조절된다. 물론 이것은 예를 들어 단어인식모듈이 모든 단어들을 전달할 때까지 먼저 이 단어들을 처리해야 한다는 것을 아직 의미하지는 않는다. 오히려 이 단어인식모듈은 통사적 처리가 이 요소들과 이미 이루어질 수 있도록 하기 위해 분석된 모든 단어들을 전달한다.

(54) 자율적 모형
단어인식 → 구조인식 → 의미인식

이와는 달리 상호작용적 모형 (Interaktive Modelle)은 몇몇의 혹은 모든 분석층위에 있는 모듈들 사이의 정보의 교체를 허용한다. 물론 여기서도 단어인식은 구조부가에 선행한다. 그렇지만 예를 들어 정보는 이미 구성된 구조를 넘어 그 밖의 다른 단어인식과정에 영향을 미칠 수 있을 것이다. 상호작용적 모형의 모듈들은 항상 동시에 작용한다. 그밖에 이 모듈들은 하나의 출력뿐만 아니라 여러 개의 출력도 동시에 전달한다. 단지 하나의 다른 모듈로 동시에 전달하는 것만은 자율적 모형에서도 가능할 수 있다.

(55) 상호작용적 모형

단어인식 ↗ 구조인식 ↔
↕
↘ 의미인식 ↔

이러한 모형을 지지하기 위해 특히 문맥의 영향이 인용된다. 예를 들어 어휘적 결정테스트가 문법구조에서 어휘적 요소의 등장이 단어인식을 쉽게 해준다는 것을 보여 주었다. 이에 따라 (56a)에서 Bier는 (56b)에서 보다도 더 빠르게 인식될 것이다.

(56) a. Ferdi geht mit seinen Kumpels ein Bier trinken
b. Trinken geht ein seinen Ferdi mit Bier Kumpels

이것은 (55)에 대해서는 찬성하고 (54)에 대해서는 반대하는 것처럼 보인다. 여러분은 지금 사람들이 자율성논제를 '약화시켰다(aufgeschwächt)'고 생각하는가? 결코 그렇지 않다.

여러분은 분명히 이미 여러 번 틀리게 읽은 적이 있다. 우리는 그것이 얼마나 자주 일어나는지 알지는 못하지만 그것이 일어난다는 것은 논쟁의 여지가 없다. 아마도 방금 앞에서 본 '약화시켰다(aufgeschwächt: 본래는 geschwächt 임)'에서처럼 만일 틀리게 읽는 것이 다음에 발생한다면 여러분이 어떻게 하는지 관찰해 보자. 여러분은 아마도 여러분의 눈을 의심스러운 곳으로 돌려 그 단어를 새로 읽을 것이다. 전달이 어떤 방법으로든 잘못된 것처럼 보였다는 동기는 일반적이다. 이것은 음소재생성과 유사한 현상이다. 단어를 인식할 때 처음에 소리가 분석됨에도 불구하고, 단어의 이해가 소리인식에 영향을 주는 것처럼 보인다. 이러한 현상은, 결정의 구성요소가 그의 출력을 임의의 모듈이 아니라 특히 의미인식에 의존하게 함으로써 자율적 모형에 의해 설명될 수 있다. 이에 따라 어휘부로의 정보전송시간은 특정한 단어에 대해 항상 동일하고, 개별 모듈들은 여전히 서로 독립적이기는 하지만 결정시간은 의미추론을 통해 규정된다. 그러므로 자율적 모형은 이러한 관찰을 통해 근본적으로 논박되지 않는다. 즉, 반응시간이나 결정시간을 포함하는 결과들로부터 대체로 어떤 모듈이 이런 저런 지연이나 가속에 대해 책임지는지가 종종 명확하게 추론될 수 없다는 것이다. 어떤 모형이 정확하면 정확할수록 심리언어학의 실험결과는 당연히 더 정확하게 해석될 수 있다.

5.3. 언어산출

5.3.0. 머리말

언어인지에 대한 연구를 할 때와 달리, 언어산출을 분석할 때 실험적으로 통제된 결과를 얻는 것은 상당히 어렵다. 그 이유는 화자가 말하는 것이 거의 실험적으로 강요될 수 없기 때문이다. 그러므로 사람들은 대화가 자료를 얻을 목적으로 피시험자에 의해 유도되는 자연스런 상황이나 준표준화된 상황에서 종종 자발적인 언어산출을 관찰한다. 대화는 종종 모든 피시험자에게 동일한 주제의 기준에 따라 이루어진다. 여기 다음과 같은 예가 있다.

(57) I: Wie ist denn so Ihr Ihr Tages Ihr Tagesablauf?
TP: Morgens trinke mer erst Kaffee,
I: Hm
TP: Un dann hammer Gymnastik.
I: Hmhm
TP: Un dann wird des gewöhnlich so halb, dreiviertel zwölf. Um zwölf Uhr geh'n mer esse.
I: Hm. Ist das hier im Haus?
TP: Ja. Ja, hier in der zweiten [ʔe:ta:š].
I: Hm
TP: Nach 'm Essen geh' isch spazieren!
I: Ja, aha.
TP: Wenn isch vom Spazierengeh'n komm', ruh' isch. (Lachen) Un wenn isch nix zu arbeite hab', dann strick' isch.
(I: 인터뷰하는 사람, TP: 피시험자)

우리가 이 텍스트로부터 무엇을 추론할 수 있을까? 아마도 대화구조에 관한 몇몇을 추론할 수 있겠지만, 우리의 선택대상인 언어지식과 언어처리의 구성요소에 관한 것은 상대적으로 적게 추론할 수 있을 것이다. 보통의 일상대화와 준표준화된 대화에서 문법적으로 벗어나거나 불완전한 문장들 (소위 문장의도단절 등)이 발견된다. 그럼에도 불구하고 우리는 대체로 대화상대자가 우리에게 무엇을 말하려고 하는지를 언어적 정보의 외관상의 의도 하에서 그리고 표정, 몸짓, 음량 같은 언어외적 정보의 도움 하에서 자주 이해한다. 여러분도 불완전한 말과 분명히 친숙해 있을 것이다. 다음 대화에서 K가 V로부터 식기세트를 사고 싶어 한다.

(58) V: Ja das.
K: Das haben Bekannte von mir. Das
V: Ja
K: sagt mir allerdings nicht so sehr zu.
V: Ja
K: Finds zwar hübsch, aber find ich das rechte doch hübscher. Ich mag also gern 'n bisschen Feineres, also das wäre zu
V: Hmm. Jawoll
K: mir aber in der Tasse zu dick.

체계적으로 설정된 단위, 규칙, 제약, 언어지식원리가 언어산출에서도 분명하게 나타나는지를 우리는 이제 알고 싶을 것이다. 그러나 이것을 위해 사람들은 선택적 오류를 보여주는 자료를 필요로 한다. 전체 체계가 붕괴되어서도 안 되고, 모든 것이 온전해서도 안 된다. 즉, 우리의 질문과 관련해서 무차별적이어야 한다.

발화오류는 전체적으로 다음과 같은 특성을 갖는 것처럼 보인다.

1. 이것은 자연스러운 자료이다. 즉, 이것은 일상적 말하기에서 생겨난다.
2. 이것은 일반적인 자료이다. 즉, 이것 자체는 전혀 특별한 것이 아니고 종종 나타난다.
3. 이것은 무의식적으로 만들어진다. 즉, 이것이 가끔 오류 정정된 것일지라도 이 구조는 숙고되지 않는다.
4. 이 구조는 잘 인식될 수 있다. (바에서 10병의 맥주를 마신 후에 하는) 불완전한 말하기도, (Blaukraut bleibt Blaukraut und Brautkleid breibt Blautkreid 같은) 발음하기 매우 어려운 것도 둘 다 문제되지 않는다.

물론 출연빈도의 통계적 평가는 거의 이루어질 수 없다. 사람들은 - 적어도 현재는 - 얼마나 자주 발화오류를 범하는지도 모르고, 얼마나 자주 특정한 발화오류 유형이 나타나는지도, 게다가 얼마나 빈번하게 일정한 단위가 관련되는지 (즉, 오히려 음소, 음절, 명사구 등이 오류로 나타나기 쉬운지)도 모른다. 언어산출에 관한 소수의 실험 중 한 실험에서, 예를 들어 보통의 말하기속도에서 대부분의 발화오류는 청자에 의해 인지되지 않고 직관적으로 정정된다는 것을 볼 수 있었다. 느린 말하기속도에서 비로소 발화오류가 더 많이 눈에 띈다.

이러한 통계적 불확실성은 여러 가지와 관련되어 있지만 자료수집이 어떻게 이루어지느냐에도 관련이 있다. 이러한 자료집 (Corpora: Corpus의 복수)은 언어학자들에 의해 만들어지는데, 이들은 이것을 위해 대화, 강연 등에서 발화오류를 기록한다. 그러나 이때 주의하여 발화오류를 놓지지 않는다거나, 또는 다른 불행이 일어나지 않을 것이라는 것 등의 모든 것을 인지한다는 것은 보장될 수 없다. 그럼에도 불구하고 현재의 자료집 (MIT-자료집, UCLA-자료집, 프랑크푸르트 발화오류 자료집 등등)에서 다음에 설명된 특성들이 높은 의견의 일치를 보이고 있다.

5.3.1. 발화오류의 유형

독일어에 대한 첫 번째 자료집은 "발화오류와 읽기오류 - 심리언어학적 연구"라는 멋있는 제목으로 1895년 메링어 (Meringer)에 의해 생겨났다. 메링어는 다음과 같이 발화오류의 분류를 선도적으로 발전시켰다.

교체 (Vertauschungen)

(59) da plötzlich stürzt aus einem Haus mit fliegenden Weibern ein Haar heraus ← ... mit fliegenden Haaren ein Weib heraus

(60) oh Du Saukramer ← oh Du Grausamer

선취 (Antizipationen/Vorklänge)

(61) Ich werde nun zur Abschreitung der Anträge schreiten ← ... Abstimmung ...

후치 (Postpositionen/Nachklänge)

(62) das Zeitwort ist gewissermaßen das Geist Gottes ← ... der Geist Gottes

혼성 (Kontaminationen)

(63) der Mann hat schon viel hinter sich gemacht ← hinter sich gebracht/gemacht

대체 (Substitutionen)

(64) die Abende sind dann schon kurz ← ... lang

단지 더 현대적이기 때문에 모든 것이 더 좋은 것은 아니지만, 사람들이 문장의도의 구성에 관심이 있을 때 메링어의 분류가 개선되어야 한다는 것을 여러분은 곧 보게 될 것이다.

5.3.2. 문장의도의 층위

문장의도 (Satzpalnung)는 '비언어적 사고가 언어의 형태를 찾으려고 한다'는 것 이상도 이하도 아니다. 사람들이 의사의 능력에 대해 말하려고 할 때 다음과 같이 상이한 방식으로 할 수 있다.

(65) a. Ärzte heilen Patienten
b. Es sind die Ärzte, die Patienten heilen
c. Patienten werden von Ärzten geheilt

우선 두 논항들 사이에 있는 아주 일반적인 사고의 관계는 문장의도의 과정에서 언젠가는 적절한 통사적 음운적 형태를 찾아야 한다.

문장의도의 구성에 대한 무엇인가를 체험하기 위해 다음의 발화오류는 특히 시사하는 바가 많다 (이것은 프랑크푸르트 발화오류 자료집; M: 메링어 자료집, G: 가레트 Garrett 자료집/MIT-자료집에서 유래한다).

단어대체 (Wortersetzungen: WE)

(66) a. He rode his bike to school tomorrow ← He rode his bike to school yesterday (G)
b. wir waren Pilze fangen ← sammeln
c. a slip which considered ← a slip which consisted (G)
d. der Versprecher wird noch immer von der Polizei gesucht ← Verbrecher

(66a,b)에서 의미가 유사한 요소들의 대체가 중요하고 (WE_{sem}), (66c,d)에서는 형식을 조건으로 하는 대체가 중요하다 (WE_{form}).

정신적 어휘부

여러분은 아마도 지금 우리가 계속해서 정신적 어휘부 (das mentale Lexikon)에 대해 무언가를 말하려고 한다는 것에 놀라 귀를 쫑긋할 것이다. 하지만 우리는 이것을 중요하다고 생각했다. 이러한 발화오류가 발생할 수 있도록 단어저장장치가 어떻게 조직되어야 하는지 깊이 생각해 보자. 3장과 4.3장에서 우리는 (어근, 어간 등의) 단어형태에 대한 모든 형식적 (음운적, 형태적, 통사적) 정보를 포함하고 있는 어휘부 (Lexikon)를 배워서 알고 있다. 그 밖에 이러한 문법적 어휘부는 그 이상 조직되어 있지 않았다. 특히, 어휘항목들은 의미적으로나 음운적 공통성에 따라 서로 관련되어 있지 않았다.

이와는 달리 정신적 어휘부 즉, 우리가 실제로 사용하는 어휘부는 의미적 음운적 특성에 따라 조직된 독립체처럼 보인다. (64)/(66a,b)와 (실어증의 오류: 6장 참고) 같은 발화오류는 어휘조직원리의 한 단면을 설명해준다. tomorrow와 yesterday는 대립적인 시점을 표현하는 부사이고, fangen과 sammeln은 pflücken도 포함될 수 있는 하나의 의미영역에 속한다. 이러한 원리들은 의미적 어휘부를 구조화하고, 어휘들을 서로 대조적으로 관련시킨다. 이러한 대조의 몇몇을 우리는 지금 살펴보려고 한다.

두 가지 의미적 대조: 두 언어단위 사이의 대립

1. 반의어 (Antonymie): 두 표현 사이의 대조는 dick-dünn, gut-schlecht에서처럼 점진적이다. 대립의 다른 성분을 가정하는 것은 한 성분을 부정하는 것으로부터 나오지 않는다. 다음 예문 Dein Bauch ist dick을 선택해 보자. 만일 사람들이 dick을 부정한다면 즉, Dein Bauch ist nicht dick이라고 부정한다면 Dein Bauch ist

dünn은 나오지 않을 것이다. 반의어는 이러한 단어대체를 다음과 같이 설명한다.

(67) die sitzen aber schlecht für Dich ← ... gut ... (여기서 스카트카드 (Skatkarten)를 뜻한다)

(68) ihm war auch kein Berg zu niedrig, d.h. zu hoch (M)

2. 상보성 (Komplementarität): 두 표현 tot-lebendig 사이의 대조는 점진적이지 않다. 대립의 다른 성분을 주장하는 것은 한 성분을 부정하는 것으로부터 나온다.

(69) Es ist alles offen ← es ist alles geschlossen (M)

두 가지가 아닌 의미적 대조: 두 가지 이상의 언어단위 사이의 대립

1. 하위어 (Hyponymie) / 상위어 (Hyperonymie)

(70) Gib mir mal die Dose mit den Möhren ← ... Erbsen

Möhren (당근)과 Erbsen (완두콩)은 둘 다 의미영역 '야채'의 하위개념이다. 사람들은 야채가 이들의 상위개념이라고도 말할 수 있다.

많은 하위어와 상위어들은 정신적 어휘부에 하나의 특별한 자리값을 갖는다. 여러분에게 단번에 생각나는 모든 새를 아주 빠르게 세어 보자. 거기에 펭귄이 있었는가? 분명히 없었을 것이다. 분명히 어휘장 내에는 전형적인 하위어 (소위 전형 (Prototypen)이라 함)와 덜 전형적인 하위어가 있다. 비록 우리가 펭귄이 새라는 것을 당연히 안다고 하더라도, 전형적인 하위어가 실시간으로 언어처리할 때 더 빠르게 이용될 수 있다. 우리는 마찬가지로 포유동물이 개, 고양이, 쥐에 대한 상위개념이라는 것을 안다. 그러나 이러한 개념은 우리가 세상을 일상적으로 범주화할 때 중요한 역할을 하지 못한다. 동물-개-푸들의 위계에서 개는 가장 중요한 개념이다. 그 이유는 이 개념은 우리가 보통의 실시간으로 언어를 다루기 위해 특히 적합한 중간 정도의 추상적 개념을 갖기 때문이다. 이러한 종류의 개념을 기본개념 (Basiskonzepte)이라 부른다. 이러한 개념의 심리적 기능이 일련의 연구에서 입증되었다. 예를 들어 피시험자들은 두 시각적 자극을 시각적 읽기행위 바로 전에 주어진 단어가 상위개념이었을 때보다도 기본개념이었을 때 더 빠르게 비교할 수 있었다. 이러한 실험방식이 점화실험 (Priming-Experiment)이다. 즉, 개념들은 미리 앞에서 활성화된다. 3-4세의 아이들과 5-10세의 아이들이 대상을 공통성에 따라 분류해야 (분류테스트) 할 때, 모두가 기본개념의 기준에 따라 이것을 거의 옳게 분류한다. 그 반면에 더 나이 많은 아이들만이 상위의 기준에 따라 분류할 수 있다 (실어증의 이러한 구분의 역할에 대해서는 6장 참고).

2. 동의어 (Synonymie): 두 표현이 동일한 의미를 가질 때 동의어이다. 사람들은 동의어를 의미변화 없이 서로를 위해 삽입할 수 있다 (적어도 특정한 조건 하에서). 동의어는 혼성 ((63) 참고)일 때 중요한 역할을 한다. 이 경우에 의미가 같거나 (아주 유사한) 요소들은 서로 융합된다. (71a,b)는 관용표현 (Idiomatische Ausdrücke)도 동의어일 수 있다는 것을 보여 준다.

(71) a. es hat dazu beigeführt ← beigetragen/geführt
b. er hat ihm Honig in die Augen geschmiert ← Honig um den Bart geschmiert/Sand in die Augen gestreut

어휘적 요소들이 형식적으로도 그룹을 이루었다는 것을 우리는 발화오류 (66c,d)에서 보게 된다. consider와 consist 그리고 Verbrecher와 Versprecher는 본질적인 의미의 공통성을 가지고 있지는 않지만 형식적 (형태적 음운적)인 구성에 있어서 유사하다.

(72) con | sider / sist | Ver | brecher / sprecher |

이러한 조직원리가 상당히 강하다는 것을 다음의 발화오류가 보여준다. 여기에 분명히 언어외적 요인이 관여한다.

(73) ich habe gestern einen tollen Auspuff geprägt ← Ausdruck

(74) Aus | puff / druck |

어휘적 요소들이 공통성을 많이 가지면 가질수록 서로 더 긴밀하게 연결되어 계획착오가 일어날 가능성이 더 커진다. 그러므로 발화의 계획시점에 의미적 또는 형식적 근거에 의해, 옳은 요소 옆 아주 가까이에 있는 어떤 요소가 정신적 어휘부로부터 잘못 선택된다. 따라서 이러한 대체가 발생하는데, 이것은 어휘적 오류이다.

우리는 이 정신적 어휘부를 연결선에 의해 서로서로 결합된 마디들의 네트워크 (Netzwerk)로 설명할 수 있는데, 이 때 항상 각각 몇 개의 마디가 하나의 항목을 형성한다. 만일 두 개의 언어적 어휘항목이 형식적인 관점에서 서로 유사하다면 이것은 하나의 항목을 표현하기 위해 활성화되는 많은 조직이나 마디가 다른 항목을 활성화하기 위해서도 실행된다는 것을 의미한다. 이러한 정신적 어휘부에 대한 우리의 역학적 설명은 모든 정적인 모형보다도 우리의 뇌에서 진행되는 과정들에게로 더 가까이 다가가야 한다. 그러므로 여러분은 어휘적 오류가 정신적 표현과 과정의 이론을 위해 얼마나 유익할 수 있는지를 보게 된다.

이제 발화오류에 대한 분류로 다시 돌아가 보자. 대체와는 달리 각각의 두 요소가 발화에서 그들의 자리를 바꾸는 교체는 오류이다.

단어교체 (Wortvertauschungen)

(75) a. you're not allowed to put use to knowledge ← you're not allowed to put knowledge to use (G)
b. eine Theorie ist eine Grammatik des Wissens ← eine Grammatik ist eine Theorie des Wissens

음운교체 (Lautvertauschungen)

(76) a. a disorder of speech, spictly streaking ← a disorder of speech, strictly speaking (G)
b. Taps und Schnabak ← Schnaps und Tabak (M)
c. à prapas Popo ← à propos Papa (M)

다음의 발화오류에서도 교체가 문제이다. 물론 여기서 완전한 단어가 아니라 어간이나 어근이 교체되는 반면에 어미는 그 자리에 잔류한다 (3장 참고).

잔류 (Stranding)

(77) a. they are turking talkish ← they are talking Turkish (G)
b. Paar der Küre ← Kür der Paare

잔류는 다소 변덕스럽지만 유기적이다.

c. unser Stirbchen bäumt ← Bäumchen stirbt

실제 언어의도에서 즉, 전달의도를 명령으로 옮길 때 이러한 발화오류가 조음기관에서 어떻게 실현되는가? 한편으로 단어교체는 단지 표면적이고, 다른 한편으로 음운교체/잔류는 언어의도가 동일하다.

이들은 완전히 다른 제약을 따른다. 우리는 (78)에서 소위 진단변항을 통해 이러한 제약을 이해할 수 있다.

(78)

	구범주	통사범주	오류 차이
단어교체	다르다	같다	1개 이상
음운교체 잔류	같다	다르다	기껏해야 2개

단어교체는 주로 통사범주를 유지한다. 즉, 명사는 명사에 의해 교체되고 형용사는 형용사에 의해 교체된다. 하지만 관련 요소들은 상이한 구 투영체에서 나올 수 있다. 두 요소들 사이의 오류 차이는 대략 한 단어 이상일 수 있다. 단어교체 (그리고 의미적 대체)가 발생하는 층위는 전달의도를 처음으로 언어적으로 부호화하는 층위이고 의미적으로 중요한 모든 정보를 포함한다. 여기서 그 요소들은 한 통사범주에 속하게 되지만 이미 순서가 고정된 것은 아니다.

음운교체와 잔류는 이것에 대해 상보적인 태도를 취한다. 특히, 약간의 오류 차이는 음운교체와 잔류가 단어교체보다 더 늦은 문장의도의 시점에서 발생한다는 것을 대변한다. 이 층위는 통사적으로 이미 상술되어 개별 요소들의 위치 즉, 구 투영체의 순서와 경계가 고정되어 있다. 우리는 여기서 이 요소들이 인접해 있다고 말할 수도 있다. 늦어도 이 층위부터 언어처리를 위한 실시간의 제약이 관여한다. 하지만 그 외에 음운제약도 관여한다. 음운교체에서 예를 들어 동일한 음절위치에 있는 요소들만이 다음과 같이 파악된다.

(79) 음절의 왼쪽 끝 (음절두음):

a. nass vor Bleid ← blass vor Neid

b. da haben mir die Zie geknittert ← Knie gezittert

(80) 음절의 오른쪽 끝 (음절말음):
Außerseitentum ← Außenseitertum

(81) 한 음절에서 꼭 있어야 하는 음절부분 (음절핵):
spektukalär ← spektakulär

잔류는 다음과 같이 위치가 고정되어 있다는 것에 대한 전형적인 예이다.

(82) they are turk[ing]$_V$ talk[ish]$_N$

즉, 통사구조를 표시한 요소들은 오류와 관련되어 있지 않다. 또는 이 요소들이 통사적 틀이 정해져 있기 때문에 이 층위에서 오류에 저항한다고 표현하기도 한다. 지금까지 설명된 부호화층위 (Kodierungsebenen)는 음성형태와 동일하지 않다는 것을 다음 예가 보여 준다.

(83) a. gave the nipple an infant ← gave the infant a nipple (G)
b. gemonatete Arbeiten ← gearbeitete Monate

(83a)는 두 단계의 발화오류이다.

1. infant와 nipple 교체된다. 이것은 분명히 (84)로 유도되어야 하는 단어교체 (동일한 통사범주, 상이한 구 투영체)의 한 경우이다.

(84) *gave th[i:] nipple a infant

2. 그러나 실제로 정관사는 th[ə]로 부정관사는 an으로 실현되어 있다. 즉, 두 관사는 그들의 새로운 음운환경에 맞추어져 있다. 이러한 과정을 음운동화 (Akkomodation)라고 한다.

(83b)는 복수형이 뒤에 남아 있는 잔류오류이다. (85)는 생성되지 않고 잔류 후에 Arbeit에 대해서 복수형과 (성 일치)의 음운동화가 아주 규칙적으로 일어난다.

(85) *gemonatete Arbeite

즉, 예를 들어 형태적 굴절정보가 그 위치의 층위에서 아직 아주 추상적일 수 있고 언어의도보다 나중의 층위에서 비로소 발음된다. 바로 그런 까닭에 음운적 형태적 규칙과 어휘부에서 그들의 상호작용을 가정하는 것은 의미가 있다 (3장 참고).

정말로 여러분은 그것을 아직 기억하고 있어야 한다. 그렇다면 아주 잘 이해하고 있는 것이다. 방금 논의된 발화오류 외에도 아직 두 부류의 오류 즉, 반복/선취와 그리고 혼성이 있다.

문장계획들(과 또한 Trablette ← Tropfen/Tablette 같은 단어들)의 융합은 대체처럼 의미적으로 제약 받기 때문에 추측건대 이미 문장계획 초기에 발생한다. 즉, 두 구성요소는 전달의도와 관련하여 대등하다. 물론 대체에서처럼 한 형태가 통제되는 것이 아니라, 두 요소는 부분으로서 조음할 때까지 함께 동반하게 된다. 다시 말하면, 두 요소는 (86)의 음운동화에서처럼 형식적으로 계속해서 산정된다.

(86) das ist wirklich ein dickes Stück ← dicker Hund/starkes Stück

반복과 선취

... 익숙해짐 (Gewöhnung)은 일종의 본성이다. 그러므로 우리는 우리가 자주 생각하는 것을 빠르게 기억한다. 즉, 이러한 연속성이 본성적인 것처럼 현실에서도 그렇게 존재한다. 그러나 여러 번의 반복은 본성을 대체한다. 심지어 자연에서조차 많은 것이 이치에 어긋나게 그리고 우연히 진행되기 때문에, 익숙해짐을 통해 생성된 아주

그렇게 자연스럽지는 않은 상황에서 그것은 정말 그렇게 진행된다. 따라서 거기서도 이러한 활동 또한 언젠가는 특히 그쪽으로 편향 (Ablenkung)이 작용할 때와는 다르게 진행된다. 그러므로 사람들이 한 단어를 기억해야 할 때 유사하게 잘못 소리를 내어 종종 언어오류를 범한다. (아리스토텔레스, "기억과 생각해냄에 관하여")

아리스토텔레스는 이것을 이미 모두 예측 했을까? 메링어가 이미 찾아냈듯이 전체 단어들 외에 언어구조의 모든 구성요소는 다음과 같이 반복/선취와 관련될 수 있다.

(87) 음소 (모호한 음절의) (반복)
auch Boris Bepper, äh, da sag ich Bepper, Boris Becker hat keine Schwierigkeiten

(88) 음소 (선취)
wieso ist schon wieder der Kapierer kaputt ← Kopierer

(89) 형태소 (선취)
auf diese typlich weiblichen Eigenschaften ← typisch

선취/반복은 구성성분의 순서와 관련되기 때문에 이들은 아마도 문법적 부호화층위에서 음운적 부호화층위로 넘어갈 때 발생할 것이다.

언어산출모형

우리가 이미 알고 있는 모든 언어적 발화는 하나의 신호를 음성형태로 전환시키는 것이다. 신호의 구조는 세계지식 (Weltwissen), 대화상황 등과 같은 다양한 언어외적인 요인들에 의해 조정된다. 다음의 모형은 신호가 발화로 가는 길이 어떻게 그림으로 설명되는지를 정확히 보여준다. 발화오류의 계획만이 아니라 모든 발화의 계획이 설명되어야 한다는 것을 주의하자.

(90)

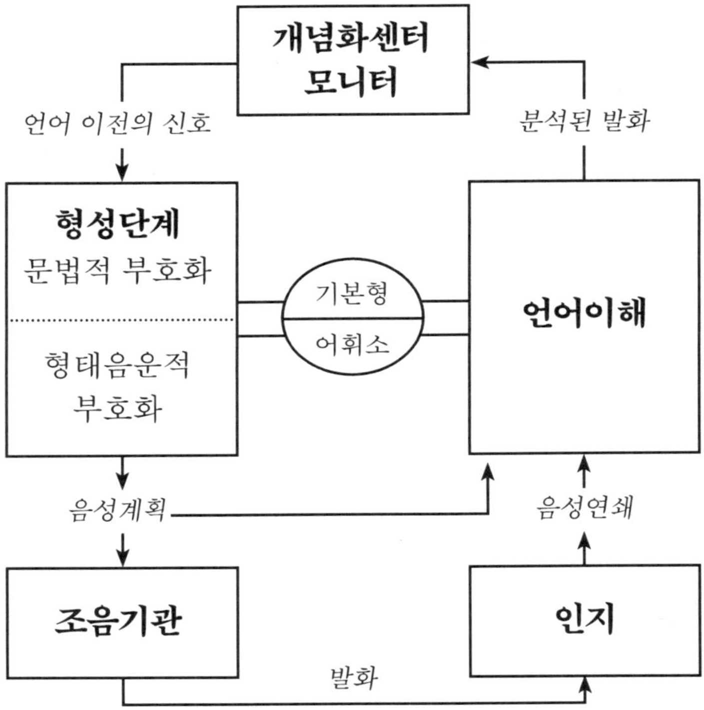

아직 언어이전의 의도와 신호의 기본적인 내용이 개념화센터 (Konzeptualisierer)에서 구성된다. 이것의 출력이 첫 번째 언어 특유의 구성요소인 형성단계 (Formulator)로 전달된다. 형성단계는 두 표현 층위를 포함하고 있고 두 부분으로 구성된 어휘부 즉, 기본형-어휘부 (Lemma-Lexikon)와 어휘소-어휘부 (Lexem-Lexikon)의 일을 도와준다. 마침내 언어적 요소의 통사범주의 소속성, 하위범주화, 의미역구조와 같은 언어적 어휘부의 형식적인 문법 정보와 의미 정보가 언어적 어휘부의 기본형과 결합된다. 이와는 달리 그의 형태적 음운적 속성은 어휘소와 결합된다. 그러므로 언어를 산출할 때 어휘부의 일을 돕는 일이 이중으로 이루어진다. 즉, 이것은 문장계획을 위한 문법정보를 형성단계에 준비해주는 기본형으로 가는 의미적 길을 통해서 비로소 이루어지고, 그리고 형성단계에서 이러한 정보를 처리한 후에 어휘소 정보를 불러오고 마찬가지로 이것을 형성단계에서 계속해서 처리하기 위해 재개된다. 어휘부를 도와주는 일을 할 때 물론 오류도 발생할 수 있다. 기본형을 잘못 도와줄 때 (66a,b)같은 의미적으로 제한된 대체와 단어교체 (75a,b)가 발생한다. 이와는 달리 잔류오류 (77a,b), 형식적 단어대체 (66c,d), 음운교체 (76a-c)는 어휘소가 어휘부에서 불려오는 시점에서 비로소 발생한다. 그리고 (63)과 (91)같은 혼성에서 두 표현은 경쟁하는데, 그 중 한 표현이 대체에서처럼 실수로 통제되는 것이 아니라, 거기서 둘로 이루어진 부분들이 어떻게 해서든 표현된다.

(91) Da bin ich aus allen Socken gefallen ← da bin ich aus allen Wolken gefallen/da war ich von den Socken

그러므로 이들은 절충이 일어나는 발생장소와 실현장소를 갖는 복잡한 발화오류이다. (91)과 같은 혼성에서 내적 단어구조에 개입되지 않으므로 절충이 이미 기본형 층위에서 일어날 수 있다. 이와는 달리 (63)과 같은 단어혼성에서 내적 단어구조가 갈라지므로, 절충은 어휘소-어휘부가 그의 형태적 구조를 사용하는 시점에서 비로소 일어난다.

5.3.3. 오류 정정

발화오류는 항상 인지되지는 않는다. 오류 정정 (Korrekturen)이 되는 비율이 50%와 60% 사이에 이른다. 오류 정정은 의식적인 과정에 근거한다. 하지만 이것은 단지 부분적으로만 그렇다. 즉, 오류 정정은 항상 성공적으로 완성되는 것은 아니고, 다음과 같이 무의식적으로 발생하는 발화오류와 같은 선례를 따른다.

(92) Stohnsteuerkarte, ach nein, Lohnleuerkarte
← Lohnsteuerkarte

우선 (92)는 [št]의 선취이다. 그러나 다시 오류 정정은 정정된 음절 두음을 반복하는 발화오류를 범하게 된다. (93)에서 오류 정정은 다음과 같이 노력할 때 성공적으로 이루어진다.

(93) wenn du mir einen Schnerzartikel, hihi, Schnerzartikel ist gut, also, wenn du mir einen Schmerzartikel - einen Scherzartikel kaufen willst, dann nicht den Schneemann oder das Liebesmesser

이것을 실현시키는 데에는 다른 언어처리의 구성요소 즉, 모니터를 가지고 있는 인지구성요소가 관련되어 있다 ((90)의 오른쪽 참고). 이 구성요소는 바로 산출구성요소의 출력을 감독하고, 바로잡기 위해 방출한다. 이러한 오류 정정은 다음과 같은 다른 예를 식별하게 한다.

(94) Die kann die Kunst, die Gunst der Stunde nicht nutzen

가끔 이러한 오류 정정은 필요한 것보다 더 많은 언어자료를 이용한다.

(95) Das Brett, äh, das Tablett, äh, das Bleich ist sowieso voll

(92)는 (96)과 마찬가지로 오류 정정의 시도이다.

(96) Sie haben sich an der Ente unschädlich getan, gemacht, gehalten

즉, (96)에서 부사가 아니라 동사만 정정되었다. (96)과 같은 경우는 오류 정정이 얼마나 빠르게 진행되는지를 보여준다. 이와는 달리 (92)와 (93)과 같은 경우는 가끔 발화오류 후에 äh, hihi, Tschuldigung 같은 소위 "의미 없는"-표현 (editing-Ausdrücke)을 통해서, 새로운 계획을 위한 시간을 벌게 된다는 것을 입증한다.

오류 정정은 오류인지, 오류장소 확인 그리고 새로운 시작 즉, 산출구성요소로의 새로운 입력으로 구성되어 있기 때문에 복잡한 현상이다. 스스로 인지되는 발화오류에서 대부분의 중단은 (97)처럼 오류의 음절 뒤에서 일어난다. 이것은 또한 가끔 (98)처럼 음절경계에 있는 단어 한가운데에, 혹은 (99)처럼 가능한 하나의 음절 뒤에, 드물게는 (100)처럼 잘못된 발화의 음절두음 뒤에도 일어난다.

(98) das klingt so past[e:], pathetisch

(99) Die Brie, äh, Quä, äh, die Bremsen quietschen

(100) der Tee schn, der Schnee taut

음성언어의 오류행위에서 여기서 살펴본 내적인 언어 (아직 발화되지 않은 음성적 계획)와 인지구성요소에 관한 오류 정정의 결합은 쉽게 증명될 수 없다. 그 이유는 음성적 계획에 대한 공개적으로 볼 수 있는 통로가 없기 때문이다 (7장의 수화언어에서의 오류 정정 참고).

어쨌든 인간의 언어처리시스템의 업적은 놀랄 만하다. 즉, 계획과 가능한 오류 정정이 초급을 다투는 범위에서 일어난다. 끝으로 우리가 가장 선호하는 발화오류의 백미는 다음과 같다.

(101) Meine Damen und Herren, Sie hören nun die H-Mess-Molle, ich korrigiere, die H-Moss-Melle, ich bitte

vielmals um Entschuldigung, die H-Moll-Messe von Johann Sebaldrian Bach, jetzt häng ich mich auf.

* 역자 의견: 위 내용은 바흐 (Johann Sebastian Bach)의 작품인 b단조 미사 H-Moll-Messe에 대한 글이다. 발화오류 부분은 "___"로 표시했다.

제 6장 신경언어학

6.1. 실어증

발화오류는 온전한 뇌의 장애에 근거하여 발생한다. 이 단원에서 다룰 오류행위는 병적으로 손상된 뇌에서 그 원인을 갖는다. 여기에 실어증화자와의 인터뷰로부터 얻은 몇몇 결과물이 있다.

브로카-실어증 (Broca-Aphasie)

(1) a. I: Wann war denn der Rhein zum letzten Mal zugefroren, zwanzig Jahre ist das doch her?
(라인강이 언제 마지막으로 얼었습니까, 20년 전쯤 되었을까요?)
P: Nein, ... ja. Doris Doris klein, aber weiß, kann, weiß nich, nich zählen.
I: Was machen Sie denn, wenn Sie nach Hause kommen?
(당신은 집에 오면 무엇을 하십니까?)
P: Nur auftehn, un hier äh Betten un hier Kaffee un un hier immer so helfen, arbeiten hier ... un immer hier immer mittag Arbeit, ich weiß nich, das is so schlimm zählen, das genau ... Frau B. ... ne, Frau L. gut, is gut, auch Arbeit immer ... un eins, zwei hier

so hier so Rek, Brett un das so hier so, un hier so Kartoffel un Rüben un alles, alles gut ... so is gut ... Heinrich auch selber koch, Heinrich prima Essen, ja, nit Mann, gar nit Mann, un aber Heinrich is gut.
(I: 인터뷰하는 사람, P: 실어증화자)

베르니케-실어증 (Wernicke-Aphasie)

(1) b. I: Sie waren doch Polizist, haben Sie mal einen festgenommen?
(당신은 경찰관 이었는데요, 범인을 한명이라도 체포 했습니까?)

P: Naja ... das ist so ... wenn Sie einen treffen draußen abends ... das ist ja ... und der Mann ... wird jetzt versucht ... als wenn er irgendwas festgestellen hat ungefähr ... ehe sich macht ich ... ich kann aber noch nicht amtlich ... jetzt muss er sein Beweis nachweisen ... den hat er nicht ... also ist er fest ... und wird erst sichergestellt festgemacht ... der wird erst festgestellt werden und dann wird festgestellt was sich dort vorgetragen hat ... nicht... erst dann ... ist ein Beweis mit seinem Papier dass er nachweisen kann ... ich kann ihm aber nicht nachweisen ... wird aber bloß festgestellt vorläufig ... aber er kann laufen.

(1) c. I: Was ist das? (I deutet auf eine Keramiklampe)
(이것은 무엇입니까?) (인터뷰하는 사람이 도기 램프를 가리키며)

P: Was das is? Das ist gemacht vom ... von solch eim

Durchlauferhitzer, der hier auch kommt.

I: Was meinen Sie, wer hat das gemacht?
(당신은 그것을 누가 만들었다고 생각하십니까?)

P: Das äh ist gemacht von eim ... von eim äh ... mittelmäßigen Drekter, der's gemacht hat.

전반적 실어증 (Globale Aphasie)

(1) d. I: Wir unterhalten uns jetzt gleich ein bisschen.
(우리는 지금 바로 약간의 대화를 할 것입니다.)

P: So, pepe, so, so, gell, so.

I: Wie haben Sie denn die letzten Wochen verbracht?
(당신은 지난 몇 주 동안 어떻게 보냈습니까?)

P: So kann nix sagen, ge, so, pe.

I: Was ist denn dann alles geschehen, seit Sie weg sind von hier?
(당신이 여기를 떠난 이후에 모든 것이 어떻게 발생한 것입니까?)

P: Ei, so, pe, kann ich nix sagen, [k,k,k], kann ich nix sagen.

I: Was wurde denn in dem anderen Krankenhaus gemacht?
(도대체 다른 병원에서 무슨 일이 있었던 것입니까?)

P: Ei, so, pe.

I: Nichts?
(아무 일도 없었다고요?)

P: Doch, aber pe, gell, so kann ich nix sagen, pepepep.

자발언어의 기록에서 얻은 이 세 개의 결과물은 언어장애가 다양하고 심한 정도가 다르다는 첫인상을 준다. 우리는 곧 이것에 대해 더 정확하게 기술할 것이다.

6.2. 신경학의 기초

사람 뇌의 왼쪽 반 즉, 좌반구 (linke Hemisphäre)는 언어를 지배하는 뇌로서 대체로 대략 12세까지 형성된다 (대뇌의 (좌뇌와 우뇌로) 기능분화). 대뇌의 기능분화 (Lateralisierung)가 완성되기 전 좌뇌의 손상은 뇌의 다른 부분이 이 기능을 넘겨받을 수 있게 함으로써 대부분 치유가 가능하다. 대뇌의 기능분화가 완성된 후 뇌의 손상은 이와 같은 정도로 치유될 수 없다. 사람들은 이러한 언어장애를 실어증이라고 부른다 (실어증은 그리이스어로 '말이 없는'을 의미한다).

뇌는 동맥의 복잡한 망을 통해 산소를 공급받는다. 동맥의 혈액순환이 중단될 때 주변의 조직이 (빈혈이나 괴사처럼) 병이 나거나 마비된다. 관련된 부분에 따라 실어증이 발생할 수 있다.

여러분은 이미 실어증 형태의 명칭, 특히 브로카와 베르니케에 대해 분명히 놀랐을 것이다. 프랑스인 의사 파울 브로카 (Paul Broca)가 특정한 언어장애가 뇌의 특정한 부분의 손상과 결부되어 있다는 것을 1863년에 발견했다. 이 부분은 실어증 연구에서 소위 브로카의 위치로 인정되고 있다. 중대뇌동맥 (Arteria cerebri media)으로부터 뻗어 나온 프래롤랜디카 동맥 (Arteria praerolandica)이 브로카-부분을 담당한다. 중대뇌동맥이 폐색으로 인해 손상되면 다음과 같은 그림이 나타난다 (여기서 검은 부분은 혈액이 충분히 공급되지 않은 것을 의미한다).

(2)

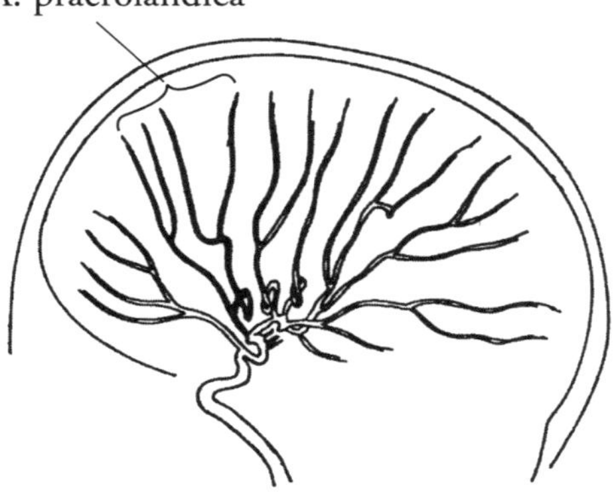

브로카의 발견 후 얼마 되지 않은 1874년에 브레슬라우인 의사 칼 베르니케 (Carl Wernicke)는 언어장애가 뇌의 측두엽 즉, 중대뇌동맥으로부터 뻗어나간 후측두 동맥 (Arteria temporalis posterior)이 담당하고 있는 부분의 손상과도 결부될 수 있다는 것을 보여주었다.

(3)

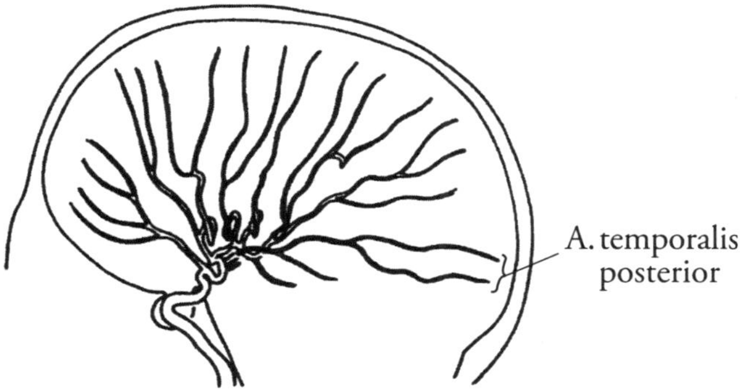

물론 베르니케에 의해 관찰된 장애는 브로카-실어증과 다른 언어적 구성요소 내지 다른 언어행위의 양상과 관계된다. 여러분은 이것에 대해 지금 (1a-c)에 의거하여 틀림없이 직관적으로 확인할 수 있다.

(1d)는 전체적인 언어처리가 대략 어떻게 실패할 수 있는지를 설명한다. 중대뇌동맥의 본줄기가 폐색됨으로 인해 그 전체 담당부분이 관계되어 있는 신경의 손상이 이러한 언어장애에 기초가 된다.

(4)

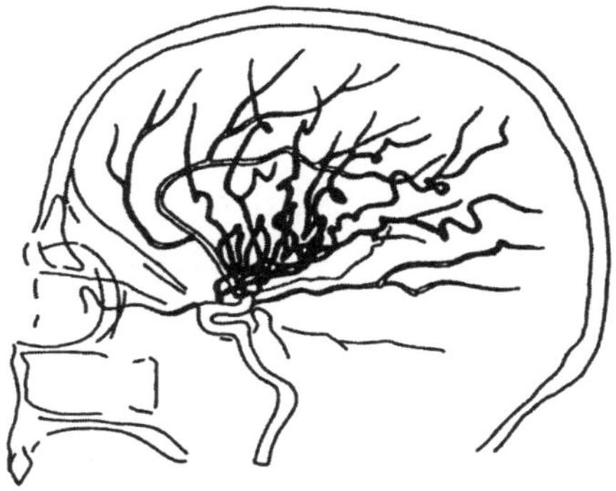

실어증에 대한 주요원인인 뇌의 혈액순환장애로 인한 언어부의 손상 외에 뇌종양, 뇌출혈, 두개골-뇌 손상, 뇌막염 같은 뇌의 질병도 언어장애를 초래할 수 있다.

여기서 우리는 물론 의사가 뇌에 대해서 가지고 있는 깊은 지식에 이를 수 없고 단지 비전문가적으로 살펴볼 수 있다. 그것은 그렇다 치고 요즈음 신경학적 연구에서 인식의 발전은 급격히 상승하였다. 그 이유는 진단방법이 점점 더 세분화되고 정확해졌기 때문이다. 전통적인 검사법인 뇌파를 읽는 뇌파검사법 (Elektroenzephalographie: EEG) 외에도 더 새로운 많은 기계장비도 있다. 컴퓨터 단층촬영법 (Computertomographie)은 컴퓨터에 의해 산출된 완전한 3차원적 뇌의 그림을 가능하게 한다. 핵스핀 단층촬영법 (Kernspintomographie)은 특정한 요소들의 분포를 자석의 자극으로 밝혀낸다. 양전자방출 단층촬영법 (Positronen-Emmissions-Tomographie)은 뇌의 신진대사를 기록 측정한다.

6.3. 임상 진단

임상에서 실어증의 유형과 심한 정도는 포괄적인 진단테스트를 통해 입증된다. 독일어권에는 언어학자, 심리학자, 신경학자들에 의해 발전된 아헨 실어증테스트 (Aachener Aphasie-Test: AAT)가 그것이다. 이것은 자발언어 (Spontansprache) 외에 다양한 상황과 언어적 구성요소 (음운적, 형태적, 통사적, 의미적 구조)를 검사한다. 한 상황이 청각적 시각적 언어 자극이 서로 관련되어 처리되는 방식이다. 예를 들어 다음과 같은 것이 여기에 해당된다.

– 자발언어: 생각이 언어적으로 옮겨진다.
– 말 따라 하기: 청각적 언어부호가 반복된다.
– 큰 소리로 읽기: 시각적 언어부호가 음성으로 옮겨진다.
– 받아쓰기 따라 하기: 청각적 언어부호가 시각적으로 옮겨진다.
– 명칭 부여하기: 비언어적 시각적 부호가 언어적으로 옮겨진다.

종종 신경이 손상된 환자들의 필적견본은 신경의 임상재활교육에서 기록에 근거한 언어장애에 대한 첫 번째의 분명한 정보를 제공한다. 여기에 다음과 같은 몇몇 예들이 있다 (삐뚤삐뚤해진 글자는 실어증 화자들이 오른쪽 마비를 가지고 있고, 따라서 왼손으로 써야함으로써 자주 발생한다).

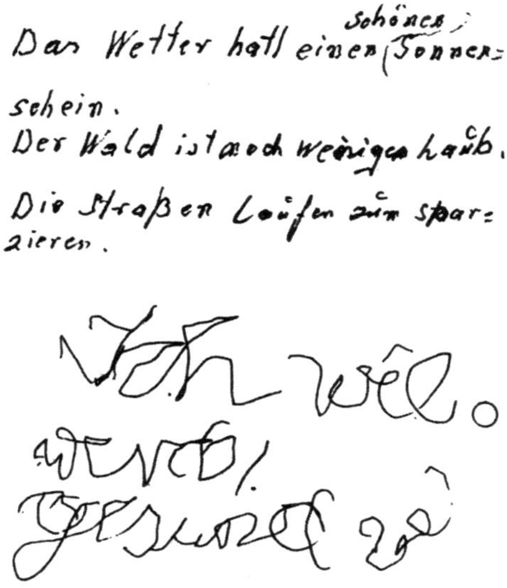

6.4. 브로카-실어증

브로카-실어증은 몇 가지 증세로 구성되어 있는 신경심리적 증후군이다. 탈문법증 (Agrammatismus)이 주요증세로 간주된다. 이러한 증세는 모든 언어처리상황에서 분명히 나타난다. 다음과 같은 증세가 개별적으로 관찰될 수 있다.

- 언어산출이 상당히 느리고 말하는데 많은 어려움을 갖는다.
- 문장구성이 탈문법적으로 훼손되어 있다.
- 어휘가 좁게 한정되어 있지만, 약간의 의미착어 (semantische Paraphasien)만이 관찰될 수 있다.
- 음운구조가 음소착어 (phonematische Paraphasien)로 인해 훼손되어 있다.

음소/음운착어

음운착어 (Phonologische paraphasien)는 언어적 표현의 음운구조가 훼손된 것이다. 하지만 각각의 목표언어의 음소배열제약은 거의 항상 지켜진다. 즉, 허용되지 않는 음소결합은 나타나지 않는다.

(5) a. Zwirdel ← 양파 Zwiebel : (대체)
b. Schüschel ← 접시 Schüssel : (반복)
c. Schtitten ← 썰매 Schlitten : (선취)
d. Bürke ← 목발 Krücke

음소착어는 언어를 정상적으로 구사하는 사람들의 음운적 발화오류처럼 분류될 수 있다. (5d)는 발화오류 Testbandol ← Testballon에서와 같은 음위전환 (Metathese)이다. 물론 착어는 종종 목표어휘 (Zielwort: 그 본래의 해당 어휘)와 비교할때 그 차이가 아주 크다.

(6) a. Scha:pfaller ← 청소기 Staubsauger : (탈락)
b. Karlwatte ← 넥타이 Krawatte : (교체/삽입 혹은 대체)
c. Pastmete ← 만두피 Pastete : (삽입)

게다가 평균적으로 한 단어에 대하여 오류가 더 많이 나타난다. 예를 들어 (6a)는 다섯 개의 음소변화를 통해 나타난다. 즉, t의 탈락, a에 의한 복모음의 대체, f에 의한 z의 대체, a에 의한 복모음의 대체, l에 의한 g의 대체가 그것이다. 하지만 이것은 분명히 정서법에 의해 방해될 수 없다. 말음경음화로 인해 b가 p와 똑같이 발음되기 때문에 b가 p에 의해 대체되지 않는다.

그러나 이러한 양적 기준 외에 질적 차이도 있다. 음소적 CV-층위와 X-층위 사이를 구분하는 음절이론이 여기서 도움을 많이 준다 (2장 참고). X-층위 및 CV-층위는 음운착어에서 보다는 음운적 발화오류에서 훨씬 더 드물게 관련되어 있다. (6a)는 단어구조와 음절구조의 실어증적인 변화에 대한 전형적인 예이다. [š]의 탈락은 X-위치의 누락에 이르고, 그럼으로써 단어구조가 변하게 된다. 장모음 [ɑ:]에 의한 복모음 [ao̯]의 대체는 CV-층위를 갖는 음소를 다르게 연결하게 하고, 그럼으로써 음절구조의 변화에 영향을 미친다.

(7)

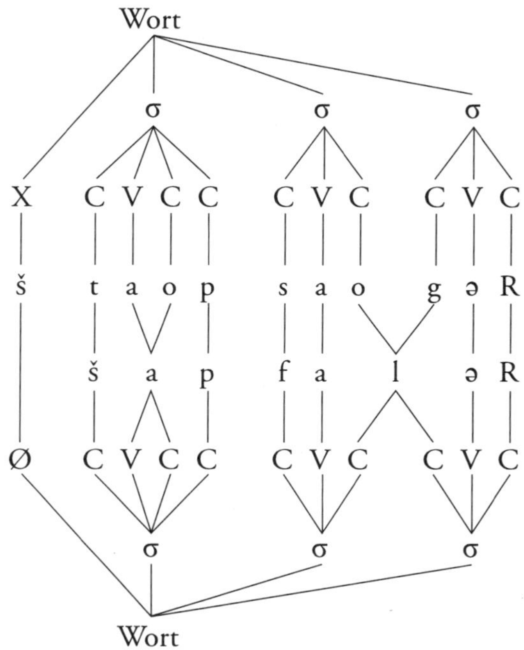

브로카-실어증의 가장 눈에 띄는 증세는 우리가 이미 2장에서 언급했던 탈문법증이다. (1a)에서 문장이 아주 짧고 부문장은 거의 나타나지 않고 약간의 동사가 나타난다는 것이 분명히 여러분의 눈에 띄었을 것이다. 형태적으로 볼 수 있는 명사의 변화가 거의 나타나지 않는 것처럼 동사가 자주 굴절되지 않거나 틀리게 굴절된다. 아주 분명한 것은 그럼에도 불구하고 화자가 인터뷰하는 사람의 질문을 어느 정도 잘 이해한다는 것이다. 탈문법증은 어휘범주는 본질적으로 유지되는 반면에 주로 각 언어의 기능범주의 결손이나 장애에 의해 특징지어진다. 각각의 모국어들이 이러한 기능적 요소가 완전히 탈락될 수 있다는 모형을 항상 가지고 있지는 않다. 우리는 여기서 기능적 요소의 삽입을 통해 비로소 어근이 음운적으로 가능한 어휘로 되는 히브리어만을 생각해보자. 그러므로 만일 기능적 요소가 탈락되면 히브리어를 모국어로 갖는 탈문법증 화자들은 뒤에 머무르는 어근이 허용되는 어휘가 아니므로 입을 다물어야 할 것이다. (예: ‘befestigen (고정시키다)’에 해당되는 어근 k.š.R이 있는데, 이 어근은 모든 형태적 파생어, 예를 들어 부정법 likšor 또는 수동태 lehikašer에 기초가 된다.) 히브리어 탈문법증 화자들은 기능범주를 이용해야 하지만 기능범주를 규칙적으로 사용할 수 없다.

통사론의 기능범주는 [±명사]와 [±동사]에서 투영되지 않은 범주 즉, 4.1장에서 본 C와 I이다. C와 I 그리고 이들의 투영체가 장애를 입는다면, 예를 들어 시제정보가 결여되었다는 것과, 그리고 C-투영체도 없고 그로 인해 보문소 C에 대한 위치도 없으므로 부문장이 나타나지 않는다는 것이 설명된다. 우리는 종종 평서문에서 동사가 끝에 위치하는 것을 발견한다. C가 결여되어 있기 때문에 동사에 대해 목표위치가 존재하지 않는다. 다른 한편으로 의미역의 부여는 사실상 훼손되지 않는다. 그 이유는 이러한 의미역이 단지 어휘범주에 의해 부여될 뿐만 아니라 어휘범주 투영체로만 부여되기 때문이다.

‘ich weiß nicht (나는 모른다)’와 같은 표현과 함께 우리는 일반적으로 언어장애라고 부르는 한 현상과 만나게 된다. 이러한 종류의 용법은 추측건대 우리가 탈문법증을 분석하는 것에 대한 반례는 아니다. 그 이유는 이것이 오히려 통사적으로 분석된 표현으로 진부한 문구이기 때문이다. 형식적으로 구성된 표현은 좌뇌에서 처리된다. 좌뇌의 문법적 내지 정신적 어휘부 외에 우뇌의 어휘부도 있는데, 여기서 특히 빈도가 있는 어휘와 관용표현 및 자동으로 합성된 표현이 저장되어 있다. 그래서 (1d)처럼 아주 심한 언어장애를 가지고 있는 한 화자가 아직도 완전한 시를 암송할 수 있다는 것이 가능할 수 있다. 만일 좌뇌의 장애에 근거하여 형식적 조작이 더 이상 잘 되지 않는다 하더라도 우뇌의 어휘적 정보로의 접근이 아직 가능하다. 그러므로 방금 언급한 이러한 어휘적 정보는 실어증의 화법에서 여전히 나타날 수 있다.

수동구문의 처리에 근거하여 탈문법적 언어장애는 특히 분명하게 나타난다. 여러분도 알고 있듯이, 이러한 문장에 있는 어휘적인 의미역 운반자가 규칙적인 D-구조 위치에서 재구될 수 없고 연쇄를 통해서만 재구될 수 있다.

(8) a. Helen füttert Gretchen
b. Gretchen wird von Helen gefüttert
c. Helen wird von Gretchen gefüttert

명사구로의 의미역부여가 (8a,b)에 대해서는 동일하지만 (8a,c)에 대해서는 동일하지 않다. 그러나 브로카-실어증화자는 예를 들어 문장과 그림을 서로 나열해야 할 때 자주 (8c)를 (8a)처럼 해석한다. 적어도 부분적으로는 이것은 I에 있는 조동사 wird가 처리될 수 없거나 또는 단지 오류로만 처리될 수 있어서 수동문의 해석이 오로지 우연하게 이해된다는 것을 의미한다. 다시 말해, 기능범주는 생산적으로 처리할 때 뿐만 아니라 수용적으로 처리할 때에도 특히 오류가 나타나기 쉽다. 그래서 이것은 통사적 결함으로 인해 의미적 오해로 나타날 수 있다. 여기에서 언어장애 연구의 3가지 중요한 특성이 다음과 같이 설명된다.

- 많은 실어증의 형태는 초상황적 (supramodale) 장애이다. 즉, 장애의 분류법은 모든 언어처리상황에서 나타난다.
- 많은 실어증은 언어체계의 선택적 장애이다. 이러한 선택적 결함을 확인하는 것이 신경학과 언어지식 및 언어사용의 이론 사이의 접점을 설명하는 신경언어학의 과제이다.
- 실어증의 언어태도를 표면적으로 관찰하는 것이 반드시 언어체계/언어사용에서 결함의 원인이 무엇인지를 재현하는 것은 아니다.

6.5. 베르니케-실어증

베르니케-실어증과 관련된 언어적 결함은 브로카-실어증의 복합적인 증세와 어느 정도 상보적이다. (1b,c)는 이러한 실어증 형태의 증세를 설명하고 (3)은 훼손된 장소를 설명한다. 개별적으로 다음과 같은 증세가 나타난다.

- 언어산출은 유창하다.
- 문장구성은 문법착오적 (paragrammatisch)으로 변화되어 있다.
- 의미적 신조어를 가지고 의미적으로 알아듣지 못하는 말까지, 종종 목표어휘와 크게 벗어나는 많은 의미착어가 나타난다.
- 음운구조가 음운착어로 인해 훼손되어 있다.
- 이해장애가 심하다.

음운착어

브로카-실어증화자의 음운적 훼손에 대해서 고찰했던 것은 베르니케-실어증화자의 음운착어에 대해서 동일하게 적용된다. 여러분은 이것을 다음 예에서 쉽게 점검할 수 있다.

(9) a. Akrimorosen ← Aprikosen
b. Bildertuch ← Bilderbuch
c. Staumfa:ter ← Staubsauger

의미적 착어/의미적으로 알아듣지 못하는 말

베르니케-실어증의 주요증세는 예를 들어 의미적 착어에서 나타나는 심한 의미적 결함이다. 이 경우에 종종 정신적 어휘부의 조직원리들이 아직 이용된다 (5.3장 참고). 그러므로 사람들은 목표어휘와 실제로 산출된 어휘 사이에 있는 상이한 관계를 다음과 같이 구분한다.

(10) 분류적 착어
a. 앵무새 ← 올빼미 (하위어 공유어휘)
b. 새 ← 올빼미 (상위개념)

(11) 상황-지시적 착어
a. 머리카락 ← 빗
b. 방문 ← 꽃
c. 여기 있는 나의 알비네 (hier meine Alwine) ← 전화(기)

분류적 착어에서는 정신적 어휘부에 의해 사용되고 있다는 것이 분명해 보인다. 올바른 어휘가 사용 되지는 않지만 다른 유사한, 어휘 네트워크에서 함께 활성화되는 요소가 사용된다. 하지만 이것은 상황-지시적 (연합적) 관계에도 적용된다. 사람들은 빗으로 머리카락을 빗고, 방문할 때 꽃을 가져간다. 게다가 (11c)는 이러한 연합적 구성요소를 포함한다. 즉, 전화기, 전화하기, 전화를 거는 사람이 하나의 상황을 만들어낸다. 여기서 유일하게 일반적이지 않은 요소는 전화를 건 사람에 대한 이름이다.

앞 장에서 우리는 기본개념과 전형이 정신적 어휘부를 특히 잘 이용할 수 있는 요소라고 설명하는 것을 시도하였다. 이것은 특히 실어증적 명명행위 (Benennleistungen)에서 분명하게 나타난다. 예를 들어 특정한 물고기 '상어' 가 명명되어야 할 때 아주 우연하게도 기본개념 '물고기' 또는 전형적인 하위어 공유어휘 (Kohyponym) '연어'에 의해 자주 반응된다.

그러나 착어는 베르니케-실어증에서 목표어휘와 종종 언어학적으로 풀 수 없는 관계에 있다. 이러한 종류의 의미적 착어를 자생적 착어 오류명명 (wild paraphasic misnaming)이라 부른다.

(12) mildium, dieser große Würfel ← 상어 Hai

실어증의 언어가 이러한 새로운 어휘를 만드는 신조어에 의해 실현될 때, 사람들은 이런 화법을 의미적으로 알아듣지 못하는 말(sematischen Jargon)이라고 한다. 여러분은 (1c)에서도 신조어 Drekter를 발견하게 된다. 상황-지시적으로 기술하는 착어는 게다가 다음과 같은 착어를 통해 훼손될 수 있다.

(13) a. von einem Herrn mit Schiffchen ← 셔츠 Hemd
b. Stickschraube zum Essen ← 포크 Gabel
c. eine Schraub' für'n Regen ← 우산 Schirm

실어증화자는 종종 하나의 명칭에 집착하는데, 그 때 그 명칭 또한 착어이다. (13b,c)에서 이러한 반복이 나타난다. 이 환자는 우선 포크를 명명할 때 (13b)에서 신조어 Stickschraube를 포함하는 상황-지시적 착어로 반응한다. 우산을 명명하는 그 다음 문제 (13c)에서 착어는 반복적으로 다시 Schraub(e)를 포함한다.

장애 의식

발화오류는 때때로 인지되고, 항상은 아니지만 사람들이 생각하는 것보다 더 적게 정정된다. 이때 사람들은 두 변이형을 다음과 같이 구분할 수 있다.

1. 인지와 성공적 오류 정정
2. 인지와 무익한 오류 정정 시도

첫 번째 변이형은 (14a)에서 나타나고 두 번째 변이형은 (14b)에서 나타난다.

(14) a. gib mir mal die Taschentücher, Dingstücher, Servietten
b. Lathans Nessing, äh, Nessings Lathan ← Lessings Nathan

발화오류가 발생하지 않으면, 내면적 여과장치가 성공적으로 오류를 가려낸 것이다. 일반적으로 관찰될 수 없는 이러한 여과장치는 형식적인 오류나 내용상의 오류가 여과되는 정정의 경우에만 (14a)처럼 가끔 몇몇의 단계를 통해 외형상으로 나타난다. 이러한 여과장치는 다음 예가 입증하듯이 실어증화자들에게 여전히 이용되는 것 같다.

(15) a. 한 베르니케-실어증화자는 탑의 뾰족한 끝을 그린 그림을 다음과 같이 명명한다.
Hier ist ein Türm ... Türm ... Türmspit ... Türmspürze ... Türm ... die Türntüschpe ... Kürnstücke
b. 한 베르니케-실어증화자는 족쇄를 한 죄수를 그린 그림을 다음과 같이 명명한다.
Klüsen... Schlase... Schlage... Klause... Glesen... Kretten... Kretten gebunden ... eingeschlagene Kretten ... ein Kräusel ... ein Kräusliger ... ein Fänger... ein Verbrachener ... ein Fangener ... Gefangener

이러한 사람들을 언어를 정상적으로 구사하는 사람과 구분하기 위해서 분명히 아직 많은 연구가 필요하다. 하지만 우리는 실어증이 지적 장애와 반드시 결부되는 것은 아니라는 점에 대해 다시 한 번 언급하려고 한다.

실인증

자료 (1b,c)와 (15)를 고려할 때 사람들은 언어장애의 이러한 형태가 실제로 지적 장애라고 추측할 수 있을 것이다. 그 이유는 여기서 분명히 언어뿐만 아니라 세계지식 (Weltwissen)이 혼재되어 있기 때문이다. 그러므로 예를 들어 대상을 명명할 때 그 대상이 시각적으로 전혀 인식되지 않을 수 있을 것이다 (시각적 실인증 (visuelle

Agnosie)). 그러나 오랜 시간동안 특히 베르니케-실어증화자가 정신병자로 간주되었다 하더라도 대상을 명명하는 데에는 장애가 없다. 사람들은 어떻게 언어적 결함과 인지적 결함 사이의 구분에 대해 경험적으로 근거를 마련할 수 있을까?

시각적 실인증은 의미착어와 다음과 같은 특성에서 아주 분명하게 구분된다.

- 시각적 실인증 환자들은 각각의 대상을 옳게 보지 못하고 그 대상이 어떻게든 낯설다고 진술한다. 하지만 실어증화자는 'Ich weiß, was es ist, mir gefällt nur nicht ein, wie es heißt'같은 문장에서 명명의 어려움에 대해 설명한다.
- 실인증의 명명오류는 대상의 판단착오를 반영하는 반면에 실어증의 명명오류는 착어적으로 훼손된다.
- 시각적 실인증 환자들은 그 대상이 그들에게 순수하게 시각적으로 제공되는 동안에 만큼은 한 대상을 확인할 수 없다. 하지만 그들은 대상을 만지거나 또는 특징적인 소음을 인지할 때 그 대상을 즉시 인식할 수 있다. 한 실험에서 시각적으로 제공된 초를 연필로 간주한다. 그런 후에 초가 만져지면 옳은 언어적 반응이 나온다. 이와는 달리 실어증의 명명장애는 어떤 것이 제공되어도 존재한다.

의미착어가 질문된 대상의 판단오류가 아니라는 것이 다음의 연구에서도 나타났다. 실어증의 실험대상자들은 사진과 그에 일치하는 명칭의 많은 품목들로부터 맞지 않는 요소를 선별해야 한다. 예를 들어 다음의 예에서 Bussard (말똥가리속의 새)를 선별해야 한다.

(16) Pferd Bussard Hase Schwein

이러한 요소들이 그림으로 제공될 때 실어증화자는 정상적으로 언어를 구사하는 사람들과 구분되지 않는다. 그러나 이들의 행위는 명칭만 제공될 때에 극도로 악화된다. 이것도 역시 실어증에서 언어장애가 중요하지 세계지식의 장애는 중요하지 않다는 것에 대한 명백한 증거이다.

문법착오증

베르니케-실어증에서 통사적 능력의 상태는 어떠한가? (1b,c)에 있는 발화는 당연히 항상 옳지는 않다. 하지만 이러한 비문법성의 몇 가지 특성은 발화된 언어의 전형적인 자질 외에는 아무 것도 아니다. 5.3장의 (45)/(46)의 경우를 한번 생각해보자. 비병리적으로 장애를 일으킨 대화와는 달리, 베르니케-실어증화자의 통사론은 손상되어 있다는 것이 연구에서 종종 주장된다. 다음 예에서 보게 되는 문법착오증 (Paragrammatismus)은 특징적이다.

(17) a. ich bin erst im Jahr ist dat ... is dat gekommen
b. und dann kriegt ich dann nachher kam ein Fräulein
c. ich denke, dass sich das noch 'n bisschen besser wird
d. un in dem Moment bin ich bis in die Stubb rein bringt se mich

이러한 발화에서 발화가 대체로 쉬지 않고 이루어지는 즉, 억양의 단위를 형성하는 것이 눈에 띈다. 그러므로 예문 (17d)는 (18)처럼 분절되지 않는다.

(18) un in dem Moment bin ich /Pause/ bis in die Stubb rein bringt se mich

우리는 (18)을 문장계획의 단절로 분석할 것이다. 우선 문장의 틀이 특정한 전달의도에 대해 설정되고 일정한 지점으로까지 실현된 후에 이러한 계획이 변화된다. 5.3장의 (45)가 보여주듯이 적어도 두 번째 부분이 완전한 독립적인 억양의 단위를 형성한다. 이런 의미에서 문법착오증은 문장계획의 단절이 아니라 말하자면 완전한 문장뒤얽힘 (Satzverschränkung)이다. 이것은 오히려 혼성이라는 발화오류의 유형과 유사하다.

(19) das drückt sich in der Zeit nieder ← das drückt sich in der Zeit aus/das schlägt sich in der Zeit nieder

베르니케-실어증에서 이러한 문장뒤얽힘현상은 아주 빈번하게 나타나며, 베르니케-실어증의 주요증세인 어휘적-의미적 장애로부터 발생한다. 추측건대 탈문법증 (Agrammatismus)에서처럼 원인적으로는 통사적 결함이 문제가 아니라, 발화오류와의 비교가 보여주듯이 파생된 결함이 문제이다. 물론 발화오류도 통사적 결함으로부터 발생하지 않는다.

6.6. 전반적 실어증

분명히 뇌에 제한된 가장 심한 언어지식의 장애는 다음과 같은 전체증상을 갖는 전반적 실어증 (Globale Aphasie)이다 ((1d) 참고).

- 드문드문한 언어산출만이 발견된다.
- 문장은 대체로 개별어휘, 진부한 문구, 오토마티즘 (Automatismen)을 포함한다.
- 어휘는 극도로 제한되고, 의미적으로 심하게 벗어난 착어에 의해 실현된다.

– 음운착어가 많이 나타난다.
– 이해장애가 심하다.

사람들은 신조어의 음절연속체 즉, 어휘적으로도 통사적으로도 언어적 관계와 맞지 않는 임의의 단어나 구 (poggo, goggo, dodo, tata 등등)로 이루어진 빈번한 반복적 발화를 언어오토마티즘 (Sprachautomatismen)이라고 한다. 진부한 문구의 화법 (Redefloskeln)은 내용이 비어 있고, 관습화의 정도에 따라 길이가 상이한 관용구이고, 개별 환자에게 있어서 각각의 경우, 예를 들어 mal so, mal so; das Dingsda, na Sie wissen schon; da liegt es schon mal drin, dass ich das schon mal hab처럼 전형적으로 나타난다. 우리가 이미 브로카-실어증과 관련하여 체험했듯이, 진부한 문구의 화법은 통사적으로 구조화되어 있지만 전체적으로 우뇌의 어휘부에 저장되어 있어서, 심지어는 전반적 실어증화자가 방금 언급한 마지막 사용된 것과 같은 그런 외관상 복잡한 표현들을 만들 수 있다.

모든 다른 실어증형태와 마찬가지로 이러한 심한 언어장애에서도 의사소통능력은 유지된다. (1d)가 이것을 아주 분명하게 증명해준다. 비록 이러한 화자가 아직 언어오토마티즘만을 산출한다 하더라도 상이한 억양으로, 예를 들어 평서문에서 내리고 의문문에 대해서는 올리는 그리고 상이한 강약으로 이것을 행한다. 이들은 언어의 이러한 특성을 인터뷰하는 사람의 질문에서도 이해한다. 우리가 언어는 특히 의사소통이라고 직관적으로 말할 것이기 때문에 이것은 놀랄만한 현상이다. 그렇지만 실어증은 언어능력과 의사소통능력이 선택적으로도 또한 장애가 될 수 있는 어느 정도 독립적인 능력이라는 것을 입증해준다.

신경심리적으로 언어학적으로 가장 분명하게 구분될 수 있고 분석될 수 있는 장애의 그림은 앞에서 논의된 3가지 증후군을 설명하지만 다양한 실어증의 결함을 월등하게 설명하지는 못한다.

6.7. 건망 실어증

(20) I: Und was für' ne Schule haben Sie dann besucht?
(당신은 어떤 학교를 다녔습니까?)
P: Ich bin nur die . Volksschule be . eh . wie soll man sagen . normale Volksschule . und dann bin ich.eh ... (hustet) ... auf gute Leistungen wie man das drüben sagt bei d' .eh bei der DDR drüben . ja ich bin noch auf ... (stöhnt) ... Institut für Lehrerbildung . so jetzt weiß ich das ... Lehrerbildung und nun hab ich . nachher Kinder . eh Kindergarten gemacht . das heißt . Kindergarten nicht . bis jetzt . in diesem Jahr . hab ich jetzt. Volksschule ... Kindergarten hätt ich beinah gesagt (flüsternd) nee nicht ... (laut) nein Kindergarten . nicht ... Kinderheim . Kinderheim hab ich gemacht . ja . Kinderheim hab ich gemacht.

건망 실어증화자 (amnestische Aphasiker)의 언어는 주로 단어찾기장애 (Wortfindungsstörungen)를 통해 특징지어지는데, 이것은 소위 다른 말로 표현하기, 일반적인 진부한 문구 (na, Sie wissen schon) 선택, 대행어 (das Dings da)같은 대체전략에 의해 보상된다. (20)에서 여러분은 새로운 틀이 구성되는 그 위치에서 휴지를 갖는 문장계획의 단절도 발견하게 된다. 단어찾기장애는 베르니케-실어증에서처럼 어휘적-의미적 결함에 근거하지 않고 정신적 어휘부로의 통로가 차단된 것에 근거한다. 비병리적으로 장애를 일으키는 일상언어에서 이러한 차단은 우리가 긴장하여 떨면서 단어나 이름을 찾을 때 때때로 발생한다. 어떤 단어나 이름이 혀끝에서 빙빙 돌지만 그것이 갑자기 전혀 생각나지 않는다 (설단현상 (tip of the tongue-

Phänomen)).

6.8. 연결피질 실어증

연결피질 실어증 (transkortikale Aphasie)은 신경학적으로 관찰하면 뇌의 운동근육 중심부와 감각 중심부 간의 결합 장애이다 ((4)를 보시오). 이 실어증은 상당히 손상된 자발언어에서, 그리고 온전하게 말을 따라하기를 제외한 모든 언어처리상황의 장애에서 나타난다. 어휘적 능력과 통사/의미적 능력이 상이하게 손상된다. 한 연구에서 명사가 옳게 큰 소리로 읽혀질 수 있었고 따라 말하기 (Nachsprechen)는 오류가 없었지만, 그 전에 옳게 읽혀졌던 명사가 명명할 때 이용될 수 없었고 통사적으로 벗어난 형태가 산출되었다는 것이 나타났다. 그러나 동시에 예를 들어, 복수형 만들기에 대한 형태적 지식은 유지되었다. 이것은 환자들에 의해 완전하게 되어야 하는 (21)과 같은 예의 원칙에 의해 테스트되었다.

(21) Das ist ein Zug. Das sind zwei ...

예를 들어 Züge에 대해 Zuge는 벗어났지만 이러한 반응의 대부분은 옳았다. 이러한 장애의 형상은 문법의 구성요소가 언어지식의 자율적 구성요소라는 것을 대변한다.

6.9. 전도 실어증

전도 실어증 (Leitungsaphasie)의 주요증세는 먼저 말한 어휘를 따라서 말할 능력이 없을 정도로 극도로 심한 손상이다. 이 장애의 원인은 결코 일반적인 듣기손상에 있는 것이 아니라, 청각적 신호가 더 이상 음운적으로 옳게 처리될 수 없다는 데에 있다. 언어적 신호를 따라 말하는 것은 순수한 (의미를 생각지 않고 말하는) 흉내내기가 아니다.

최종적으로 위에서 논의된 실어증의 손상위치 (Läsionsorte)를 다시 한 번 요약하면 다음과 같다.

(22)

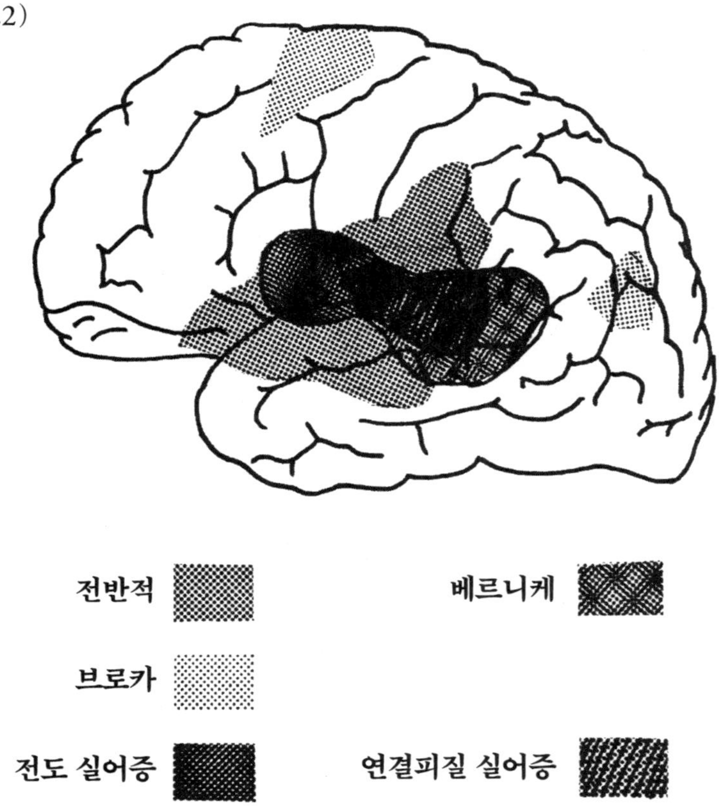

6.10. 난독증

나는 나의 뇌를 전쟁 후의 전쟁터처럼 설명한다. 전에 어휘 및 문장과 관련 있었던 세포들은 죽었거나 마비되었다. 이제 다른 세포들이 그들의 자리에 대신 들어서야 했다. (트롭 에어블라트 (Tropp Erblad), "고양이 (Katze)는 S로 시작한다. 실어증 혹은 어휘상실")

측두-정수리 부분이 손상될 때 난독의 저하로 나타날 수 있다. 사람들은 난독증 (Dyslexien)을 중요한 두 가지 형태, 즉 표층 난독증 (Oberflächendyslexie)과 심층 난독증 (Tiefendyslexie)으로 구분한다. 우리는 여기서 소위 부수적 난독증 (철자읽기, 방치된 난독증과 불가지론 난독증)은 살펴보지 않으려고 한다.

사람들은 문어 (geschriebene Sprache)를 큰 소리로 옳게 읽거나 이해할 능력이 없는 것을 표층 난독증이라고 한다. 여러분은 이러한 읽기장애를 (23)에서 보게 된다 (2장도 참고).

(23)	widen	←	wissen
	vulgan	←	Vulkan
	gl/oigl/	←	Glaube
	aus/si:bis/	←	ausgiebig
	follel	←	Löffel
	rau/xik/	←	faulig

사람들은 특히 음운적 장애에 의해 즉, 오류의 기호소-음소-전환에 의해 원인이 되는, 어휘부로의 상황 특정적인 통로장애를 심층 난독증이라고 한다. 이것은 종종 브로카-실어증의 잔여증세 (Residualsymptom)인 언어장애라고 한다. 난독증화자는 어휘의 음운적 표현을 단지 축소해서만 사용할 수 있다. 그래서 문자로 미리 주어진 단어를 읽고 처리하는 것이 아니라, 그것과 의미적으로 유사

한 단어가 그들에 의해 읽혀지고 처리된다. 대체로 열린 부류 내에서 형용사와 동사보다 명사가 더 잘 읽혀진다. 닫힌 부류의 요소 또는 무의미-단어는 읽을 때 종종 완전히 탈락한다. 다시 한 번 이탤릭체의 작은 글씨로 인쇄된 아래 내용을 읽어 보자.

독일어의 음소-기호소-관계

Gestern schüttete Helen, die ihre Hare Chaqui gefärbt hatte, dem Jörk in Ksanten Waks auf seine gesamte Haabe und auch kwer über seinen Ze, so dass alle Häne chräeten und besagter Herr nicht im Khor das Krehdo mitsingen durfte.

여기서 무엇이 잘못 되었는가?

Helen은 <k>에 대한 기호소-음소-일치규칙과 그 길이에 대한 기호소-음소-일치규칙을 모른다. Helen은 이것을 다음과 같이 빠르게 학습해야 한다.

<k>에 대한 기호소-음소-일치규칙

/k/ → <c>	*Cola, Credo*
/k/ → <kh>	*Khaki*
/k/ → <ch>/ $_{\text{Wort}}$ [__	*Christ, Chor*
/k/ → <ch>/ $_{\text{v}}$[-lang]__]	*Wachs*
/k/ → <x>/ $_{\text{v}}$[-lang]__s]	*Jux*
/k/ → <q>/__v	*quer, Qualle*
/k/ → <k>/sonst	

(v: 모음)

길이에 대한 기호소-음소-일치규칙

<h>	*Hahn, Zeh*

이중모음:	*Waage, Haar*
<e>	*Liebe*
nix:	*Habe, Wagen*

모든 언어는 음운규칙 외에도, 한 단어의 음운적 존재와 기호적 실현 사이의 관계를 표현하기 위해 필요한 기호소-음소-일치규칙을 포함한다. 이러한 규칙들은 특히 문자의 습득에 도움이 되지만 그 후에 더 이상 적용되지 않는다. 그러나 이 규칙들은 우리가 알지 못하는 어휘나 전문어를 만나면 나타난다. 음운규칙과는 달리, 물론 많은 것은 글자대로 학습되어야 하고 문어를 자주 사용할 때에만 지켜진다.

다시 난독증으로 돌아가 보자. 난독증은 언어습득이 완료된 후에 나타나는 언어적 읽기처리 (Leseprozess)의 장애 즉, 습득된 장애이다. 위에서 언급한 것처럼 사람들은 부수적 난독증 (Periphere Dyslexien)과 중심적 난독증 (Zentrale Dyslexien)을 구분한다.

부수적 난독증은 비언어적 처리와 관련이 있고, 중심적 난독증은 문자언어적 자극을 언어적으로 처리하는 것과 관련이 있다. 이것은 다음에서 간단히 설명된다. 장애를 일으키지 않은 일반적인 읽기에서 우리는 다음과 같은 여러 정보들을 이용한다.

- 예를 들어 우리가 알지 못하는 어휘 (히라가나) 또는 신조어 (grip/[gRi:p]를 읽을 때, 이미 언급된 기호소-음소-일치
- 어휘적 정보 (기호소-음소-일치규칙에 따라 [bu: s]로 발음해야 하지만 어휘부에 [bus]로 등록되어 있다)
- 읽혀진 어휘에 의미를 부여하는 의미적 구성요소

그러므로 읽기는 여러 행위를 포함하는데 그 행위의 독립성은 일상적으로 우리에게 눈에 띄지 않는다. 그 이유는 이러한 행위가 언어습득이 완료된 후에 거의 피상적으로 함께 작용하기 때문이다. 실어증

의 읽기장애에서 비로소 이러한 구성요소들이 각각 독자적인 작용방식으로 나타난다. 이것을 토대로 한 것이 바로, 스케치된 구성요소를 기능적으로 분리된 3개의 과정으로 파악하는 모형이다.

(24)

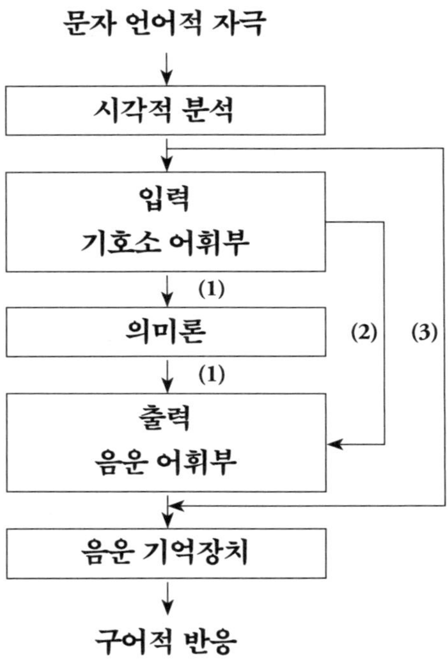

(1) 의미적-어휘적 경로
(2) 음운적-어휘적 경로
(3) 비-어휘적 경로 (기호소-음소-일치)

의미적-어휘적 경로 (1): 씌여진 단어가 직접 단어의 의미와 결합된다.

음운적-어휘적 경로 (2): 정서법에 맞는 단어가 직접 음운적 단어와 결합된다.

비-어휘적 경로 (3): 기호소-음소-일치가 생성된다.

이러한 모든 경로는 선택적으로 또는 다른 경로와 결합하여 장애를 일으킬 수 있다. 따라서 3개의 온전한 구성요소를 갖는 문자언어처리에서부터 시작하여 모든 구성요소가 탈락할 때 완전히 장애가 일어나게 되는 처리에 이르기까지 6개의 결합이 가능할 것이다. 그 사이에 네 가지 경우의 문자언어처리장애가 있게 되는데, 말하자면 이것은 이렇게 기능적으로 기술하기 위한 경험적 근거도 설명한다.

즉, 임상적 일상에서 사람들은 바로 이러한 상이한 문자언어처리 장애를 갖는 환자를 발견하게 된다.

관찰될 수 있는 복합증세 중 하나는 다음과 같은 것을 포함한다.

- 의미적 오류 (착어): Prinz → König
- 시각적 오류: Gigant → Gitarre
- 형태적 오류: gerettet → retten
- 시각적, 그리고 이에 근거한 의미적 오류:
  Sympathie → (내적으로: Symphonie) → Orchester
- 구체적 어휘 (예: Apfel)가 추상적 어휘 (예: Grammatik)보다 더 잘 읽혀진다.
- 신조어는 읽혀질 수 없다: knonk
- 품사 효과가 나타난다: 명사가 가장 잘 읽혀지고 동사가 가장 힘들게 읽혀지고 형용사는 그 사이에 있다.

위의 모형에서 이러한 오류행위는 간단하게 설명된다. 경로 (2)와 경로 (3)이 탈락하면 그 사람은 텍스트를 아직 경로 (1)을 통해서만 읽을 수 있다. 의미적 오류 때문에 이러한 능력은 대개 마찬가지로 손상된다. 이러한 결과가 나오는 장애형상을 심층 난독증이라 부른다.

다른 경우에 다음과 같은 증세가 관찰될 수 있다.

- 정서법상 불규칙한 어휘가 규칙화 된다 ([bus]→[bu:s]).
- 신조어가 잘 읽혀질 수 있다.

이 환자는 오로지 경로 (3)을 통해서 읽는다. 경로 (1)과 경로 (2)는 이용될 수 없다. 이러한 장애형상을 표층 난독증이라 한다.

그 밖의 다른 복합증세는 다음과 같이 나타난다.

- 의미를 이해하지 않고 읽기
- 규칙적인 어휘와 불규칙적인 어휘를 옳게 그리고 유창하게 읽기 (규칙화는 없음)
- 신조어가 읽혀질 수 없다.

이러한 경우에 분명히 경로 (1)과 경로 (3)은 더 이상 사용될 수 없고 환자는 단지 아직 경로 (2)를 통해서만 읽을 수 있다. 이러한 장애를 직접적 난독증 (Direkte Dyslexie)이라 한다.

네 번째 복합증세로 다음과 같은 장애가 나타난다.

- 대체로 신조어가 오로지 매우 불완전하게 읽혀질 수 있다.
- 언어이해가 잘 되고 의미적인 착독 (Paralexien)이 나타나지 않는다.

위의 모형에 따라 이 환자의 경우 경로 (3)이 상당히 손상되어 있지만 경로 (1)과 경로 (2)는 이용될 수 있다. 이러한 장애를 음운적 난독증 (Phonologische Dyslexie)라고 한다.

언어능력의 이러한 선택적 손상은 읽기체계가 모듈식으로 구성되어 있다는 것을 보여준다. 제한적으로 말하면 다음과 같다. 장애로부터 온전한 언어처리체계를 추론하는 것은 현대의 신경심리학에서 통례적이지만 1:1번역은 어느 정도 논쟁의 여지가 있다. 게다가 정상적으로 언어를 구사하는 사람이 문자언어처리에서 마찬가지로 다른 전략과 인지수단에 의지한다는 것은 배제될 수 없다. 이것은 현재까지 해명되지 않은 문제이다.

심층 난독증은 물론 다른 언어에 대해서도 연구되었다. 우리는 이것을 라틴어문자와 같은 알파벳문자가 아닌 문자체계에 근거하여 즉, 일본어에 근거하여 예를 들어 설명하려고 한다. 우리가 여기서 등한시할 수 있는 몇몇 예외는 있지만, 일본어문자는 자립형태소와 의존형태소 간에 구분이 가능하다. 일본어에는 두 유형의 문자 즉, 간지와 가나가 있다. 가나는 두 하위형태 히라가나와 가타가나로 구성된 음절문자이다. 가타가나는 주로 차용어와 외래어에 대해 이용되는데 여기서 우리가 관심을 가질 필요는 없다. 동사, 명사, 형용사에 대한 기본형태는 간지로 쓰게 되고 문법적 (의존)형태소 (격, 굴절, 파생접미사 등)는 히라가나로 쓰게 된다. 그러므로 간지-기호는 어느 정도 문장에 대한 의미의 핵심을 형성하고 히라가나-기호는 기능범주를 형성한다. 여러분은 이것을 기능요소가 표시되어 있는 다음 예에서 보게 된다.

(25)	黒<u>い</u>	猫<u>が</u>	眠っ <u>ている</u>
	kuroi	neoga	nemut-te-i-ru
	형용사	명사	보조사
	(검은 고양이가 잠을 잔다)		

난독증을 갖는 실어증학적 연구에서 다음과 같은 흥미로운 장애형상이 나타난다.

– 상황: 모든 구강구성요소는 온전했지만 소리 내어 읽는 읽기장애가 심했다.

– 간지-기호는 잘 처리되었지만 가나-기호는 읽을 때 극심하게 손상된다.

가나-기호에서 두 유형의 오류가 나타난다.

– 시각적 오류: (네) ね → (와) わ
– 음운적 오류: (루) る → (리) り

위에서 두 번째에 언급된 심층 난독증의 경우는 간지-기호에서 특히 추상적인 대상을 지칭하는 그런 것에 대한 읽기행위와 관련된다. 아래에서도 우리는 보게 된다.

– 시각적 오류: (따뜻한 물) 湯 → 場 (장소)
– 의미적 오류: (나쁜 것) 惡 → 敵 (적)

이러한 오류유형에서 여러분은 시각적 형상과 언어구조가 어떻게 함께 작용하는지를 특히 인상 깊게 보게 된다. 우리는 한 현상을 다음 장에서 다시 한 번 살펴볼 것이다.

실어증 환자의 비교할 수 있는 선택적인 오류행위는 쓰기(Schreiben)에서도 나타난다. 이러한 장애를 실서증 (Agraphien)이라고 부른다. 여기서도 주변적 실서증과 중심적 실서증이 구분될 수 있다. 중심적 실서증이 언어체계의 장애인데 반해 부수적 실서증은 운동성의 손상으로 나타난다 (6.3장 참고).

우리는 항상 실어증과 같은 습득된 언어장애가, 일반적으로 관련된 사람에게 다른 영향을 미치는 외상 (Traumatisierung)의 결과라는 것에 대해 분명히 알아야 한다. 뇌손상은 종종 근육운동조정장애(Koordinationsstörungen)로부터 반신마비현상에 이르기까지의 운동성 장애를 가져온다. 언어장애를 간섭하는 말하기장애와 삼킴장애(Schluckstörungen)가 추가로 나타날 수 있다. 마찬가지로 기억상실증이나 품사에 대한 선택적인 이용 장애도 나타날 수 있다. 많은 형태의 현상을 언급하자면 손상부분에 따라서 주의력장애, 인성변화와 같은 심리적인 장애형상 또는 인지장애도 나타난다. 그러므로 관찰할 수 있는 태도로부터 모델이론적인 특성을 유도하는 것은 과거의 실어증학적 연구의 아주 중요한 업적이다. 이러한 특성은 실제의 언어장애를 진단하는 것을 가능하게 하고, 뇌의 입체성을 이용하여 일정한 목적을 가지고 성공적으로 치료하는 것을 가능하게 한다.

6.11. 단원성 - 회고

여러분이 7장을 살펴보기 전에 우리는 앞에서 살펴본 것을 단원성 (Modularität)의 관점에서 다시 한 번 간단히 생각해 보려고 한다.

처음 4개의 단원에서 우리는 문법의 구성을 관찰하였다. 개별언어의 문법 즉, 여기서는 독일어의 문법이 우리의 언어지식을 만들어 내는 규칙, 단위, 원리와 매개변수를 기술한다. 전통문법과는 달리 생성문법은 자율적이지만 문장을 구조적으로 구성할 때 함께 작용하는 여러 구성성분으로 이루어져 있다. 언어의 이론이 이러한 모형을 가질 때 모듈문법 (modulare Grammatik)이 중요하다. 통사론에서 이러한 단원성의 개념이 명확하게 정비된다. 예를 들어 격이론과 의미역이론은 자기 고유의 임무를 가진 자율적 모듈이다. 가시성조건이 증명하듯이 격이론은 두 구성요소의 공동작용을 준비한다. 부분이론들이 모듈적으로 함께 작용하는 문법을 우리가 가질 때, 통사적 어휘적 원리들의 구조독립성은 가능하다.

장기놀이 (Schachspielen)가 단지 장기규칙을 능숙하게 다루는 것에만 있지 않듯이 우리가 언어를 다룬다는 것은 언어지식을 다루는 것이 아니다. 언어지식과 언어사용 간의 관계 즉, 언어능력을 기술하는 이론은 심리언어학의 전통적인 대상 (언어인지와 언어산출 및 정신적 어휘부)인 언어수행이론이다.

문법착오증에 근거하여 우리는 지식체계와 사용체계가 어떻게 모듈적으로 상호작용을 하는지를 다시 한 번 설명할 수 있다. 베르니케-실어증에 대해 특징적인 어휘적-의미적 모듈의 장애 때문에 의미적으로 벗어난 발화가 생겨한다. 이 발화의 형식적 통사적 구조는 두 형태가 동시에 활성화되고 두 형태 중 어느 것도 완전하게 통제될 수 없기 때문에 혼성에서처럼 나타난다. 문법착오증은 단지 언어능력이 장애를 일으킨 구성요소와 온전한 구성요소의 이러한 모듈적 공동작용으로부터만 만족스럽게 설명될 수 있다.

모듈문법 없이는 우리가 언어적 결합을 선택하는 것을 아주 제한적으로만 예측할 수 있을 것이다. 탈문법증에서 기능범주를 선택하는 장애나 또는 음운착어에서 CV-층의 장애를 한번만 생각해 보자.

심리 및 신경언어적 인식은 마침내 우리의 정신적 능력이 자율적 모듈이라는 것을 증명한다. 언어장애는 동시에 의사소통능력의 장애 및 세계지식의 장애가 아니다. 이러한 인식은 또한 인간의 언어구조를 언어기능과 독립적으로 연구할 필연성도 뒷받침한다.

제 7장 수화언어

7.0. 머리말

우리는 5장에서 언어연구를 유도하는 세 가지 질문을 다음과 같이 작성하였다.

1. 언어지식은 어떻게 만들어져 있는가?
2. 언어지식은 어떻게 습득되는가?
3. 언어지식은 어떻게 사용되는가?

이러한 질문은 다음에서 다시 한 번 논의되어야 한다. 물론 이번에는 수화언어, 특히 독일 수화언어 (Deutsche Gebärdensprache: DGS)와 관련해서 논의되어야 한다. 수화언어는 보청기에 의해 그들의 청각 결함이 더 이상 보정될 수 없는 사람들의 일차적인 의사소통수단이다. 또한 수화언어는 부모가 청각장애인인 청력이 있는 사람들과 많은 난청자들의 일차적인 의사소통수단이다.

이제 우리는 다음 질문에 대해 다루어 보려고 한다. 수화언어에서 많건 적건 제스처의 의사소통체계가 문제인가 아니면 자연언어가 문제인가? 이것에 대해 우리는 다음과 같은 세 가지 질문으로 대답해야 한다.

– 수화언어의 지식은 어떻게 만들어져 있는가?

– 수화언어는 어떻게 습득되는가?
– 수화언어는 일반적이고 병리적인 조건 하에서 어떻게 사용되는가?

7.1. 구조

아마 여러분도 그렇겠지만 많은 사람들은 청각장애인의 언어인 수화언어가 단지 유사 기호 (Ikonisch)라고 즉, 수화가 세계의 대상을 단지 모방하여 표현한다고 생각한다. 이와는 달리 음성언어는 기호와 대상 간의 관계가 자의적인 관습적 기호체계이다.

유사 기호적 의사소통체계가 혁명사적으로도 아마 오늘날 아직도 유사 기호로 증명되고 있는, 초기 문자체계 보다 더 오래된 형태라는 것이 근거로 종종 거론된다. 사람들은 예를 들어 고대 이집트의 상형문자를 생각한다.

는 아래에 있는 에 앉아 있다. 한 마리 가  위에서 노래한다. 그 아래서 와 가 놀고 있다. 오랜 시간동안 소식이 없던 와 가 이제 다시 그녀의 가 되었기 때문에 그 는 할 필요도 없고 전처럼  할 필요도 없다.

> **〈 과제 〉**
>
> 우리가 여기서 어떤 이야기를 했는가?

다음과 같은 이야기였다. 즉, 지배자가 커다란 양산 아래 그늘에 앉아 있다. 나무 위에서 새 한 마리가 노래하고, 그 나무 아래서 아들과 딸이 놀고 있다. 오랜 시간동안 소식이 없던 지배자와 아들이 이제 다시 그녀의 보호자가 되었으니 그 딸은 무서워 할 필요도 없고 전처럼 두려워 할 필요도 없다.

교육적으로 다시 한 번 볼 때, 지극히 그림에 의한 이러한 예는 소위 고도의 유사성을 가진 문자체계가 관습적인 체계라는 것을 보여준다. 우리가 일반적으로 언어 특유의 관습을 알 때에만 이것을 해독할 수 있다.

이것은 다음에 나와 있는 수화언어와 아주 유사한 모습을 갖는다.

(1)

(1)은 바보 (IDIOT)에 대한 수화이다. 그렇다면 (2)는 무엇에 대한 수화일까?

(2)

이것은 바보나 특히 바보스러운 짓에 대한 수화가 아니라 바로 교수에 대한 수화이다. 많건 적건 이러한 익살스러운 해석을 우리는 의도적으로 무시하려고 한다.

수화는 음성언어의 임의적 대체물, 인위적 표현형태 또는 축소된 표현형태가 아니다. 오히려 수화는 음성언어의 어휘와 비교할 수 있는 규칙성을 따른다. 그러므로 이것은 구조화되어 있고 음운적 형태적으로 분리될 수 있는 구성성분으로 이루어져 있다. 이것은 통사적 구성성분을 형성하고 통사적 규칙성을 따른다. 이것은 습득되어야만 한다. 예를 들어 실어증에서와 같은 언어장애에서 이것은 언어체계적 결함으로 나타날 수 있다. 이 모든 것은 손으로 하는 수화뿐만 아니라 손으로 하지 않는 수화도 관련된다. 얼굴표정은 수화언어에서 예를 들어 발화의 억양에 대해 평서문과 결정의문문을 구분하기 위해 그리고 부사적 수식어를 표현하기 위해 삽입된다.

여러 종류의 표정적 표현에 의해서 동사수화 (Verbgebärde)를 통해 표현된 행위의 느낌 또는 기분이 표시된다. 독일어의 음성언어에서 이것은 부사적 수식어에 의해 자주 표현된다.

mühsam(열심히)

(3) STUDENT GEBÄRDENSPRACHE LERNT
(대학생은 수화언어를 열심히 배운다)

손으로 하는 수화도 역시 어휘에 대한 무언의 대체움직임도 아니고, 음성언어 화자의 발화에 손동작을 동반하는 동일한 요소로 구성되어 있지도 않다. 오히려 수화는 수화언어능력이 있는 사람 앞의 소위 수화공간에서 실행된다. 그러므로 이러한 수화공간 밖에 있는 손이 갖는 의미 또는 어떤 행위의 시범 보이기나 실제 실행은 수화가 아니다.

첫 번째 질문에 대답하기 위해 우리는 다음에서 여러분에게 이미 잘 알려진 문법구성요소 음운론, 형태론 그리고 통사론을 살펴볼 것이다.

7.1.1. 수화의 음운자질

각각의 수화언어를 구성하고 있는 수화는 음운자질다발로 이루어져 있다. 수화의 변별기능은 음성언어에서처럼 최소쌍에 의해 설명될 수 있다.

손 형태

(4)

FRAGEN (묻다)

SAGEN (말하다)

이 두 수화는 오로지 손의 형태에서만 구분된다. FRAGEN은 F자 모양의 손으로, SAGEN는 G자 모양의 손으로 수화한다.

손 위치

(5)

MONAT (월, 개월)

HUNDERT (백)

이 두 수화는 오로지 손의 위치에서만 구분된다. MONAT에서 손등은 위로 향하고, HUNDERT (숫자 100)에서 손등은 바깥으로 향한다. 둘 다 G자 모양의 손으로 수화한다.

동작을 행하는 장소

(6)

OBJEKT (대상)

IDIOT (바보)

OBJEKT는 오로지 동작을 행하는 장소에 관련해서만 IDIOT와 구분된다. 대상은 턱 근처에서 동작을 행하고 바보는 관자놀이 근처에서 동작을 행한다.

이동

(7)

GELB (노랑)

GOLD (금)

GELB와 GOLD는 단지 이동방식에서만 구분된다. 노랑은 Y자 모양의 손을 반복해서 방향 전환하여 동작을 행한다. 이와는 달리 금은 Y자 모양의 손을 위로 향하게 하고 갑자기 동작을 멈춘 후 간단하게 돌려서 동작을 행한다.

음운자질인 손의 형태와 손의 위치는 모든 수화언어에서 동일하지는 않다. 예를 들어 "중지 (Stinkefinger)"는 독일 수화언어의 손 형태의 고정목록에 나타나지 않는다. 하지만 일본 수화언어에는 "키가 큰 남자형제 (großer Bruder)"의 의미를 갖는 수화가 위로 짧은 이동을 하는 바로 이러한 손 형태에 의해 표현된다. 음성언어의 음운론에서처럼 개별 수화언어의 음운목록은 일반적인 고정목록에서 선택된다.

양손 수화

많은 수화어휘 (운동 (SPORT), 종이 (PAPIER), 위기 (KRISE), 민감한 (EMPFINDLICH))는 양손에 의해 동작이 행해진다. 수화언어능력이 있는 사람의 손잡이에 따라 오른손이나 왼손이 소위 지배적인 손이 된다. 양손 수화에서 지배적이지 않은 손이 할 수 있는 것이 지배규칙 (Dominanzregel)과 대칭규칙 (Symmetrieregel)에 의해 정확히 규칙화된다. 지배규칙에 따라 EMPFINDLICH와 같은 수화에서는 두 손이 상이한 손의 형태를 가질 때 (8)처럼 단지 지배적인 손만 이동될 수 있다.

(8)

EMPFINDLICH

만일 (9)의 SPORT에서처럼 두 손이 이동된다면 대칭규칙에 따라 지배적이지 않은 손은 지배적인 손과 동일한 손의 형태를 가져야 한다.

(9)

SPORT

두 규칙은 운동성의 제약으로부터 파생된 것이 아니라 언어 특징적이다.

음절

음성언어의 음절은 공명성 (Sonoranz)의 원리에 따라 구조화된 형상이다. C-위치는 V-위치 보다 공명성이 더 적은 요소에 의해 채워져 있다. C와 V가 자음 및 모음과 동일하지 않다는 것을 우리는 V-위치가 자음을 관할할 수 있는 언어에서 인식한다. 물론 이러한 것은 C-위치에 의해 관할되는 자음 보다 더 공명적이어야 한다. 다른 수화언어들도 그렇듯이 독일 수화언어는 비교할 수 있는 형상 즉, 음절을 포함한다. 한 음절은 음절위치인 정지 (Halt: H)와 이동 (Bewegung: B)의 결합이다. H는 손의 형상구조 (손의 형태와 손의 위치)과 동작을 행하는 장소를 관할한다. B는 이동경로에서 움직이는 손의 형상구조를 관할한다. 독일 수화언어의 최대 음절은 음절위치 HBH를 포함하고, 최소 음절은 H 또는 B를 포함한다.

(10)

VATER (HBH) FAHREN (B) DEUTSCH (H)
(아버지) (타고가다) (독일어)

공명성은 여기서도 역할을 하는데 이것은 최소 음절들 간의 대조에서 설명될 수 있다. 한 음절이 하나의 H로만 구성된다면 이 위치에 의해 관할되는 손의 형상구조는 이차적 이동을 포함할 수 있다. 이것은 URLAUB (휴가)의 수화에 대해 적용된다. 여기서 다섯 손가락 중 엄지손가락은 상반신 가까이에 있고 손바닥은 마주보고 있으며 이것이 이차적 이동 (손가락 흔들림)으로 나타난다. 한 음절이 B와 H로 구성된다면 이차적 이동은 가장 공명적인 요소 즉, B에서만 행해질 수 있다.

그러므로 공명성은 우리가 전문용어에 따라 공명적인 것으로 추측할 수 있는 것보다 훨씬 더 추상적인 원리이다. 이것은 인지에 근거하여 볼 때 상황과는 독립적인 원리이다. 즉, 수화언어에서는 이동의 질, 음성언어에서는 음성적 실현으로서의 음질이 이 원리에 상응할 수 있다. 공명성이 최대 인지가능성의 원리라는 것을 기억하자.

7.1.2. 형태론

대부분의 음성언어의 어휘들처럼 대부분의 수화언어의 어휘들도 단음절 (monosyllabisch)이다. 독일어에서처럼 다음절 수화는 특히 연속적인 굴절요소에 의해 또는 형태적 과정에 의해 이루어지는데, 이때 독일어에서와 달리 수화는 형태 통사적 파생에서 셈어의 어휘파생과 비교할 수 있듯이 종종 연속적인 굴절접사가 아니라 비연속적인 형태적 과정을 이용할 수 있다.

여러분은 이미 독일어에 대한 3개의 형태적 과정 즉, 합성(Komposition), 파생 (Derivation) 그리고 굴절 (Flexion)에 대해 잘 알고 있다. 이러한 과정이 이제 독일 수화언어에서 어떠한 모습으로 나타날까?

합성

수화언어에서 합성어를 인식하기 위해 음성언어에서 그것을 인식할 때와 마찬가지로 우리는 테스트절차가 필요하다. 예를 들어 특정한 요소가 굴절될 수 없다는 것이 여기에 속한다. 그러므로 한 손의 독일 수화언어의 합성어 HAUSMEISTER (CH-손모양으로 돌려진 비스듬한 손바닥)는 HAUS의 복수화에 의해 분리될 수 없고, 합성어로 머물수 있다.

합성어로 합성되는 요소의 연속체가 확정되어 있거나, 이러한 연속체의 변화가 합성어를 해체시키는 것도 여기에 속한다. “Rotwein (붉은 포도주)”에 대한 프랑크푸르트의 수화는 합성어 WEINROT이다. 이 연속체가 잘못 바뀌면 “포도주가 붉다”라는 표현이 생성될 것이다. 독일 수화언어의 합성규칙은 관련된 자립형태소의 음운구조를 종종 아주 심하게 다음과 같이 변화시킨다.

단축 규칙

합성어의 첫 번째 부분은 그에 일치하는 자립형태소보다 더 짧다. 그 두 번째 부분은 그에 일치하는 자립형태소의 반복이동을 상실한다.

(11)

GOTT WARTEN

"강림절 (Advent)"은 '신 (GOTT)'과 '기다리다 (WARTEN)'의 합성으로 형성된다. GOTT는 자립형태소로서 한 정지시점에 의해 수화되고 (음절구조: BH), 2음절의 WARTEN은 한 번의 반복이동에 의해 수화된다 ($BH_{\sigma1}BH_{\sigma2}$). 합성어에서 음절 GOTT는 H-위치를 상실하고 WARTEN은 한 음절로 단축된다. 전체적으로 이제 한 음절의 합성어는 음절구조 BH를 갖는다. 합성어 구성성분의 동작행위는 자립형태소의 동작행위보다 더 간단하다.

동작행위 장소 규칙

수화공간에서 더 높은 자리를 차지하는 수화가 먼저 행해진다.

(12)

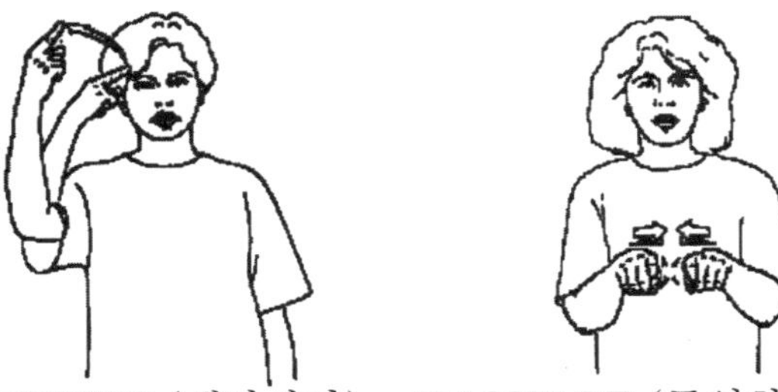

DENKEN (생각하다) DASSELBE (동일한 것)

"Kongruenz (일치)"는 자립형태소 DENKEN과 DASSELBE로 이루어진 합성어이다. DENKEN이 더 높이 위치해 있으므로 먼저 수화가 된다. 우리는 곧바로 다시 한 번 이러한 예로 돌아가 보자.

그렇다면 이것이 (11)에서는 어떠했는가?

양손 수화에서의 동화

한손 수화 (ein-Hand-Gebärde)가 양손 수화 (zwei-Hand-Gebärde)에 선행할 때, 비지배적인 손에 있는 첫 번째 형태소는 그 손에 있는 두 번째 형태소의 음운자질을 선취한다. 이것은 예를 들어 손의 형태, 동작을 행하는 장소, 손의 위치와 같은 서로 다른 자질일 수 있다.

이러한 규칙은 "일치"를 적용할 때에도 발견된다. 즉, DASSELBE는 비지배적인 손이 G자 모양의 손 형태를 갖는 양손 수화이다. 이 G자 모양의 손 형태는 이미 한손 수화인 DENKEN을 동작할 때 비지배적인 손에서 선취된다. 그 뿐만 아니라 지배적인 손의 손 위치의 변화도 첫 번째 성분인 DENKEN을 동작할 때 선취된다.

요약: 독일 수화언어의 합성어는 "융합"의 음운과정을 따른다. 그래서 합성어는 결과적으로 각각의 출발형태소보다 더 많은 음절로 구성되지 않는다. 합성어에 대한 이 구조적 모형은 독일 음성언어에 대한 구조적 모형이 아니다. 독일 수화언어에서 합성어라고 하는 것은 당연히 무조건적으로 독일 음성언어의 합성어일 필요가 없고 그 반대로도 마찬가지이다.

파생

우리는 독일 수화언어에서 각각의 수화의 위치로부터 그 수화가 명사인지 동사인지를 인식한다. 그 이유는 독일어에서 동사는 항상 문장의 끝에 오기 때문이다. 그 밖에, 비록 관련된 수화가 형식적으로 구분되지 않는다 하더라도 다른 분포적 기준 즉, 형용사 내지 부사와의 결합성도 도움이 된다.

(13) $\overline{\text{　　　　　　입 동작}}$

[FAHR]$_V$-ASP$_{lange}$

(lange fahren: 오랫동안 타고가다)

(14) $[FAHR]_N$ $[LANG]_A$
(lange Fahrt: 긴 운행)

형용사 “lang (긴)”이 별도로 수화가 되는 반면에 시간부사 “lange (오랫동안)”은 동사수화의 이동을 변화시킨다. 그러므로 파생과 이동은 밀접하게 관련되어 있다. 우리는 이것을 다음과 같은 파생에서도 보게 된다.

(15) a. KIND → KINDHEIT (N → N, 순차적으로)
b. FRAGEN → FRAGE (V → N, 순차적으로)
c. KÖNNEN → NICHT-KÖNNEN (V → NEG-V, 동시에)

한 정지-음절로만 이루어져 있는, 손바닥으로 수화가 되는 명사 KIND (아이)는 이동 동작이 아래에서 위로 행해지고 음절위치 H가 탈락됨으로써 KINDHEIT (어린 시절)로 파생된다.

이 외에 독일 수화언어에는 의미적으로 서로 관련된, 예를 들어 FRAGEN-FRAGE (질문하다-질문) 또는 SITZEN-STUHL (앉다-의자) DENKEN-GEDANKE (생각하다-생각) GEBEN-GABE (주다-선물) 같은 형식적으로 단지 최소로만 서로 구분되는 동사-명사 쌍이 존재한다. 이 명사들은 이동의 구성요소가 단축되고 분명한 정지가 삽입됨으로써 동사에서 파생된다.

이와 마찬가지로 KÖNNEN (할수있다) 또는 STIMMEN (옳다) 같은 동사들이 NICHT-KÖNNEN과 NICHT-STIMMEN로 부정될 때 이동은 변화된다. 이 두 2음절의 수화는 1음절로 되고 알파-형태의 이동에 의해 동작이 행해진다.

굴절

현재 가장 잘 연구된 체계는 동사의 굴절이다. 이것은 3개의 상이한 유형 즉, 인칭굴절과 공간굴절 (Personen- und Raumflexion), 상굴절 (Aspektflexion), 분류 (Klassifikation)로 표현된다.

(16a,b)에 있는 음성언어의 예를 (17a,b)에 있는 독일 수화언어의 문장과 비교해 보자.

(16) a. Ich gebe ihr/ihm.
b. Sie/Er gibt mir.

(17) a.

$_{\text{ICH}}\text{GEB}_{\text{IHR/IHM}}$

b.

$_{\text{SIE/ER}}\text{GEB}_{\text{MIR}}$

독일 수화언어에서 "내가 그에게 준다 (Ich gebe ihm)"의 의미는 다형태소의 수화 $_{ich}GEB_{ihm/ihr}$에 의해 표현된다. Ich (나)와 ihm/ihr (그에게/그녀에게)가 여기서 논항의 지위와 결합된 접사이다. GEBEN과 같은 일치동사 (Kongruenzverben)의 경우 주어 대명사와 목적어

대명사가 수화공간에서 동사수화의 시점과 종점에 의해, 그리고 시선방향에 의해 표현된다. 여러분은 이러한 가능성을 가진 음성언어를 이미 알고 있다. (18)의 스페인어 같은 주어탈락언어 (pro-drop-Sprachen)에서 주어 대명사는 탈락된다. 그 이유는 그것이 동사 굴절로 부터 추론될 수 있기 때문이다.

(18) como una manzana
ess-ich einen Apfel
(나는 사과 한 개를 먹는다)

우리가 이미 알고 있는 왈비리어는 동사가 주어와 목적어에 대해 굴절된다.

(19) Ngajulu-rlu ka- rna- ngku nyuntu-ø nya- nyi
Ich-NOM sein-1.Sg.NOM-2.Sg.AKK Dich-ABS sehen-Präs.
(내가 너를 본다)

그러므로 왈비리어에서 주어 대명사와 목적어 대명사는 마찬가지로 논항지위와 결합된 접사이다.
장소동사 (SITZEN:앉다)와 방향동사 (STELLEN:세우다)는 공간동사 (Raumverben)이다. 수화공간에서 이들의 위치에 의해 장소나 방향이 고정되고 이와 함께 공간관계가 확정되므로 전치사는 필요가 없다.

(20) a. 장소
STUHL$_a$ ICH SITZE-(AUF)$_a$
(Ich sitze auf dem Stuhl)
b. 방향
FRANKFURT$_a$ HAMBURG$_b$ HELEN $_a$FAHR$_b$
(Helen fährt von Frankfurt nach Hamburg)

(21)

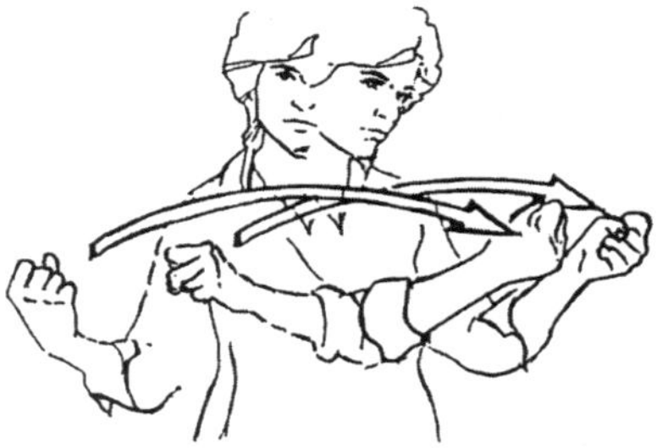

$_a$FAHR$_b$

상

수화에 의해 표현된 상표시 (Aspektmarkierungen)는 아주 내용이 풍부한데, 예를 들어 독일어나 영어의 음성언어보다 더 풍부하다. 동작 (Handlungen)은 지속적인, 변하지 않는, 습관적인, 끝없는, 되풀이하는, 시작하는, 결과가 나오는, 집중적인 등으로 명확하게 수화로 표시될 수 있다. 주의할 것은 이것과 관련하여 독립적인 수화를 추가하는 것이 중요한 것이 아니라 수화의 부분이 중요하다는 점이다.

(22)

GEBEN	GEBEN	GEBEN
[굴절되지 않는다]	[지속적인]	[빠뜨림없이]
(주다)	(계속해서 주다)	(모두에게 주다)

독일 수화언어에서 음운론과 형태론이 얼마나 긴밀하게 협력하는지가 지속적인 상의 굴절에서도 나타난다. 이러한 상의 동작행위는 해당 동사의 음절구조에 의존한다.

- 한 번의 정지를 갖는 한 음절로만 구성된 동사 (23a)와 한 번의 정지로 끝나는 동사 (23b)는 하나로 굳어져 있다. 즉, 이러한 정지가 시간 간격이 추가됨으로써 연장된다.

(23) a. BLUME BLÜH-ASP_{dur}
(Die Blume blüht lange)
b. KIND KLEIN SCHLAF-ASP_{dur}
(Das kleine Kind schläft lange)

- 한 번의 이동을 갖는 한 음절로만 구성된 동사는 수화가 더 느리게 진행된다.

(24) a. $JÖRG_{a}$ NEW YORK [FLIEG-$ASP_{dur}]_{a}$
(Jörg fliegt lange nach New York)

- 음절구조가 정지와 이동으로 구성된 동사는 수화가 쉬지 않고 반복적으로 행해진다. 하지만 동사 전체가 아니라 동사어간만 반복된다.

(25) a. DANIELA $SCHÜLER_{1}$ [FRAG-$ASP_{dur}]_{1}$
(Daniela fragt die Schüler lange aus)

수화는 손으로 하지 않고 즉, 표정으로도 수식될 수 있다. 동사수화에 의해 표현된 행위의 느낌이나 기분이 여러 종류의 표정 표현에 의해 표시된다. 독일어의 음성언어에서는 이것이 부사적 수식어에 의해 자주 표현된다.

(26) mühsam
STUDENT GEBÄRDENSPRACHE LERN-$ASP_{intensiv}$
(Der Student lernt die Gebärdensprache mit Mühe)

분류

음성언어의 형태론에서처럼 수화언어에서도 굳어진 생산적 형태가 존재한다. 생산적 단어형태는 의존형태소 즉, 분류소 (Klassifikatoren)의 도움으로 형성된다. 분류소는 태국어, 스와힐리어, 에스키모어 등의 많은 음성언어에서도 나타난다. 잘 알려져 있는 한 예는 나바호족의 언어에서 유래한다.

(27) a. beeso si-§á
(Dort liegt eine Geld-rund, d.h. eine Münze)
저기 둥근 돈 즉, 동전이 하나 있다.
b. beesi si-ltsooz
(Dort liegt Geld-flach, d.h. ein Geldschein)
저기 납작한 돈 즉, 지폐가 한 장 있다.
c. beeso si-nil
(Dort liegt ein Haufen/eine Menge Geld)
저기 많은 돈이 있다.

미국 수화언어 (Amerikanische Gebärdensprache; American Sign Language: ASL)는 이것을 다음과 같이 표현한다.

(28) a. MONEY FLAT-ROUND-SHAPE (F자 모양이 손)
BE-LOCATED (접촉이동)
b. MONEY FLAT-WIDE-SHAPE (B자모양의 손)
BE-LOCATED (접촉이동)
c. MONEY DOME-WIDE-SHAPE (다섯 손가락모양의 손)
BE-LOCATED (접촉이동)

수화언어에서는 본질적으로 세 종류의 분류소가 다음과 같이 구분된다.

SASS-분류소: 이 분류소는 대상의 크기와 모양을 기술하고 명사와 함께 자립형태소로서도 나타난다. (28)에 있는 형태는 이것에 대한 예이다.
의미적 분류소 (문법적 주어와 관련됨): 동사수화는 설명된 대상의 소속에 따라 특정한 부류로 변한다. 사람들이 독일어의 음성언어에서 “Ein Mensch läuft über die Wiese (한 사람이 초원에서 달린다)”와 “Eine Katze läuft über die Wiese (고양이 한 마리가 초원에서 달린다)”라고 말하는 반면에, 독일 수화언어에서는 이것에 대해 두 개의 상이한 동사수화가 사용된다. 따라서 동물은 사람과 다르게 달린다. 즉, 사람은 펼쳐진 V자 모양의 손으로 달리는 반면에 동물은 구부러진 V자 모양의 손으로 달린다. 자동차도 사람과 다른 수화언어로 달린다.
어떤 의미부류가 형성되는가는 모든 언어에서 동일하지는 않다. 예를 들어 독일 수화언어에는 바퀴가 달린 차량에 대한 분류소의 손형태가 있다.

(29)

차량에 대한 분류소 손 형태 (DGS)

이와는 달리 미국 수화언어에서 차량에 대한 분류소는 다음과 같은 모습을 갖는다.

(30)

차량에 대한 분류소 손 형태 (ASL)

취급분류소 (Handhabungsklassifikatoren) (목적어의 속성과 관련됨): 수화에 의해 표현된 목적어의 속성에 따라 동사수화가 변한다. 만일 Jörg이 Helen에게 꽃을 준다면 그는 F자 모양의 손 형태로 GEBEN을 실현시켜야 한다. 만일 그가 그녀에게 책을 한 권 준다면 그는 이것을 평평한 C자 모양의 손 형태로 실현시켜야 한다.

7.1.3. 통사론

"우리가 모든 기술적인 세부사항은 한쪽으로 남겨두었다 하더라도" 틀림없이 한 가지는 분명해졌다. 복잡한 수화를 형성하기 위한 형태적 가능성은 이들의 형식적인 차이에 있어서 음성언어의 가능성에 뒤지지 않는다. 이것이 문장을 위한 어휘들의 결합에 대해서도 적용될까? 이제 여러분에게 이미 친숙한 음성언어의 통사론에서 나온 몇 가지 특성을 관찰해 보자.

구성성분의 어순

우리는 4.2장에서 구성성분의 어순이 자유롭다는 것은 특히 격 정보에 대한 형태적 가시성의 정도에 의존한다고 보았다. 한 가지 유사한 관계를 우리는 미국 수화언어에서 확인할 수 있다. 동사는 굴절되거나 어휘적 기본형으로 나타날 수 있다. 첫 번째 경우에서 그에 상응하는 구성성분의 순서는 상당히 자유롭고, 두 번째 경우에서 SVO가 적용된다. 우리는 영어의 음성언어가 단지 두 번째 선택만을 실행하는 반면에, 미국 수화언어는 두 개의 보편적인 선택에 관여한다고 말할 수 있을 것이다.

독일 수화언어에서 동사는 주문장이나 부문장, 평서문, 명령문이나 의문문인지에 의존하지 않고 일반적으로 문장의 끝에 온다. 평서문으로 시작해 보자.

(31) JÖRG BUCH KAUF
(Jörg kauft ein Buch)

이것은 간단했다. 수화언어의 통사론은 더욱이 손과 신체 (Körper) 및 표정 연기 (Mimik)를 이용한다. (31)에 의존한 결정의문문은 (32)처럼 수화된다.

(32) ________________ j/n
JÖRG BUCH KAUF
(Kauft Jörg ein Buch?)

특정한 표정 연기 (즉, 예/아니오에 대해 눈썹을 치켜올림)에 근거해서만 이 문장이 결정의문문으로 인식될 수 있다. 이러한 표정 연기는 수화연속체 위에 줄을 표시함으로써 전체 문장으로 확대된다. 이러한 표시를 사람들은 통사적인 '손으로 하지 않는 구성요소 (Nicht-Manuelle Komponenten)'라고 한다. 이것은 많은 수화언어에서 매우 생산적으로 삽입된다. 결정의문문과 달리 w로 표시되는 (33)의 의문사의문문은 찡그린 눈썹에 의해 표현된다.

(33) ______________ w
WAS JÖRG KAUF

(Was kauft Jörg?)

어떤 구성성분이 부각되어야 한다면 그것은 문두위치에 주제화된 구로 나타나며 마찬가지로 표정 연기에 의해 "top"이 표시된다.

(34) ____________________top
DIESEN$_1$ HUND$_1$, HELEN LIEB
(Diesen Hund liebt Helen)

보충어문장 ("dass-문장")

의존하는 문장은 어떻게 수화되는가? 음성언어처럼 독일 수화언어는 dass-문장처럼 하위범주화 되거나 아니면 부가어 (Adjunkte)인 다양한 의존문장을 알고 있다.

평서문의 보충어문장은 독일 수화언어에서 주문장과 부문장 사이에 짧은 휴지에 의해 수화된다 (콜론에 의해 표시된다).

(35) ICH GLAUBE: PETER STEHL
(Ich glaube, dass Peter stiehlt)

독일 수화언어의 특성은 관점교체 (Perspektivwechsel)인데, 여기서 수화언어를 행하는 사람이 보고되는 사람의 역할을 받아들인다. 관점교체는 변화된 자세에 의해 표현된다 (형식적으로 pw에 의해 표시된다). 몸을 가볍게 돌려서 Peter의 입장을 수용한다.

(36) PETER(i) SAGEN
<____pw>
PRON$_{ich(i)}$ MÜDE: PRON$_{ich(i)}$ MÖCHTEN NACH-HAUSE GEHEN
(Peter sagt: Ich bin müde. Ich möchte nach Hause gehen)

조건문장

조건문장은 복잡한 표정연기로 표시된다.

	kond	kn
(37)	MORGEN REGNEN,	$\text{PRON}_{(ich)}$ SCHIRM MITNEHMEN
	(Wenn es morgen regnet, dann nehme ich einen Schirm mit)	

"wenn-문장"은 눈썹을 치켜올림으로 표시된다 ("kond"). "dann-문장"에서는 목적어-명사구에서 동사구를 지나 확장되는 고개를 끄덕임 (Kopfnicken: "kn")이 시작된다. "wenn"과 "dann"에 대해서 손으로 하는 표시는 나타나지 않는다.

관계문장

독일 수화언어에는 두 개의 관계대명사가 있는데, 하나는 생물에 대한 것이고 다른 하나는 무생물에 대한 것이다 (서로 다르게 굽히는 G자 모양의 손 형태).

	belebt	unbelebt
(38)	Der Hund, der	Das Buch, das
	HUND, $\text{REL-PRO}_{[+belebt]}$	BUCH, $\text{REL-PRO}_{[-belebt]}$

음성언어에서처럼 관계문장은 해당되는 명사를 상술한다. 그러나 음성언어에서 관계문장을 사용하여 기술하는 것으로서의 수화연속체는 아마도 여러분이 기대하게 될 것과는 다른 모습을 띤다. "Der Hund hat eine Wurst vertilgt, die er vom Tisch gestohlen hat (그 개는 식탁에서 훔친 소시지 한 개를 다 먹었다)"라는 관계문장은 독일 수화언어에서 상-토대 구조 (Figur-Grund-Konstruktion)에 일치한다.

(39) TISCH WURST HUND KLAU, FRESS

여러분은 여기서 하위의 관계문장의 동사가 먼저 처리된 동사의 배열상태도 인식한다.

미국 수화언어도 주문장과 부문장 간에 차이를 보인다. (40)에서 특정한 공간표시가 관계문장을 갖는 복잡한 복문을 실현시킨다.

(40) ______cs ______r
RECENTLY DOG CHASE CAT COME HOME
(Der Hund, der eine Katze gejagt hat, kam gerade heim)

cs는 '공간적/시간적 가까움'의 의미를 가진 부사이다. r은 여기서 머리를 뒤로 넘기고 눈썹을 치켜 올리고 뺨 근육과 윗입술근육을 살짝 올려서 관계문의 형성을 나타낸다. "Der Hund jagte die Katze und kam nach Hause (그 개가 그 고양이를 사냥하고 집으로 왔다)"라는 문장의 단순한 배열은 r없이 실행된다.

이러한 예를 통해서 동시에 여러분은 수화언어를 위해 발전된 표기체계에 대한 깊은 인상을 받는다. 음성기호가 많은 음향적/조음상의 특성을 설명하는 국제음성기호 (IPA)와 아주 유사하게, 이러한 표기기호는 많은 시각적 특성을 설명한다.

시제

다음 그림을 한번 살펴보자.

(41) a. 일반적인 시간부사어

b. 단기 시간부사어

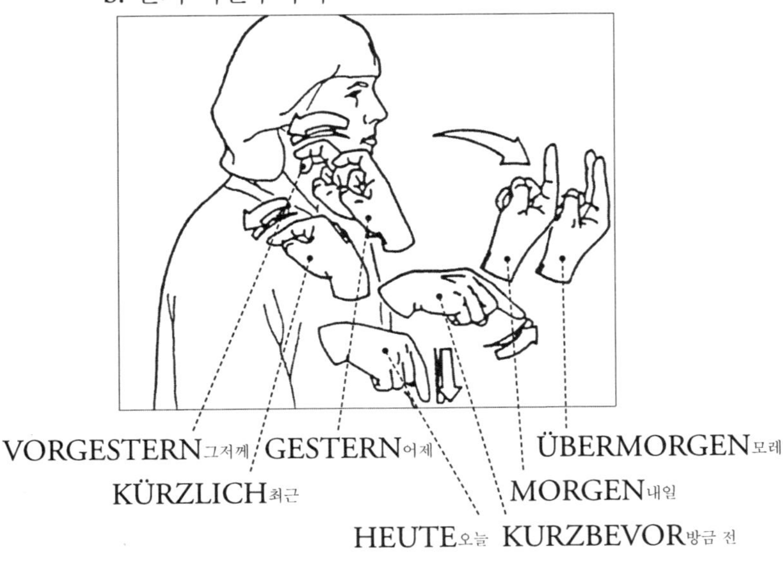

시제정보는 지금까지 가장 잘 연구된 수화언어에서 종종 발화의 앞에 언급되는 부사어 (Adverbiale)에 의해 표현된다. (41)의 두 도표는 이러한 체계가 독일 수화언어에 대해 아주 세분화되어 있다는 것을 인상적으로 보여준다. 물론 삽화에서 진술된 시각표는 많은 수화언어에 대해서만 적용된다. 예를 들어 인디언의 수화언어에서 지나간 것은 몸 앞에서 수화되지만 미래의 것은 어깨 뒤에서 수화된다. 시각표는 신중하게 고려된 선이다. 이것은 심리적으로 실재하지 않고, 시간은 시간모형과의 관계에서 산정된다. 우리가 음성언어에서도 그렇게 생각하듯이 3차원적인 장소모형은 시간모형의 기초가 된다. 그러므로 시간에 대한 수화언어의 표현은 그것에 대한 음성언어의 표현과 전혀 다르지 않다. 독일 수화언어에서도 시간은 공간에 대한 은유적 확대이다. 한 사물과 그것의 공간적 보관용기 사이에 “in”을 관련시키는 것은 은유적으로 사물과 그것의 시간적 보관용기로 확대된다. 즉, in_{Ort} (병 = 용기) → in_{Zeit} (3분 = 용기)로 확대된다.

독일어의 음성언어에서 문법적인 시제-자질은 통사적으로 I에 의해 관할되고 동사에서 실현된다. LF에서 I는 양화사와 아주 유사하게 전체 문장에 대해 작용역 (Skopus)을 갖는 운용소이다.

(42) a. $[\text{Präteritum}]_{Ij}$ Ferdi Whisky trink- t_j
b. $[\text{Präsens}]_{Ij}$ Ferdi Whisky trink- t_j

독일 수화언어는 단지 시제가 굴절의 의미에서 문법화되어 있는 것이 아니라는 점에서만 독일어의 음성언어와 구분된다. 시간부사는 본능적으로 전체적인 진술과 관련되는 사건시 (Ereigniszeit)만을 참조하도록 지시한다. 독일 수화언어에서는 시간부사가 LF-근처의 S-구조에서 운용소위치에 처음으로 나타난다.

우리는 또한 언급된 것과 마찬가지로 수화언어가 복잡성과 구조성에 있어서 음성언어와 전적으로 동등하다는 것을 아주 분명히 보여주는 수화언어의 많은 특성을 제시할 수 있을 것이다. 우리는 이제 언어적 기호가 순서에 따라 음향적으로 나타날 뿐만 아니라 공간적 시각적으로도 나타난다는 생각에 훨씬 더 익숙해져야 한다. 이것이 문자와 수화를 구분한다. 그 이유는 문자는 시각적인 체계이긴 하지만 음성언어와 마찬가지로 순차적이다. 이것은 우리를 틀림없이 다음과 같은 두 번째 질문에 이르게 한다.

7.2. 수화언어는 어떻게 습득되는가?

인간의 언어는 자연스럽게 습득된다. 그리고 언어의 기본구조는 인간의 생물학적 장치에 속한다. 그래서 우리가 독일어 부문장을 수련하는데 선생님을 필요로 하지 않듯이 개별언어의 문법은 가르침 없이 발달된다. 문자는 일반적으로 학교에서 학생과 선생님의 노력에 의해 비로소 습득된다. 그렇다면 수화언어는 어떻게 습득될까?

수화언어와 영어의 음성언어에서 부정어의 습득을 한번 비교해 보자. NEIN과 NICHT는 수화언어에서 머리를 가로저음으로써 자주 사용되고 실현되는 표현이고, 발화에서는 부정되는 것에 따라서 상이한 구성성분 근처에 나타날 수 있다. 미국 수화언어를 습득하는 아이들은 우선 모든 종류의 부정어를 발화의 처음에 '머리 가로저음'으로 시작한다. 이것은 다음 예에서 설명된다.

(43) a. Hugo kommt nicht
b. Nicht Hugo kommt (sondern Archibald)

(43a)에서 전체문장의 내용이 부정되고 (43b)에서 누군가가 오는데 단지 Hugo만 오지 않는다는 것을 말한다. 이 두 의미는 미국 수화언어를 습득하는 아이들에 의해 (43b)의 수화 변이형을 통해 표현된다. 아이들이 이것을 그들의 부모로부터 흉내냈을 수 없고, 그들의 부모가 아이들에게 가르쳐주어 지식의 진행단계에 일치하여 음성언어를

학습하는 아이들이 이것을 하는 경우와 같다는 것은 분명하다.

(44) 진행 단계 1: no the sun shining (Neg + S)
진행 단계 2: he no bite you (NP + Neg + VP)
진행 단계 3: I not hurt him; I didn't caught it
(Neg = not/don't)

음운론의 습득

몇몇 손 형태 즉, A-, S-, L-, C-, G-, SCH-, O-자 모양의 손 형태는 다른 것보다 더 일찍 습득된다. 이러한 손 형태는 가장 덜 복잡하거나 무표지의 손 형태이다. 즉, 이들은 음성학적으로 간단하다. 이러한 손 형태는 손 전체나 집게손가락 그리고 엄지손가락과 관련된다. 음성언어의 연구가 비교할 수 있는 관찰을 할 수 있게 해준다. 이러한 언어에서도 무표지의 음소가 첫 번째로 습득된다.

어휘부의 습득

들을 수 있는 아이들의 습득연구는 복잡한 의미역구조를 갖는 동사가 간단한 의미역구조를 갖는 동사보다 나중에 습득된다는 것을 보여 주었다. 예를 들어 동사 give는 3개의 의미역 (행위자, 주제, 목적)과 결합되어 있는 동사이다. give의 습득과 마찬가지로 GIVE의 습득은 동사의 의미역 및 형태 통사적 복잡성의 습득 즉, 다양한 종류의 굴절을 가정한다. 우리는 독일 수화언어에서 GEBEN이 일치동사에 속한다는 것을 이미 보았다. 이것은 (부정어를 포함하여) TELL도 일치동사인 미국 수화언어의 GIVE와 마찬가지로 주어와 (간접)목적어에 대해서 굴절한다. 여러분이 (17)에서 보듯이, 미국 수화언어와 독일 수화언어에서 GEBEN은 실질적인 유사성(Ikonizität)을 갖는 수화이다. 그럼에도 불구하고 이것은 단순히 다른 동사의 의미역구조보다 더 많이 산정해야 하는 보다 복잡한 의미역구조와 결합되어 있기 때문에 비교적 늦게 습득된다. 그러므로 중요한 요인은 유사성이 아니라 문법적 복잡성이다. 여러분은 아마도 수화언어를 습득하는 아이들이 지시, 모방 그리고 오류 정정에 의존하고 있다고 이의를 제기할 것이다. 이것은 분명 자연스럽게 소위 어휘부 습득에 대해 적용된다. 들을 수 있는 아이가 child, enfant, bambino의 음성형태가 "아이 (Kind)"라는 개념과 결합되어 있다고 학습해야 하듯이 이것은 당연히 들을 수 없는 아이들에게도 적용된다. 하지만 이러한 이의가 우리의 논증만을 지지한다는 즉, 수화언어에서 개념과 형태 사이의 관계는 음성언어에서와 마찬가지로 자의적이라는 사실이 여러분의 관심을 끈다.

대명사 습득

비유적인 것 (Bildhaftigkeit)이 적어도 수화언어의 많은 영역에서 습득을 쉽게 할 수는 없을까? 이 질문을 해결하기 위한 가장 흥미 있는 경우 중의 하나를 인칭대명사의 습득이 설명한다. 음성언어의 인칭대명사 습득의 연구로부터 아이들이 음성형태를 사용하기 전에 제스처의 도움으로 대상과 인칭이 보고된다 즉, 맨 먼저 (12와 18개월 사이에) ich가 습득된다는 것이 잘 알려져 있다. 그 후 22개월부터 du가 습득되는데, 이러한 습득은 대략 30개월에 완료된다. 첫 단계에서는 인칭대명사 대신에 고유명사와 보통명사 (Mädchen)도 삽입된다. 그리고 만일 du가 어휘부로 수용되면 그것은 ich와 du의 혼동으로 나타난다.

모국어로 미국 수화언어를 습득하는 청각장애의 아이들은 맨 먼저 지시제스처 (Hinweisgesten)도 이용한다. 그러나 이 제스처는 인칭대명사와 동일한 형태 (펼쳐진 집게손가락, G자 모양의 손 형태)를 갖는다. 이러한 형태의 동일성은 대명사의 습득을 쉽게 해야 할 것이라고 사람들은 추측할 수 있을 것이다. 그러나 실제로 청각장애의 아이들은 수화언어의 대명사를 습득할 때 들을 수 있는 아이들이 음성언어의 대명사를 습득할 때와 동일한 진행 단계를 겪는다. 아이들은 대체로 8개월까지 지시제스처를 이용하지 못한다. 사람이나 대상과의 접촉은 움켜쥠과 촉감을 통해 이루어진다. 하지만 10-12 개월에 지시제스처가 적절한 시선방향과 결합하여 폭발적으로 증가한다. 2단계 (12에서 18개월까지)에서 사람을 지시하는 이러한 지시제스처는 사라진다. 그 대신에 고유명사 같은 보통명사가 사용된다. FATHER는 항상 자신의 아버지에게만 관련되고 GIRL은 항상 수화하는 청각장애 아이와 관련된다. 3단계 (21에서 23개월까지)에서 ME와 YOU가 어휘부로 수용된다. 하지만 음성언어를 습득하는 아이들의 경우처럼 청각장애의 아이들에게 사용하는데 있어서 많은 오류, 특히 뒤바뀜 오류 (Umkehrungsfehler)가 나타난다. 즉, YOU가 자지자신을 언급하는데 사용되고 ME는 이해는 되지만 옳지 않게 산출된다. 마지막 4단계 (25에서 27개월까지)에서 청각장애의 아이들은 미국 수화언어의 대명사체계를 옳게 사용할 수 있다. 이러한 습득의 어려움에 대해서도, 비유적인 것이 언어정보를 습득할 때, 여기서는 대명사를 습득할 때 아무런 도움이 되지 않는다는 것을 사람들은 분명히 인식할 수 있다. 여기서는 특히 2단계가 인상깊다. 청각장애 아이는 G자 모양의 손이 언어기능을 한다는 것을 인식했다. 지시제스처가 사라진 것은 대명사 습득의 시작이다. 일반적인 인지능력 (지시의 생산)과 언어지식으로부터, 연속적인 연결은 존재하지 않고 보편문법의 이론으로부터 기대하듯이 불연속성 (Diskontinuität)이 존재한다.

통사적 표정 연기 (Mimik)의 습득

한 언어의 기능범주가 언어를 습득하는 아이들을 위한 특별한 도전을 보여준다. 앞에서 우리는 수화언어에서 표정 연기가 통사적 기능을 갖는다는 것을 보았다. 문장이 평서문인지 의문문인지, 수화연속체가 주제화인지 조건문인지를 표정 연기가 확정한다. 이러한 구조는 청각장애의 아이들에 의해 어떻게 습득되는가?

모국어로서 미국 수화언어를 습득하는 청각장애의 아이들은 이미 1.3세에 의문문을 표시하는 표정 연기 (치켜 올린 눈썹)를 사용한다. 주제화된 구성성분도 치켜 올린 눈썹에 의해 표현되는데, 이 주제화는 다음과 같이 맨 처음에 표정 연기로 표시하지 않는다.

(45) BANANA MOTHER EAT
(Die Banane isst die Mutter)

3.0세에 비로소 처음으로 표정 연기로 표시된 주제화가 나타난다.

(46) ___top___
WOLF, BLOW BLOW COLLAPSE
(Dieser Wolf, (er) blies und blies, (bis das Haus) zusammenfiel)

의문사의문문에 대한 표정 연기의 표시도 결정의문문에 대한 그것에 따라 습득된다. 1.6세의 아이들은 맨 먼저 의문사의문문을 그에 상응하는, 손으로 하는 의문문의 수화로 산출한다.

(47) WHERE DOLL
(Wo (ist) die Puppe?)

아이들은 3.6세에 비로소 의문사의문문에 대한 표정 연기도 사용한다. 이와는 달리 조건문의 첫 번째 형태는 이미 3.3세에 형성되었다.

(48) ______________________kond
성인: SUPPOSE MILK SPILL, MOTHER ANGRY
아이: MOTHER ANGRY / (PAUSE) MOTHER ANGRY IF MILK SPILL

미국 수화언어에는 조건문에 대해 손으로 하는 형태 IF도 이용될 수 있다. 같은 목적으로 그에 일치하는 표정 연기도 나타나야 한다. 하지만 맨 처음 아이의 조건문에는 이것이 아직 나타나지 않는다. IF가 수화된다는 것은 언어를 습득하는 아이가 “wenn-dann 구조”를 이해했다는 것을 증명한다. 그러므로 (48)과 같은 형태는 임시구조이다. 이러한 시간적 비대칭은 습득전략에 의해 설명될 수 있다. 즉, 두 개의 상이한 의미가 한 형태와 일치할 때, 아이는 두 의미를 서로 구분하기 위해 우선 변별적인 언어수단을 찾는다. 결정의문문이 이와 동일한 수화어순을 갖기 때문에 손으로 하지 않는 통사적인 표시는 평서문과 의문문을 구분하는 유일한 가능성이다. 다른 한편으로 의문사의문문은 의문사-수화에 의해 유도되고 평서문과 손으로 하여 구분된다. 주제화는 변화된 수화어순을 통해 특징지어져 있고, 따라서 규범적인 어순과 손으로 구분된다. 마찬가지로 조건문은 IF의 도입을 통해 표시될 수 있고, 이것은 다시 손으로 하는 구성요소를 통해 표시될 수 있다.

전체적으로 “한 형태 - 한 가지 의미”가 적용된다. 손의 형태가 동일할 때 표정 연기의 형식적 수단이 이용되고, 손의 형태가 다를 때 맨 먼저 손으로 하지 않는 추가적인 구성요소는 포기된다.

7.3. 수화언어는 어떻게 사용되는가?

수화언어는 하나의 구조를 가지고 있고 음성언어처럼 습득된다. 그러므로 우리는 수화언어의 사용도 음성언어와 비교할 수 있는 특성을 보인다고 기대하고, 이것을 수화오류 분석에 의거하여 논의하려고 한다. 음성언어의 발화오류 분석에 기초하여 수화오류에 대해 다음과 같이 예측될 수 있다.

1. 어휘적 요소 외에 자질들도 파악되어야 할 것이다. 만일 이것이 맞는다면 이것은 수화가 구조화된 단위라는 가정에 대한 하나의 증거가 된다.

2. 오류계획은 각 수화언어의 가능한 수화가 되도록 해야 한다.

다음에서 우리는 수화오류를 제시하고 이것을 발화오류와 비교할 것이다. 존재하는 많은 음성언어의 발화오류 자료집과 비교해볼 때, 우리가 이것과 유사하게 수화오류 (Vergebärdler)로 간주하려고 하는 수화언어의 오류행위에 대한 자료집은 현재 이제 겨우 소량이고 규모가 작다. 비교적 더 오래된 미국 수화언어의 자료는 131개의 수화오류를 포함한다. 현재 세계적으로 가장 규모가 큰 자료집인 프랑크푸르트 자료집 (Frankfurter Corpus)은 족히 500개의 수화오류와 오류 정정을 포함하고 있다.

음운 선취

소리를 선취할 때 음소 또는 음운자질 즉, 자음/손 형태 (49/50) 아니면 모음/이동 (51/52) 이 너무 일찍 실현된다.

(49) Belamtenbeleidigung ← Beamtenbeleidigung

(50)

Fehler (오류) SEINE (그의) ELTERN (부모)

ELTERN에 대한 Y자 모양의 손 형태는 소유대명사 SEINE에서 선취되고, SEINE에 대한 손 위치, 이동, 동작실행 위치 및 음절구조 (이동-정지)는 (50)에서 유지된다. 수화오류 자체는 음운론적으로 가능한 수화이지만 어휘화되어 있지는 않다. 손에 의해 실행될 수 있는 많은 이동이나 모상 (Abbilder)이 생각될 수 있기 때문에 사람들은 이것에 대해서 순수하게 운동성에 근거하여 또는 유사기호에 근거하여 설명할 수 없다. 마찬가지로 이것은 수화체계가 오류행위도 제한할 정도로 강한 관습체계라는 것을 대변한다.

(51) Messstände ← Missstände

(52)

Fehler (오류) BUCH (책) REZEPT (요리법)

BUCH에 대한 이동 즉 "펼침"은 차용합성어 REZEPTBUCH(요리책)를 상술할 때 선취되어 옳은 이동을 대체한다.

반복

(53)의 발화오류에서 자음 "t"는 Cosmopolitan으로부터 아직 활성화 되어 있으므로 "k"를 대체한다.

(53) Ich hab' mir jetzt den Cosmopolitan getauft ← gekauft

(54)의 수화오류도 다음과 같이 반복을 포함한다.

(54) $\overline{\hspace{8cm}}^{\,w}$

(Die Frau)$_1$ LOCH WO pro$_1$ *SUCHT*?

LOCH (구멍) WO (어디에) Fehler (오류) SUCHT (찾다)

LOCH에 대한 손 위치는 동사 SUCHEN에서 반복되고, 동사의 손 형태, 이동, 동작실행 장소는 유지된다. 수화의 동작실행 장소도 반복될 수 있다.

교체

교체는 문장에서 다음 요소 (음, 형태소, 단어)를 파악한다.

(55) a. nun liebe Lina, schlammere sunft ← schlummere sanft
b. ich hätte gerne einen herrenlosen Ärmelpullover ← ärmellosen Herrenpullover
c. er hat 'ne Frau als Holländerin ← 'ne Holländerin als Frau

다음 오류행위가 음운적 수화오류를 설명한다.

(56) 5 UHR MANN *COMPUTER* ZUSAMMENKEHRT ← LAUB

LAUB (낙엽)의 수화는 SCH자 모양의 손을 위에서 아래로 그리고 그 다음에 손가락을 흔드는 단 한 번의 이동을 포함하는 한 음절로 이루어져 있다. COMPUTER는 첫 번째 음절은 2차 이동 없이 위에서 아래로의 한 번의 이동을 포함하는 2음절의 수화이다. 두 번째 음절은 SCH자 모양의 손을 한번 정지하고 손가락을 흔드는 것을 포함한다. 단지 그렇지 않으면 그 형태가 음운론적으로 허용되지 않을 것이기 때문에 수화오류는 추가적인 한 음절을 생성시킨다. 즉, 해당 음절에서 이동 동작이 실행되지 않을 때에만 정지 위에 있는 2차 이동이 실현될 수 있다.

수화오류 (57)은 단어교체이다.

(57) UMZIEHEN+++, JETZT *AUFSTELLEN* CL+++, *AUSPACKEN*+++ ← AUSPACKEN, AUFSTELLEN
((Sie) ziehen um, jetzt stellen (sie) die Sachen auf und packen die Sachen aus ← packen sie aus und stellen (sie) auf)

의미적 대체

유형 (58)의 발화오류에서처럼 (59)의 수화오류에서도 어휘적 (의미적) 관계가 이용된다.

(58) Das ist der Hund von Sabine ← die Katze

(59)

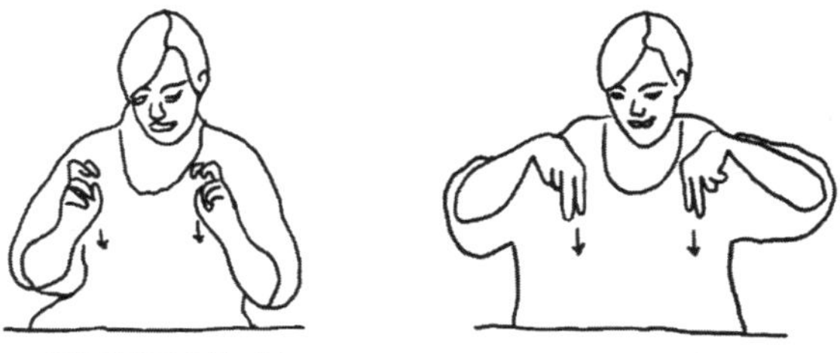

SITZT (앉다) (오류) STEHT (서다)

혼성

의미적 관계는 단어 혼성 (60/62)과 (61)과 같은 구 혼성에서도 관여한다. 즉, 의미가 같아서 동일하게 활성화되는 두 어휘항목의 타협이 이루어져서 실수로 그들 중 하나가 통제되지는 않는다.

(60) Zuchthauszitronen ← Zuchtzitronen/Gewächshauszitronen

(61) Damit wir noch ein paar ungelegte Leichen im Keller haben ← ungelegte Eier/Leichen im Keller

(62) HOCHRAT//HEIRATSPAAR

HOCHRAT

경쟁하는 두 항목 HOCHZEIT (결혼식)와 HEIRAT (결혼)는 하나의 수화로 융합된다. HOCHZEIT는 Y자 모양의 손 (지배적인 손)과 손바닥 (비지배적인 손)에 의해 수화된다. HEIRAT에서 지배적인 손은 상징적으로 반지모양을 비지배적인 손의 네 번째 손가락에 꽂는다. HOCHRAT는 HEIRAT (지배적인 Y자 모양의 손)의 부분에 의해 상징적인 이동이 HOCHZEIT의 비지배적인 손으로 실행됨으로써 생겨난다.

흥미로운 것은 실제로 잔류오류가 나타나지 않는다는 점이다. 이것은 아마도 독일 수화언어의 형태론과 관련이 있다. 독일 수화언어에서는 독일어의 음성언어처럼 의존형태소가 종종 쉽게 분리될 수 없다. 그 이유는 의존형태소가 동시에 어휘적 토대를 위한 수화에 의해 실행되기 때문이다. 몇몇의 드문 경우가 다음과 같이 어휘적 표정 연기와 관련된다.

(63) nachdenken nachdenken
ZWEITER NICHT-DA: (er)*SUCH* // ÜBERLEG: WO ZWEITER SCHUH
(Der zweite (Schuh) ist nicht da. Der Junge sucht, überlegt: Wo ist der zweite Schuh?)

계획된 동사 ÜBERLEGEN (숙고하다)은 SUCHEN에 의해 대체되는데, 여기서 ÜBERLEGEN의 어휘적 표정 연기는 이미 대체된 수화에서 실현된다.

이러한 발화의 신호 방법은 음성언어 계획의 신호 방법 즉, 어휘소에 대한 그 기본형의 의미와 문법적 형식화의 신호 방법과 완전히 비교될 수 있다 (5장 언어산출 모형 (90) 참고).

오류 정정

오류 정정은 음성언어의 오류행위에 대해 보았던 것처럼 언어처리의 아주 효율적인 기능 방법이다. 우리는 5장에서 음성언어 오류의 약 50%가 정정된다는 것을 보았다. 이와 같은 관계는 수화오류에 대해서도 적용된다. 오류 정정은 때때로 처리체계가 시간을 버는 "의미 없는"-표현에 의해 유도된다. 독일 수화언어에서 이러한 표현은 얼굴 표정과 같은 말로 되지 않은 표현과 ENTSCHULDING, NOCHMAL과 같은 말로 된 표현으로도 나타난다. 우리는 대부분의 발화오류가 잘못된 단어 뒤에서 중단되어 새로운 출발이 시작되는 것도 보았다. 이것이 (62)에서도 그랬다. 하지만 가끔 음성언어에서 가능한 음절 뒤에서 내지 음절의 한가운데에서 또는 음절두음 뒤에서도 오류가 정정된다 (5장의 (99), (100)을 참고).

(64) Die Brie, äh, Quä, äh, die Bremsen quietschen

(65) der Tee schn, der Schnee taut

음절 한가운데에서의 수화언어의 오류 정정을 우리는 (66)에서 보게 된다.

(66)

V(ATER) (아버지) *TO(CHTER)* (딸) BUB (아들)

수화오류는 기본형-어휘부에서 선택을 잘못하여 발생한다. 그러므로 수화오류는 의미적 대체이고 (58)과 같은 발화오류와 비교될 수 있다. 오류 정정의 방법을 관찰해보면 수화오류는 (67)과 같은 그러한 단계적 접근과 같다.

(67) Das Brett, äh, das Tablett, äh, das Blech ist sowieso voll

"의미 없는"-표현에 의해 중단되지 않은 오류 정정의 방법은 다음의 경우와 유사하다.

(68) Sie haben sich an der Ente unschädlich getan, gemacht, gehalten

훨씬 더 일찍 시작하는 새로운 출발이 다음의 오류 정정에서 관찰될 수 있다.

(69) Y자 모양의 손 형태//VATER MUTTER

단지 Y자 모양의 손 형태만이 음절두음 앞 즉, 정지 앞에서 의도된 수화 ELTERN에 의해 실현된다. 이러한 오류 정정에서 우리는 내면적인 언어의 오류 정정이 음성언어의 오류행위에서 특별한 측정기를 투입하여 겨우 가까스로 가능하다는 것을 관찰할 수 있다.

음절은 다른 오류 정정에서도 관여한다.

(70) $\text{METALL}_{\text{1.Silbe}}$//$\text{GLAS}_{\text{2.Silbe}}\text{CL}_{\text{rechteckig}}$
(Glasscheibe)

METALL과 GLAS는 독일 수화언어에서 두 개의 동일한 음절로 구성된 2음절의 수화이다. 오류 정정은 METALL의 첫 번째 음절 뒤에서 이루어진다. 또 하나의 음절만이 GLAS에 의해 수화된다. 이렇게 함으로써 프로세서에 의해 사용된 시간범위가 유지될 수 있으므로 완전한 발화 (오류 + 오류 정정)가 의도된 오류 없는 2음절 수화 GLAS의 발화와 아주 똑같이 오래 걸린다. 이러한 반복은 독일어의 음성언어에도 있다. 여기에 일치하는 구조화된 발화오류가 대략 다음과 같을 수 있을 것이다.

(71) gaplem ← gaga/plemplem
(두 단어 모두 verrückt와 동일한 의미임)

음성언어의 자료집과 비교하여 물론 현재 이용되는 수화오류의 자료집 규모는 상당히 작다. 그러나 이것은 원칙적인 결함이 아니라 특히 수화언어의 연구가 아직 상당히 미숙한 상태라는 것과 관련되어 있다.

요약하면 다음과 같다. 수화언어는 모든 문법적 구성요소 (음운론, 형태론, 통사론)에서 음성언어와 비교할 수 있는 형식적인 특성을 보인다. 수화언어는 음성언어처럼 습득되고 사용된다. 신경이 손상되었을 때 운동 능력과 수화가 구분되어 장애가 된다고 아직도 밝

혀져야 한다면, 우리는 상당히 좋은 근거를 가지고 수화언어가 자연언어라고 주장할 수 있을 것이다.

7.4. 공간, 움직임, 수화와 뇌

우리가 6장에서 본 탈문법증은 본질적으로 기능범주의 탈락 내지 장애이다. 이것은 언어를 관장하는 뇌의 전두엽 부분이 손상된 것이 신경학적 원인인 브로카-실어증의 주요증세이다. 탈문법증은 언어지식과 관련된 장애인데, 말을 힘들게 할 때 뿐만 아니라 읽을 때 받아들이는 것을 처리할 때 그리고 쓸 때에도 나타난다. 사람들이 오랜 시간동안 가정해오고 있는 것처럼 브로카-실어증은 오로지 운동능력의 장애만은 아니다.

브로카 위치의 신경 손상을 입은 수화언어 이용자에게 유사한 결함이 존재할까? 여기서 실어증이 문제인가 즉, 선택적인 언어적 결함이 문제인가 아니면 전체적으로 운동 능력이 손상되어 있는 것인가?

우리의 논증을 위해 우리는 또 다른 흥미 있는 미국 수화언어의 형식적 특성 즉, 공지시적 대명사의 지수화를 언급해야 한다. 주어나 목적어 같은 문법적 기능은 두 메카니즘의 도움으로 표현될 수 있다.

1. 직렬화
2. 공간적 배열

완전 명사구에 대해 우리는 직렬화와 공간적 배열을 이미 논의하였다. 공지시적 대명사에서 공간지점 (Raumpunkt)을 표시함으로써 어떤 것이 선행어인지가 표현된다. (72)의 예가 이것을 보여준다. 이것은 음성언어에서 "*Die Mutter*$_i$ *drängte ihn*$_j$, *ihm*$_k$ *die Schachtel zu geben* (엄마는$_i$ 그가$_j$ 그에게$_k$ 상자를 주도록 그를$_j$ 밀었다)"를 의미한다.

사람들이 하나의 발화에서 반복하여 누군가를 지시하려고 할 때 수화언어에서는 관련된 공간지점을 그때마다 한번 지시하는 것으로 충분할 것이다.

(72)

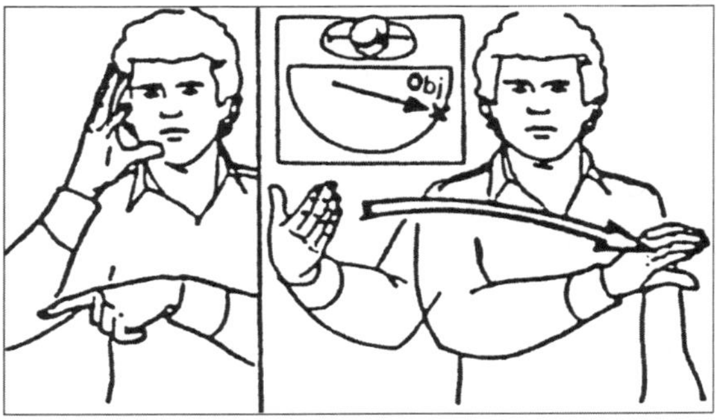

MUTTER $INDEX_i$ $_{i}DRÄNG_{j}$ (밀다)

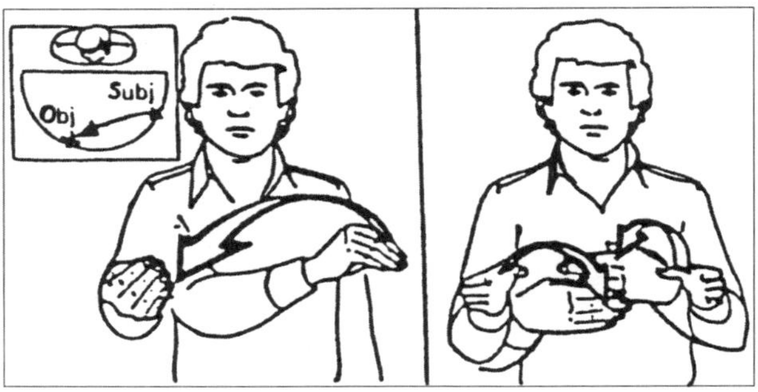

$_{j}GEB_{k}$ SCHACHTEL(상자)

일치 (예를 들어 수화에서 주어일치와 목적어일치에 대해)는 아주 유사하게 실현된다. 음성언어에서도 동사일치와 공지시화가 있는 것처럼 이러한 표현수단은 기능적 요소이다. 물론 우리는 이러한 수단이 음성언어의 탈문법자에게 특히 장애가 되기 쉽다는 것을 알고 있다. 이것은 상응하는 왼쪽이 손상된 미국 수화언어 화자에게도 그렇다.

뇌가 손상된 6명 즉, 3명은 왼쪽이 손상되었고 3명은 오른쪽이 손상된 미국 수화언어 화자에 대한 경험 연구에서 이것에 대해 아주 놀라운 결과를 이끌어 낸 세 가지 테스트가 수행되었다.

(73) 문제 1: 보기에 따라 집 그리기

그룹 A

PD KL GD

그룹 B

BI SM GG

왼쪽이 손상된 피시험자 (그룹 A)의 그림은 모든 필수적인 윤곽과

전망을 인식할 수 있는 사본이다. 오른쪽이 손상된 피시험자 (그룹 B)의 그림은 심각한 공간적 장애를 나타낸다. 예를 들어 SM은 집의 왼쪽 전체 면을 빠뜨리고 있다.

(73') 문제 2: 수화

언어 진단테스트는 왼쪽이 손상된 3명의 피시험자에게 수화체계의 심각한 장애가 있다는 사실을 알려준다. GD와 PD는 단지 JA, NEIN 그리고 몇몇 명사만을 수화했고, 공지시적 대명사는 거의 없었다. 그리고 이들이 동사를 한번 이용했을 때 일치는 항상 없었다. 이것은 전형적인 탈문법적 언어이다.

(73'') 문제 3: 공간적 관계의 수화

이제 우리는 왼쪽이 손상된 화자 PD의 공간적 통사론과 공간적 사본을 오른쪽이 손상된 화자 BI가 해놓은 것과 비교해 보자. (74)는 건강한 청각장애자의 수화가 어떤 모습인지를 보여준다. BI에게도 이러한 과제는 문제가 없었다.

(74) 옳은 형태

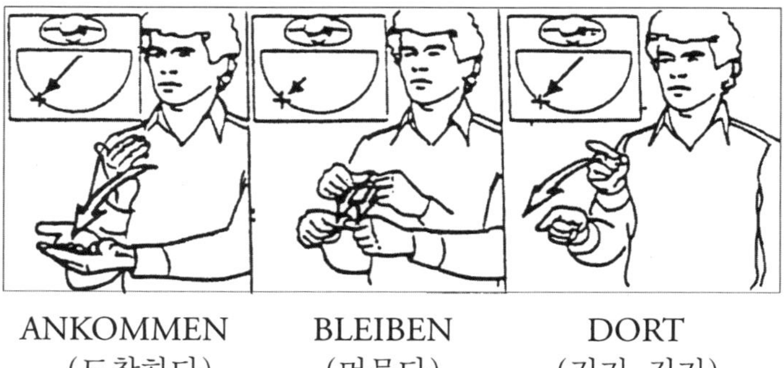

ANKOMMEN (도착하다) BLEIBEN (머물다) DORT (거기, 저기)

이와는 달리 PD의 일치가 어떻게 오류를 범하는지를 여러분은 (75)에 의거하여 보게 된다.

하지만 동일한 환자가 그의 방에 있는 비품들의 수화를 각각의 위치에서 수행함으로써 그 방을 공간적으로 기술해야 한다면, 그의 기술은 모든 지형적으로 중요한 정보를 포함할 것이다.

(75) 실어증의 행위

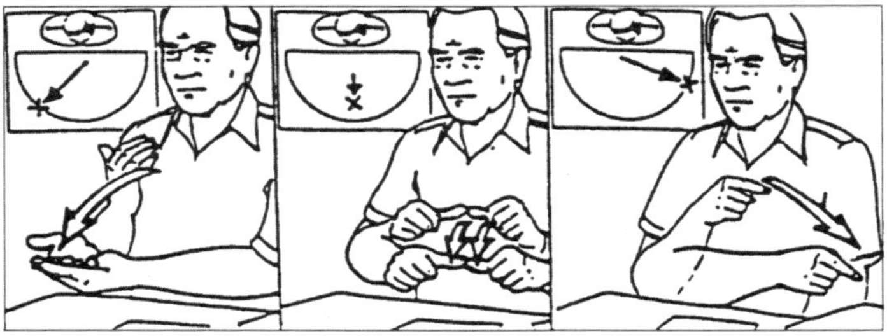

ANKOMMEN (도착하다) BLEIBEN (머물다) DORT (거기, 저기)

(76) 옳은 공간적 기술

이제 BI가 그 과제를 실현한 것을 (77)에서 관찰해 보자. BI는 그의

방에 있는 가장 중요한 가구들을 수화로 열거하기는 하지만 공간적 관계는 그에 의해 완전히 결함이 있게 표현된다.

공간의 전체 왼쪽 면이 생략되었고 가구들은 서로서로 쌓아 올려져 있다. 하지만 BI의 언어-통사적 실현은 매우 적절했다. 특히 공지시적 대명사와 동사일치에 대한 수화는 아주 옳게 수행되었다. 이러한 결과는 좌우 양쪽 뇌의 임무특수성 (Aufgabenspezifität) 뿐만 아니라 언어장애의 선택성 (Selektivität)도 대변한다.

(77) BI의 공간적 기술

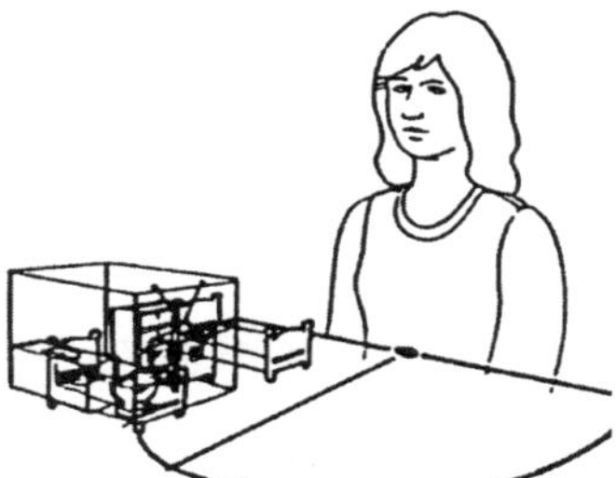

통사적 표정 연기

앞에서 우리는 수화언어에서 표정 연기 (Mimik)는 언어체계적인 기능을 지닌다고 보았다. 이것은 다음과 같이 구분된다.

- **의미-어휘적 표정 연기**: 한편으로 이것은 예를 들어 형용사 TRAURIG, FROH, LANGWEILIG, INTERESSANT처럼 어휘항목에 대해 손으로 하는 동작수행과 결부되어 있고, 다른 한편으로 이것은 예를 들어 많은 부사들처럼 수식 기능을 갖는다.

- **통사적 표정 연기**: 이것은 문장유형 (문장화법, 구조)을 구분하고

기능범주 (COMP, NEG)의 철자를 말한다.

- **표현적 표정 연기**: 이것은 화자의 개별적 특성에 의존하고 수화언어의 사용에 제한되지 않는다. 앞에서 명명한 표정 연기의 두 형태가 구성성분 구조에 의존한, 표정 연기 표시가 포함되어 있는 하나의 영역을 갖는 반면에 표현적 표정 연기의 시작과 끝은 가변적이다.

청각장애의 뇌졸중환자 연구는 좌뇌가 손상될 때 구조에 민감한 표정 연기가 영향을 받는 반면에 표현적 표정 연기는 유지된다는 것을 증명한다. 거꾸로 우뇌가 손상된 환자들이 표현적 표정 연기의 장애를 보이는 반면에 언어체계적 표정 연기가 유지된다.

GD는 수화언어의 형식적 (형태-통사적) 구성에 큰 문제를 갖고 있는 청각장애의 브로카-실어증 여성 화자이다. 표정 연기가 수화언어의 문장을 통사적으로 구성하는 것에 관여되어 있기 때문에 이것이 브로카-영역이 손상될 때에도 제약된다고 쉽게 추측하게 된다. 이것에 대해 다음 예를 살펴보자.

(78) *PAIN++, MORNING, NOON, NIGHT
(Schmerzen morgens, mittags und abends)
Schmerzen, ich habe sie morgens, mittags und abends.

이러한 수화연속체에서 문장의 목적어가 문두에 놓인다. 즉, 주제화가 문제이다. 주제화된 구성성분 (PAIN++)은 그에 상응하여 표정 연기로 표시되어야 한다. 그러므로 (79)는 옳은 표현법이었을 것이다.

(79) ______top
PAIN++, MORNING, NOON, NIGHT
(Wenn es weh tut, (nehme ich eine) morgens, mittags und abends)

다른 한편으로 GD에게 표현적 표정 연기가 다음과 같이 완전하게 유지된다.

(80)

강렬한 (강렬한) (충격적인)

TOWN DAMAGED TREE+++SWAY B-A-D WIND

(Die Stadt wurde zerstört. Die Bäume bogen sich; die Winde waren sehr stark.)

우뇌가 손상된 청각장애의 환자 SM의 능력은 상보적인 모습을 띤다. 이들의 수화언어 즉, 언어적으로 중요한 표정 연기도 완전히 유지되었다. 하지만 그 반면에 이들의 발화는 표현적 표정 연기 없이 다음과 같이 수화되었다.

(81) AdvSatz

Aw

WOMAN WASH-ASP$_{(dur)}$, WATER OVERFLOW

(Während die Frau das Geschirr abwäscht, läuft das Wasser über, ...)

우리는 이러한 자료가 미국 수화언어 같은 수화체계가 일반적인 공간적-운동성의 능력과 일치하지 않고, 음성언어처럼 보편문법으로부터 유도된 자연언어와 완전히 같다는 가정을 인상 깊게 입증한다고 생각한다. 그러므로 수화체계는 기대되는 구조적 특성을 가지고 있고, 음성언어처럼 습득되고 사용되며, 언어장애가 있을 때 특징적인 장애유형을 나타낸다.

제 8장 그 밖에?

부득이하게 우리는 이 책에서 대체로 현대 독일어의 구조로 제한했다. 어떤 언어의 상태를 특정한 시기에 대해서 기술하는 것을 사람들은 공시언어학 (Synchrone Linguistik)이라고 한다. 사람들이 언어변천과정을 기술한다면 역사언어학 또는 통시언어학 (Diachrone Linguistik)을 연구하는 것이다. 언어변천을 통해서 언어는 한편으로 어휘영역에서 다른 한편으로 문법영역에서 변화된다. 언어는 이것을 통해서 변화만 되는 것이 아니라, 새로운 문법이 만들어지고 그와 함께 새로운 언어가 생성된다. 현재 어림잡아 6800개의 언어가 존재하는데 약 200개의 나라에 분포되어 사용되고 있다.

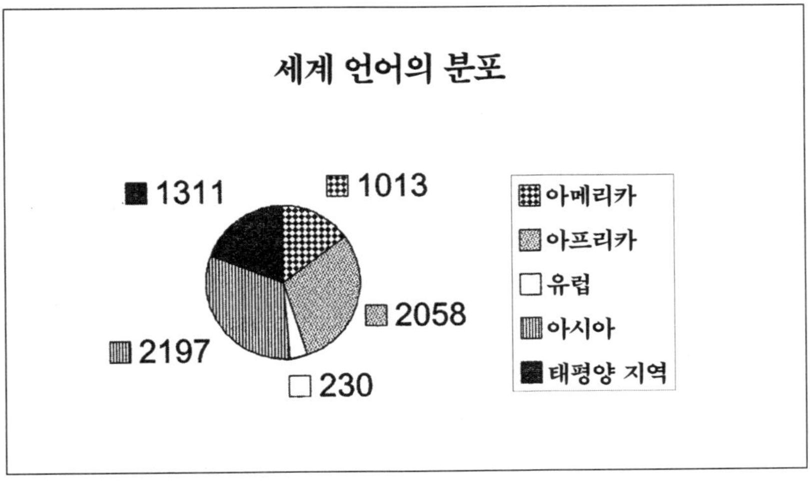

보다 포괄적인 변화에 대한 유발 인자는 통례적으로 민족이동, 식민지화, 오늘날의 세계화를 통한 언어접촉상황이다. 인지언어학에서 가장 근본적으로 연구된 경우는 크레올화 (Kreolisierung)이다.

8.1. 피진어과 크레올어

"크레올어 (Kreol)"라는 명칭의 출처는 라틴아메리카에서 태어난 유럽인과 토착민 부모의 후손에 대한 포루투갈어 crioulo나 스페인어 criollo의 명칭에서 유래한다. 크레올어의 의사소통적 선행자는 피진어 (Pidgins)이다. 피진어는 토착민과 외국인 간의 의사소통수단이다. 피진어에서는 어휘적 요소가 두 언어에서 유래하지만 이 언어의 화자들은 게다가 그들의 모국어 어순을 삽입시킨다. 피진어라는 명칭은 다음과 같이 상이한 출처에서 기원을 찾게 된다.

- business (사업)에 대해 중국어로 잘못 표기된 것
- 포르투갈어 pequeño (어린/아이)에서
- 히브리어 pidjom (교환하다)에서
- 중앙아메리카의 야요족언어 pidians (사람들)에서
- 영어 pigeon (비둘기)에서

피진어 입력은 언어를 습득하는 아이에게 혼란스럽다. 하지만 아주 놀라운 일이 발생한다. 즉, 피진어를 말하는 부모의 아이들은 그 입력을 문법화하여 하나의 새로운 언어인 크레올어를 만들어낸다. 이것에 대한 특징적인 자질들이 하나의 문법을 형성한다. 피진어와 크레올어를 공통어 (Lingua Franca)라고도 부른다.

(프랑스령 앤틸리스-제도)의 생바르텔레미 (Saint-Barthélemy)-크레올어의 자장가

생바르텔레미-크레올어	**프랑스어**
Papa moin y pati en gué	Mon papa est partit en guerre.
Mamman moin pati la montagne	Ma mere partie à la montagne.
Chéché ion ti po lapin	Pour chercher la peau d'un petit lapin.
Pou fai ion ti emmak pou moin	Pour faire une petite hamac pour moi.
Ti froué moin y pas vlé domi	Mon petit frère n'a pas voulé dormir.
Hay! Hay! Hay! Sa moin kalé fait?	Helas! Helas! Helas! Quoi vais ja faire?

그 밖에 프랑스어 hamac는 독일어에서 차용되어 오류를 일으킨 것이다. 이것은 독일어로 Hängematte (달아매는 그물 침대)라고 한다. 하지만 단지 표기 오류를 통해서만 새로운 단어가 생성되지는 않는다. (1)의 단축어, (2)의 두문자어 또는 (3)의 고유명사에서 온 보통명사는 다른 출처이다.

(1) a. Kripo → Kriminalpolizei (형사경찰)
b. Profi → Professioneller (전문가): 본래의 축소형 접미사 -i와 함께

(2) a. LKW → Lastkraftwagen (화물차)
b. GI → Government Intervention (정부의 개입)

(3) a. Tempo → Papiertaschentuch (종이손수건)
b. Diesel → Ferdinand Diesel (페르디난트 디젤)
c. fringsen → nach Kardinal Frings (독일 전후시대 석탄 도둑을 풍자할 자격이 있던 사람) 카르디날 프링스

더욱이 어휘가 계속해서 조정된다. 즉, 오래된 단어에 대해 새로운 단어와 새로운 의미가 추가되고, 의미가 사라지거나 제약된다 (Weib (여자)만을 생각해 보자). 또는 어휘의 이동도 발생한다. 여

기에 이것을 설명하기 위한 몇몇의 예가 있다. 어떤 표현을 아직도 사용하고 있는지 스스로 테스트 해보자 (출처: 쥐트도이체 차이퉁).

- 1900년 이전: flott → "물에 뜰 수 있는"의 의미를 가진 네덜란드의 뱃사람 언어; 17세기 이후 표준 독일어에서 "튼튼한"의 의미를 가졌고 18세기부터 학생 언어에서 긍정적으로 평가됨.
- 1900-1930: dufte → 이디시어 toffte (히브리어: tow = 좋은)에서 베를린 방언으로 차용되었고 1950년대에 edeldufte가 비교급으로 사용됨.
- 1959-1960: irre → 긍정적으로 평가됨.
- 1960-1970: super → "특히/최고의"의 의미를 갖는 라틴어에서 왔고 16세기부터 사용되었으며 20세기에 상투적으로 사용됨.
- 1970-1980: top → Topp (돛대의 꼭대기)라는 뱃사람 언어에서 옴. 1700년경에 이 저지독일어 단어는 문학언어로 수용되었고, 영어 (Top-Ten)와 동시에 발생하여 청소년언어로 전파되었다.
- 1980-1990: cool → "탁월한"에 대한 아프리카계 미국 흑인의 속어인 영어에서 전파됨. 17세기부터 이미 "서늘한"의 의미의 원급으로 사용되었고 큰 액수의 돈과 관련하여 사용됨.
- 1990-2000: fett → "특히"; (힙합-성향, fat Beat: "특히 우스꽝스러운 리듬 = fat Beat"이라는 의미를 가짐)의 음악에서 생겨남. 그 외에 "특히 뚱뚱한"에 대한 한결같은 의미를 가짐.

fett가 더 이상 외래어로 인식되지 않는 반면에 컴퓨터, 인터넷과 같은 다른 차용어는 외래어로 간주된다. 컴퓨터 (Computer)란 단어의 발음은 이 단어가 아직 독일어의 구조에 완전히 순응하지 않았다는 것을 증명한다. 하지만 이것은 des Computer-s에서 보듯이 형태 통사적으로 이미 독일어의 한 단어처럼 다루어진다. 영어의 차용어 뒤에서 음성학적으로 소리나는 휴대폰 (Handy)이란 단어는 훨씬 더 변덕스럽다. 영어에서는 이것을 모바일 (Mobile)이라 한다. 영어의 어휘가 독일어의 형태 통사적인 체계로 순응하는 것은 downgeloaded, gescrolled, mailst du mir morgen? 같은 독일어식 영어-발화에서 특히 잘 나타난다.

8.2. 민속어원학

Fiesiematenten ('무의미' 또는 '핑계'의 구어적 개념)은 프랑스어 'Je visite ma tante (나는 나의 숙모를 방문한다)'에서 생겨났고, 프랑스 남자 연인과의 데이트 때문에 엄마와 갖게 될 스트레스를 무릅쓰고 나아가기 위한 쾰른사람의 아름다움에 대한 전형적인 핑계였다.

(4) a. mutterseelenallein (전적으로 혼자인) → mère seule (allein을 사용하는 분명한 문맥에서 seule를 Seele로 오해하여 음이 중복됨)
b. es zieht wie Hechtsuppe (바람이 세게 분다) → ("강한 바람처럼"의 의미를 가진) 이디시어 hech soppa에서 옴

8.3. 말하기 방식

언어는 동일성을 만들어내고, 소속성을 적어도 컴퓨터가 읽을 수 있는 ID와 마찬가지로 잘 전달한다. 인간의 모든 그룹은 사회적으로 인정받든지 않든지 의사소통할 때 탁월한 자질들 중의 하나로서 자

기 고유의 어휘와 표현방식을 이용한다. 이것은 예를 들어 근거가 확실한 개념정의를 갖는 의학어, 법률어, 수공업어, 학문어와 같은 직업상의 전문어 (Fachsprachen)를 포괄한다. 즉, 일상 언어는 종종 중요하고 유용한 구분을 하기 위해 쉽게 충분히 세분화되어 있지 않다. 가능한 정확하게 일해야 하고 반좌향 아래 (halblinks unten: '부정확하게'를 의미함)같은 장소부사와 친숙하지 않은 뇌외과 의사를 대략 생각해보자.

특정한 사회적 동일성은 알아듣지 못하는 말 (Jargon) 즉, 표어와 관용표현의 사용에서 나타난다. 프랑크는 쿵하며 털썩 주저앉게 (geplonkt)되었기 때문에 패배자 (Luser = 영어 looser)이다. 다시 말해, 그는 완전히 무례하게 행동했기 때문에 다른 토론회에 참여하는 것이 배제되었다. 통신망에서 뿐만 아니라 TV-쇼에서 또는 프랑크푸르트의 거리에서도 다음과 같은 알아듣지 못하는 말을 발견하게 된다.

(5) a. endkrass = absolut unglaublich (완전히 믿어지지 않는)
b. Gehwegpanzer = sehr dickes Mädel (아주 뚱뚱한 아가씨)
c. Faschotorte = Freundin eines Nazis (나찌의 여자친구)
d. schwul = doof (어리석은)
e. korrekt = gut (좋은)
f. konkret = echt (진정한)

8.4. 언어와 방언

중국 사람들은 세상에서 가장 많이 사용되고 있는 모국어의 순위를 다음과 같이 기록하고 있다.

(6) 중국어 > 영어 > 힌디어 > 스페인어 > 러시아어 > 아랍어 ...

하지만 가장 많이 사용되는 언어는 세계 도처에서 제2언어로 학습되는 영어의 이종 언어변이형이다. 존재하는 6800개 언어의 ⅓은 예를 들어 각 언어를 사용하거나 전수하는 화자의 수가 너무 적기 때문에 차츰 사멸될 것이다. 오늘날 약 6800개 언어 중 120개 언어는 화자가 20명도 안 된다. 대략 북아메리카와 남아메리카의 인디언언어, 오스트르네시아와 아프리카 언어, 그리고 중국과 시베리아의 투르크어가 이런 위태로운 언어에 속한다. 이 대신에 분명히 몇몇의 적은 새로운 언어 즉, 특히 몇몇의 수화언어가 추가된다. 이 외에도 언어접촉을 통한 크레올어와 승인에 의한 몇몇의 음성언어 (이전의 방언)도 추가된다.
"언어는 강력한 힘을 가진 방언이다 (A language is a dialect with an army and a navy)." 아마 가장 잘 알려져 있는, 가장 간단한 언어와 방언 간의 이러한 구분은 미국 언어학자 와인라익 (Uriel Weinreich)에서 유래한다. 이 놀라운 정의는 언어체계의 구분이 거의 불가능하다는 상황을 참조하도록 인상적으로 지적하고 있다. 여기에는 음운적 어휘적 특성이 존재한다. 이 책을 쓴 두 저자의 주위 환경에 있는 방언 변이형 즉, 프랑크푸르트 방언을 한번 생각해보자.

- Blamaasch → Schande (창피)
- Lamberie → Fußleiste (바닥과 벽의 이음매를 감추는 장식)
- Radaddelsche → Medaille (메달)
- Allmei → Egoist (이기주의자)
- eiereckisch → oval (타원형의): Darmstadt에서 특히 자주 사용됨
- 북헤센지방의 방언 (B):
  A: Wie komme ich dorthin?
  B: *Allszus gradauszus, dann anuffzus* (immer geradeaus, dann hinauf)
  A: Vielen Dank.

통사적 특성도 역시 나타난다. 그래서 많은 방언에서는 "Der Mann,

den wo isch gesehe habb (내가 본 남자)"처럼 C-위치가 하나 이상의 요소에 의해 채워질 수 있다. 표준 독일어에서는 그렇지 않다. 그러면 표준 독일어의 변이형이 중요한가 아니면 다른 문법이 중요한가?

지방의 방언 외에 (우리의 경우에) 독일어의 변종 즉, 외국인 사용자에 의해 이용되는 소위 이종 언어변이형 (Xenolekte: 모국어화자와 비모국어화자의 의사소통방식)도 있다. 우리가 이것을 피진어에서도 발견하듯이 이것은 종종 문법의 간소화이다. 예를 들어 최근에 가게에서 "Du auch viel kaufen (너도 많이 산다.)"라는 표현이 사용되는 것처럼, 독일어 화자는 외국인 노동자들이 무엇을 이해하고 그에 따라 언어를 사용하는 것에 대해서 분명히 일정한 생각을 한다.

그 밖에 적어도 현재 인구밀집지역의 중심부에서 자주 사용되는 독일어의 이종 언어변이형은 카나키어 (Kanakisch: 독일에서 본래 터어키인의 젊은 자녀들에 의해 사용되어 오늘날 청소년문화의 일부가 된 독일어)이다. 카나키어는 분명히 규칙이 가변적이고 어휘수가 아주 적다. 하지만 여러 BMW-유형과 Mercedes-유형에 대한 많은 명칭을 가지고 있다. 카나키어의 예를 보자. *Gehssu nachher Kauhof* (너 이따가 백화점에 갈래), *kaufsu krasse Nikes* (너 아주 좋은 나이키 살래), *weissuwasischmein, Alder* (친구야, 너 내가 무슨 말을 하는지 아니)?

8.5. 인지적 접점

앞 단원들에서 우리는 인지언어학과 관련하여 발생하는 다양한 연구 문제로부터 작지만 대표적인 부분을 소개하였다.

여러 나라의 학자들은 끊임없이 인간의 언어와 정신을 다루었다. 하지만 우리가 인간 언어의 보편적 구조에 대해 설명적 이론을 가진 이후에야 비로소 언어학자는 신경회로망의 표현과 산출에 대한 근거 있는 추측을 제시할 수 있다. 표현과 산출은 인지언어학의 중심부이다. 각 분야의 공통성과 자연과학적인 수단이 제공될 뿐만 아니라 범례를 보여준다.
가장 중요한 관계가 모형도에 제시되어 있다.

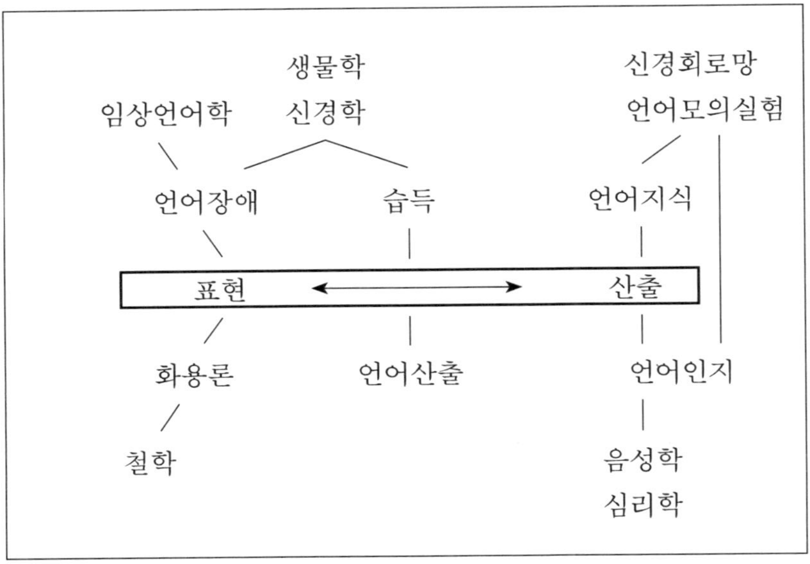

신경학 외에 신경생물학 (Neurobiologie)도 인지언어학의 중심 대상인 인간의 뇌의 조직원리를 다룬다. 임상언어학 (Klinische Linguistik)은 이러한 경험적 이론적 인식을 활용한다.

언어모의실험과 신경회로망의 모형에서 언어지식의 표현과 산출은 컴퓨터에 의존하여 재구성된다.

자연언어의 담화에 대한 구성 규칙과 해석 규칙은 화용론과 모든 학문의 어머니인 철학에 의해 연구된다. 심리학이 경험적 테스트방식을 위해 엄밀한 규범을 발전시켰듯이 인지언어학의 방법은 그러한 규범을 모범으로 한다.

여러 학문 분야에 관련된 이러한 관계는 인지언어학을 특징짓는다. 그리고 이것은 인지언어학을 다양한 접점을 가진 활력 있는 정보과학 (Informationswissenschaft)으로 만든다.

문제풀이

제 1장 학문의 가치

〈풀이 1〉

M**ist**ö**r**ium → Mysterium
음의 특성 (A2): (원순음) / 교체 (B1)

〈풀이 2〉

flach → schwach
다른 위치에 있는 두 철자가 교체된 것이 아니라 -ach가 반복되었기 때문에, 이것은 반복 (B2)과 관련이 있다.

〈풀이 3〉

a. 음 (A1) / 반복 (B2)
b. 음의 특성 (A2) / 선취 (B3)
c. 음 (A1) / 대체 (B4)
d. 음 (A1) / 대체 (B4)
e. 음 (A1) / 선취 (B3)
f. 단어 (A6) / 대체 (B4)
g. 단어 (A6) / 교체 (B1)
h. 음운결합 (A3) / 교체 (B1)
i. 단어결합 (A7) / 혼성 (B5)
j. 단어 (A6) / 교체 (B1)

제 2장 음성학과 음운론

〈풀이 1〉

물론 Klemptner에는 동기관 자음이 삽입되어 있고 (t는 n과 동기관이다), 정서법상으로 잘못 쓰여 있다. 이 단어는 어휘부에 음소 /klempner/로 기입되어 있다.

〈풀이 2〉

b. Brief로부터 b를 반복하고, 음소연속체를 생략한다.
c. [긴장음] 자질을 변화시키고, 이렇게 생성된 음소 d를 반복한다.

〈풀이 3〉

Bein - **P**ein: [긴장성]
Pein - **f**ein: [지속성]
S**t**ein - Sch**w**ein: [순음성, 설정성, 지속성, 긴장성]
Sch**r**ein - Sch**w**ein: [공명성, 후음성, 순음성]

〈풀이 4〉

a. Pilo**p** (Pilo**t**)
  t → p: [순음성, 설정성]
b. T**ö**dsünden (T**o**dsünden)
  o → ö: [후음성]
c. ver**w**ammelten (ver**s**ammelten)
  z → v: [순음성, 설정성]
d. **P**raktor (**T**raktor)
  t → p: [순음성, 설정성]

〈풀이 5〉

[b, d, g]의 부류를 명시하기 위해 우리는 두 개의 자질 [-긴장성, -지속성]이 필요하다. 하지만 [b, d]의 부류를 명시하기 위해 세 개의 자질 [-긴장성, -지속성, -후음성]이 필요하다.

〈풀이 6〉

순음의 자음 앞에서 n이 m으로 된다 (역행동화). (2.3.2장 참고)

a. 비음동화규칙 (67)은 적용될 수 없다. 그 이유는 오른쪽 뿌리교점이 [-지속성] 자질을 관할하지만, /f/는 이와 반대로 [+지속성] 자질을 갖기 때문이다.
b. 게다가 [fümf]도 역행동화이다. 그러나 이것은 (67)과는 달리 필수적이지 않고, 말하기 속도 (Sprechte/m/po)를 더 빠르게 할 때 나타나며 단어경계를 넘어 진행되지 않는다 (*ei[m] Fall 참고).

〈풀이 7〉

a-c 통합 규칙: A → (C(D))B / Z____W

d-e 통합 규칙: [-공명성] → [α긴장성]/___[+자음성, α긴장성]

〈풀이 8〉

독일어 화자는 이러한 형태에 서로 다른 음절경계를 부여한다. "•"는 음절경계를 의미한다.

a. [he:p • ʔame]

b. [he: • bame]

c. [ne:p • liç]

d. [ne: • bliç]

역사적으로 관찰해보면, Hebamme (산파)는 고대고지독어에서 갓 태어난 아이를 돌보았던 hevianna "Großmutter (할머니)" (anna)이므로 실제로 (b)는 옳다. 이것으로부터 중세고지독어에서는 두 번째 부분에 Amme를 붙여 hebeamme로 되었다.

-ig는 형용사어미이므로 (c)의 음절구조가 neblig의 단어구조와 더 잘 어울린다. 그럼에도 불구하고 모든 형태가 독일어에서 가능하다. 음절 끝과 관련되는 말음경음화규칙에 의해 4개의 모든 형태가 유도될 수 있다.

〈풀이 9〉

최소쌍을 형성한다고 말한다. 프랑스어에 이러한 예가 있다.
a. mot [mo] - mon [mõ] (단어 - 나의)
b. pas [pa] - pan [pã] (발걸음 - 철도)

〈풀이 10〉

독일어에서 기식음은 다음의 위치에서 발생한다. 즉, 기식음은 강세 앞과 뒤에 있는 첫 음과 끝 음에서 발생하지만, [-공명성] 자질을 갖는 다른 자음 앞과 뒤에서는 발생하지 않는다. 그러므로 마지막 4개의 경우에서는 기식음이 발생하지 않는다.

〈풀이 11〉

이들은 기저 표현 Tag, Lob, Pfad로부터 유도된 표현이다.

〈풀이 12〉

Beamtenbeleidigung: [bəʔamtənbəla͜idiguŋ]

〈풀이 13〉

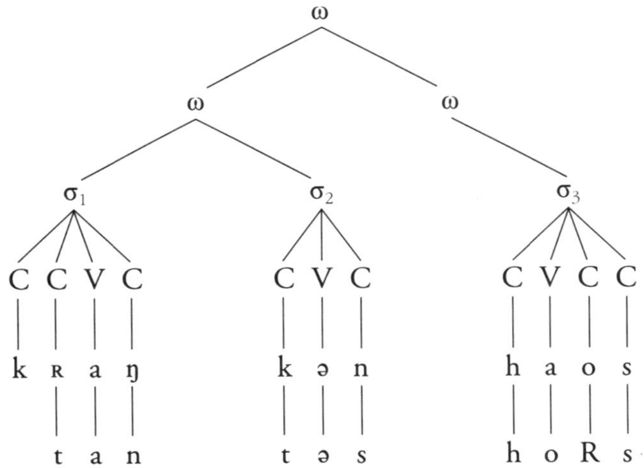

〈풀이 14〉

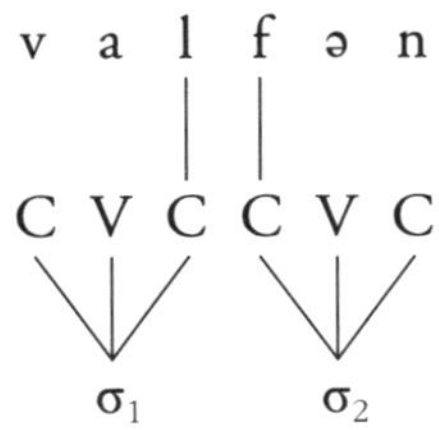

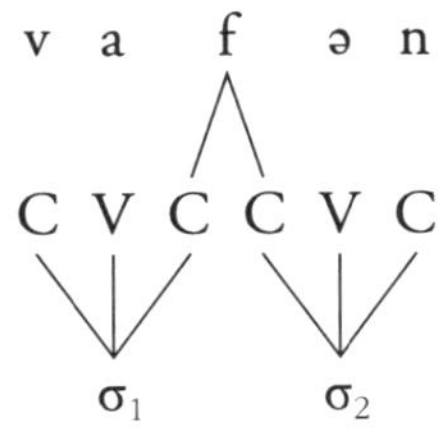

-still-의 음절말음에서 /l/을 선취했다는 것은 /f/가 두 번째 음절의 두음뿐만 아니라 첫 번째 음절의 말음과도 결합되어 있다는 것을 보여준다.

〈풀이 15〉

a. **Rf**osch, **Rm**asch, **Rl**ek: /ʀ/은 /f/, /m/, /l/보다 공명성이 더 높다.
   Chu**br**: /ʀ/은 /b/보다 공명성이 더 높다.
   Na**schw**: /š/와 /v/는 공명성이 같다.

b. **S**traps: /š/는 X-위치에 있다.

c.

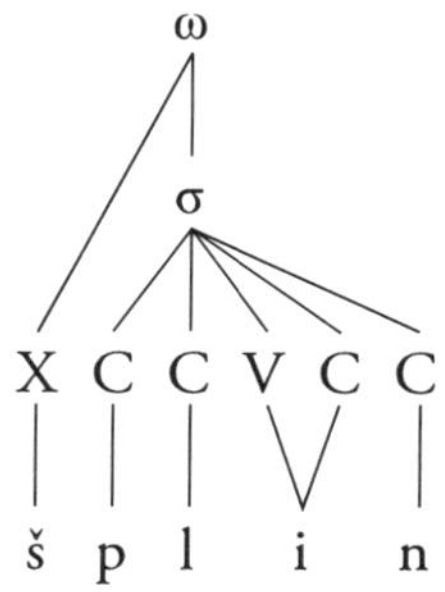

〈풀이 16〉

nlo: /l/은 /n/보다 공명성이 높다.
mʀau: /ʀ/은 /m/보다 공명성이 높다.
kschip: /š/는 /k/보다 공명성이 높다.

〈풀이 17〉

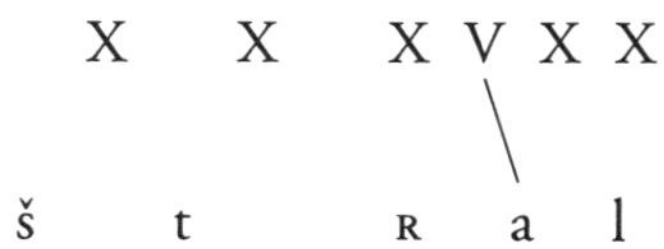

(I)

(II, IV, VI)

(III)

(IV)

제 3장 형태론

〈풀이 1〉

(3a-d, a'-d')의 형태는 독일어에 더 가깝다. 그 이유는 그것이 어미와, 그리고 사람들이 독일어의 합성어를 형성할 수 있는 다른 형식적인 단어구성성분을 포함하고 있기 때문이다. 즉, ig는 fleißig, gläubig를, ieren은 blamieren, rasieren (비게르만 어원의 단어)를, ge-(el)t는 gewitzelt를 형성할 수 있다.

〈풀이 2〉

옳은 것: Sendung, Bestellung처럼 특정한 동사에 ung을 붙임으로써 명사를 만든 것

틀린 것: 3.6.1장 참고

〈풀이 3〉

heb#bar, ab + artig, Müd + ig + keit, duld + sam

〈풀이 4〉

kindlich는 복합형용사이다: $[\text{kind} + \text{lich}]_A$

〈풀이 5〉

Kindfrau: $[[\text{Kind}]_N\ [\text{frau}]_N]_N$

Mutterglück: $[[\text{Mutter}]_N\ [\text{glück}]_N]_N$

Schwimmbad: $[[\text{Schwimm}]_V\ [\text{bad}]_N]_N$

〈풀이 6〉

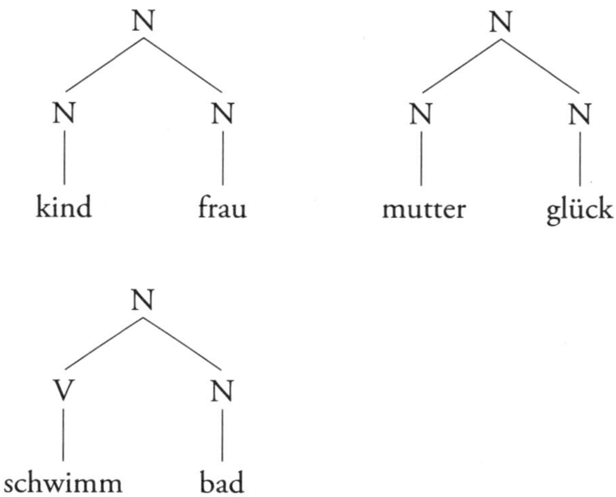

〈풀이 7〉

Kindfrau: N → N^N
Mutterglück: N → N^N
Schwimmbad: N → V^N
핵심어: 오른쪽에 있는 N
일반화: N → Y^N

〈풀이 8〉

단어형성규칙: N → N^V ; V → V^N
범주 표시된 괄호: $[[\text{nguòi}]_N\ [\text{o'}]_V]_N$; $[[\text{làm}]_V\ [\text{viêc}]_N]_V$
(주의: 음소 위에 있는 표시는 상이한 성조를 나타낸다. 베트남어는 성조언어 (Tonsprache)이다.)

〈풀이 9〉

(17') a. *zorn + oder hitz + ig sein
b. *eine Berat + oder Besprech + ung führen

(18') a. Eigen# oder Gemein#nutz
b. Gut# oder Bös#will + ig + keit

〈풀이 10〉

합성과정에서 어근형태소는 관여하지 않고 어간형태소만 관여하는 반면에, 파생과정은 어근형태소뿐만 아니라 어간을 통해서도 가능하다. 그러므로 주어진 단어는 다음과 같이 설명된다.

Rosenkavalier: Rosen (n-어간형태소) + Kavalier (어간형태소, 파생되지 않음)

Nebelschlussleuchte: Schluss (어간형태소) + Leuchte (어간형태소)가 Schlussleuchte로 된 후 Nebel (문자 -e가 삽입된 후의 어간형태소)과 합성

neblig: nebl (어근형태소) + ig에 의한 파생

Gärtchen: gart (어근형태소) + chen과 변모음에 의한 파생

〈풀이 11〉

어휘장 '친척관계 명칭'은 상당히 포괄적이고 매우 문화 의존적이다. '세대 소속성'이란 차원 뿐만 아니라 '성 (Geschlecht)'과 수평적이고 수직적인 관계의 차원이 이 어휘장을 구성한다. 그러므로 예를 들어 아들은 동시에 할아버지, 아버지, 남자 형제, 삼촌, 남자 사촌, 남자 조카, 손자가 될 수 있다.

〈풀이 12〉

(a,b)의 접사화는 거의 정확하게 동일한 형태음운규칙을 통해 기술될 수 있다. 이러한 접사화를 구분하는 것은 접사가 갖고 있는 의미와 기능이다. 따라서 /s/, /z/, /əz/는 이형태이다.

〈풀이 13〉

Unverstand: 무분별, 무지

Untiefe: 얕은 수역, 특히 깊은 수역
Ungeziefer: 특이한 종류의 해충
Unzahl: 매우 큰 수, 고골플렉스 (Gogolplex)

〈풀이 14〉

$[[\text{ess}]_V\ [\text{bar}]_{A^{af}}]_A$
하지만 $[[\text{sitz}]_{V/N}\ [\text{bar}]_N]_N$: 그 이유는 sitzen이 자동사이기 때문이다.
$[[\text{haft}]_V\ \text{ung}]_{N^{af}}]_N$
$[[\text{hüft}]_N\ [\text{schwung}]_N]_N$

〈풀이 15〉

Befehlung이 기대되는 형태이긴 하지만 Befehl이 더 오래된 형태이다. 이와는 달리 Versuchung은 더 오래된 형태 Versuch가 있음에도 불구하고 가능하다. 그 이유는 ung-명사화를 통해서 새로운 해석 즉, 의미이동이 발생하기 때문이다.
$[\text{erwerb}]_V \rightarrow [\text{erwerb}]_N$, $[\text{grün}]_A \rightarrow [\text{grün}]_N$ 와 같은 파생을 전환(Konversion)이라 한다. $[\text{sicht}]_N \rightarrow [\text{sicht}]_V$ (sichten)과 같은 역파생어도 여기에 속한다.
이러한 단어형성이 생산적이라는 것을 사람들은 언어습득자료에서 볼 수 있다. 아이들은 실제로 *Verbrauchung 같은 형태를 형성한다. 아이들은 언어를 습득하는 동안에 이미 Verbrauch라는 형태가 있어 Verbrauchung이 비문법적이라는 것을 학습해야 한다. 그러므로 우리는 Verbrauch와 Erwerb 같은 형태는 단순히 아이들이 언어를 습득할 때 학습해야 하는 상용어휘라는 것으로부터 출발한다.

〈풀이 16〉

a. 도구: Bohrer, Zähler
   행위자: Bohrer, Zähler, Spieler, Leser, Taucher
b. 도구: $[[\text{Hosen}]_N\ [[\text{träg}]_V\ \text{er}]_N]_N$

행위자 (지배합성어): $[[[\text{Hosen}]_N\ [\text{träg}]_V]_V\ [\text{er}]_{N^{af}}]_N$; $[\text{Flieder}]_N$; $[[\text{Segl}]_V\ [\text{er}]_N]_N$

c. Hammerwerfer가 지배합성어이고, Wurfhammer는 수식어 Wurf와 핵심어 Hammer를 갖는 단순한 합성어이다.

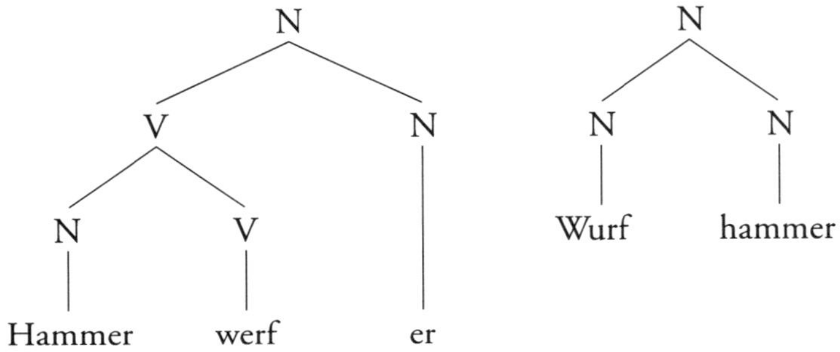

〈풀이 17〉

정확히 말하면, Klavierlehrer는 피아노를 가르치는 누군가이다. 하지만 여러분은 아마도 피아노 치는 것을 가르치는 누군가와 관련이 있다고 대답했을 것이다. 따라서 합성어는 세 개의 성분으로 되어 있어야 할 것이고 Klavierspiellehrer를 의미해야 할 것이다. 하지만 Klavierlehrer는 단어축약의 특별한 형태이다. 이러한 단어축약의 형태에서는 대체로 세 개 성분으로 된 합성어의 중간에 있는, 잉여적인 것으로 간주되는 요소는 Bierdeckel (맥주잔 받침), Tankwart (주유소 직원), Reißzwecke (압정)처럼 생략된다. 이 단어들의 본래 표현은 Bierglasdeckel, Tankstellenwart, Reißbrettzwecke이다.

〈풀이 18〉

Schwimmbademeister는 Schwimmbad-Bademeister 또는 Schwimmbad-Meister로 해야 더 나을 것이다.

Schwimmbad-Bademeister: $[[[\text{schwimm}]_V\ [\text{bad}]_N]_N\ [[\text{bad}]_N\ \text{e}\ [\text{meister}]_N]_N]_N$

Schwimmbad-Meister: $[[[\text{schwimm}]_V\ [\text{bad}]_N]_N\ [\text{meister}]_N]_N$
그 이유는 한정합성어는 첫 번째 성분으로 동사를 취하지 않기 때문이다. 지배합성어로의 해석도 가능하지 않다. 그 이유는 Polster (소파)가 Polsterer (실내 장식공)에 의해 polstern (소파에 속을 넣다)로 되듯이 Meister (주인, 명인)가 행위를 'meistern (지배하다, 능통하다)'할 수는 있지만 Meisterner나 Meisterer가 되지 않기 때문이다. 그러므로 동사 meistern은 명사 Meister로부터 유도되었다. 그리고 우리의 합성어에서는 의미적 속성을 상속시키는 동사적 핵심어는 존재하지 않는다.

〈풀이 19〉

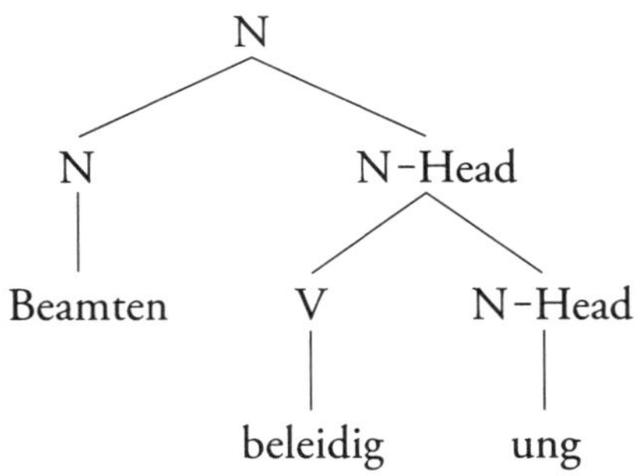

Beleidigung은 기초가 되는 동사로부터 의미역 구조 (누군가를 = 주제)를 계승한다. 즉, 우리의 경우에 이것은 'den/die Beamten beleidigen ((남자/여자) 공무원을 모욕하다)'이다. 그러므로 이것은 지배합성어이다.

〈풀이 20〉

힌트: 다행히 북경은 Barossa-Barbar의 bar이다 (Peking ist bar eines Barossa-Barbars, zum Glück). 혹시 Barbarossa-Barbar가 존재할지도 모른다. 하지만 문제는 그것이 아니었다. 그리고 bar-형용사는 단지 타동사와만 생산적으로 결합할 수 있기 때문에 barbarossabar-bar는 가능할 수 없다.

제 4장 통사론

〈풀이 1〉

a. Buchbinder (지배합성어): 주제-목적어 Buch는 binden에 의해 하위범주화된다.

b. Buchrücken: Buch는 수식하는 기능을 가지므로 목적어는 아니다.

〈풀이 2〉

$[_{NP}$ $[_{Spec\ N'}$ ein] $[_{N'}$ Playback $[_{PP}$ $[_{P}$ von] $[_{NP}$ $[_{N}$ No Angels]]]]]

〈풀이 3〉

a. ... direkt in das Tor

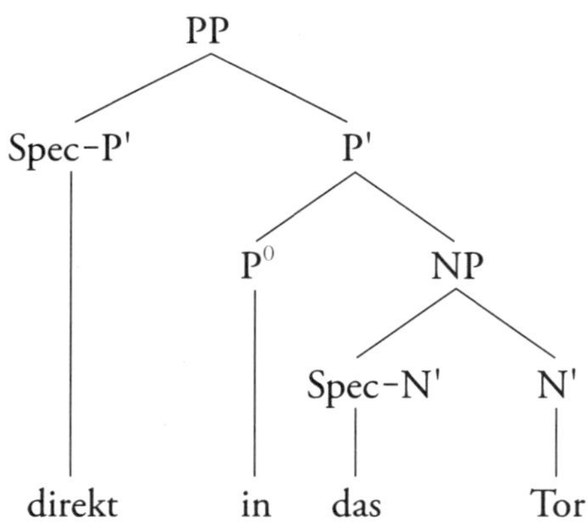

b. ... Gabis wichtigstes Argument

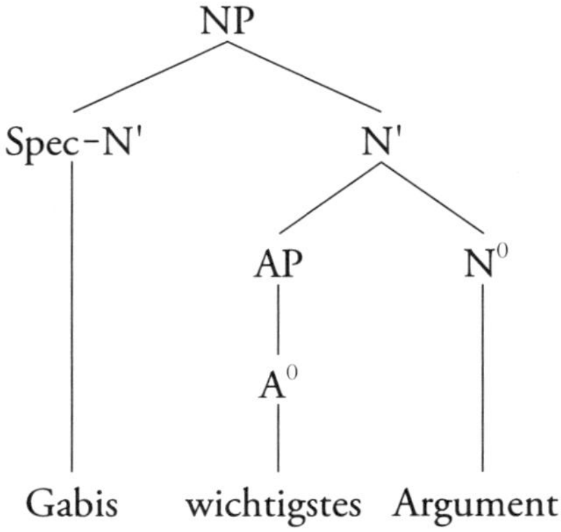

c. ... Echnaton auf Nofretete sauer ist

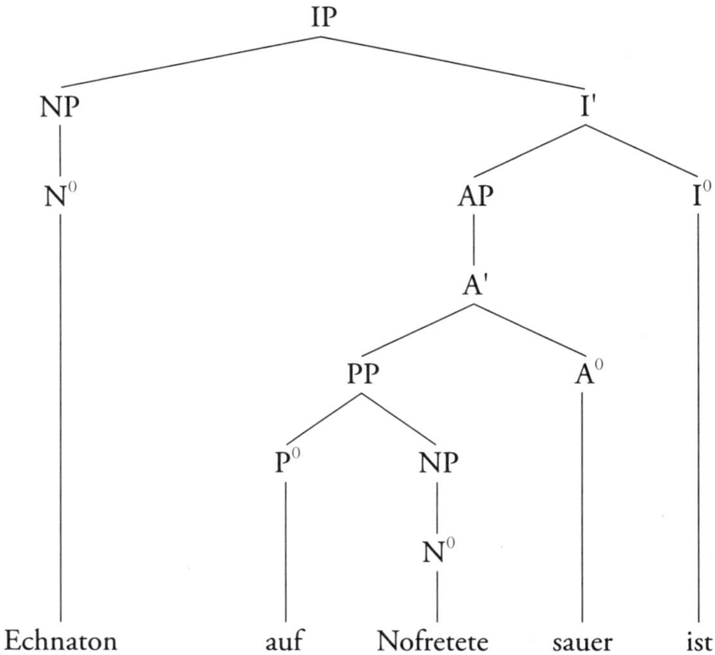

〈풀이 4〉

(17)

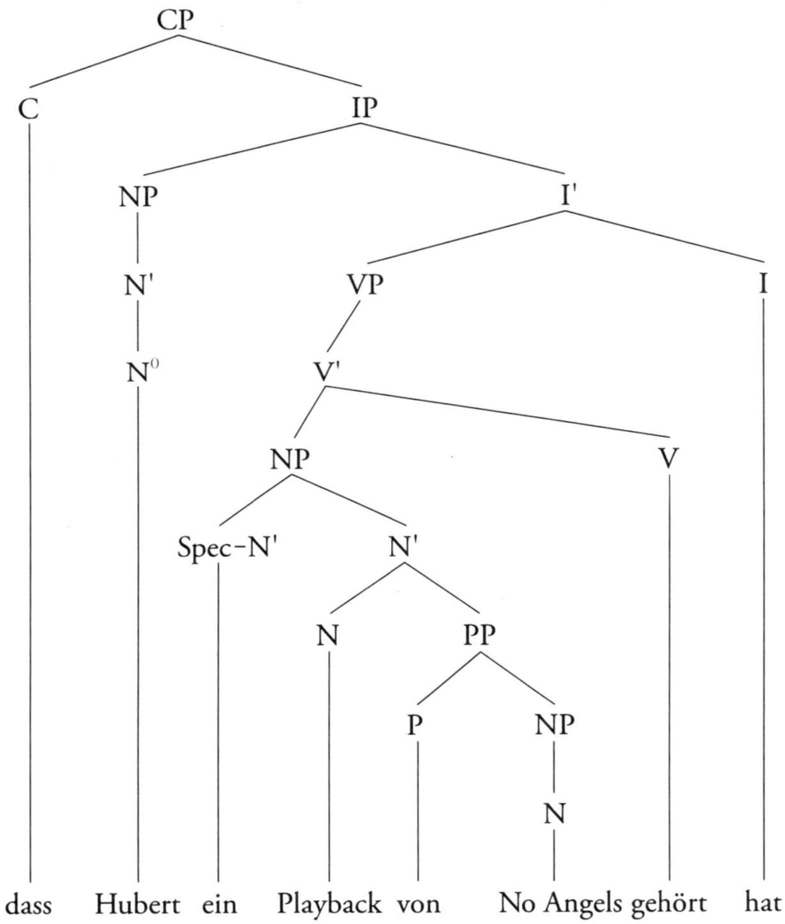
CP
C
IP
NP
I'
N'
VP
I
N0
V'
NP
V
Spec-N'
N'
N
PP
P
NP
N
dass
Hubert
ein
Playback
von
No Angels
gehört
hat

〈풀이 5〉

a.

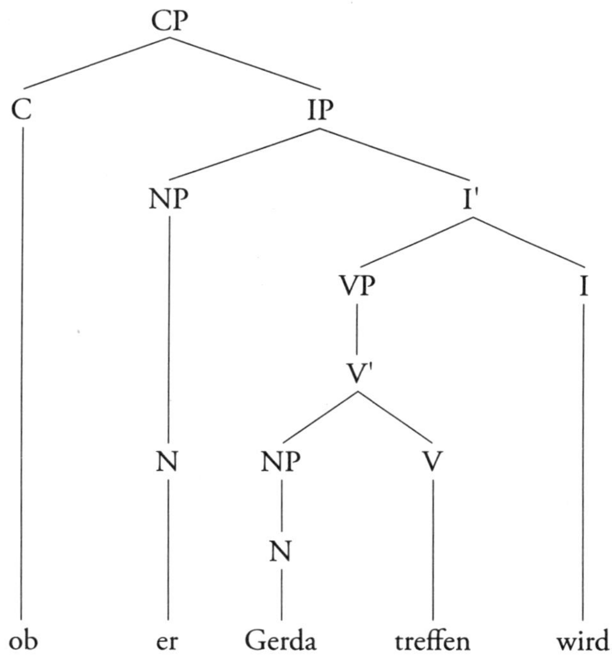

b.

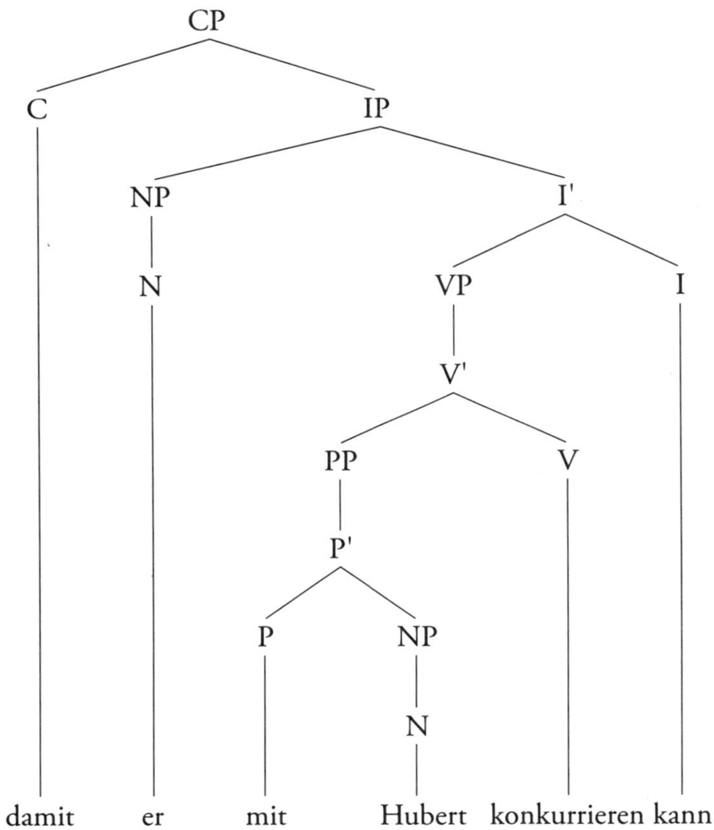

〈풀이 6〉

3격 (allen Subsumtionen), 2격 (eines Gegenstandes), 4격 (einen Begriff), 1격 (die Vorstellung), 2격 (des ersteren), 3격 (der letzteren), 1격 (der Begriff), 4격 (dasjenige), 1격 (was), 3격 (dem ... Gegenstande), 1격 (das, der Ausdruck), 1격 (ein Gegenstand), 3격 (einem Begriffe)

〈풀이 7〉

V (α)는 어떤 범주 (β)에게 최대투영체 VP (π) 내에서만 4격을 부여할 수 있다. 그러나 주어-NP (β)는 VP의 밖에 위치하므로 최대투영체 IP (π) 내에 있는 I (α)에 의해서만 1격을 받을 수 있다. 1격은 더 이상 I에 의해 VP 안으로 부여될 수 없다.

〈풀이 8〉

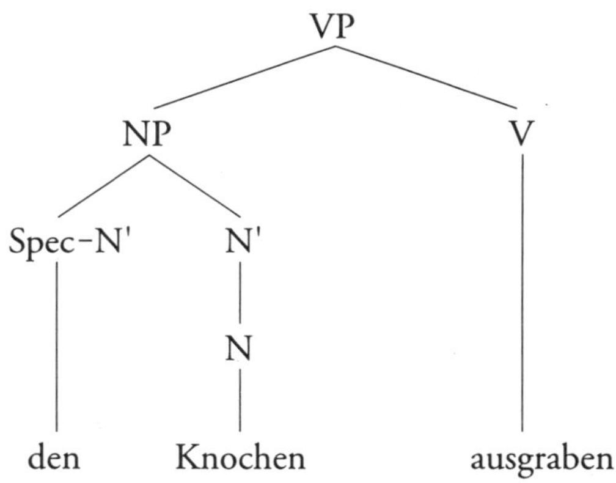

1. VP는 V'만 직접 관할하고, V' 내에 있는 모든 범주를 간접 관할한다.
2. V'는 NP 내에 있는 모든 범주를 간접 관할하고, NP와 V를 직접 관할한다. NP와 V는 자매이다.
3. V는 ausgraben을 직접 관할한다.
4. NP는 N을 간접 관할하고, Spec-N'와 N'을 직접 관할한다. Spec-N'와 N'은 자매이다.
5. Spec-N'은 den을 직접 관할한다.
6. N'는 N을 직접 관할한다.
7. N은 Knochen을 직접 관할한다.

〈풀이 9〉

아니오. 그 이유는 목적어-NP는 0유형범주가 아니기 때문이다.

〈풀이 10〉

그 이유는 blaue가 4격을 갖는 Kater의 격자질과 일치하지 않기 때문이다.

〈풀이 11〉

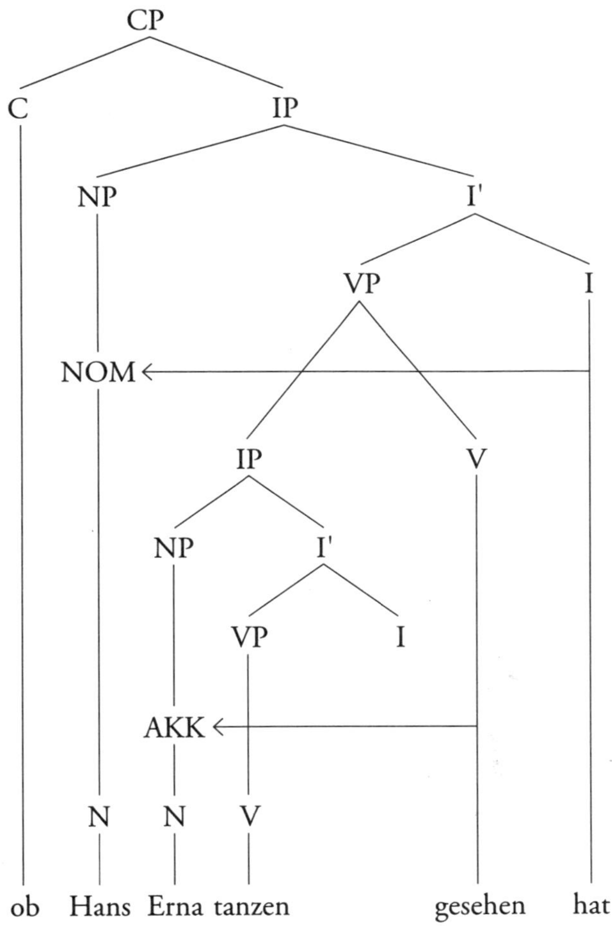

〈풀이 12〉

Hosenträger는 도구적 명사 (a)나 행위적 명사 (b)일 수 있다.

a. Helen hat einen karierten Hosenträger.

b. Helen ist keine karierte Hosenträgerin.
동사 tragen은 두 경우에서 주제-목적어 (Hosen)를 하위범주화 한다. -er는 도구 의미역 (a) 또는 행위자 의미역 (b)과 결합된다.

〈풀이 13〉

trinken: [행위자, (주제)]
verteilen: [행위자, 주제]
즉, (d)에서 필수적인 주제 의미역이 실현되지 않았다. 주제 의미역이 수의적이기 때문에 (b)는 문법적이다.

〈풀이 14〉

VP (π) 때문이다. 그것은 가장 가까이에 있는 최대투영체로서 α를 관할하기는 하지만 β를 관할하지는 못한다.

〈풀이 15〉

(68)에 따르면 간접목적어 (IO)가 [NP, VP]로 정의되기 때문에 목적 의미역은 VP 내에서 실현되어야 한다. 그러나 (66)에서 NP Putin은 문법기능 [NP, IP]을 갖는다. 그러므로 동사는 목적 의미역을 부여할 수 없다.

〈풀이 16〉

예. 가시성조건은 모든 논항은 의미역부여에 대해 가시적일 수 있기 위해서 반드시 격을 가져야한다는 것만을 의미한다. 이러한 격이 어디에서 왔는지는 아무런 상관이 없다. 그러므로 그 격은 본동사로부터도 나올 수 있다.

〈풀이 17〉

Unter der Brücke an der Isar는 hocken에 의해 의미역표시되는 PP

이다. 수의적 PP an der Isar는 Brücke에 대한 상세한 명칭이므로 제한적 부사구이다.

〈풀이 18〉

NP eine Brücke는 동사에 의해 지배되고 격(4격)표시되며 의미역(주제)표시된다. NP der Ferdi는 I에 의해 지배되므로 1격표시된다. 따라서 그것은 동사의 의미역부여에 대해 가시적이다.

〈풀이 19〉

a. $[_{CP}[_{Spec\text{-}C'i}$ Boris$][_{Cj}$ schläft$][_{IP}$ t_i $[_{I'}[_{VP}$ zu wenig $t_{j1}]$ $t_{j2}]]]$
   여기서 우선 동사어간이 흔적 t_{j1}을 남기고 I로 이동된다. 그런 후에 시제정보를 갖는 동사어간은 흔적 t_{j2}을 남기고 C로 이동된다. 만일 우리가 이러한 이동을 수행하지 않으면 부문장 어순 Boris zu wenig schläft만을 얻게 될 것이다.
b. $[_{CP}[_{Spec\text{-}C'i}$ wem$][_{C'}[_{Cj}$ hat$][_{IP}$ Gerda $[_{I'}[_{VP}$ t_i einen Korb gegeben$]$ $t_j]]]]$

〈풀이 20〉

어떻게 해석되든지 간에 우리는 지금까지 사용한 방법들을 가지고 하나의 해석만을 유도할 수 있다. 즉, 우리가 수형도에서 어떤 구를 하강시키는 변형을 허용하지 않는다면, 그리고 동사 liebt가 C^0에 위치한다면, NP jeder Mann은 그 밖의 다른 LF-이동 없이도 그리고 NP eine Frau를 IP로 부가시킨 후 조차도 항상 더 중요한 구가 될 것이다. 그 이유는 그것이 이미 CP의 지정어위치에 있기 때문이다.

〈풀이 21〉

a. 예; 예; 아니오. 그 이유는 β_3가 α_3를 관할하는 최대투영체 (VP)에 의해 관할되지 않기 때문이다.
b. α_1은 β_1을 결속한다.

〈풀이 22〉

Ferdi와 결합되는 연쇄: 〈$Ferdi_j$, t_j〉 및 기능연쇄로서 〈[NP, CP], [NP, IP]〉

weiß와 결합되는 연쇄: 〈$weiß_k$, t_{k1}, t_{k2}〉 및 기능연쇄로서 〈[C-I-V, C'], [I-V, I'], [V, V']〉. 중요한 구조는 다음과 같다.

[$_{CP}$ $Ferdi_j$ [C' $weiß_k$ [$_{IP}$ t_j [$_{I'}$[$_{VP}$[$_{CP}$ wer wieder vermisst wird] t_{k2}] t_{k1}]]]]

〈풀이 23〉

wen의 이동은 두 개의 경계마디를 넘어 지나간다. 그러므로 여기서는 그 이론에 의해 하위인접조건위반이 잘못 예측된다.

〈풀이 24〉

(99b)에서 NP einen Affen은 넓은 작용역을 갖는다. 이것은 다른 운용소를 성분통어한다. (99c)에서 NP wen은 다른 운용소를 성분통어하기 때문에 넓은 작용역을 갖는다. 유감스럽게도 주문장의 논리형태는 문제로 남는다.

〈풀이 25〉

아니오. 즉, 지배는 (126b)에서 관할에 의해 제한된다. 그리고 이것은 음소와 아무런 관계가 없다. 만일 구조기술 (122a)가 옳다면 (126b)가 요구하듯이 CP는 NP_2에 의해 관할되지 않는다. 우리가 핵심어가 투영선에 나타나는 모든 구를 지배할 수 있다는 것을 원한다면 관할의 개념으로 처리해서는 안 될 것이다.

〈풀이 26〉

(a)에서 Ferdi가 의미역위치로 이동되었기 때문이다. 그로 인해서 의미역기준이 위반된다.

〈풀이 27〉

a. [$_{CP}$ Wer$_i$ [$_{C'}$ schläft$_j$ [$_{IP}$ t$_i$ [$_{I'}$[$_{VP}$ t$_j$] t$_j$]]]]

b. [$_{CP}$ Wann$_i$ [$_{C'}$ sagte$_j$ [$_{IP}$ der Ferdi [$_{VP}$[$_{CP}$ t$_i$ [$_{C'}$ habe$_k$ [$_{IP}$ die Trudi [$_{I'}$[$_{VP}$ t$_i$ [$_{VP}$ ihn angerufen]] t$_k$]]]] t$_j$] t$_j$]]]
(141b)에서 우리는 VP-부가위치를 시간부사적 규정어의 기본위치로 가정했다. 이것은 무조건 그럴 필요는 없다.

〈풀이 28〉

a. 핵심어 consider는 NP chicken을 지배한다. 그 이유는 첫째 consider를 관할하는 모든 최대투영체가 chicken도 관할하기 때문이고, 둘째 그들 둘 사이에 장벽이 없기 때문이다. β = chicken이 AP에 의해 포함되지 않기 때문에 AP는 장벽이 될 수 없다.

b. 아니오. 그 이유는 chicken을 의미역표시하는 핵심어가 intelligent이기 때문이다. AP의 아래에 있는 분절 즉, 최대투영체가 존재하는데, 이것이 α = intelligent는 관할 하지만 β = chicken는 관할하지 못하기 때문에 핵심어는 그 NP를 지배하지 않는다.

c. consider는 AP와, 그리고 IP의 주어-NP John을 선택한다. intelligent는 AP의 주어-NP chicken을 선택한다. does는 VP를 선택한다.

〈풀이 29〉

a. 동사는 주어-NP das Baby와 목적어-NP das Haus를 선택한다.

b. 예. 그 이유는 지배자 V의 첫 번째 최대투영체가 보충어-NP도 관할하는 VP이기 때문이다. 이 NP는 선택되어 있고, 보충어의 핵심어는 동사의 부분이다. 게다가 N-핵심어와 흔적은 이동의 지수에 의해 공지시되어 있다 (엄밀지배).

c. 주어흔적은 엄밀지배되지 않는다. VP는 선행어 α (동사에 통합된 N-핵심어)를 관할하지만, 흔적 β를 관할하지 못하는 첫 번째 최대투영체로서 주어흔적의 지배를 방해하고 있다.

동사가 시제자질을 지니고 있고 I에 놓여있다는 것이 아마도 여러분의 관심을 끌 것이다. 주어진 설명을 유지하기 위해 우리는 사실상 N이 동사의 기본위치로 통합된 것이지 유도된 위치로 통합된 것이 아니라는 것으로부터 출발해야 한다.

〈풀이 30〉

a. [$_{CP}$ Wann$_j$ fragte$_i$ [$_{IP}$ Ferd$_i$ [$_{VP}$ t$_j$ [$_{VP}$ den Sepp [$_{CP}$ t$_j$ macht$_k$ [$_{IP}$ der Kiosk [$_{VP}$ t$_j$ [$_{VP}$ dicht t$_k$]] t$_k$]] t$_i$]] t$_i$]]
b. Wann은 부가어 (Adjunkt)이고, 따라서 결코 선택되지 않는다.
c. 부가어이동에서 선행지배는 항상 필수적이다. 그러므로 wann은 VP에 각각 부가되어야 하고, 의존문장의 CP의 지정어위치를 넘어 이동되어야 한다.

〈풀이 31〉

(137a)에서 AcI-동사 sah는 IP를 선택하고 보문의 주어위치도 지배하고 그곳에 구조격을 할당하기는 하지만, wen과 의미역지수도 이동의 지수도 공유하지 않는다. 그러므로 의문사-흔적은 sah에 의해 엄밀지배되지 않고 유일하게 wen 자체의 선행지배에 의해서만 엄밀지배된다. VP에서 I^0로 그리고 거기로부터 C^0로 동사가 이동하는 것은 wen$_i$에 의한 t$_i$의 선행지배를 비로소 가능하게 하는데, 그 이유는 동사이동을 통해서 CP, IP 그리고 VP의 핵심어들이 더 이상 명시적이지 않기 때문이다. 물론 핵심어 I^0은 AcI-주어를 선택하지 않기 때문에 보문-IP는 지배에 대한 장벽이 될 수 없다. 동사이동의 흔적도 마찬가지로 선행지배에 근거하여 동사에 의해 엄밀지배된다.

(137b)에서도 모든 흔적은 선행지배를 통해 엄밀지배된다. 이러한 설명은 scheinen이 격을 할당할 수 없고, 동사 scheint가 I^0-위치까지만 이동되었다는 것을 제외하고 (137a)에서와 아주 똑같다.

〈풀이 32〉

(160)에서 Gianni가 VP로 부가되었음에도 불구하고 주어흔적은 공통의 일치지수를 통해 I에 의해 엄밀지배되어 있다. (161)의 주어흔적도 I에 의해 엄밀지배된다. 이것이 아마도 이탈리아어의 흔적일 것이다. 그러므로 보문소-흔적 효과는 존재하지 않는다.

〈풀이 33〉

1. α 이동시 공지시: 이것은 S-구조에서 D-구조 정보를 찾는데 도움이 된다. 이것은 연쇄의 모든 성분을 위한, 그리고 선행어에 의한 엄밀지배를 위한 조건으로서 반드시 필요하다.
2. 의미역표시에 의한 공지시: 이것은 LF에서 가시성을 넘어 전달되는 구조적 의미역부여를 허용하고 어휘범주에 의한 엄밀지배를 위해 반드시 필요하다.
3. 일치에 의한 공지시: 이것은 서로 다른 어순의 문장에서도 논항의 문법기능을 예측하게 해준다. 강한 (대명사적) 일치-요소 (AGR/I)를 갖는 이탈리아어와 왈비리어 같은 언어에서 일치지수는 엄밀지배를 위해 충분할 수 있다.
4. 결속의 공지시: 이것은 NP들의 영역에 의존하는 지시적 관계나 관계없음을 설명하게 해 준다. 이것은 결속조건을 위해, 해석을 위해 그리고 흔적의 연쇄형성을 위해 중요하다.
5. 통제의 공지시: 이것은 해석을 예측하게 해준다. PRO는 그의 통제자의 지수를 받는다. 이러한 공지시는 종종 의미적인 것으로 혹은 어휘적인 것으로 간주된다. 그러므로 이것은 가장 적게 형식화되어 있다.

〈풀이 34〉

a. 대용어 einander는 그의 지배영역에서 반드시 논항-결속되어야 한다. Ferdi만이 선행어로서 잠재적으로 고려된다. 그러나 이 NP는 수(Numerus) 때문에 선행어가 될 수 없다. 그래서 결속원리 A

를 위반한다.

b. einander가 그의 지배영역 내에서 논항-결속되지 않았기 때문에 (a)에서처럼 결속원리 A를 위반한다.

c. 대용어 sich는 주어이고 I에 의해 지배된다. 그러나 sich는 그의 지배영역 내에 선행어를 갖지 못한다. 그러므로 (a)와 (b)에서처럼 결속원리 A를 위반한다.

d. 대명사는 그의 의도된 선행어를 성분통어한다. 그럼으로써 조건 (171)을 위반한다.

〈풀이 35〉

a. 통제동사 versprechen은 주문장의 주어인 Trudi를 보문의 PRO-주어에 대한 통제자로 선택한다. 상호대용어 einander는 그의 지배영역 즉, 부정법문장에서 PRO를 통해 반드시 논항-결속되어야 한다. 그럼으로써 자질충돌이 생긴다. 즉, einander는 복수의 선행어를 필요로하는 반면 PRO는 단수의 NP에 의해 통제된다. einander가 그의 지배영역에서 논항결속되지 않았거나, 아니면 versprechen이 요구하는 바처럼 PRO가 주문장 주어에 의해 통제되지 않는다.

b. Trudi는 versprechen에 의해 PRO의 통제자로 선택되고, sich는 그의 지배영역에서 PRO에 의해 논항-결속되어 있다. 모든 자질이 일치한다. 모두가 맞는다.

c. sich는 그의 지배영역에서 PRO에 의해 논항-결속되어 있다. 그러나 여기서 PRO 자체는 음성적으로 실현된 통제자를 가지고 있지 않다. 물론 이러한 진술이 독립적인 근거로 인해 참이라는 것이 부담으로 다가온다.

〈풀이 36〉

일반적으로 음성적으로 실현된 NP는 의미역을 갖는다. 음성적으로 비어 있는 부정법의 주어 (PRO)도 의미역을 가져야 한다. 그러나 이것은 구조적으로 격표시되지 않는다. 가시성조건 (72) 때문에 논항들은 격표시되어야 한다. 그 이유는 그렇지 않으면 의미역이 부여될 수 없어 투영원리를 위반할 것이기 때문이다. PRO가 고유격을 가지므로 가시적이라는 촘스키의 제안이 정말로 옳은지 아닌지를 우리는 결정하지 않고 그대로 둔다. (우리는 촘스키가 우리의 이러한 비판에 대해 용서해 주기를 바란다.)

참고문헌

입문서

Anderson, S./Lightfoot, D. (2002), The language organ. Cambridge.

Bayer, J. (Hrsg.) (1987), Grammatik und Kognition. LB, Sonderheft 1.

Bergenholtz, J./Mugdan, J. (1979), Einführung in die Morphologie. Stuttgart.

Bußmann, H. (2002), Lexikon der Sprachwissenschaft. Stuttgart.

Fanselow, G./Felix, S. (1990²), Sprachtheorie. Eine Einführung in die generative Grammatik. Tübingen

Fodor, J.A. u.a. (1974), The psychology of language: An introduction to psycholinguistics and generative grammar. New York.

Fromkin, V.A./Rodman, R. (1998), An introduction to language. New York.

Fromkin, V.A. u.a. (Hrsg.) (2000), Linguistics: An introduction to linguistic theory. Oxford.

Grewendorf, G. u.a. (1987), Sprachliches Wissen. Frankfurt/M.

Haegeman, L. (1991), Introduction to government and binding theory. Cambr./Mass.

Haider, H. (1993), Deutsche Syntax – Generativ. Tübingen.

Jackendoff, R. (2002), Foundations of language: Brain, meaning, grammar, evolution. Oxford.

Meibauer, J. u.a. (2002), Einführung in die germanistische Linguistik.

Stuttgart.
Osherson, D.N./Lasnik, H. (Hrsg.) (1990), Language. An invitation to cognitive science. Cambr./Mass.
Paul, H. (1897), Deutsches Wörterbuch. 10. Auflage 2002. Tübingen.
Radford, A. (1986), Transformational syntax. Cambridge.
Radford, A. u.a. (1999), Linguistics: An Introduction. Cambridge.
Riemsdijk, H./Williams, E. (1986), Introduction to the theory of grammar. Cambr./Mass.
Stechow, A. von/Sternefeld, W. (1988), Bausteine syntaktischen Wissens. Ein Lehrbuch der generativen Grammatik. Opladen.

제 1장 학문의 가치

Botha, R. (1992), Twentieth century conceptions of language. The metaphysics market. Oxford.
Carroll, L. (Charles L. Dodgson) (1971), Through
Chomsky, N. (1981), Regeln und Repräsentationen. Frankfurt/M.
Chomsky, N. (1986), Knowledge of language: Its nature, origin, and use. New York.
Chomsky, N. (2002), On nature and language. Cambridge.
Cohen, D. (Hrsg.) (1974), Explaining linguistic phenomena. New York.
Cohen, D./Wirth, J. (Hrsg.) (1975), Testing linguistic hypotheses. New York.
Fodor, J.A. (1968), Psychological explanation. Cambr./Mass.
Fodor, J.A. (1983), The modularity of mind. Cambr./Mass.
Hornstein, N./Lightfoot, D. (Hrsg.) (1981), Explanation in linguistics.

London.

Kuhn, T.S. (1976), Die Struktur wissenschaftlicher Revolutionen. Frankfurt/M.

Leuninger, H. (1979), Reflexionen über die Universalgrammatik. Frankfurt/M.

Popper, K.R. (1976), Logik der Forschung. Tübingen.

제 2장 음성학과 음운론

Chomsky, N./Halle, M. (1968), The sound pattern of English. New York.

Clements, G.N. (1985), The geometry of phonological features. PY 2, S. 225-252.

Clements, G.N./Keyser, S.J. (1983), CV phonology. A generative theory of the syllable. Cambr./Mass.

Goldsmith, J.A. (Hrsg.) (1995), The handbook of phonological theory. Cambridge.

Hall, T.A. (2000), Phonologie. Eine Einführung. Berlin.

Hulst, H. van der/Smith, N. (Hrsg.) (1985), Advances in nonlinear phonology. Dordrecht.

Kaye, J. (1989), Phonology: a cognitive view. Hillsdale.

Kenstowicz, M./Kisseberth, Ch. (1977), Topics in phonological theory. New York.

Kiparsky, P. (1982), Explanation in phonology. Dordrecht.

Kiparsky, P. (1985), Some consequences of lexical phonology. PY 2, S. 85-138.

Klein, M. (1986), Zur Theorie der phonologischen Markiertheit. Methodologische und empirische Probleme. Diss. Frankfurt/M.

Kloeke, W. van Lessen (1982), Deutsche Phonologie und Morphologie. Merkmale und Markiertheit. Tübingen.

Prinzhorn, M. (Hrsg.) (1990), Phonologie. LB, Sonderheft 2. Wiesbaden.

Ramers, K.-H. (2001), Einführung in die Phonologie. München.

Spencer, A. (1998), Phonology. Oxford.

Wiese, R. (1987), Phonologie und Morphologie des Umlauts im Deutschen. ZfS 6, S. 227-248.

Wiese, R. (1988), Silbische und lexikalische Phonologie. Studien zum Chinesischen und Deutschen. Tübingen.

Wiese, R. (2000), The phonology of German. Oxford.

제 3장 형태론

Bartke, S. (1998), Experimentelle Studien zur Flexion und Wortbildung. Tübingen.

Clahsen, H./Rothweiler, M. (1993), Inflectional rules in children's grammar: Evidence from German participles. In: Booij, G./van Merle, J. (Hrsg.), Yearbook of Morphology 1992. S. 1-34.

Di Sciullo, A.M./Williams, E. (1987), On the definition of word. Cambr./Mass.

Halle, M. (1973), Prolegomena to a theory of word formation. LI 4, S. 3-16.

Höhle, T. (1982), Über Komposition und Derivation: Zur

Konstituentenstruktur von Wortbildungsprodukten im Deutschen. ZfS 1, S. 76-112.

Lieber, R. (1980), On the organization of the lexicon. Cambr./Mass.

Marantz, A. (1982), Re reduplication. LI 13, S. 435-482.

McCarthy, J.J. (1981), A prosodic theory of nonconcatenative morphology. LI 12, S. 373-418.

Moravcsik, E.A. (1978), Reduplicative constructions. In: Greenberg, J.H. (Hrsg.), Universals of human language. Bd. 3, Stanford.

Olsen, S. (1986), Wortbildung im Deutschen. Stuttgart.

Olsen, S. (1990), Konversion als ein kombinatorischer Wortbildungsprozeß. LB 127, S. 185-216.

Olsen, S. (1990), Zum Begriff des morphologischen Heads. Deutsche Sprache, Zeitschrift für Theorie, Praxis, Dokumentation 18, S. 126-147.

Ramers, K.-H. (1997), Die Kunst der Fuge. Zum morphologischen Status von Verbindungselementen in Nominalkomposita. In: Dürscheid, C. u.a. (Hrsg.), Sprache im Fokus. Tübingen.

Selkirk, E.O. (1982), The syntax of words. Cambr./Mass.

Spencer, A. (1996), Morphological Theory. Oxford.

Spencer, A./Zwicky, A. (Hrsg.) (1998), The handbook of morphology. Oxford.

Williams, E. (1981), Argument structure and morphology. LI 1, S. 81-114.

Wunderlich, D./Fabri, R. (1995), Minimalist Morphology. An approach to inflection. ZfS 14, S. 239-294.

Wurzel, W.U. (1975), Die Klassifizierung der deutschen Substantive und die morphologische Markiertkeit. In: Kiefer, F. (Hrsg.), Morphologie und generative Grammatik. Frankfurt/M.

제 4장 통사론

Aoun, J./Sportiche, D. (1983), On the formal theory of government. LR 3, S. 211-235.

Baker, M.C. (1988), Incorporation. A theory of grammatical function changing. Chicago.

Chomsky, N. (1981), Lectures on government and binding. Dordrecht.

Chomsky, N. (1986), Barriers. Cambr./Mass.

Chomsky, N. (1995), Aminimalist program for linguistic theory. Cambridge (Mass.).

Chomsky, N./Lasnik, H. (1991), Principles and parameters theory. In: Jacobs, J. u.a. (Hrsg.), Syntax: An international handbook of contemporary research. Berlin.

Culicover, P.W. u.a. (Hrsg.) (1977), Formal Syntax. New York.

Grewendorf, G. (2002), Minimalistische Syntax. Tübingen.

Haegemann, L. (1994), Introduction to Government-Binding-Theory. Oxford.

Hale, K. (1981), On the position of Walbiri in a typology of the base. IULC.

Huang, C. (1981), Move-wh in a language without wh-movement. LR 1, S. 369-416.

Jakobs, J. (1993), Syntax. Ein internationales Handbuch zeitgenössischer Forschung. Berlin.

Kayne, R. (1984), Connectedness and binary branching. Dordrecht.

Koster, J. (1987), Domains and dynasties. The radical autonomy of syntax. Dordrecht.

Lenerz, J. (1977), Zur Abfolge nominaler Satzglieder im Deutschen.

Tübingen.
May, R. (1985), Logical form. Its structure and derivation. Cambr./Mass.
Ouhalla, J. (1991), Functional categories and parametric variation. London.
Pollock, J.-Y. (1989), Verb movement, universal grammar, and the structure of IP. LI 20, S. 365-424.
Radford, A. (1997), Syntactic theory and the structure of English. A minimalist approach. Cambridge.
Rizzi, L. (1990), Relativized minimality. Cambr./Mass.
Sternefeld, W. (1991), Syntaktische Grenzen. Opladen.
Williams, E. (1980), Predication. LI 11, S. 203-238.

제 5장 심리언어학

Abd-El-Jawad, H./Abu-Salim, I. (1987), Slips of the tongue in Arabic and their theoretical implications. Language Sciences 9, S. 145-171.
Anderson, J.R. (1983), The architecture of cognition. Cambr./Mass.
Bickerton, D. (1984), The language bioprogram hypothesis. BBS 7, S. 173-221.
Buckingham, H.W. (1986), The scan-copier mechanism and the positional level of language production: Evidence from phonemic paraphasia. Cognitive Science 10, S. 195-217.
Butterworth, B. (Hrsg.) (1980), Language production. London.
Carlson, G.N./Tanenhaus, M.K. (Hrsg.) (1989), Linguistic structure in language processing. Dordrecht.

Clahsen, H. (1987), Normale und gestörte Kindersprache. Düsseldorf.

Clifton, L./Frazier, L. (1986), The use of syntactic information in filling gaps. JPR 15, S. 209-224.

Cooper, W.E./Walker, E.C.T. (Hrsg.) (1979), Sentence processing: Psycholinguistic studies presented to Merill Garrett. Hillsdale.

Curtiss, S. (1988), Abnormal language acquistion and grammar: Evidence for the modularity of language. In: Hyman/Li (Hrsg.); (siehe Lit. zu Kap. 7).

Cutler, A. (Hrsg.) (1982), Slips of the tongue and language production. Amsterdam.

Dell, G.S. (1986), A spreading-activation theory of retrieval in sentence production. Psychological Review 93, S. 283-291.

Dell, G.S./Reich, P.A. (1981), Stages in sentence production: An analysis of speech error data. JVLVB 20, S. 611-629.

Dietrich, R. (2002), Psycholinguistik. Stuttgart.

Dowty, D.R. u.a. (Hrsg.) (1985), Natural language parsing. Cambr./ Mass.

Eimas, P.D. (1985), Sprachwahrnehmung beim Säugling. SdW 3, S. 76-83.

Felix, S. (1987), Cognition and language growth. Dordrecht.

Fergusson, C.A./Slobin, D.I. (Hrsg.) (1973), Studies in child language development. New York.

Fodor, J.A./Pylyshyn, Z.W. (1988), Connectionism and cognitive architecture. Cg 28, S. 3-71.

Forster, K.I. (1976), Accessing the mental lexicon. In: Wales/Walker (Hrsg.).

Frazier, L. u.a. (1983), Filling gaps: Decision principles and structure in sentence comprehension. Cg 13, S. 187-222.

Frazier, L./Rayner, K. (1982), Making and correcting errors during sentence comprehension: Eye movements in the analysis of structurally ambiguous sentences. CP 14, S. 178-210.

Fromkin, V.A. (Hrsg.) (1973), Speech errors as linguistic evidence. Den Haag.

Fromkin, V.A. (Hrsg.) (1980), Errors in linguistic performance: Slips of the tongue, ear, pen, and hand. New York.

Garrett, M.F. (1975), The analysis of sentence production. In: Bower, G. (Hrsg.), The psychology of learning and motivation. New York.

Gordon, P. (1985), Level-ordering in lexical development. Cg 21, S. 73-93.

Guilfoyle, E./Noonan, M. (1988), Functional categories and language acquisition. Ms. McGill University.

Hohenberger, A. (2002), Functional Categories in Language Acquisition. Self-Organization of a Dynamical System. Tübingen.

Hyams, N. (1986), Language acquisition and the theory of parameters. Dordrecht.

Keller, J. (1990), Konnektionismus - ein neues Paradigma zur Wissensrepräsentation? LB 128, S. 298-331.

Klein, W. (2000), Prozesse des Zweitspracherwerbs. In: Grimm, H. (Hrsg.), Enzyklopädie der Psychologie, Bd. 3: Sprachentwicklung. Göttingen, S. 537-570.

Lenneberg, E.H. (1972), Biologische Grundlagen der Sprache. Frankfurt/M.

Leuninger, H. (1986), Modularität und Autonomie von Sprachverarbeitungssystemen. FLF 1, S. 22-39.

Leuninger, H. (1988), Das ist wirklich ein dickes Stück: Überlegungen zu einem Sprachproduktionsmodell. In: Bayer (Hrsg.), S. 24-40; (siehe Lit. zu Einf.).

Leuninger, H. u.a. (1972), Psycholinguistik. Ein Forschungsbericht.

Frankfurt/M.

Leuninger, H. u.a. (1974), Linguistik und Psychologie. Ein Reader. Frankfurt/M.

Levelt, W. (1989), Speaking. From intention to articulation. Cambr./Mass.

Marcus, M. (1980), A theory of syntactic recognition for natural language. Cambr./Mass.

Marslen-Wilson, W. (1973), Speech shadowing and speech perception. Diss., Cambr./Mass.

Marslen-Wilson, W./Welsh, A. (1978), Processing interactions and lexical access during word recognition in continuous speech. CP 10, S. 29-63.

McClelland, J.L./Rumelhardt, D.E. (Hrsg.) (1986), Parallel distributed processing: Explorations in the microstructure of cognition. Bd. 2. Cambr./Mass.

Mehler, J. u.a. (Hrsg.) (1982), Perspectives on mental representation. New Jersey.

Meisel, J. (Hrsg.) (1992), Bilingual first language acquisition: French and German grammatical development. Amsterdam.

Meringer, R./Mayer, C. (1895), Versprechen und Verlesen. Eine psychologisch-linguistische Studie. Stuttgart. Nachdruck 1978. Amsterdam.

Miller, G.A./Gildea, P.M. (1987), Wie Kinder Wörter lernen. SdW 11, S. 120-125.

Müller, N. (Hrsg.) (2003), (In)vulnerable domains in multilingualism. Amsterdam.

Penner, Z. (2000), Phonologische Entwicklung. Eine Übersicht. In: Grimm, S. 105-140.

Piattelli-Palmarini, M. (Hrsg.) (1980), Language and learning: The debate between Chomsky and Piaget. Cambridge (Mass.).

Pinker, S. (1984), Language learnability and language development. Cambr./Mass.

Pinker, S. (1987): The bootstrapping Problem in Language Acquisition. In: MacWhinney, B. (Hrsg.): Mechanisms of Language Acquisition. Hillsdale, NJ., 399-441.

Pinker, S. (1996): Der Sprachinstinkt. Wie der Geist die Sprache bildet. München.

Radford, A. (1990), Syntactic theory and the acquisition of English syntax. Cambr./Mass.

Roche, J.M. (1986), Deutsche Xenolekte. Diss., Frankfurt/M.

Roeper, T./Williams, E. (Hrsg.) (1987), Parameter setting. Dordrecht.

Rosch, E. u.a. (1976), Basic objects in natural categories. Cognitive Psychology 8, S. 382-439.

Rothweiler, M. (Hrsg.) (1990), Spracherwerb und Grammatik. LB, Sonderheft 3.

Rumelhardt, D.E./McClelland, J.L. (Hrsg.) (1986), Parallel distributed processing: Explorations in the microstructure of cognition, Bd.1. Cambr./Mass.

Samuel, A.G. (1981), The role of bottom-up confirmation in the phonemic restoration illusion. Journal of Experimental Psychology: Human Perception and Performance 7, S. 1124-1131.

Schade, U. (1992), Konnektionismus. Zur Modellierung der Sprachproduktion. Opladen.

Snow, C.E. (1972), Mother's speech to children learning language. Child development 43, S. 549-565.

Stemberger, J.P./Lewis, M. (1986), Reduplication in Ewe: Morphological accommodation to phonological error. PY 3, S. 151-160.

Taft, M./Forster, K.I. (1975), Lexical storage and retrieval of prefixed words. JVLVB 14, S. 636-647.

Tracy, R. (1990), Spracherwerb trotz Input. LB Sonderheft 3, S. 22-49.

Tracy, R. (1991), Sprachliche Strukturentwicklung: Linguistische und kognitionspsychologische Aspekte. Tübingen.

Tracy, R. (2000), Sprache und Sprachentwicklung: Was wird erworben? In: Grimm, H. (Hrsg.), Enzyklopädie der Psychologie, Bd. 3: Sprachentwicklung. Göttingen, S. 3-39.

Tracy, R./Gawlitzek-Maiwald, I. (2000), Bilingualismus in der frühen Kindheit. In: Grimm, H. (Hrsg.), Enzyklopädie der Psychologie, Bd. 3: Sprachentwicklung. Göttingen, S. 495-536.

Wales, J.R./Walker, E. (Hrsg.) (1976), New approaches to language mechanisms. Amsterdam.

Walker, E. (Hrsg.) (1979), Sentence processing: Psycholinguistic studies. Hillsdale.

Wanner, E./Gleitman, L.R. (Hrsg.) (1982), Language acquisition: The state of the art. New York.

Warren, R. (1970), Perceptual restoration of missing speech sounds. Science 167, S. 392-393.

Weissenborn, J. & Höhle, B. (2000) (Hrsg.): Approaches to Bootstrapping. Phonological, Lexical, Syntactic, and Neurophysiological Aspects of Early Language Acquisition. Amsterdam: Benjamins.

Weissenborn, J. (1996), Kinder steigen mit schlafwandlerischer Sicherheit in das System der Muttersprache ein. (Interview), FLF 19, S. 89-102.

Weissenborn, J. (2000), Der Erwerb von Morphologie und Syntax. In: Grimm, S. 141-170.

White, L. (1982), Grammatical theory and language acquisition. Dordrecht.

제 6장 신경언어학

Andreewsky, E./Seron, X. (1975), Implicit processing of grammatical rules in a classical case of agrammatism. Cortex 11, S. 379-390.

Arbeitsgruppe Psycholinguistik und Aphasieforschung (1989), Modulare Sprachverarbeitung. Evidenz aus der Aphasie. FLF, Sondernummer 2.

Bierwisch, M. (1972), Schriftstruktur und Phonologie. Probleme und Ergebnisse der Psychologie 43, S. 21-44.

Blanken, G. (Hrsg.) (1991), Einführung in die linguistische Aphasiologie. Freiburg.

Blanken, G. u.a. (Hrsg.) (1988), Neuro- und psycholinguistische Modelle zur menschlichen Spracherzeugung. Freiburg.

Butterworth, B./Howard, D. (1987), Paragrammatism. Cg 26, S. 1-37.

Caplan, D. (1987), Neurolinguistics and linguistic aphasiology. Cambridge.

Caplan, D. u.a. (Hrsg.) (1984), Biological perspectives on language. Cambr./Mass.

Coltheart, M. u.a. (Hrsg.) (1987), Deep dyslexia. London.

Coltheart, M./Sartori,G. (Hrsg.) (1987), The cognitive neuropsychology of language. London.

de Bleser, R. (2003), Formen und Erklärungsmodelle der erworbenen Dyslexien. In: Blanken, G. (Hrsg.), Einführung in die linguistische Aphasiologie. Trier.

Ellis, A./Young, A. (1991), Einführung in die kognitive Neuropsychologie. Bern.

Grodzinsky, Y. (1984), The syntactic characterization of agrammatism. Cg 16., S. 99-120.

Grodzinsky, Y. (1990), Theoretical perspectives on language deficits. Cambr./Mass.

Kean, M.-L. (Hrsg.) (1985), Agrammatism. Orlando.

Kertesz, A. (1979), Aphasia and associated disorders. Taxonomy, localization, and recovery. Orlando.

Klein, M./Leuninger, H. (1990), Gestörtes und nicht gestörtes Sprachverhalten: Zur Analyse lautlicher Fehlleistungen im Rahmen nicht-linearer phonologischer Theorien. FLF 8, S. 1-17.

Kleist, K. (1934), Kriegsverletzungen des Gehirns in ihrer Bedeutung für die Hirnlokalisation und Hirnpathologie. In: Bonhoeffer, K. (Hrsg.), Handbuch der ärztlichen Erfahrungen im Weltkriege 1914-1918, Bd. 4. Leipzig.

Langen, E.G. de (1983), Wortkategorielle Aspekte und Fehlerspezifik der Tiefenalexie auf Wort- und Satzebene. Diss., München.

Leuninger, H. (1989), Neurolinguistik. Probleme, Paradigmen, Perspektiven. Opladen.

Marshall, J.C./Newcombe, F. (1973), Patterns of paralexia: a psycholinguistic approach. JPR 2, S. 175-199.

Patterson, K.E. u.a. (1988), Surface dyslexia: Neuropsychological and cognitive analyses of phonological reading. London.

Penke, M. (1998), Die Grammatik des Agrammatismus. Eine linguistische Untersuchung zu Wortstellung und Flexion bei Broca-Aphasie. Tübingen.

Pick, A. (1913), Die agrammatischen Sprachstörungen. Studien zur psychologischen Grundlegung der Aphasielehre. Monographien aus dem Gesamtgebiete der Neurologie und Psychiatrie. Berlin.

Poeck, K. (Hrsg.) (1989), Klinische Neuropsychologie. Stuttgart.

Radigk, W. (Hrsg.) (1988), Sprache und Sprachstörungen. Dortmund.

Stachowiak, H. (1979), Zur semantischen Struktur des subjektiven

Lexikons. München.

Stanschus, S. (1990), Psycholinguistische und phonologische Betrachtungen zur Oberflächendyslexie. MA, Frankfurt/M.

Tesak, J. (1990), Agrammatismus. Ergebnisse und Probleme der Forschung. Neurolinguistik 4, S. 1-42.

Wernicke, C. (1874), Der aphasische Symptomenkomplex. Breslau.

제 7장 수화언어

Beecken, A. u.a. (1999), Grundkurs Deutsche Gebärdensprache. Stufe I. Lehrbuch Hamburg.

Beecken, A. u.a. (2002), Grundkurs Deutsche Gebärdensprache. Stufe I. Arbeitsbuch. Hamburg.

Beecken, A. u.a. (2002), Grundkurs Deutsche Gebärdensprache. Stufe II. Lehrbuch für Lehrende. Hamburg.

Beecken, A. u.a. (2002), Grundkurs Deutsche Gebärdensprache. Stufe II. Arbeitsbuch für Lehrende. Hamburg.

Bellugi, U. u.a. (1981), Brain organization for language: Clues from sign aphasia. Human Neurobiology 2, S. 155-170.

Bellugi, U. u.a. (1988), Sign language and the brain. In: Plum, F. (Hrsg.), Language, communication, and the brain. New York.

Bellugi, U./Studdert-Kennedy, M. (Hrsg.) (1980), Biological constraints on linguistic form. Weinheim.

Boyes Braem, P. (1992^2), Einführung in die Gebärdensprache und ihre Erforschung. Internationale Arbeiten zur Gebärdensprache und Kommunikation Gehörloser. Bd. 11, Hamburg.

Brentari, D. (1998), A prosodic model of sign language phonology. Cambr./Mass.

Corina, D. u.a. (1999), Neuropsychological studies of linguistic and affective facial expressions in deaf signers. Language and Speech 42, S. 307-331.

Emmorey, K. (2002), Language cognition and the brain. Insides from sign language research. Mahwah, New Jersey.

Happ, D. (2000), DGS. Deutsche Gebärdensprache 1. Sonderheft FLF.

Happ, D. (2001), DGS. Deutsche Gebärdensprache 2. Sonderheft FLF.

Happ, D. u.a. (1998), Ich sehe was, was du nicht hörst. Struktur, Erwerb und Verwendung der Deutschen Gebärdensprache. Forschung Frankfurt 3, S. 4-11.

Hyman, L./Li, C. (Hrsg.) (1988), Language, speech and mind. Studies in honour of Victoria A. Fromkin. London.

Keller, J. (1998), Aspekte der Raumnutzung in der Deutschen Gebärdensprache. Hamburg.

Keller, J (1998), Mundbilder und Sprachkontakt. Prolegomena zu einer Kinematik und Phonologie von Mundbildern in der Deutschen Gebärdensprache. Das Zeichen 45, S. 424-442.

Keller, J. (2001), AGR in der Deutschen Gebärdensprache. In: Leuninger, H./Wempe, K. (Hrsg.), Gebärdensprachlinguistik 2000. Theorie und Anwendung. Hamburg, S. 33-66.

Keller, J. (2001), Multimodal representations and the linguistic status of mouthings in German Sign Language. In: Boyes Braem, P./Sutton Spence, R. (Hrsg.), The hand is the head of the mouth. Mouthings and mouth gestures in Sign Languages. Hamburg. S. 191-230.

Keller, J. u.a. (2003), Sign language production: slips of the hand and their repairs in German Sign Language (DGS). In: Baker, A. u.a. (Hrsg.), Cross-linguistic perspectives in sign language research.

Selected papers from TISLR 2000. Hamburg. S. 307-333.

Keller, J./Rech, T. (1992), Gegen Vorurteile: Gebärdensprache. FLF 13, S. 3-23.

Klima, E. u.a. (1988), The neurolinguistic substrate for sign language. In: Hyman/Li (Hrsg.).

Klima, E./Bellugi, U. (1979), The signs of language. Cambr./Mass.

Leuninger, H. (2000), Mit den Augen lernen: Gebärdenspracherwerb. In: Grimm, H. (Hrsg.), Enzyklopädie der Psychologie, Bd. III: Sprachentwicklung. Göttingen, S. 229-270.

Leuninger, H. (Hrsg.) (2004), Sprachproduktion im Vergleich: Deutsche Lautsprache und Deutsche Gebärdensprache. In: Rickheit, G. (Hrsg.), Handbuch Psycholinguistik. Berlin.

Leuninger, H. (2004), Gebärdensprachen: Struktur, Erwerb, Verwendung. Sonderheft LB.

Leuninger, H./Wempe, K. (Hrsg.) (2001), Gebärdensprachlinguistik 2000 - Theorie und Anwendung. Hamburg.

Lillo-Martin, D.C. (1991), Universal grammar and American Sign Language. Setting the null argument parameters. Dordrecht.

Padden, C.A. (1988), Interaction of morphology and syntax in ASL. Diss. London.

Poizner, H. u.a. (1990), Was die Hände über das Gehirn verraten. Hamburg.

Stokoe, W. u.a. (1976), A dictionary of American Sign Language. Silver Springs.

Wilbur, R. (1987), American Sign Language. Linguistic and applied dimensions. Boston.

참고문헌에 대한 약어

BBS	The Behavioral and Brain Sciences
Cg	Cognition
CP	Cognitive Psychology
FLF	Frankfurter Linguistische Forschungen
IULC	Indiana University Linguistics Club
JPR	Journal of Psycholinguistic Research
JVLVB	Journal of Verbal Learning and Verbal Behavior
LB	Linguistische Berichte
LI	Linguistic Inquiry
LR	The Linguistic Review
PY	Phonology Yearbook
SdW	Spektrum der Wissenschaft
ZfS	Zeitschrift für Sprachwissenschaft

약어 설명

A: Adjektiv
ABS: Absolutiv
AcI: Accusativus cum Infinitivo
ADJ: Adjektiv
AGR: Agreement
AKK: Akkusativ
AP: Adjektivalphrase
Art: Artikel
ASL: American Sign Language
B: Bewegung
BH: Bewegung und Halt
C (COMP): Complementizer
CP: Complementizerphrase
DGS: Deutsche Gebärdensprache
DO: direktes Objekt
DUR: Durativ
ECM: Exceptional Case Marking
ECP: Empty Category Principle
ERG: Ergativ
H: Halt
I (INFL): Inflection
Imp: Imperativ
IO: indirektes Objekt
IP: Inflectionphrase
IPA: das Internationale Phonetische Alphabet
Konj.II: Konjunktiv II
LF: Logische Form
N: Nomen
Neg: Negator
NOM: Nominativ
NP: Nominalphrase
P.: Person
P: Präposition
part: Partizip
Pl.: Plural
PP: Präpositionalphrase
prät: Präteritum
Sg.: Singular
SU: Subjekt
V: Verb
VP: Verbalphrase

찾아보기

ㄱ

ㄴ

ㄷ

ㄹ

ㅁ

ㅂ

ㅅ

ㅇ

ㅈ

ㅊ

ㅋ

ㅌ

ㅍ

ㅎ

기타

독(영) - 한 대조

A

Ablaut	모음교체
Ableitungsgeschichte	유도경로
Absolutiv	절대격
abstrakter Kasus	추상격
AcI-Konstruktionen	AcI-구문
Adjazenzbedingung	인접조건
Adjektivalphrase	형용사구
Adjektivierung	형용사화
Adjunkt	부가어
Adjunktargument	부가어논항
Adjunktion	부가
Adjunktionsstruktur	부가구조
Affixe	접사
Affrikate	파찰음
Agens	행위자
agglutinierende Sprache	교착어
Agnosie	실인증
Agrammatiker	탈문법증화자
Agrammatismus	탈문법증
Agraphien	실서증
AGR-Merkmale	일치자질
Akan	아칸어
Akkomodation	음운동화
Akkusativ	직접목적격/4격
Akronyme	두문자어
Aktionsart	동작양태
Aktivsatz	능동문
Albanisch	알바니아어
Allomorphe	이형태

Allophone	이음
Alternation	음의 변화
Althochdeutsch	고대고지독어
alveolar	치경음성
alveolare Konsonanten	치경자음
Ambisilbischer Konsonant	양음절성 자음
American Sign Language	미국 수화언어
amnestische Aphasie	건망 실어증
analytisch	분석적
Anapher	대용어
Anfangsbetonung	문두강세
Antezedens	선행어
Antezedensrektion	선행지배
Antizipation	선취
Antonymie	반의어
Aphasien	실어증
Appellativa	보통명사
Arabisch	아랍어
Argument	논항
Argumentpositionen	논항위치
Arteria cerebri media	중대뇌동맥
Arteria praerolandica	프래롤랜디카 동맥
Arteria temporalis posterior	후측두 동맥
Artikulationsort	조음장소
Artikulationsorgane	조음기관
Artikulationsstelle	조음위치
Artikulationsweise	조음방식
Aspekt	상
Aspektflexion	상굴절
Aspirationsregel	기식음규칙
Assimilation	동화
Assoziationskonventionen	연결규약
Aufgabenspezifität	임무특수성
Ausführungsort	동작을 행하는 장소
Ausgangsmorpheme	출발형태소

Ausgangswort	출발어
Auslautverhärtung	말음경음화
Automatismen	오토마티즘
Autonome Modelle	자율적 모형
Autosegmentale Phonologie	자립분절 음운론
Autosegmente	자립분절음

B

Barrierentheorie	장벽이론
Basismorphem	기본형태소
Bedeutungselemente	의미요소
Bedeutungserkennung	의미인식
Behauchung, Aspiration	기식음
Belebtheitshierarchie	생물성위계
Bewegungsart	이동방식
B-Grenze	경계마디
Bilabiale	양순음
Bilingualismus	이중언어병용
Bindung	결속
Bindungsprinzipien	결속원리
Binyan	비년
Binyanim	비년들
Bontoc	본톡어
Bootstrapping	초기구동
Bounding-Theorie	경계이론
Broca-Aphasie	브로카-실어증
Brückeneffekte	다리효과
Buttom-Up	버텀업

C

Chinesisch	중국어
Complementizerphrase	보문소구
COMP-t-Effekte	보문소-흔적 효과
Computertomographie	컴퓨터 단층촬영법
constricted glottis	성문 협착성

D

das grammatische Lexikon	문법적 어휘부

das Internationale Phonetische Alphabet	국제음성기호
das mentale Lexikon	정신적 어휘부
Dativ	여격/3격
dauernd	지속성
Deep-Struktur	D-구조
Defaultplural, Notplural	자동의 복수
Default-Regeln	자동규칙
degeneriertes Kasussystem	퇴화된 격체계
Deklarativsatz	평서문
delinking	연결선 삭제
dental	치음성
dentale Konsonanten	치자음
Derivationen	파생
Derivationsmorpheme	파생형태소
Derivationsmorphologie	파생형태론
Derivationsprozesse	파생과정
Deutsche Gebärdensprache	독일 수화언어
Diachrone Linguistik	통시언어학
Diachronie	통시성
Diakritische Zeichen	음성구분기호
dialektale Variante	방언 변이형
Dialekte	방언
Diminutivformen	축소형태
Diphtong	복모음
direktes Objekt	직접목적어
Direktionalität	방향성
disjunkte Referenz	분리된 지시관계
Disjunktion	이접
Diskontinuität	불연속성
Distinktive Merkmale	변별자질
distinktive syntaktische Merkmale	통사적 변별자질
Distinktheit	명시성
Distributionsproben	분포시험
dominante Hand	지배적인 손
Dominanz	관할

Dominanzbeziehungen	관할관계
Dominanzregel	지배규칙
dominieren	관할하다
Doppelobjektkonstruktion	2중목적어구문
Doppelvokal	이중모음
Dorsal	설배음
Durativ	행위의 계속상
Dvandva-Komposita	쌍-합성어
Dyslektiker	난독증 화자
Dyslexien	난독증

E

Early Closure Prinzip	조기완결원리
Eigenschaft von Lauten	음의 특성
Einhandgebärde	한손 수화
Einwortäußerungen	한단어발화
Elektroenzephalographie	뇌파검사법
Elsewhere Condition, Bedingung der Regelfolge	규칙순서 조건
Empty Category Principle	공범주원리
Endbetonung	문미강세
endozentrische Determinativkomposita	내심적 한정합성어
endozentrische Konstruktionen	내심적 구조
Englisch	영어
Entlehnungen	차용어
Erbsuffixen	계승접미사
Ereigniszeit	사건시
Ergativ	능격
escape hatch	탈출구
Eskimo	에스키모어
Etikettierte Klammerungen	범주 표시된 괄호
Ewe	어웨어
Exceptional Case Marking	예외적 격표시
Exklusion	배제
exozentrische Wortbildungen	외심적 단어형성
expletive, Füllwort	허사

expressive Mimik	표현적 표정 연기
externes Argument	외재논항
Extrasilbe	별도의 음절

F

Falsifikationismus	반증주의
Finitheit	시제성
Flexion	굴절
Flexionsendungen	굴절어미
Flexionsmorphem	굴절형태소
Flexionsmorphologie	굴절형태론
formales Vokabular	형식적 어휘
Formelemente	형태요소
Formulator	형성단계
Fragesatz	의문문
Französisch	프랑스어
freie Morpheme	자립형태소
Fremdwort	외래어
Frikative	마찰음
funktionale Einheiten	기능적 단위
funktionale Kategorien	기능범주

G

Garden-Path-Sätze	길 혼돈 문장
Gebärde	수화
Gebärdenfolge	수화연속체
Gebärdenraum	수화공간
Gebärdensprache	수화언어
Gebärdensysteme	수화체계
gebärdete Variante	수화 변이형
gebräuchliche Wörter	통상적 어휘
gebundene Morpheme	의존형태소
Gelegenheitsbildungen	우발적 형성어휘
Geminaten	두 개의 연속되는 동일 음소
gemischte Formen	혼합형태
gemischte Verben	혼합변화동사
Generative Phonologie	생성음운론

Genitiv	소유격/2격
Genus	성
Genus Verbi	동사의 태
Geräuschlaute	고르지 않은 음
geschlossene Klasse	닫힌 부류
gespannt	긴장성
Gespanntheit	긴장도
gesprochene Sprache	구어
Globale Aphasie	전반적 실어증
Government and Binding Theory	지배결속이론
Grammatikalität	문법성
grammatische Funktionen	문법기능
Grapheme	문자소
Grundwort	기반어

H

Halt und Bewegung	정지와 이동
Handform	손 형태
Handhabungsklassifikatoren	취급분류소
Handstellung	손 위치
Hauptakzent	주강세
Hauptsatz	주문장
Hauptverb, Vollverb	본동사
Head der Kette	연쇄의 핵
Head, Kopf	핵심어
Head-Head-Kongruenz	핵심어-핵심어-일치
Head-Parameter	핵심어 매개변수
Head-Position	핵심어 위치
Hebräisch	히브리어
hierarchische Struktur	위계구조
Hieroglyphen	상형문자
Hindi	힌디어
hinten	후음성
hinterer Vokal	후설모음
Hinweisgesten	지시제스처
hoch	고음성

Hochdeutsch	표준 독일어
Holophrase	한단어문장
Homographie	동형이의어
Homophon, Homonymen	동음이의어
Homorganische Konsonanten	동기관 자음
Hyperonymie	상위어
Hyponymie	하위어

I

Ikonisch	유사 기호
Ikonizität	유사성
Ilokano	일로카노어
Indikativ	직설법
indirektes Objekt	간접목적어
Infigierung	삽입사화
Infinitive	부정법
Infix	삽입사
Inflectionphrase	굴절구
inhaltliches Vokabular	내용적 어휘
Inklusion	포함
Inkorporation	통합
Instrument	도구
Interaktive Modelle	상호작용적 모형
internes Argument	내재논항
Inversion	도치
Irreversibles Passiv	비가역적 수동태
Isländisch	아이슬란드어
Italienisch	이탈리아어

J

Jabberwocky	재버워키
Japanisch	일본어
Jargon	알아듣지 못하는 말
Jiddisch	이디시어
Jugendsprache	청소년언어

K

Kanakisch	카나키어

Kasus	격
Kasusfilter	격여과
Kasusmarkierung	격표시
Kasusmerkmal	격자질
Kasus-Position	격위치
Kasustheorie	격이론
Kasuszuweiser	격부여자
Kasuszuweisung	격부여
Kehldeckel, Epiglottis	후두개
Kehlkopf, Larynx	후두
Kernspintomographie	핵스핀 단층촬영법
K-Kommando	성분통어
Klassifikation	분류
Klassifikatoren	분류소
klassifikatorische Paraphasien	분류적 착어
Klinische Linguistik	임상언어학
Klitische Morpheme	접어 형태소
Knacklaut	성문 파열음
Koartikulation	동시조음
kognitive Linguistik	인지언어학
Kohyponym	하위어 공용어휘
Koindizierung	공지시
Komparativ	비교급
Komplement, Ergänzung	보충어
komplementäre Verteilung	상보적 분포
Komplementargument	보충어논항
Komplementarität	상보성
Komplementstruktur	보충어구조
komplexe Konstruktion	합성구조
komplexes Adjektiv	복합형용사
komplexes Nomen	복합명사
Komposition	합성
kompositionelle Bildungen	합성적 형성
Kompositionsfuge, Fugenelemente	합성결합소
Kompositionsmorphologie	합성형태론

Kompositionsprozesse	합성과정
Kompositionsregeln	합성규칙
Kompositum (Komposita), komplexe Wörter	합성어
Konfiguration	형상구조
Konfixe	어휘적 의존형태소
Kongruenz, Agreement	일치
Kongruenzverben	일치동사
Konjunktion	접속사
Konjunktiv I	접속법 I식
Konjunktiv II	접속법 II식
Konsonantengitter	자음격자
konsonantisch	자음성
Konstituente	구성성분
Konstituentengrenze	구성성분경계
Konstituentensatz	성분문장
Konstituentenstruktur	구성성분구조
Kontamination	혼성
Kontinuitätshypothese	연속성가설
Kontrolltheorie	통제이론
Konversion	전환
Konzeptualisierer	개념화센터
Koordinationsstörungen	근육운동조정장애
Kopf-Bewegung	핵심어이동
kopffinale Sprachen	핵심어후행언어
Kopulativkomposita	병렬합성어
Korona	설정
koronal	설정성
Korrekturen	오류 정정
Kreolisierung	크레올화
Kreolsprache	크레올어
Kurzformen	축약형
kurzfristige Zeitangaben	단기 시간부사어
Kurzwörter	단축어

L

labial	순음성
Laryngale	후두음
laryngale Ebene	후두 층위
Latein, Lateinisch	라틴어
Laute	음, 소리, 음성, 음운
Lautereignisse	음의 구간
Lautfolge	음운연속체
Lautkette, phonetische Kette	음성연쇄
Lautkombinationen	음운결합
Lautliche Irrtümer/Fehler	음운오류
lautliche Versprecher	음운적 발화오류
Lautsprache	음성언어
Lautstruktur, phonologische Struktur	음운구조
Lautsystem, phonologisches System	음운체계
Lautvertauschungen	음운교체
Lehnkompositum	차용합성어
Leistungsaphasie	전도 실어증
Lemma-Lexikon	기본형-어휘부
Lesestörungen	읽기장애
Lexem-Lexikon	어휘소-어휘부
lexikalische Kategorien	어휘범주
lexikalische Phonologie	어휘음운론
lexikalische phonologische Regeln	어휘음운규칙
lexikalische Projektion	어휘 투영체
lexikalischer Kasus	어휘격
Lexikon	어휘부
Lexikoneintrag	어휘항목
Lineare Phonologie	선형 음운론
Lingua Franca	공통어
Lippenverengung	협착순음
Lippenverschluss	폐쇄순음
Liquide	유음
Literatursprache	문학언어
Logische Form	논리형태
Lokalitätsbeschränkung	국부성제약

M

Maltesisch	몰타어
Markiertheitstheorie	유표성이론
maximale Projektion	최대투영체
Maximierung des linken Silbenrands	음절두음의 최대화
Medium	중간태
Mehrfacheinbettungen	다중삽입문
mehrsilbige Gebärden	다음절 수화
Merkmalsgeometrie	자질기하학
Merkmalsperkolation	자질삼투
Merkmalstransfer	자질전이
Metathese	음위전환
Mimik	표정 연기
Minimal Attachment Prinzip	최소부착원리
minimale Projektion	최소투영체
Minimalitätsbarrieren	최소장벽
Minimalpaare	최소쌍
Modalverben	화법조동사
Modularität	단원성
Modus	화법
Mohawk	모호크어
monosyllabisch	단음절의
Morpheme	형태소
Morphemfolge	형태소연속체
Morphologie	형태론
morphologische Regeln	형태규칙
morphologische Struktur	형태구조
morphologischer Kasus	형태격
morphologisches Wort	형태적 단어
Move α	이동 α
Mundgestik	입 동작

N

nasal	비음성
Nasalassimilation	비음동화
Nasalierung	비음화
Nasalierungsregel	비음화규칙

Nasalität	비음성
Nasalkonsonant	비음의 자음
Nasenhöhle	비강
natürliche Klassen	자연부류
Navaho	나바호족의 언어
Nebensatz	부문장
Negationspräfix	부정접두사
Negative Dialektik	부정변증법
Neologismen	신조어
Neurobiologie	신경생물학
Neurolinguistik	신경언어학
Neuropsychologie	신경심리학
nicht strikte Regenten	비엄밀지배자
nicht-dominante Hand	지배적이지 않은 손
Nichtlineare Phonologie	비선형 음운론
Nicht-Wort, Nicht-Wörter	비단어
niedrig	저음성
Nomenflexion	명사 굴절
nominale Deklination	명사변화
Nominalisierung	명사화
Nominalphrase	명사구
Nominativ	주격/1격
Non-Theta-Position	비의미역위치
Notationskonventionen	표기법규약
notwendige Kontrolle	필수적 통제
NP-Bewegung	명사구이동
Null-Subjekt-Parameter	영주어 매개변수
Numerus	수

O

Oberflächendyslexie	표층 난독증
Oberflächenwortordnung	표층어순
Oberklassenmerkmale	상위부류자질
Objektklitik	목적어접어
Objektkontrolle	목적어통제
Objektposition	목적어위치

Objektpronomen	목적어 대명사
Objekt-Verb-Kongruenz	목적어-동사 일치
Obstruenten	저해음
offene Klasse	열린 부류
Öffnungslaute	열린음
of-Insertion	of-삽입
Opazitätsfaktoren	불투명성 요인
Operatoren	운용소
Optionalklammer-Notation	수의적 괄호표기법
Ortsmerkmal	장소자질

P

Palatalisierung	경구개음화
Palato-alveolare	구개치경음
Palatum, harter Gaumen	경구개
Paradigma	어형변화표
paragrammatisch	문법착오적
Paragrammatismus	문법착오증
Paralexien	착독
Parameter	매개변수
Paraphrasen	바꿔쓰기
Parser	파서
Passivsatz	수동문
Pause	휴지
Perfektstamm	완료어간
Perpetuum mobile	영구기관
Perseveration	반복
Persisch	페르시아어
Person	인칭
Personenflexion	인칭굴절
Perspektivwechsel, Rollenwechsel	관점교체
Philosophie	철학
phonematische Paraphasien	음소착어
Phoneme	음소
Phonemebene	음소층위
Phonemkombinationen	음소결합

Phonemsysteme	음소체계
Phonemwiederherstellung	음소재생성
Phonetik	음성학
phonetische Form	음성형태
phonetische Formen	음성형태
Phonologie	음운론
phonologische Form	음운형태
phonologische Paraphasien	음운착어
phonologische Regeln	음운규칙
phonologischer Vergebärdler	음운적 수화오류
phonologisches Wort	음운적 단어
phrasale Kategorien	구범주
phrasale Projektion	구 투영체
Phrasenkontaminationen	구 혼성
Pidgin-Sprache	피진어
Plural	복수
Pluralaffix	복수형 접사
Pluralbildung	복수형성
Pluralmorphem	복수형태소
Pluralmorphologie	복수형태론
polymorphe Formen	다형 형태
polymorphemisch	다형태소의
Polymorphie	다형성
Portugiesisch	포루투갈어
Positronen-Emmissions-Tomographie	양전자방출 단층촬영법
Possessivkomposita, bahuvrihi-Komposita	소유합성어
postlexikalische Phonologie	후어휘음운론
postlexikalische phonologische Regeln	후어휘음운규칙
Postpositionen	후치, 후치사
potentielle Wörter	잠재적 어휘
Prädikat	술어
prädikatives Adjektiv	술어적 형용사
prädikatives Nomen	술어적 명사
Präfix	접두사
Pragmatik	화용론

Präpositionalphrase	전치사구
Präzedenz	선행
Priming-Experiment	점화실험
Prinzip der binären Verzweigung	2분지원리
Prinzip der obligatorischen Kontur	필수적 억양곡선 원리
Prinzip der strikten Zyklizität	엄밀 순환성원리
Prinzipien- und Parametermodell	원리와 매개변수모형
pro-drop-Sprachen	주어탈락언어
Projektionsprinzip	투영원리
Pronomen	대명사
Prosodie	운율
prosodische Einheit	운율단위
PRO-Theorem	PRO-정리
Psycholinguistik	심리언어학
Psychologie	심리학

Q

Quantoren	양화사
Quileute	퀼리우트어

R

Rachenhöhle, Pharynx	인두강
Raising-konstruktion	상승구문
Raumflexion	공간굴절
Raumverben	공간동사
Redundanzregeln	잉여규칙
Reduplikation	중복
regelmäßige Formen	규칙형태
regieren	지배하다
regressive Assimilation	역행동화
Regressive Nasalassimilation	역행 비음동화
reiches Kasussystem	풍부한 격체계
Reifungshypothese	성숙가설
Rektion	지배
Rektionsdomänen	지배영역
Rektionskompositum	지배합성어
Rektionsrelation	지배관계

Rektionstheorie	지배이론
Relativsatz	관계문
Relikt	잔존어
Reversibles Passiv	가역적 수동태
Right Association	오른쪽 연결
Rumänisch	루마니아어
Russisch	러시아어

S

Samoanisch	사모아어
Sanskrit	산스크리트어
Satzverschränkung	문장뒤얽힘
Schallfrequenz	음향주파수
Schriftsprache, geschriebene Sprache	문어
Schwa	약모음
schwache Grenze	약한 경계
schwache Verben	약변화동사
Schwa-Epenthese-Regel	약모음 삽입 규칙
Schwesternbeziehungen	자매관계
Segmente	분절
Selektion	선택
semantische Paraphasien	의미착어
semantisch-lexikalische Mimik	의미-어휘적 표정 연기
semitische Sprachen	셈어
Serbokroatisch	세르보크로아티아어
Share Feature	자질공유
Sichtbarkeitsbedingung	가시성조건
Silben	음절
Silbenanfang, Silbeneinsatz, Onset	음절두음
Silbenauslaut, Coda	음절말음
Silbenebene	음절층위
Silbenfolgen	음절연속체
Silbengipfel, Nukleus	음절핵
Silbengrenze	음절경계
Silbenposition	음절위치
Silbenstruktur	음절구조

Silbifizierung	음절화
Singular	단수
Situativ-referentielle Paraphasien	상황-지시적 착어
Skopus	작용역
Small Clause	소절
Sonograph	초음파 검사기
sonorant	공명성
Sonoranten	공명음
Sonoranz	공명성
Sonoranzbeschränkung	공명성제약
Sonoranzhierarchie	공명성의 위계성
Sonoranzprinzip	공명성원리
Spanisch	스페인어
Spec-Head-Kongruenz	지정어-핵심어-일치
Spezifikator	지정어
Spezifikatorposition	지정어위치
Spontansprache	자발언어
Sprachautomatismen	언어오토마티즘
Spracherwerb	언어습득
Sprachkenntnis	언어지식
Sprachmischungen	언어혼합
Sprachperzeption	언어인지
Sprachproduktion	언어산출
sprachspezifisch	언어 특유의
Sprachstörungen	언어장애
Sprachverarbeitungssystem	언어처리체계
Sprachverwendung	언어사용
Sprachwahrnehmung	언어인지
spread glottis	성문 확장성
Spreading	확산
Sprechstile	말하기 방식
Spuren	흔적
Stammbildung	어간형성
Stammbildungsmorpheme	어간형성형태소
Stammflexion	어간굴절

Stammmorphem	어간형태소
starke Grenze	강한 경계
starke Verben	강변화동사
Stimmeinsatzzeit	발성시작시간
stimmhaft	유성음의
stimmhafte Konsonanten	유성자음
stimmlos	무성음의
Stimmritze, Glottis	성문
Stranding	잔류
Stranding-Irrtümer	잔류오류
strikte Regenten	엄밀지배자
strikte Rektion	엄밀지배
Strukturbildungshypothese	구조형성가설
struktureller Kasus	구조격
Strukturerhaltungsprinzip	구조보존원리
Strukturerkennung	구조인식
Strukturzuweisung	구조부가
Suaheli	스와힐리어
Subjazenz	하위인접
Subjazenzbedingung	하위인접조건
Subjekt/Objekt-Asymmetrie	주어/목적어 비대칭
Subjektbezogenheit	주어관련성
Subjektkontrolle	주어통제
Subjektposition	주어위치
Subjektpronomen	주어 대명사
Subjektspur	주어흔적
Subjekt-Verb-Kongruenz	주어-동사 일치
Subkategorisierung	하위범주화
Subset-Prinzip	부분집합원리
Substitution	대체
Substitutionstransformationen	대체변형
Suffigierungen	접미사화
Suffix	접미사
Superlativ	최상급
Suppletion	보충법

Suppletivformen	보충형태
Suppletiv-Verben	보충법동사
supralaryngale Ebene	후두상위 층위
Surface-Struktur	S-구조
Symmetrieregel	대칭규칙
Synchrone Linguistik	공시언어학
Synkretismus	혼합현상
Synonymie	동의어
syntaktische Kategorien	통사범주
syntaktische Mimik	통사적 표정 연기
synthetisch	합성적

T

Tagalog	타갈로그어
Tempus	시제
Tempus-Merkmale	시제자질
Thailändisch	태국어
Thema	주제
Thematische Rollen	의미역
Theta-Kriterium	의미역기준
Theta-Markierung	의미역표시
Theta-Position	의미역위치
Theta-Struktur	의미역구조
Theta-Theorie	의미역이론
Thetazuweiser	의미역부여자
Thetazuweisung	의미역부여
Tiefendyslexie	심층 난독증
tip of the tongue-Phänomen	설단현상
Top-Down	톱다운
Topikalisierung	주제화
Topologisches Feldermodell	위상적 장모형
Transfigierung	불연속접사화
Transfix	불연속접사
Transformationen	변형
transkortikale Aphasie	연결피질 실어증
Transkription	음성표기법

Transkriptionssymbole	표기기호
trennbare Verbpartikel	분리접두사
Tschechisch	체코어
Türkisch	터어키어
Twi	트위어

U

Umkehrungsfehler	뒤바뀜 오류
Umlautung	변모음화
Ungarisch	헝가리어
Uniformitätsprinzip	균일성원리
Universale Grammatik	보편문법
unregelmäßige Formen	불규칙형태
unterspezifiziert	잠재표기된
untrennbare Verbpräfixe	비분리접두사

V

Variable	변항
velare Nasalassimilation	연구개 비음동화
Velarisierungsregel	연구개음화규칙
Velarnasal	연구개비음
Velum, weicher Gaumen	연구개
verbale Konjugation	동사변화
Verbalisierung	동사화
Verbalphrase	동사구
Verbbewegung	동사이동
Verbflexion	동사 굴절
Verbgebärde	동사수화
Verbklassen	동사부류
Verb-Nomen-Paare	동사-명사 쌍
Verbpräfixe	동사접두사
Vergebärdler	수화오류
Verlesen	읽기오류
Verschlusslaute	폐쇄음
Versprecher	발화오류
Vertauschung	교체
Vietnamesisch	베트남어

visuelle Agnosie	시각적 실인증
Vokale	모음
Vokalharmonie	모음조화
Volksetymologien	민속어원학
Vollvokal	완전모음
vorderer Vokal	전설모음
Vorgangspassiv	동작수동
Vorläuferkonstruktionen	임시구조
vorlexikalische Phase	어휘전 단계
Vorsilbe	전철
vorsprachliche Phase	언어전 단계

W

Wahrnehmung, Perzeption	인지
Wahrnehmungsverben	인지동사
Walbiri	왈비리어
W-Bewegung	의문사구이동
weiter Skopus	넓은 작용역
Wernicke-Aphasie	베르니케-실어증
Wh-Insel-Verletzung	의문사 섬위반
wild paraphasic misnaming	자생적 착어 오류명명
W-Kriterium	의문사기준
Wortakzent	단어강세
Wortart	품사
Wortbildung	단어형성
Wortbildungsmorpheme	단어형성형태소
Wortbildungsregeln	단어형성규칙
Wortebene	단어층위
Worteinsetzung	단어삽입
Worterkennung	단어인식
Wortersetzungen	단어대체
Wortfeld	어휘장
Wortfindungsstörungen	단어찾기장애
Wortfolge	단어연속체
Wortgrenze	단어경계
Wortklasseneffekte	품사 효과

	Wortkombinationen	단어결합
	Wortkontaminationen	단어 혼성
	Wortstellung	어순
	Wortstruktur	단어구조
	Wortsyntax	단어통사론
	Wortverdopplung	단어중복
	Wortvertauschungen	단어교체
	Wortwurzeln	단어어근
	W-Phrase	의문사구
	Wurzelflexion	어근굴절
	Wurzelkonsonanten	어근자음
	Wurzelmorphem	어근형태소
	Wurzelsatz	근원문장
X	Xbar-Schema	엑스바-도식
	Xbar-Struktur	엑스바-구조
	Xbar-Theorie	엑스바 이론
	Xenolekte	이종 언어변이형
Y	Yidiny	이디니어
Z	Zahndamm	치경
	Zäpfchen	목젖
	Zungenkörper, Dorsum	설배
	Zungenwurzel	설근
	Zustandspassiv	상태수동
	Zweihandgebärden	양손 수화
	Zweitsprache	제2언어
	Zwischenspur	중간흔적
	Zyklische Bewegung	순환이동

역자 최 도 규

- 충북대학교 독어독문학과 학사
- 동 대학원 독어독문학과 석사
- 독일 Stuttgart 대학교 언어학과 박사
- 미국 Oregon 주립대학교 독어독문학과 초빙교수
- 현재 충북대학교 독어독문학과 교수

저서

- Die kohärente Konstruktion mit Kopula. Frankfurt: Peter Lang, 2000.

논문

- 독일어 형용사의 능격성. 독일문학 77집, 2001.
- 독일어 문장구조에 대하여 - 균일성가설과 상이성가설. 독일언어문학 28집, 2005.
- 어순뒤섞기와 연쇄형성. 독어학 18집, 2008.
- 독일어와 한국어의 수동화. 독어학 24집, 2011 외 다수

문법구조와 인지과정

인쇄 (초판 1쇄) : 2012년 11월 22일
발행 (초판 1쇄) : 2012년 11월 30일
역 자 : 최 도 규
발행인 : 김 승 택
발행처 : 충북대학교 출판부
주소 • (361-763) 충북 청주시 흥덕구 내수동로 52 (개신동)
전화 • (043) 261-2952, 3014
팩스 • (043) 274-1256
이메일 • presscbu@chungbuk.ac.kr
등록 • 제1983-2001-7호
디자인 : design of (www.ofof.kr)
인쇄처 : 삼성디자인기획, (042) 221-3111

* 이 번역서는 2008년도 충북대학교 학술연구지원사업에 의하여 발행되었음.
(This work was supported by the research grant of the Chungbuk National University in 2008)

ISBN 978-89-7295-193-3-93750

값 33,000원